瀟湘八景 소상팔경

동아시아의 시와 그림

전경원 지음

건국대학교출판부

그림 1. 산시청람山市晴嵐(국립진주박물관 소장본)

그림 2. 연사모종煙寺暮鐘(국립진주박물관 소장본)

그림 3. 소상야우瀟湘夜雨(국립진주박물관 소장본)

그림 4. 원포귀범遠浦歸帆(국립진주박물관 소장본)

그림 5. 평사낙안平沙落雁(국립진주박물관 소장본)

그림 6. 동정추월洞庭秋月(국립진주박물관 소장본)

그림 7. 어촌낙조漁村落照(국립진주박물관 소장본)

그림 8. 강천모설江天暮雪(국립진주박물관 소장본)

그림 9. **산시청람**(위 왼쪽), **연사모종**(위 오른쪽), **소상야우**(아래 왼쪽), **원포귀범**(아래 오른쪽) (국립중앙박물관 소장본)

그림 10. **평사낙안**(위 왼쪽), **동정추월**(위 오른쪽),
어촌석조(아래 왼쪽), **강천모설**(아래 오른쪽)
(국립중앙박물관 소장본)

머리말

동아시아 한자문화권에 속해 있는 한국과 중국 그리고 일본이 소상팔경瀟湘八景이라는 동일한 시제詩題와 화제畵題를 사용하여 천년 넘게 창작했다는 점은 매우 주목할 만한 문화현상에 해당한다. 이는 동아시아의 문화를 이해하기 위해 매우 중요한 잣대가 될 수 있음을 의미한다. 소상팔경을 소재로 한 시와 그림을 통해 동아시아 삼국의 문화적 특성과 인간과 자연에 대한 관점을 이해할 수 있는 단초가 마련될 수 있다.

필자는 이 연구를 진행할 즈음에 인간의 삶 자체가 한 편의 독립된 서사물敍事物이 아닐까 하는 생각을 했다. 그런 관점에서 볼 때, 우리는 지금 인생이라는 장편 서사의 어디쯤인가를 살아가고 있는 것이다. 많은 사람들이 인생이라는 서사에서 완결성을 추구하지만 더러는 미완성으로 끝날 수 있음을 인식하고 있기에 우리 삶이 고달픈 것인지도 모르겠다. 어쨌든 인간의 삶 자체가 한 편의 서사물이라 할 수 있기 때문에 그러한 인간이 만들어 내는 예술 작품 또한 서사에 기반을 두지 않을 수 없다. 따라서 모든 예술 작품은 엄밀하게 말해서 서사적 맥락에 근거하여 창작되고 향유되게 마련이다. 생각이 이에 미치자 그렇다면 오늘날의 인문학이 어떻게 변화를 추구해야 하는가 하는 다소 엉뚱한 상상을 하게 되었다.

상상을 현실화하는 과정에서 스토리텔링storytelling을 바탕으로 하는 서사 창작론敍事創作論에 관심을 갖게 되었다.

이 책은 정지된 화면에 해당하는 회화繪畫 작품을 대상으로 서사적 맥락을 복원하고자 한 연구 성과물이다. 회화 작품은 분명 정지된 화면이지만 나는 이를 끊임없이 동영상으로 만들어보고 싶었다. 그래서 그림과 관련된 한시漢詩와 시조, 가사 그리고 관련 기록 자료를 수집하고, 이를 오늘날의 현대어로 옮긴 후 전체적인 구조와 체계를 파악해 보니 어렴풋이 서사적 맥락의 윤곽이 드러났다. 회화 작품은 전체의 서사적 맥락 가운데 어느 한 지점을 포착하여 선과 색으로 형상화한 예술 작품에 해당한다. 이는 비단 회화 작품에만 해당되는 특성이 아니다. 흔히 서정 갈래를 대표하는 시詩 문학도 예외가 아니다. 따라서 나머지 서사 맥락을 복원할 수 있을 때, 비로소 온전한 서사의 실체를 확인할 수 있다. 그렇게만 된다면 비로소 서정과 서사의 구분 내지는 문학과 회화의 구분을 뛰어넘는 학문의 통섭이 일어날 수 있으리라 기대한다.

소상팔경瀟湘八景에는 알 수 없는 묘한 매력이 있다. 처음 그림을 접했을 때, 내면의 깊은 곳에서 어떤 울림이 있었다. 그 울림이 지닌 힘의 정체에 대해서는 지금까지도 그것이 정확하게 무엇이라고 표현하지 못하겠다. 어쨌든 그 힘은 나를 중국의 호남성湖南省과 호북성湖北省 일대로 이끌었다. 그래서 악양岳陽의 동정호洞庭湖와 장사長沙의 소상강瀟湘江 일대를 미친 듯이 헤매고 다녔다. 그리고도 더 오랜 시간이 필요했다. 그러나 아직도 나는 소상팔경의 참된 의미가 무엇인지 확신하기 어렵다. 그만큼 소상팔경은 어미어마한 산처럼 버티고 서있다. 동시에 다양한 해석의 가능성을 열어 두고 있다. 이에 대한 천착이 보다 정밀하게 요구되는 시점이 아닌가 싶다. 이는 계속되는 연구를 통해 규명해야 할 숙제로 삼고자 한다.

막연한 생각이 결실을 맺기까지는 무수히 많은 인연이 허락되었기에 가능했다. 한문과 경학을 가르쳐 주신 홍찬유, 성백효, 정태현, 노상복 선생님, 학문적으로 이끌어 주시며 학자로서의 자세를 다잡아 주신 정운채 선생님, 언제나 당신 일처럼 걱정하며 배려해 주시는 신동흔 선생님, 정성스럽게 지도해 주신 김석회 선생님과 박일용 선생님께도 감사드린다. 또한 소상팔경에 많은 관심을 가지고 널리 알려 주시며 응원해 주시는 김영번 차장님, 든든한 후원자이신 박용식 선생님, 자식 보살피듯 정성과 사랑을 쏟아 주시는 조평환 선생님께 머리 숙여 감사의 말씀을 드린다.

자식 걱정에 밤잠을 이루지 못하시는 아버지, 아무 걱정 없이 일할 수 있도록 말없이 내조하는 아내와 자주 놀아 주지 못함에도 탈 없이 무럭무럭 커가는 아이들에게 훗날 이 책이 작은 위로가 될 수 있었으면 하는 마음이다. 끝으로 거친 원고를 꼼꼼하고 정성스럽게 정돈하여 이처럼 훌륭하게 만들어 주신 출판부 임경희 선생님께도 깊이 감사드린다.

2007년 2월

역재亦齋 전경원 삼가 씀

차 례

소상팔경 개관

한 시

고전시가와 소상팔경

소상팔경 개관

1. 앞마당

판소리 「춘향가」와 판소리계 소설 「춘향전」을 보면 춘향이 옥중에 갇혀 본관 수령의 처분만 기다리며 죽음을 앞둔 상황이 펼쳐진다. 그때 춘향이 소상팔경瀟湘八景 일대를 유람하는 꿈을 꾸는데, 꿈속에서 소상강에서 숨을 거둔 순임금의 이비二妃 아황과 여영을 만나서 위로를 받는 더늠과 대목이 등장한다. 또 판소리 「심청가」와 판소리계 소설 「심청전」을 보면 심청이 아버지의 눈을 뜨게 하기 위해 공양미 삼백 석에 몸을 팔고 인당수에 투신하는 장면이 등장한다. 이때 심청도 인당수 투신에 앞서 소상팔경을 유람하는 더늠과 대목이 등장한다. 심청은 이곳에서 순임금의 이비인 아황과 여영 그리고 오나라의 충신이었던 오자서, 초나라 굴원과 가의를 만나 역시 위로와 칭찬을 받는 더늠과 대목이 등장한다.

역시 판소리 「흥보가」와 판소리계 소설 「흥부전」에 등장하는 '제비 노정기路程記'를 보면 '소상팔경'이 어김없이 등장하고 있다. 그런가 하면 판소리 「수궁가」와 판소리계 소설 「토끼전」을 보면 '고고천변' 내지는 '혼령상봉' 대목 등에서 소상팔경이 등장한다. 혹은 판본에 따라 '범피중류泛彼中流'라고 명명한 더늠 등에서 등장하기도 한다.

송강 정철의 가사 「사미인곡思美人曲」에서는 임금이 계신 곳을 '옥루고처玉樓高處'에 비유하고 자신이 거처하던 곳을 '소상남반瀟湘南畔'에 빗대어 표현하고 있다. 허난설헌은 가사 작품 「규원가閨怨歌」에서 남편과 인연이 끊어진 것을 슬퍼하며 거문고를 연주하는 슬픔을 '소상야우瀟湘夜雨'의 대나무 소리에 빗대어 표현했다. 박인로의 가사 「선상탄船上嘆」에서는 장한張翰이 가을바람을 만나 고향인 강동江東으로 떠나가는 '원포귀범遠浦歸帆'의 형상을 그려내고 있다.

서도 민요의 하나인 「수심가愁心歌」에 잇대어 부르는 「엮음 수심가」를 보면 소상강으로 배타고 들어가는 두 동자와 화자의 대화 상황이 전개되는 모습을 볼 수 있다. 무가巫歌인 「만조상해원경」에도 소상야우와 관련하여 독립된 연이 존재한다.

김시습의 소설 「만복사저포기萬福寺樗蒲記」에는 양생과 여인 사이의 대화 가운데 "소상강에서 옛 낭군을 다시 만나게 되었으니 어찌 천행이 아니겠습니까? 낭군께서 저를 멀리 버리지 않으신다면 끝까지 시중을 들겠습니다. 그렇지만 만약 제 소원을 들어주지 않는다면 저는 영원히 자취를 감추겠습니다."라는 언급을 통해 자신과 양생의 만남을 마치 순임금과 아황, 여영에 은근히 빗대고 있음이 확인된다. 또 「이생규장전李生窺墻傳」을 보면 그림 속의 한시를 설명하는 대목이 등장하는데 '소상강'과 '소상강'을 그린 그림 병풍에 대한 표현이 등장한다. 고소설 「별주부전鼈主簿傳」에 등장하는 별주부는 '소상강'으로 장가를 들어 그 아내가 남편을 부를 때 '소상강 나리'라고 부르는 대목이 등장한다.

서포 김만중의 소설 「구운몽九雲夢」은 아예 공간 배경 자체를 소상팔경瀟湘八景 일대로 설정한 채, 이야기를 전개하고 있다. 또 만해 한용운이 1935년 조선일보를 통해 발표했던 소설 「흑풍」에는 왕한이 혁명당의 일원으로 귀국하여 중국에서 왕성한 활동을 하다가 터전을 잡을 때까지의 모습이 소상강 일대를 배경으로 형상화되었다. 그런가 하면 돈 대신에 소상강을 구경한다는 제목의 설화가 양천 허씨 문중에 전해 내려온다.

구한말 우리 민족의 자생 종교인 증산교와 대순진리교 등의 경전에서는 해원시대解寃時代를 강조하며 인류 최초 원한의 뿌리로 요임금의 아들 단주丹朱를 가리키며 이와 관련된 순임금과 아황娥皇 여영女英을 언급하는 곳에서 소상팔경瀟湘八景이 등장한다.

이 외에도 역대 시화詩話에서 소상팔경과 관련된 언급들을 보면 다음과 같다. 우선 서거정의 『동인시화東人詩話』에서는 상권上卷의 11화, 54화, 56화 세 편에서 소상팔경 관련 작품들이 언급되고 있다. 11화에서는 고려시대 이인로의 소상팔경 한시 가운데 동정추월洞庭秋月 작품을 소개하며 송나라 때 문인 소순흠의 작품을 점화한 것임을 밝히고 있다. 54화에서는 동정호洞庭湖와 악양루가 있는 파릉산巴陵山이 천하의 장관임을 언급하며 시인묵객들의 작품을 소개했다. 56화에서는 이인로, 진화, 이제현의 소상팔경시를 대상으로 다양한 평어로 작품을 평가하고 있다.

허균은 『성수시화惺叟詩話』의 제21화에서 원나라 귀양지에서 숨을 거둔 김구용과 조서를 예로 들어 말하기를, "나는 대장부로 좁은 땅에 태어났기에 널리 노닐 수 없음을 언제나 한탄하였다. 두 분은 비록 먼 지방으로 귀양을 갔다지만 오나라와 초나라 지방 산천을 두루 보았으니, 참으로 인간 세상의 장쾌한 일이었다."고 서술하면서 소상강과 동정호가 주무대인 오吳·초楚 지역을 언급하고 있다.

김만중은 『서포만필西浦漫筆』 권하卷下 30화와 31화에서, "당나라 숙종肅宗 대종代宗 시대를 당하여 군문軍門에 있던 신하로 장안長安을 평정했던 공적이 있는데도, 국가의 성패에 관여하지 않고 동정호와 소상강 사이에서 단풍 향기를 맡으며 신선 배우기를 장량張良이 적송자赤松子를 따르듯 한 사람은 업후鄴侯가 아니면 또 누가 있겠는가?"하며 동정호와 소상강 일대를 언급했다.

하겸진은 『동시화東詩話』 권이卷二 63화에서 월과月課를 맡았던 시관

채유후가 시제로 '소상반죽瀟湘斑竹'을 냈는데, 홍주세가 장원으로 선택됨과 그의 시 작품[1]을 소개하면서 당나라 때 시인 전기의 「상령고슬湘靈鼓瑟」[2] 시에 비견한다고 지적하고 있다.

그런가 하면 윤오영(1907~1976)은 「쓰고 싶고 읽고 싶은 글」이라는 그의 수필에서, "옛 사람이 높은 선비의 맑은 향기를 그리려 하되, 향기가 형태 없기로 난蘭을 그렸던 것이다. 아리따운 여인의 빙옥氷玉 같은 심정을 그리려 하되, 형태 없으므로 매화를 그렸던 것이다. 붓에 먹을 듬뿍 찍어 한 폭 대竹를 그리면 늠름한 장부, 불굴의 기개가 서릿발 같고, 다시 붓을 바꾸어 한 폭을 그리면 소슬蕭瑟한 바람이 상강湘江의 넋을 실어 오는 듯했다. 갈대를 그리면 가을이 오고, 돌을 그리면 고박古樸한 음향이 그윽하니, 신기神技가 아니고 무엇인가. 그러기에 예술인 것이다."라고 언급하면서 '상강의 넋'이라는 표현을 통해 순임금과 두 왕비였던 아황과 여영의 영혼을 언급하고 있다. 앞서 열거한 다양한 갈래의 문헌들에 등장하는 소상팔경瀟湘八景이 단순히 이국적 정취만을 제공하기 위해 작품 안에 서술된 것은 아니었다. 계속해서 언급되고 있는 소상팔경은 작품의 서사적 맥락에서 매우 중요한 기능과 역할을 담당하고 있다. 도대체 소상팔경에는 무엇이 담겨 있기에 이토록 많은 문인들과 독자들이 집착하고 열광했던 것인가? 이 책은 근본적으로 이러한 의문에서 출발한다. 이 책에서

1) 흰 구름 사이로 창오산 빛 쓸쓸한데/남으로 가신 황제 언제나 돌아올까/남은 한은 상강 따라 흐르지 못하고/눈물 흔적 대나무에 얼룩져 항상 남아 있네/천년 굳은 절개 눈서리 이겨내고/깊은 밤 찬 소리 패옥 고리에서 울리네/자고새는 울다 지쳐 사람도 보이질 않고/강변에 두어 봉우리 이슬 안개 자욱하네. (蒼梧愁絶白雲間/帝子南奔幾日還/遺恨不隨湘水去/淚痕常在竹枝斑/千秋勁節凌霜雪/半夜寒聲動佩環/啼罷鷓鴣人不見/數峰江上露烟鬟)

2) 善鼓雲和瑟/常聞帝子靈/馮夷徒自舞/楚客不堪聽/苦調淒金石/淸音入杳冥 /蒼梧來怨慕/白芷動芳馨/流水傳湘浦/悲風過洞庭/曲終人不見/江上數峯靑. 『당시기사(唐詩紀事)』 권30, 전기(錢起). 전기가 향천(鄕薦)으로 강호의 객사에서 묵고 있을 때 마당에서 시를 읊조리는 소리가 들렸는데, "곡이 끝났는데 사람은 보이지 않고, 강변에는 몇 개 봉우리만 푸르네."라고 하였다. 주위를 둘러보아도 아무것도 없었다. 천보 10년에 '상령고슬'이라는 제목으로 시험을 보았다. 전기는 그때 들렸던 시구를 이용해서 시를 지었다. 당시 사람들이 그 시를 보고서 귀신의 노래라고 했다고 한다.

주된 연구 대상으로 삼고 있는 자료는 고전시가와 관련된 부분이다. 따라서 한시와 시조 그리고 가사, 판소리 등을 대상으로 한다. 한시는 현재까지 「소상팔경」을 제목으로 삼고 있는 470여 수가 확인 정리되었다. 그리고 시조는 총 81수가 정리되었다. 이 81수의 시조 작품 가운데 소상팔경을 제목으로 드러내고 있는 작품은 총 9수에 해당하고, 나머지 72수는 제목 없이 전해진다. 시조의 특성상 제목이 거의 없이 전해진다는 특성을 감안하면 이 또한 적은 분량이 아니다. 또 가사와 잡가雜歌가 각각 한 작품씩 전하고 있다. 이 외에도 판소리 「춘향가」, 「심청가」, 「흥보가」, 「수궁가」 등에서 주요한 화소話素로 소상팔경이 등장하고 있기에 논의 대상으로 삼기에 충분할 것으로 판단한다.

소상팔경은 그 자체가 하나의 문화현상이었다. 문화는 살아있는 생명체와 같은 속성을 지닌다. 한 순간도 정체되어 있지 않다. 문화는 탄생하고, 성장하며, 성숙하고, 노쇠하여 쇠퇴한다. 그리곤 또 다른 문화 형태로 태어난다. 그런 점에서 볼 때 '문화'는 그 속성이 물과 매우 닮아 있음을 알 수 있다. 물은 어떤 물이든 그 발원지가 있다. 발원지에서 샘솟은 물은 낮은 곳으로 흘러간다. 문화가 높은 곳에서 낮은 곳을 향하듯, 물 역시 낮은 곳을 향하는 속성을 지녔다. 물은 그러면서도 끊임없이 스스로의 모습을 바꾸며 새로운 환경에 적응해 간다. 연못을 만나면 연못의 형태를 유지하고, 폭포를 만나면 폭포수가 되고, 강을 만나면 강이 되며, 바다를 만나면 바다의 모습을 이룬다. 동일한 물이지만 처한 상황과 처지에 따라 자신의 모습을 달리하는 것이 물이다. 이러한 물의 속성이 문화의 속성과 매우 닮아 있음을 노자의 『도덕경道德經』에서 쉽게 알 수 있다.

> 최고의 선은 물과 같다. 물은 만물을 이롭게 하면서도 다투지 않는다. 뭇 사람들이 싫어하는 낮은 곳에 처하기를 좋아한다. 그러므로 도에 가깝다.

살 때는 낮은 땅에 처하기를 잘하고, 마음 쓸 때는 그윽한 마음가짐을 잘하고, 벗을 사귈 때는 어질기를 잘하고, 말할 때는 믿음직하기를 잘 하고, 다스릴 때는 질서 있게 도모하기를 잘하고, 일할 때는 능력 있기를 잘하고, 움직일 때는 바른 때를 잘 탄다. 무릇 오로지 다투지 않으니 허물이 없다.[3)]

인용문을 가만히 음미해 보면 '물'이라는 용어를 '문화'로 대체해도 문장의 전체적인 의미가 크게 훼손되지 않는다는 사실을 알 수 있다. 오히려 그 속성이 매우 닮아 있다는 사실을 알 수 있다. 물론 여기서 말하는 '문화'의 범주에는 저질이나 하급의 왜곡된 문화까지를 포함하지는 않는다. 사실 인류의 역사를 돌이켜 보면, 지금까지 인간이 만든 문화 속에서 지속적으로 발전에 발전을 거듭하여 오늘에 이른 것임을 알 수 있다. 그렇기 때문에 우리는 문화가 만물을 이롭게 하면서도 서로 다투지 않는 속성이 있음을 이해할 수 있다. 물론 오늘날의 인류는 서로 다른 문화적 가치체계를 인정하지 않고, 서로 대립하고 갈등하며 심지어 문화적 충돌 양상이 빚어지는 것도 사실이다.

그러나 이러한 양상들은 문화의 본질적이며 자연스런 모습과는 거리가 멀다. 인간의 이기심과 작위적인 욕망이 개입된 상태의 질곡桎梏된 문화라고 할 수 있을 것이다. 그렇기에 문화 본래의 속성과는 거리가 먼 셈이다. 문화의 본질은 '다툼爭'이 없어야 한다. 다만 다양한 문화의 차이와 그 다른 점을 인정하는 자세만이 요청될 뿐이다. 연구자에게는 더더욱 그럴 것이다.

'소상팔경瀟湘八景'을 대상으로 시나 그림을 그리며 향유했던 사실도 중세에서 근대에 이르기까지 지속되었던 하나의 문화현상이었다. 이 문화현상은 한두 세기에 그친 것이 아니고, 특정한 지역에 국한된 문화현상도

---

3) 老子, 『道德經』 第八章, "上善若水, 水善利萬物而不爭, 處衆人之所惡, 故幾於道. 居善地, 心善淵, 與善仁, 言善信, 正善治, 事善能, 動善時, 夫唯不爭, 故無尤."

아니었으며, 게다가 일부 계층에 제한된 문화현상이 아니었다는 점에서 그 의미가 각별하다. 시간적으로는 천 년 이상 지속된 문화현상이었고, 공간적으로는 한국과 중국 그리고 일본이라는 동아시아 삼국이 공유했던 문화현상이었으며, 계층적으로는 한 나라의 군주를 포함한 왕실로부터 평민층에 이르기까지 국가를 구성하는 모든 계층에서 고루 향유했고, 그 갈래만 보더라도 회화는 물론이고, 시가문학에서 한시와 시조, 가사, 판소리, 잡가雜歌, 고소설에 이르기까지 다양한 양식으로 향유했던 문화현상이었다.

소상팔경의 발원지는 중국이었다. 그러나 그곳을 시나 그림으로 창작하면서 향유한 것은 중국보다 오히려 우리나라와 일본에서 더욱 활발했다는 점은 특이한 현상이다. 중국을 배경으로 소상팔경이 발원하였으나 이 문화현상은 '소상팔경'이라는 공간이 결핍되었던 한국과 일본에서는 더욱 절실했던 문화적 현상이었던 것으로 보인다. '소상팔경도瀟湘八景圖'와 '소상팔경시瀟湘八景詩'가 중국에서 발원發源하여 우리나라로 유입된 문화현상이라고는 하나 중국인들이 향유하던 모습 그대로 수용될 리는 없다. 물이 낮은 곳을 향하되, 그곳의 지형과 기후조건 등에 따라 스스로의 모습을 바꾸듯 문화 역시 낮은 곳으로 흐르되, 그곳의 고유한 지형과 기후조건 속에서 살아가는 사람들에 따라 그 모습을 달리하는 것이다.

『주례周禮』, 「동관고공기冬官考工記」를 보면, "귤나무가 회수淮水를 넘어서 북쪽으로 가면 탱자나무가 되고, 구욕鸜鵒새는 제수濟水를 넘지 않으며, 오소리가 문수汶水를 넘으면 죽는 일은 모두 지기地氣 때문이다."[4]라는 기록이 있다. 이는 환경에 따라 사물과 대상이 변화됨을 일컫는 말로 문화 역시 토양과 기후 그리고 그 지역에 뿌리를 내리고 살아가는 사람들에 의해서 달라질 수밖에 없음을 의미하는 말이다. 때문에 소상팔경이라

4) 『周禮』「冬官考工記」, "橘踰淮而北爲枳, 鸜鵒不踰濟 貉踰汶則死 此地氣然也."

는 동일한 문화현상을 면밀하게 검토한다면 크게는 한국과 중국 그리고 일본이 속해 있는 동아시아 삼국의 자연에 대한 인식체계와 사유방식을 고찰할 수 있고, 작게는 소상팔경이라는 특정 경관에 대한 각국의 인식과 수용방식의 차이점을 드러낼 수 있을 것이다. 이 책은 그러한 작업을 위한 초석이 되는 셈이다.

소상팔경瀟湘八景은 중국 호남성湖南省에 위치한 동정호洞庭湖와 남쪽 영릉零陵 부근으로 '소강瀟江'과 '상강湘江'이 합쳐지는 근방의 여덟 경관을 말한다. 이곳의 여덟 가지 경관을 주제로 삼아 각 화폭에 그린 그림을 소상팔경도瀟湘八景圖라고 한다.

우리나라의 옛 문인들은 고려시대로부터 조선후기에 이르기까지 약 700년 이상에 걸쳐서 끊임없이 소상팔경을 대상으로 한시와 시조 그리고 가사, 판소리, 잡가雜歌에 이르기까지 다양한 갈래에 걸쳐 노래하였다.

그런데 정작 중요한 사실은 이 모든 갈래의 작품들을 창작한 문인들이 중국의 소상팔경에 직접 찾아가서 그곳의 실경實景을 체험하지 못했다는 점이다. 우리나라의 문인들이 소상팔경에 대해 노래한 작품들은 '소상팔경도'라는 그림을 통해서였고, 그도 아닌 경우는 오랜 세월동안 관념화되고, 누적된 소상팔경의 형상에 의지하여 작품 창작에 임했던 것이다. 따라서 소상팔경 시가문학은 소상팔경도의 그림과 그림을 통해 형성된 관념세계와도 매우 밀접한 관련을 갖고 있다.

『소상팔경』의 각 경景을 살펴보면, 「산시청람山市晴嵐」, 「연사모종烟寺暮鐘」, 「소상야우瀟湘夜雨」, 「원포귀범遠浦歸帆」, 「평사낙안平沙落雁」, 「동정추월洞庭秋月」, 「어촌낙조漁村落照」, 「강천모설江天暮雪」의 여덟 폭이다. 현재까지 조사한 바에 의하면 '소상팔경'이라는 제목으로 창작된 작품의 규모는 한시 470수, 시조 81수, 가사 1작품, 판소리 「춘향가」와 「심청가」, 「흥보가」, 「수궁가」 등에 삽입된 소상팔경가 등이다. 뿐만 아니라 시조와 가사 그리고 고소설 등의 경우 소상팔경을 제목으로 삼지는 않았더라도 작품 속에 등장하는 소상팔경 관련 내용들까지 모두 포함한다면 그 작품 수는 실로 엄청난 양이다.

이 책은 이처럼 방대한 분량의 작품을 대상으로, 관념화되었던 '소상팔경'의 실체를 규명하고자 하는 의도에서 출발한다. 소상팔경의 여덟 경관을 읊으면서 시인들이 생각했던 각 장면들의 관념의 실체가 어떠했는지 그 의미를 밝히고자 한다. 말하자면 여덟 경관을 노래한 개별 시제의 의미는 무엇이고, 왜 시인들은 끊임없이 소상팔경을 노래하고자 하였는가, 시인의 내면에 존재하고 있던 무엇인가를 소상팔경이라는 시제로 의미 있게 재구성을 하고 있었는가 하는 점이 이 책의 중심이 될 것이다. 이를 통해 소상팔경도瀟湘八景圖가 왜 그토록 오랜 세월동안 한국과 중국 그리고 일본이라는 동아시아 삼국에서 한 나라의 군주와 지배계층으로부터 일반 평민들에 이르기까지 공유할 수 있는 소재가 될 수 있었던가 하는 점이 규명될 것이다. 아울러 각각의 여덟 장면들은 어떠한 의미를 내포하고 있는가 하는 문제가 밝혀질 것으로 기대한다.

그런데 아쉽게도 소상팔경에 대한 지금까지의 연구 성과를 검토해 보면, 미술사의 영역에서는 소상팔경도에 대한 나름대로 축적된 성과를 거두었다. 그러나 문학 영역에서는 아직까지 연구가 미흡한 편이다. 물론 부분적으로 여러 시각에 근거하여 접근하고는 있으나 '소상팔경' 자체에 대한 심층 분석과 그를 통해 여덟 장면의 의미를 드러내려는 시도는 현재까지 전무한 편이다. 이 지점에서 소상팔경 시가문학에 대한 종합적이며 체계적인 연구의 필요성이 제기된다고 하겠다.

이 책을 통해 기대할 수 있는 효과와 활용 방안은 대략 몇 가지로 정리해 볼 수 있다. 첫째, 소상팔경을 소재로 삼아 작품을 창작했던 과거 문인들의 의식 세계를 규명할 수 있다. 그를 통해 소상팔경이라는 소재가 무슨 이유로 우리나라에서만 800년 가까이, 그리고 동아시아 삼국에서는 천년이 넘도록 끊임없이 불려지고 창작될 수 있었는가? 하는 점이 드러날 것이다. 둘째, 우리 문학사에서 소상팔경이 갖는 의의가 드러날 것으로 기대한다. 한시, 시조, 가사, 판소리, 잡가雜歌 등 우리 시가의 다양한 갈래에서 중심 소재로 등장했기 때문에, 이 갈래들에서 소상팔경이 어떻게 인식되고 형상화되었는가 하는 점을 통해 갈래의 특징 또한 드러낼 수 있으리라 기대한다. 셋째, '소상팔경'이 갖는 문학사와 회화사의 교섭 양상을 드러냄으로써 문화사 전반의 특징을 이해할 수 있다는 점을 기대한다.

소상팔경은 그림과 시를 별개로 논의할 수 없을 만큼 시문학과 회화와의 관련성이 중요하게 작용한다. 따라서 이는 지금까지의 문학사와 미술사의 연구 성과를 축적하고 세분화하는 한편 서로의 영역을 보다 심도 있게 연결하기 위한 건실한 징검다리 역할을 할 수 있을 것으로 기대한다. 시를 통해 그림을 연상할 수 있고, 그림을 통해서도 시를 읽어내기 위한 하나의 자료가 될 수 있을 것이다. 아울러 그림이나 시에 담긴 서사적 맥락을 파악하기 위해 유용한 단초를 마련할 수 있을 것으로 기대한다.

'소상팔경'을 노래한 시가문학 연구를 실제에서 활용할 수 있는 방안도 앞에서 언급한 맥락과 무관하지 않을 것으로 본다. 활용 방법으로는 다음과 같은 방안이 예상된다. 첫째, 문학사와 회화사의 발전단계에서 '소상팔경'이 어떠한 기능을 담당하였는가 하는 점을 평가하는 항목으로 활용 가능할 것이다. 말하자면 문학사와 예술사 전반의 특징을 이해하기 위한 지표로 활용할 수 있을 것이다. 둘째, 중세라는 거대한 틀 속에서 '소상팔경'은 근대와 어떠한 지점에서 자리하고 있으며, 중세라는 거대한 틀이 깨어지면서 내적으로 어떤 과정과 절차에 의해 근대가 성립되는가 하는 점을 '소상팔경'이라는 소재를 통해서도 접근이 가능하리라 판단한다. 말하자면 '관념산수화觀念山水畵'에서 '진경산수화眞景山水畵'로의 발전, '중국의 산수'에서 '조선의 산수'를 대상으로 문학과 미술의 소재가 자리잡아가는 과정에서, '소상팔경'은 어떠한 모습으로 생장소멸生長消滅의 과정 속에 자리하고 있었는가 하는 점을 밝히기 위한 자료로 활용할 수 있을 것이다.

2. 연구사

지금까지 소상팔경에 대한 연구는 크게 다섯 분야로 나뉘어 진행되었다. 첫째는 문학적 측면에서 접근한 연구였다. 둘째는 미술사적 측면을 중심으로 접근한 연구였다. 셋째는 음악적 측면에서의 연구였다. 넷째는 문학과 회화를 아우르고자 하는 측면에서 진행되었다. 마지막으로 다섯째는 도시공학적 측면에서의 연구 성과가 있었다.

우선, 문학 분야의 연구 성과는 이희승[1)], 성원경[2)], 김기탁[3)], 임창순[4)], 여기현[5)], 최경환[6)], 정운채[7)], 정용수[8)], 류재일[9)], 임재완[10)], 김성룡[11)], 안장

---

1) 李熙昇, 「歌詞 〈瀟湘八景〉 解說」, 『文章』 제3집, 1939.
2) 成元慶, 「瀟湘八景이 國內八景에 미친 影響考」, 『石溪趙仁濟博士 還曆紀念論叢』, 1977.
3) 金基卓, 「益齋의 〈瀟湘八景〉과 그 影響」, 『中國語文學』 제13집, 嶺南中國語文學會, 1981.
4) 任昌淳, 「匪懈堂 瀟湘八景詩帖 解說」, 『泰東古典硏究』 제5집, 泰東古典硏究所, 1989.
5) 呂基鉉, 「〈瀟湘八景詩〉의 表象性 硏究 」(I), 『泮橋語文硏究』 제2집, 泮橋語文硏究會, 1990.
   _____, 「〈瀟湘八景詩〉의 表象性 硏究 」(II), 『古典詩歌의 理念과 表象』, 1991.
   _____, 「八景系 詩의 表象性」, 『古典詩歌의 表象性』 , 月印出版社, 1999, 271-322쪽.
   _____, 「瀟湘八景의 受容과 樣相」, 『中國文學硏究』 제25집, 韓國中文學會, 2002.
   _____, 「雜歌 〈瀟湘八景〉의 形象化 特性」, 『人文社會科學論文集』 제31집, 광운대학교, 2002.
   _____, 「瀟湘八景의 시적 형상화 양상」, 『泮橋語文硏究』 제15집, 泮橋語文學會, 2003.
6) 崔敬桓, 「韓國 題畵詩의 陳述樣相 硏究」, 서강대학교 박사논문, 1991.
   _____, 「李仁老와 陳澕의 『宋迪八景圖』 詩 對比」, 『한국고전연구』 제1권, 1995.
7) 鄭雲采, 「瀟湘八景을 노래한 시조와 한시에서의 景의 성격」, 『국어교육』 제79·80합집, 한국국어교육연구회, 1992.
8) 鄭容秀, 「李後白의 瀟湘八景歌 辨證」, 『文化傳統論集』, 創刊號, 경성대 향토문화연구소, 1993.
   _____, 「瀟湘八景의 文學的 性格」, 『私淑齋 姜希孟 文學硏究』, 국학자료원, 1993, 138-151쪽.
9) 柳在日, 「李齊賢의 작품을 수용한 『南原古詞』 의 〈쇼상팔경〉 연구」, 『淵民學志』 제2권, 1994.

리[12], 천이두[13], 박일용[14], 김신중[15], 전경원[16], 정민[17], 류수열[18], 김남기[19], 지영재[20] 등에 의해 마련되었다.

둘째, 미술사 분야에서의 연구 성과는 안휘준[21], 강미숙[22], 김순명[23], 송희경[24], 김지혜[25], 이상남[26], 장계수[27] 등에 의해 마련되었다.

셋째, 음악 분야에서의 연구 성과는 서인화[28]에 의해 마련되었다. 넷째, 문학과 회화를 아우르고자 한 시도는 조은심[29], 고연희[30] 등에 의해서 시도되었다. 마지막으로 도시공학적 측면에서의 연구 성과는 최기수[31]에

---

10) 林在完, 「匪懈堂〈瀟湘八景詩帖〉飜譯」, 『湖巖美術館硏究論集』 제2집, 1994.
11) 김성룡, 『여말선초의 문학사상』, 한길사, 1995.
12) 安章利, 「韓國八景詩 硏究」, 韓國精神文化硏究院 博士論文, 1997.
_____, 『한국의 팔경문학』, 집문당, 2002.
13) 千二斗, 「〈춘향가〉의 '몽중가'소고－「심청가」의 '소상팔경 지나갈 제'와 관련하여」, 『판소리연구』 제8집, 판소리학회, 1997.
14) 박일용, 「〈심청가〉 '강상풍경' 대목의 변이 양상과 그 의미」, 『판소리연구』 제8집, 판소리학회, 1997.
15) 金信中, 「瀟湘八景歌의 관습시적 성격」, 『古詩歌硏究』 제5집, 1998.
16) 전경원, 「瀟湘八景의 含意와 情緖的 寄與－'平沙落雁'을 중심으로」, 『겨레어문학』 제27집, 2001.
_____, 「瀟湘八景의 含意와 情緖的 寄與－'洞庭秋月'을 중심으로」, 『겨레어문학』 제28집, 2002.
_____, 「瀟湘八景의 含意와 情緖的 寄與－'漁村落照'를 중심으로」, 『겨레어문학』 제29집, 2002.
17) 정 민, 「16·17세기 조선 문인지식인층의 江南熱과 西湖圖」, 『고전문학연구』 제22권, 2002.
18) 류수열, 「〈수궁가〉소재 노정기의 존립과 변이」, 『판소리연구』 제14집, 판소리학회, 2002.
19) 김남기, 「『列聖御製』에 실린 조선 국왕의 題畵詩 연구」, 『한국문학논총』 제34집, 2003.
20) 지영재, 「소상팔경·송도팔경」, 『서정록(西征錄)을 찾아서』, 푸른역사, 479-556쪽, 2003.
21) 安輝濬, 「大和文華館所藏 〈煙寺暮鐘圖〉解說」, 『季刊美術』 제3집, 1977.
_____, 「國立中央博物館所藏 〈瀟湘八景圖〉」, 『考古美術』 제138·139合本, 1978.
_____, 「韓國 瀟湘八景圖 硏究」, 『韓國繪畵의 傳統』, 文藝出版社, 1988.
22) 강미숙, 「韓國의 瀟湘八景圖에 나타난 美意識 考察」, 한남대학교 석사논문, 1992.
23) 金順明, 「朝鮮時代 初期 및 中期의 瀟湘八景圖 硏究」, 홍익대학교 미술교육석사논문, 1992.
24) 宋熹暻, 「中國 南宋의 瀟湘八景圖와 그 淵源 硏究」, 이화여자대학교 대학원 석사논문, 1993.
_____, 「南宋의 瀟湘八景圖에 관한 硏究」, 『美術史學硏究』, 한국미술사학회, 1995.
25) 金智惠, 「日本 文化廳 所藏 金玄成贊 〈瀟湘八景圖〉 考察」, 『美術史學』 제14호, 한국미술사교육연구회, 2000.
26) 李相男, 「朝鮮初期 瀟湘八景圖 硏究」, 이화여자대학교 대학원 석사논문, 2000.
27) 張桂秀, 「朝鮮後期 瀟湘八景圖에 대한 硏究」, 동국대학교 대학원 석사논문, 2000.
28) 서인화, 「단가 소상팔경 연구」, 『韓國音盤學』 제10호, 한국음반학회, 2000.
29) 趙銀心, 「瀟湘八景圖와 瀟湘八景詩의 比較 硏究」, 건국대학교 석사논문, 2001.
30) 고연희, 「瀟湘八景, 고려와 조선의 詩·畵에 나타나는 受容史」, 『동방학』 제9집, 한서대학교 동양고전연구소, 2003.
31) 최기수, 「曲과 景에 나타난 한국전통경관구조의 해석에 관한 연구」, 한양대학교 도시공학 박사논문, 1989.

의해 마련되었다.

소상팔경瀟湘八景에 대한 관심과 연구는 미술사학 분야보다 문학 분야에서 먼저 시도되었다. 최초의 연구는 1939년 이희승 박사로부터 시작되었다. 그는 1939년 4월에 간행된 『문장文章』 제3집에 「가사 소상팔경 해설」이라는 제목의 글을 발표했다. 이 글은 초창기 연구 성과로 소상팔경 가사의 원문을 제시하고, 어구를 주해하여 후대의 연구자들에게 편의를 제공했다는 점에서 그 의의를 찾을 수 있다.[32]

처음 이희승에 의해 연구의 물꼬가 터졌으나 후속 연구가 한동안 이어지질 못했다. 학계에서는 1970년대 후반에 들어서면서 다시 소상팔경에 관심을 갖기 시작했다. 성원경은 소상팔경이 국내의 팔경 문학에 미친 영향에 주목하였다. 그는 이 논문에서 중국의 소상팔경이 국내의 팔경시에 미친 영향을 논의하였다. 소상팔경의 주요한 이미지를 형성하고 있는 '낙안落雁', '귀범歸帆', '청람晴嵐', '모운暮雲'[33], '추월秋月', '야우夜雨', '만종晩鐘', '석조夕照' 등의 형상이 우리의 산수시山水詩에 어떠한 영향을 주었는가 하는 점에 주목하여 그와 유사한 표현이 드러난 작품들과 대비하였다. 아울러 우리나라의 팔경문학과 이에 영향을 받아 등장한 십경十景 혹은 십영十詠으로 형성된 시제들의 내역을 소개함으로써 소상팔경이 국내에 미친 영향을 언급하였다. 그러나 소상팔경의 구체적인 작품 세계가 전혀 다루어지지 않았다는 점에서 많은 아쉬움이 남는다.[34]

김기탁은 소상팔경의 내용과 소상팔경과 시화일치詩畵一致라는 항목을 통해 논의를 전개했다. 그 가운데서도 익재 이제현을 중심으로 고찰하였다. 『고려사高麗史』에 등장하는 소상팔경 관련 언급과 익재의 생애, 그리고 중국에서의 활동 등을 소개하고 있다. 주목할 만한 언급은, "서경체가敍

---

32) 李熙昇, 「歌詞 〈瀟湘八景〉 解說」, 『文章』 제3집, 1939.

33) '모운(暮雲)'은 '강천모설(江天暮雪)'의 '모설(暮雪)'을 '모운(暮雲)'으로 오인(誤認)했다.

34) 成元慶, 「瀟湘八景이 國內八景에 미친 影響考」, 『石溪趙仁濟博士 還曆紀念論叢』, 1977.

景體歌의 정형이라 하는 「한림별곡翰林別曲」이 총 8연이라는 것과 「소상팔경」의 팔경이라는 시의 형식은 우연의 일치라기보다 분명히 '팔경'이라는 소제小題의 한 연장체 형식을 본받았다고 생각한다."[35]고 하였다. 그러나 이 역시 구체적인 작품에 대한 논증 과정 없이 이론적인 설명에만 그치고 있는 점이 아쉽다. 김기탁의 연구 이후로 또 한동안 소상팔경에 대한 연구가 한산했다. 그러다 1989년에 이르러 다시 한 번 연구자들의 흥미를 끌게 되는 자료가 공개되기에 이른다.

임창순은 그동안 행방 자체가 묘연했던 『비해당소상팔경시첩匪懈堂瀟湘八景詩帖』을 학계에 소개했다.[36] 그는 이 자료를 소개하면서 당시 시첩詩帖의 제작 경위와 문화사적 가치와 자료적 가치 등을 언급했다. 아울러 『비해당소상팔경시첩』의 원문을 공개하여 관심 있는 연구자들에게 큰 도움을 제공했다. 이로 인해 소상팔경 연구의 편폭이 넓어지는 동시에 다시 한번 관심을 갖게 된 계기가 되었다.

소상팔경 문학에 대한 연구는 1990년대에 들어서면서 본격적인 작품 연구가 시작되었다. 그 시발이 된 연구는 여기현에 의해서였다. 여기현은 소상팔경시의 표상성表象性에 주목하는 일련의 연구 성과를 발표하였고[37], 이를 토대로 고전시가의 표상성을 묶어 내기에 이른다.[38] 이 연구에서 소상팔경시가 양식화된 시적 대상을 노래하면서, 그 양식적 대상에

---

35) 金基卓, 「益齋의 〈瀟湘八景〉과 그 影響」, 『中國語文學』 제13집, 嶺南中國語文學會, 1981, 356쪽.

36) 『비해당소상팔경시첩(匪懈堂瀟湘八景詩帖)』은 비해당(匪懈堂) 안평대군(安平大君, 1418~1453)이 중심이 되어 만든 소상팔경시첩이다. 안평대군은 중국 송(宋)나라 영종(寧宗)이 쓴 시(詩)를 베껴 쓰고, 소상팔경도를 그려 판각한 다음 고려시대의 문장가였던 이인로와 진화의 시를 옮겨 적고, 당대의 집현전 학사들과 문단에서 시명을 떨치던 승(僧) 등이 참여하여 총19명이 자신의 친필로 소상팔경시를 창작하여 두루마리로 꾸민 첩이다. 이 가운데 현재는 소상팔경도와 송나라 영종의 시가 누락된 상태로 45면의 첩장(帖裝)으로 남아 전한다. 이 시첩은 2004년 5월 7일 보물 제1405호로 지정되었고, 현재 국립중앙박물관에서 보관하고 있다.

37) 呂基鉉, 「〈瀟湘八景詩〉의 表象性 硏究 」(I), 『泮橋語文硏究』 제2집, 泮橋語文硏究會, 1990.
_____, 「〈瀟湘八景詩〉의 表象性 硏究 」(II), 『古典詩歌의 理念과 表象』, 1991.

38) 呂基鉉, 「八景系 詩의 表象性」, 『古典詩歌의 表象性』, 月印出版社, 1999.

흥취를 얻는 방식이 각 시인의 표현원리에 따라 다르게 나타난다는 점을 밝혔다. 구체적인 작품 분석을 통해 이인로의 경우는 경물景物을 묘사하는 것에 중점을 두는 방식으로 흥취를 일으켰다면, 익재 이제현의 경우는 경물 묘사와 서정敍情을 일치화 시키는 정경상생情景相生을 지향하고 있음을 지적하였다. 그리고 후대로 갈수록 사경寫景보다는 서정에 치중된 기흥寄興의 방식을 취하게 되고, 그 결과 소상팔경을 시제로 하면서도 실제 내용에 있어서는 팔경 가운데 어떤 장면을 노래한 것인지 알 수 없을 정도로 이념화되고 관념화되는 경향을 보이고 있다고 지적했다.[39)]

뒤를 이은 최경환의 연구는 소상팔경만을 대상으로 삼았던 성과는 아니었으나, 우리나라 제화시題畫詩의 진술양상陳述樣相에 관심을 갖고 연구했다. 그는 이 연구를 통해 제화시의 보편적이고 공통적인 작시원리作詩原理, 즉 그림과 관련된 시적 진술의 전체적인 양상들을 체계적으로 정리했다. 아울러 동양화의 이론을 근거로 하여 제화시 작품들에 사용된 여러 표현방법들을 규명해냄으로써, 한시의 하위 갈래로서 그 밖의 다른 여러 시체詩體, 특히 산수시山水詩 혹은 자연시自然詩에 사용된 여러 표현 방법들을 밝히는 데 필요한 이론적·실제적 근거를 부분적이나마 제공했다는 점에서 의의를 찾을 수 있다. 반면, 연구자 스스로 언급한 바와 같이 시와 그림을 비교하지 않은 채, 동양화의 속성을 밝히고 있는 이론에 근거하여 논의를 진행함으로써 화면상의 이미지를 시적으로 변형시켰다는 점을 지나치게 일반화하였다는 오해의 소지는 한계로 지적될 수 있다.[40)]

정운채는 '경景'을 산수시의 한 층 위로 보는 관점을 토대로 소상팔경을 노래한 시조와 한시를 대비적으로 검토하였다. 이를 통해 한편으로는 산수시 일반론에 대한 논의를 진전시키고, 다른 한편으로는 시조와 한시의

39) 呂基鉉, 위의 책, 321-322쪽.
40) 최경환, 「韓國 題畫詩의 陳述樣相 硏究」, 서강대학교 박사논문, 1991.

양식적 특성을 변별적으로 드러내고자 하는 의도에서 작성된 연구 성과물이었다. 먼저 과거 한시론漢詩論에서 '경'을 어떻게 인식하고 논의했는가를 검토했다. 한시론에서 경을 다루는 관점은 첫째, 『시경詩經』 '육의六義' 가운데 부賦·비比·흥興 등 시의 기법에 사용되고 있는 '물物', 둘째, '정경교융情景交融'을 지향하고 있는 정경론情景論에서의 '경', 셋째, 화론畵論을 응용한 형신론形神論에서의 '형形' 등 세 가지로 요약되는데, 모두 정情과의 관계 구도 속에서 '정'을 귀착점으로 하고 있음을 밝혔다. 그리고 소상팔경을 노래한 시조와 한시에서 '경'이 어떠한 양상으로 나타나는지를 비교 검토하였다. 그 결과 시조가 시적 자아를 출발점으로 하여 발화의 상대를 귀착점으로 하고 있는 대화의 어법을 지향하는 반면, 한시는 대상인 경을 출발점으로 하여 시적 자아를 귀착점으로 하고 있는 독백의 어법을 지향하고 있는 양식적 특성을 드러냈다.[41] 이를 통해 한시의 '경'은 한시론에서 논하고 있는 경의 범주에서 설명이 가능하지만, 시조의 경은 그것이 불가능하다는 사실을 논증하면서 한시론과는 영역을 달리하는 시조론의 마련을 요청했다는 점에서 의의가 있다.[42]

정용수는 이후백의 시조 「소상팔경가瀟湘八景歌」를 연구대상으로 삼았다. 그는 이 논문에서 고려시대 이인로, 진화, 이제현과 조선조 강석덕의 소상팔경시를 전범典範으로 삼고 이들의 작품들을 여덟 장면의 시제별로 대비시킨 후, 이후백의 시조 작품 8수를 변증하였다. 그 결과 소상야우瀟湘夜雨, 평사낙안平沙落雁, 동정추월洞庭秋月, 원포귀범遠浦歸帆을 제외한 나머지 네 작품인 산시청람山市晴嵐, 연사모종煙寺暮鐘, 어촌낙조漁村落照, 강천모설江天暮雪은 이후백의 작품이라고 보기 어렵다는 자세를 신중하게 드러냈다.[43] 이와 함께 강희맹이 익재 이제현의 무산일단운巫山一段雲

41) 정운채, 「윤선도의 시조와 한시의 대비적 연구」, 서울대학교 대학원 박사논문, 1993. 이 논문에서 시조와 한시의 양식적 특징을 명료하게 밝힌 바 있다.
42) 정운채, 「瀟湘八景을 노래한 시조와 한시에서의 景의 성격」, 『국어교육』 79·80, 1992.

형식의 소상팔경시를 차운한 작품을 대상으로 연구했다. 그 결과 무산일단운 형식의 소상팔경은 두 가지 방식으로 가창되었음을 지적했다. 하나는 익재의 구법句法을 따라 차운한 방식이며, 다른 하나는 조선식으로 악부화樂府化한 방식이다. 이들 모두가 가창하기 위한 방식임에는 틀림이 없다고 밝혔다.44)

류재일은 『춘향전』의 이본異本 가운데, 판소리계 소설인 『남원고사南原古詞』를 대상으로 익재 이제현의 한시 소상팔경이 『남원고사』의 서사체계 내에서 어떤 작용을 하며, 그 작품적 가치를 고조시키게 하는가 하는 문제를 논의였다. 그 결과 소상팔경이 본래 작품으로부터 일정한 변화를 통해 판소리계 소설이 추구하는 다채로운 미감을 창조하고 있다는 사실과 작중 인물인 이도령과 독자들에게 팔경八景의 순차적인 대치 과정을 통해 그들로 하여금 시간과 공간적으로 확대된 현실의 다층적인 세계를 조망케 하고 있다는 점을 지적했다. 아울러 『남원고사』에 삽입된 소상팔경은 이제현의 작품에 일정한 사설을 부가시킨 서사 기법을 통해 그 정경을 피사체와 같은 모습으로 재조직함으로써, 대중소설의 면모를 지닌 판소리계 소설에 적합한 작품적 분위기를 창출했다고 평가했다. 결국 익재의 소상팔경을 수용한 『남원고사』의 소상팔경은 판소리계 소설의 구성 요소로서 존재하며 『춘향전』이 지닌 문학적 아름다움을 고조시키는 의미를 지니고 있다고 평가했다.45)

임재완은 임창순이 1989년 학계에 공개한 『비해당소상팔경시첩匪懈堂瀟湘八景詩帖』을 우리말로 옮기는 작업을 진행했다. 이를 통해 관심 있는 연구자들에게 자료에 접근할 수 있는 편의를 제공하였으나 조금 더 세밀한 주석 작업이 필요한 점이 아쉬움으로 남는다.46)

---

43) 정용수, 「李後白의 瀟湘八景歌 辨證」, 『文化傳統論集』, 경성대 향토문화연구소, 1993.
44) 정용수, 「瀟湘八景의 文學的 性格」, 『私淑齋 姜希孟 文學硏究』, 국학자료원, 1993, 138-151쪽.
45) 류재일, 「李齊賢의 작품을 수용한 『南原古詞』의 〈소상팔경〉 연구」, 『淵民學志』 제2권, 1994.

최경환은 앞서 살핀 1991년의 연구에 이어 제화시題畵詩의 이미지 재산출에 있어서 시적 화자의 기능과 시의 길이에 대한 연구를 진행했고[47], 이어서 다시 한 번 이인로와 진화의 「송적팔경도宋迪八景圖」 시를 대비하는 연구를 진행했다. 그 결과, 화면상의 이미지를 재산출하는 방향은 크게 두 가지로 구분할 수 있음을 지적했다. 하나는 화면상의 이미지라는 시적 대상의 객관성을 강조하는 방향이고, 다른 하나는 화면상의 이미지를 음미하는 시인 자신의 주관성을 강조하는 방향임을 언급하면서 전자를 강조하는 시들은 주로 화면상에 그려진 경물들의 상태를 묘사하는데, 이로 인해 경물이 보이는 상태의 구체성이 시에서 부각되는 반면 후자를 강조하는 시들은 주로 화면상에 그려진 경물들의 상태에 대한 감각적 인상이나 그 경물의 상태로 인해 촉발된 화자의 내면 상태가 부각된다는 점을 밝히고 있다. 아울러 화면상의 이미지를 재산출하는 방향은 시적 화자의 유형과 시의 길이에 의해 좌우된다는 점을 지적했다. 화면상의 이미지라는 시적 대상의 객관성을 강조하는 시들, 즉 화면상에 그려진 경물들의 상태를 묘사하는 시들은 주로 시적 화자의 감각에 지각된 경물들의 상태를 묘사하고, 이때 시적 화자는 주로 외재적 화자나 내재적 화자가 설정되고, 시형으로는 비교적 장형의 시가 선택됨을 지적했다. 반면 화면상의 이미지에 대한 시인 자신의 인상을 표현하는 시들은 주로 경물들의 상태에 대한 화자 자신의 시각적 인상과 그 경물들의 상태로 말미암아 촉발된 화자 자신의 내면상태를 표현한다. 이때 시적 화자는 주로 극화된 화자가 설정되고, 시형으로는 비교적 장형의 시가 선택되는 원리를 규명했다.[48]

김성룡은 이론과 작품 그리고 이론과 작품을 통괄한 기본성향이라는 항목을 설정하여 고려 말에서 조선 초에 이르는 문학사상을 연구하였다.

---

46) 임재완, 「匪懈堂〈瀟湘八景詩帖〉飜譯」, 『호암미술관연구논집』 제2집, 1994.
47) 최경환, 「題畵詩의 이미지 再産出에 있어서 시적 화자의 기능과 길이」, 『淵民學志』 제2집, 1994.
48) 최경환, 「李仁老와 陳澕의 『宋迪八景圖』 詩 對比」, 『한국고전연구』 제1권, 1995.

그는 이 연구의 작품론에서, "조선 왕조의 장엄한 문물을 노래한 문학은 권근을 지나면서 두 갈래로 나뉜다. 그 하나는 경물의 공간적인 확대로서 전 국토에 걸친 관심의 확대라고 한다면, 다른 하나는 주변 경물에서 즐거움을 느끼고 내밀한 기쁨을 발산하는 문학이라 하겠다."[49]며 서거정을 위시한 일련의 흐름을 지적하며 '승경勝景'의 노래라는 항목을 설정했다. 또한 이론적 측면에서는 '성시산림의 의식세계'라는 항목을 통해서 소상팔경을 다루고 있다. 이 논의를 통해서, "시운론자들은 경물시를 통해서 경물로부터 촉발된 안온하고 화려한 정서를 그려내는 데 치중한다. 그런 시작법은 주제를 드러내는 데 치중하는 시작 태도와 대조된다. 시운론자들은 시 창작의 소재로 삼은 경물, 곧 미적 대상은 그 대상이 취할 수 있는 가장 이상적인 상태로 현존하고 있다고 생각한다. 미적 대상은 그 이상과 현실이 완벽히 조화하고 있다는 것이다. 그러므로 미적 대상의 내용은 곧 형식으로 발현되어 나왔다는 것이 된다. 이런 경물로부터 받은 미감 또한 가장 이상적인 감정이다. 나아가 대상과 감정은 이 둘을 그렇게 되도록 명한 광악지기로 말미암아 서로 같은 범주인 것이 발견되었다. 대상은 표현해야 할 주제인 것이고 대상에서 받은 흥취는 곧 대상의 더할 나위 없는 양상을 노래한 아름다운 노래가 되고 만다. 그러니 흥취가 곧 주제인 것이고, 표현해야 할 주제는 이미 대상적 존재로 환원되어 나타나 있는 것이다."[50]라고 지적했다.

안장리는 우리나라의 팔경시八景詩에 주목한 일련의 연구 성과를 제출하였다. 한국에서의 팔경시 창작이 이루어진 고려 중기부터 전통이 확립된 조선 전기까지를 각각 형성기, 발전기, 집성기 등으로 나누어 살펴보았다. 형성기는 소상팔경시의 유행기로 당대의 문인인 이인로, 진화를 비롯

49) 김성룡, 『여말선초의 문학사상』, 한길사, 1995, 164쪽.
50) 김성룡, 위의 책, 1995, 231-232쪽.

하여 이규보 등이 소상팔경시를 지었고, 이규보의 소상팔경시 여섯 편은 자연의 묘사뿐 아니라 인간의 삶과 관계된 내용을 형상화함으로써 팔경시가 삶의 현실과 가까워지는 계기를 마련하였다고 지적했다. 발전기는 이제현이 원나라 조맹부의 무산일단운을 받아들여 무산일단운 소상팔경시와 송도팔경시를 지은 때부터 조선 초기 신도팔경시가 지어진 시기까지로 규정하고, 이 시기에 팔경시의 공간을 한국으로 옮겼을 뿐 아니라 김극기의 한국팔경시를 이어 역사적 의식을 담았다고 평가했다. 집성기는 서거정에 의해 기존의 팔경시가 집성되며, 아울러 본인이 다수의 작품을 창작하여 팔경시의 전통을 확립하는 시기로 규정했다. 이 시기에는 소상팔경시에 대한 관심이 다시 제고되는 시기임을 언급하면서, 집현전 문단의 좌장격인 안평대군이 집현전 관료 문인들에게 소상팔경을 대상으로 한 그림과 시를 짓게 하여 고려 명종대의 성대한 일을 재현하는 등 소상팔경시의 부흥기를 맞이했다고 평가했다. 또한 이 시기에는 한국 팔경시와 소상팔경시가 조화롭게 공존하면서 한국팔경시의 창작이 확대되는 양상을 보여준다고 평가했다.[51] 이 논문에서는 한국의 팔경시를 중점 대상으로 삼고 있기에 소상팔경시에 대한 전반적인 자료 정리나 분석에 대한 점은 아쉬움이 남는다.[52]

---

51) 安章利, 「韓國八景詩 硏究」, 韓國精神文化硏究院 博士論文, 1997.
_____, 『한국의 팔경문학』, 집문당, 2002.

52) 예컨대, 안장리, 『한국의 팔경문학』, 집문당, 2002, 37-38쪽에 정리되어 있는 소상팔경시(瀟湘八景詩)의 목록은 『한국문집총간』 1권에서 160권까지의 내용을 대상으로 정리한 것이다. 그런데 이 가운데는 다수의 작품이 누락되어 있거나 잘못 기재된 경우가 있어 바로 잡을 필요가 있다. 예컨대, 『한국문집총간(韓國文集叢刊)』 제18권, 13쪽을 보면, 정희량(鄭希良)의 『허암유집(虛庵遺集)』 「소상팔경」에 '산시청람(山市晴嵐)'을 비롯하여 소상팔경 작품 여덟 수가 실려 있지만 목록에는 누락되어 있다. 마찬가지로 『한국문집총간』 제19권 216쪽, 홍언필(洪彦弼)의 『묵재집(默齋集)』에도 소상팔경 작품 여덟 수가 실려 있다. 아울러, 『한국문집총간』 제100권, 409쪽에도 정두경(鄭斗卿)의 『동명집(東溟集)』 에도 소상팔경 작품 여덟 수가 실려 있다. 또 바로잡아야 할 것은 나세찬(羅世纘)의 작품이 실렸다고 소개한 『용문집(龍門集)』은 '나세찬'의 문집이 아니고, '조욱(趙昱)'의 문집이다. 착오가 있었던 것으로 보인다. 게다가 이 목록은 『한국문집총간』만을 대상으로 삼은 것이기에 이인로의 작품이 수록되어 있는 『삼한시귀감(三韓詩龜鑑)』과 『동문선(東文選)』 그리고 강석덕의 소상팔경 작품이 수록되어 있는 『동문선(東文選)』 소재 소상팔경

천이두는 「춘향가」의 '몽중가夢中歌'를 「심청가」의 '소상팔경瀟湘八景' 지나갈 제와 대비하면서, 여주인공의 삶의 발전과정과 관련하여 고찰하였다. 결론을 요약해 보면, 첫째, 심청과 춘향은 다같이 역대의 열녀와 열사들 혹은 열녀들을 만나는데, 예외 없이 천추의 한을 품은 원혼들이다. 그들이 심청과 춘향에게 그 억울한 사연을 호소하고 있다는 공통점이 드러난다고 지적했다. 말하자면 그 원혼들은 심청과 춘향에게 '넋두리'를 하고 있으며, 결과적으로 심청과 춘향은 그 원혼들을 위무慰撫하는 샤먼의 기능을 행사하고 있으며 이는 판소리 안에 무가적巫歌的 요소가 담겨 있음을 반증하는 사실로 보았다. 둘째, 이 소상팔경의 대목이 나오기 전까지의 서사맥락은 심청과 춘향이 엄청난 한을 안고 살아가는 상황에 놓여 있지만 이 대목을 통해 한을 삭임으로써 새로운 삶의 지평을 열어나갈 수 있게 된다는 점, 그리고 이 장면에서 열녀, 열사들은 심청과 춘향에 대한 격려자들이며, 새로운 삶의 영위를 위한 스승들로 등장한다는 점을 지적했다. 마지막으로 열녀, 열사들의 원억冤抑한 한은 샤먼 기능을 담당하는 심청과 춘향에게 쏟아내는 넋두리로써 풀이를 이루고, 심청과 춘향은 열녀, 열사들이라는 격려자 내지 스승을 만남으로써 자기들의 한을 삭일 수 있게 된다. 이를 무속적 관점에서 보면, 사자死者인 역대 원혼들의 한 풀이는 생자生者인 샤먼 곧 심청과 춘향에 의해서 이루어지는 수동적인 것이지만, 심청과 춘향의 한의 삭임은 열녀, 열사들의 격려와 교훈을 받기는 하지만 결국 심청과 춘향 자신들의 주체적 가치지향성에 의해 이루어지는 능동적 의지임을 간과할 수 없다고 주장하였다.[53]

시에 대한 기록이 누락되었다. 뿐만 아니라, 안평대군의 『비해당소상팔경시첩(匪懈堂瀟湘八景詩帖)』에 수록된 한시 작품들, 그리고 『열성어제(列聖御製)』에 수록된 성종과 숙종의 소상팔경 작품들, 그리고 『한국문집총간』의 형식으로 묶이지 못한 개인 문집, 아울러 중인(中人) 계층의 시선집인 『소대풍요』와 『풍요속선』 『풍요삼선』 등에 수록된 소상팔경시에 대해서까지는 미처 정리되지 못했다는 아쉬움이 남는다.

53) 千二斗, 「〈춘향가〉의 '몽중가' 소고－「심청가」의 소상팔경 지나갈 제와 관련하여」, 『판소리연구』

박일용은 판소리에 대한 정보를 가장 많이, 그리고 가장 확실하게 담고 있는 것이 판소리 사설이라는 전제하에, 판소리 사설 또는 판소리계 소설이 어떤 경로를 거쳐 오늘에 이르게 되었는가를 추적하는 작업의 일환으로 「심청가」 가운데 가장 애호를 받아 온 '강상 풍경' 대목의 변이 양상을 고찰했다. 심청가에서 심청이 심봉사와 이별하고 인당수로 가는 과정에 등장하는 강상 풍경 가운데, 이른바 '범피중류'라 불려지는 더늠을 대상으로 한 연구물이다. 그 결과 많은 이본異本들에는 현행 판소리에서 불려지지 않는 '소상팔경'과 같은 대목이 들어 있으며, 한편으로는 현전 창본이 거의 이 이본군을 바탕으로 사설을 짜고 있는 듯한 모습을 보여주고 있음을 분석했다. 그러면서 이본군은 이전 단계에 필사본이나 판소리 창본으로 불려지던 심청전 이본들을 종합하여 가장 확대된 형태로 정리한 판소리 대본이 아닐까 하고 조심스럽게 추측했다. 동시에 이러한 이본 군과 같이 식자층識者層이 완정한 형태로 교합보정을 한 대본을 바탕으로 하여 판소리 창자들이 새로운 음악을 창작하여 더늠을 확장함으로써 판소리사의 전개가 이루어진 것이 아닌가 하는 추정을 했다.[54]

김신중은 소상팔경의 관습시적 성격이라는 주제에 대해 고찰하였다. 논문은 소상팔경가의 제작 관습에 대해서 먼저 고찰한 후에 이후백의 소상팔경 시조와 임억령의 한역시를 대상으로 논의를 전개했다. 논의 결과, 고려 때부터 창작된 소상팔경가는 자체 내의 성격 변화를 겪으면서 조선 후기로 이어지는데, 그 변화 양상은 사실적 서경성敍景性을 중시하는 태도에서 관념적 서정화敍情化를 지향하는 방향으로 진행되었음을 지적하면서, 이 과정에서 특히 강화된 관념적 성향은 열절烈節을 앞세운 윤리성임을 주장했다. 이는 이후백의 시조를 임억령이 한역漢譯한 작품을 통해

제8집, 판소리학회, 1997.

54) 박일용, 「〈심청가〉 '강상 풍경' 대목의 변이 양상과 그 의미」, 『판소리연구』 제7집, 판소리학회, 1997.

알 수 있는데, 개작의 배경으로는 조선 중기 사림파의 진출과 그에 따른 재도적載道的 문학관의 강화라는 시대적 사조가 작용했다고 판단했다. 이처럼 이후백의 시조와 임억령의 한역가는 소상팔경가의 변모 과정에서 파생된 두 유형을 함축적으로 보여주고 있으며, 이 두 유형은 다시 후대의 가사체 작품에 그대로 반영되어 있다고 평가했다.[55]

전경원은 「평사낙안平沙落鴈」을 필두로 세 차례에 걸쳐 소상팔경 관련 논의를 진행하였다. 논의의 출발은 소상팔경이라는 제목 아래 존재하는 여덟 장면을 노래한 구체적 작품들의 공통점은 무엇이고, 각각의 장면들을 통해 역대 문인들이 말하고자 했던 함의含意가 무엇인가에 논의의 초점을 맞추고 연구를 진행했다. 평사낙안을 토대로 연구한 결과에 의하면 전체 작품 가운데 압도적인 수의 작품이 서경敍景보다는 서정敍情에 치우치고 있으며, 현실적 삶에 대한 시선이 많은 부분 작품에 반영되고 있음을 확인했다. 「평사낙안」이라는 제목을 통해 작품을 노래할 때는 주로 '출처진퇴出處進退' 내지는 '처세處世'의 문제를 다루고 있었다. 이처럼 소상팔경에 속한 각각의 장면들을 시로 읊을 때 시인들은 어떠한 내용을 담아내고 있었는가 하는 점에 초점을 맞춘 논의였다. 그러나 당시에만도 지속적으로 소상팔경에 대한 다양한 갈래의 자료들이 끊임없이 정리되는 단계였기 때문에 포괄적이며 체계적인 논의를 마련하기에는 부족한 상황이었기에 아쉬움이 많았고, 논의를 진전시키기에도 많은 어려움이 있었다.[56]

여기현은 앞서 살핀 바와 같이 1990년부터 시작된 관련 연구에 이어서 소상팔경의 수용과 양상, 잡가雜歌 소상팔경의 형상화 특성, 소상팔경의 시적 형상화 양상[57] 등을 다시 논의하였다. 소상팔경의 수용과 양상에서

---

55) 金信中, 「瀟湘八景歌의 관습시적 성격」, 『古詩歌硏究』 제5집, 한국고시가문학회, 1998.
56) 田京源, 「瀟湘八景의 含意와 情緖的 寄與－'平沙落鴈'을 중심으로」, 『겨레어문학』 제27집, 2001.
_____, 위의 책, 제28집, 2002.
_____, 위의 책, 제29집, 2002.

기존 논의와 구별되는 점은 고려 중기 이후 소상팔경을 수용함에 있어서 몇 가지 특징을 보이고 있다고 지적한 부분이다. 우선 팔경의 배열이 초기에는 자연의 사계절에 따른 배열을 보이지 않던 것이 조선 초기에 와서 사계절의 순환에 따라 팔경을 배열하고 있다는 점에 주목하면서 이를 조선조 사대부들의 성리학적 인식론과 깊은 연관이 있다고 평가했다. 그래서 작품 내에 시간과 계절을 알 수 있는 시어詩語를 조어造語함으로써 작품의 유기성을 획득하고 있다고 언급했다. 이러한 현상은 무엇보다도 '소상팔경'에 가보지 못한 조선조 사대부들에게 있어 이미 관념화되었기 때문에 생기는 현상이라고 판단했다.[58)]

잡가雜歌 소상팔경의 형상화 특성이라는 논문은 시대에 따라 장르에 따라 또 개인적 감성에 따라 표현미학이 다를 것이고, 동일한 시적 대상에 대해 형상화하는 방식도 각기 다를 것이라는 전제하에 시도된 연구였다. 그 결과, 잡가로 창작되고 불려진 소상팔경가瀟湘八景歌는 그 노랫말이 창자의 다양성과 달리 획일화되어 있음을 확인했다. 이는 연행문학의 특성에 기인하는 것이라고 지적하면서, 그럼에도 불구하고 잡가 소상팔경가의 노랫말이 보여주는 형상화는 음영문학吟詠文學인 한시와는 달리 가창문학歌唱文學으로서의 특징을 보여주고 있으며, 그것은 형상화에 있어 매우 상세하고 실감 있는 묘사를 통해 팔경 각각의 주제를 핵심적으로 집약하고 있다는 점을 드러냈다.[59)]

소상팔경이 시적 형상화 양상에서는 소상팔경을 시적 대상으로 노래한 시가들의 형상화 양상을 분석했다. 그 결과 시적 대상에 대한 시인의 태도에 따라 크게 두 가지 형상화 양상을 찾아낼 수 있었다고 언급하면서,

57) 呂基鉉, 「瀟湘八景의 시적 형상화 양상」, 『泮橋語文研究』 제15집, 泮橋語文學會, 2003.
58) 呂基鉉, 「瀟湘八景의 受容과 樣相」, 『中國文學研究』 제25집, 韓國中文學會, 2002.
59) 呂基鉉, 「雜歌 〈瀟湘八景〉의 形象化 特性」, 『人文社會科學論文集』 제31집, 광운대 인문사회과학연구소, 2002.

하나는 '이물관물적以物觀物的' 태도로 시적 대상과 객관적 거리를 두고 그대로 묘회 하는 방식이고, 다른 하나는 '이아관물적以我觀物的' 태도로 객관적 거리를 감정이나 관념으로 대신하여 인식하는 형상화 방식임을 지적했다. 그러면서, 소상팔경을 노래한 시는 수용 초기에는 '이물관물적' 태도를 보이며 소상팔경의 아름다움을 묘회하는 방향으로 전개되다가, 후대로 오면서 개인의 감정이 이입되는 '이아관물적' 태도로 형상화의 길을 걸었다고 정리했다. 그리고 더 후대로 내려오면서 소상과 관련된 전고를 인식하는, 즉 관념화의 방향으로 형상화가 이루어진 것이라고 보았다.[60] 그러나 이러한 관점은 통시적 관점에서 작품 전체를 조망할 때, 작품의 실상과 일치하는 진술인지 아니면 시대와는 무관하게 작가마다의 개성이나 문학관 내지는 관점의 차이에서 비롯되는 것인지 보다 면밀한 검토가 요망된다고 하겠다.

정민은 16·17세기 조선 문인지식층들이 중국의 강남江南과 서호도西湖圖에 깊이 빠져 있던 문화적 현상에 주목하여 논의를 전개하였다. 이를 통해 관념 속의 상상인 점에서는 전대에 성행했던 소상팔경도와 다를 바 없었지만, 소상팔경이 구체성을 결여한 관념적 상상에 가까웠다면, 서호西湖는 보다 구체적이고 명시적인 구상성과 지향성을 띤 공간이었음을 언급했다. 이는 미시적微視的 관점에서 볼 때, 잇단 사화士禍 끝에 치열한 당쟁과 전란의 참화는 지식인의 내면에 깊은 그늘을 드리웠고, 이는 현실에 대한 혐오와 환멸을 불렀으며, 시대문풍과의 연관 아래 문학을 통한 낭만적 탈출을 꿈꾸면서 중국 강남은 이국정서를 부추기는 관념상의 유토피아로 자리 잡게 되고, 특히 서호가 지닌바 고사적·은일적 이미지로 인해 동경과 선망의 공간으로 자리매김된 결과임을 지적하였다.[61]

60) 呂基鉉, 「瀟湘八景의 시적 형상화 양상」, 『泮橋語文硏究』 제15집, 泮橋語文學會, 2003.

61) 정민, 「16·17세기 조선 문인지식인층의 江南熱과 西湖圖」, 『고전문학연구』 제22권, 한국고전문학회, 2002.

류수열은 「수궁가」 소재 노정기의 존립과 변이라는 연구를 통해, 수궁가의 노정기인 '고고천변'과 '범피중류', '혼령대목'을 창본唱本에 따라 살펴보았다. 그 결과 「수궁가」에 본래부터 내재해 있던 '고고천변'이 창본에 따라 큰 차이가 없는 사설을 가지고 있는 반면, 「심청가」에서 유입된 나머지 더늠은 상대적으로 삭제, 확장, 축소의 모습을 보여주고 있음을 지적했다. 이러한 이유는 구성상의 필연성, 인물의 행위 또는 심리와의 조응의 차이에서 말미암는다고 판단하면서, 결과적으로 이러한 점이 창으로 구성되는 각 더늠의 상대적 독자성을 낳는다고 주장했다.62)

김남기는 『열성어제列聖御製』에 실린 조선 국왕의 제화시題畵詩』를 대상으로 연구했다. 그는 이 논문에서 역대 국왕의 그림과 제영題詠 한시를 살펴보고, 국왕 제화시의 전개양상과 역사적 의미를 고찰하였다. 그런데 열성어제에 수록된 제화시문 편수를 정리하여 제시하면서, "제화시문 편수의 경우 시제에 도圖나 화畵 등 그림임이 분명하거나 내용상 그림을 보고 지은 경우로 한정하였다. 따라서 「소상팔경瀟湘八景」, 「관동팔경關東八景」처럼 제화시로 추정되지만 불명확한 경우는 편수에서 제외하였다."63)고 했는데, 이럴 경우 소상팔경시를 먼저 짓고, 화가에게 그림을 그리게 한 성종대왕의 작품이나 그림을 보고 창작한 성종대왕의 작품과 같은 경우는 제화시의 범주에서 제외되었다. 그런데 소상팔경도를 보고 시를 창작한 경우에만 제목에 반드시 '도'나 '화' 자字를 사용했던가? 말하자면 소상팔경을 그림으로 체험했던 문인들이 관념화된 소상팔경의 모습을 추체험推體驗에 의거 작품으로 재현할 경우에는 시제에 '도'나 '화'라는 표제를 사용할 수 없었을까 하는 의문이다. 하여튼 연구자는 결론을 통해, 제화시라는 문학적 양식을 통해 국왕의 문예적 취향을 드러내는 한편 정치적 지향을

62) 류수열, 「〈수궁가〉 소재 노정기의 존립과 변이」, 『판소리연구』 제14집, 판소리학회, 2002.
63) 김남기, 「『列聖御製』에 실린 조선 국왕의 題畵詩 연구」, 『한국문학논총』 제34집, 2003, 310쪽 각주 5번 참고.

보여준 것이 조선 후기 국왕 제화시의 특징이라고 정리했다. 그러나 19세기에 들어서면서 국왕 제화시의 비중이 현저하게 약화되면서 이러한 경향이 거의 사라지는데, 이는 19세기 중반부터 세도정치가 강화되면서 군권君權이 약화된 것과도 상당히 관련이 있는 것으로 보이지만 보다 엄정한 검증이 필요하다는 결론을 내리고 있다.[64]

지영재는 익재 이제현이 14세기 원나라 때 대륙을 가로질러 사천성 아미산까지 여행을 하고 나서 엮은 시집 『서정록西征錄』을 대상으로 작품 분석과 감상을 실은 성과물을 제출했다. 익재의 발자취를 따라 그대로 중국 현지를 답사하면서 작업을 완성했다. 그 가운데 익재의 무산일단운 소상팔경시에 대한 작품 소개와 해서 및 감상이 평이하게 수록되어 있다.[65]

미술사 분야에서 축적해 놓은 연구 성과들을 점검해 보면, 안휘준의 연구는 소상팔경도瀟湘八景圖에 대한 최초의 본격적인 연구로서, 후대 학자들에게 의미 있는 이정표를 제시했다는 점에서 그 의미가 크다. 문학과 미술사 분야 모두 안휘준의 연구 성과로부터 출발하고 있음이 확인된다. 안휘준은 이 연구에서 소상팔경도의 기원과 우리나라에 전래된 배경, 소상팔경이 우리나라의 팔경문화 생성에 이바지한 점, 소상팔경의 특징과 각각의 화폭이 지닌 특색을 정리하여 소개했다. 아울러, 조선조 초기와 중기 그리고 후기와 말기로 구분하여 통시적 관점에서 소상팔경도 화폭들의 변화 양상과 그 의미를 설명했다.[66]

강미숙은 우리나라의 소상팔경도에 나타난 미의식을 중심으로 연구했다. 강미숙은 이 논문을 통해, "소상팔경도가 오랜 역사를 이어오면서 그 시대마다의 새로운 화풍을 우리의 미감美感에 맞게 적절히 수용하여

64) 김남기, 위의 책, 332쪽.
65) 池榮在, 『서정록(西征錄)을 찾아서』, 푸른역사, 2003, 479-508쪽, 542-548쪽 참고.
66) 安輝濬, 「韓國 瀟湘八景圖 硏究」, 『韓國繪畫의 傳統』, 文藝出版社, 1988, 162-249쪽 참고.

여과시키고 받아들여 재창출하는 품격 높은 회화로 표현되었음"을 지적하는 한편, "가장 중요한 것은 우리가 독자적으로 한국화韓國化하여 실경산수實景山水에서 주제만을 부각시키는 상징적인 의미만으로 표현하는 격조 있는 관념산수觀念山水로 이상화理想化시켰음"[67]을 밝히고 있다.

김순명은 조선시대 초기와 중기의 소상팔경도를 중심으로 논의하였다. 중국 회화의 수용을 통해 우리 회화의 독자성을 어떻게 확립했었는지 하는 과정에 초점을 맞추어 변천 과정을 이해하고자 한 시도였다. 그 결과, 조선 초기에는 안견파安堅派 그림으로 창작되다가 중기에는 안견파 화풍과 함께 절파浙派 화풍으로 변모되었고, 후기에 이르러서는 남종화풍南宗畵風을 구사하여 시대양식을 반영함과 동시에 화가에 따른 개인 양식을 다양하면서도 뚜렷하게 형성함으로써, 중국의 고전적 주제를 수용하여 우리의 것으로 재창조하고 변화, 발전시켰음을 고찰하였다.[68]

송희경은 중국 남송南宋의 시대적 배경을 고찰하면서, 당대當代 사상적 배경과 소상팔경도에 담긴 선적禪的인 요소의 고찰을 시도했다. 그 결과, 소상팔경도는 단순하게 이상화된 산수화도 아니고 사실적인 산수화도 아니며, 작가와 자연 사이에 교류가 이루어진 심상心象의 산수화이자 평상심平常心을 강조하는 선사상禪思想에 바탕을 둔 것임을 드러내었다. 아울러 소상팔경도는 일격화逸格畵의 옷을 빌어서 나타난 것이라고 주장하였다. 그러면서 남송의 소상팔경도는 일격산수화의 확립에 있어서, 동시에 소상팔경도에 있어서 전형적인 모태가 되고 있음을 언급했다.[69] 그 이후에 발표한 논문에서는 소상팔경과 문학과의 관계를 검토하였다. 굴원의 「초사楚辭」로부터 유우석의 「죽지사竹枝詞」, 선禪 승려 혜홍의 「소상팔경

---

67) 강미숙, 「韓國의 瀟湘八景圖에 나타난 美意識 考察」, 한남대학교 석사논문, 1992, 69-71쪽 참고.
68) 金順明, 「朝鮮時代 初期 및 中期의 瀟湘八景圖 硏究」, 홍익대학교 교육대학원 미술교육석사논문, 1992.
69) 宋熹暻, 「中國 南宋의 瀟湘八景圖와 그 淵源 硏究」, 이화여자대학교 대학원 석사논문, 1993.

시瀟湘八景詩」와 옥간玉澗의 칠언절구 작품 등을 소개하였다. 「초사」 가운데 특히 '구가九歌'에서는 순임금과 아황·여영의 고사에서 비롯된 이별의 슬픔을 굴원 자신이 좌천된 감정에 비유했음을 지적하면서, 유우석 역시 이 고사를 중심으로 소상강을 이별의 상징으로 간주하고 슬픔과 외로움의 상징으로 반죽斑竹을 소재로 하였음을 언급했다. 아울러 남송 이전의 소상팔경도瀟湘八景圖를 정리한 후, 송적宋迪의 소상팔경도를 대상으로 문헌자료를 토대로 정밀하게 고증하였다.70)

김지혜는 현재 일본 문화청에서 소장하고 있는 조선시대 김현성의 소상팔경도를 대상으로 고찰했다. 이 그림은 고려시대 진화陳澕의 시를 김현성이 직접 그림에 옮겨 적었고, 손수 그림을 그렸다는 점에서 시서화詩書畵가 함께 어우러진 작품이다. 편파구도에 있어 분리된 2단 구도가 아닌 응축된 덩어리를 이루는 구도, 조선전기 안견파 산수화의 특징인 확대지향적인 공간감을 자아내지 않고 산세나 경물들 간에 짜임새 있는 유기적 화면을 구축하면서 깊이감이 부각되어 있다는 점, 산봉의 표현에 절파적 필묵법이 보이는 점 등을 들어 16세기 중반 이후의 작품으로 고증했다.71)

이상남은 재일교포인 김용두 씨가 소장하고 있던 소상팔경도를 중심으로 조선 초기 소상팔경도를 고찰했다. 이 논문은 15세기 후반 우리 화단의 경향을 살피고자 하는 의도에서 출발했다. 그러나 현재 남아 있는 대부분의 작품들이 16세기 전반기 이후의 작품들이기 때문에 그 실상을 검토하기 어려웠는데, 이를 극복하기 위해 '제화시題畵詩'라는 한시 갈래에 주목하였다. 현존하는 제화시를 통해 15세기에도 다양한 소상팔경도가 전개되었고, 화풍상으로 소상팔경의 화풍과 당시 일반 산수화의 화풍이 깊이 관련되며 소상팔경의 특징적 모티프들이 일반 산수화에서 자주 그려지고 있다

---

70) 宋熹暻, 「南宋의 瀟湘八景圖에 관한 연구」, 『美術史學研究』, 한국미술사학회, 1995.

71) 金智惠, 「日本 文化廳 所藏 金玄成贊 〈瀟湘八景圖〉 考察」, 『美術史學』 제14호, 한국미술사교육연구회, 2000.

는 사실을 밝혔다. 아울러 조선 초기 소상팔경도瀟湘八景圖의 면밀한 연구를 위해 영향관계가 추측되는 원대元代의 소상팔경도를 추적했고, 그 결과 현재까지의 연구 성과와는 달리 원나라 말기는 소상팔경을 대상으로 한 시와 그림이 매우 유행하였고, 특히 만권당萬卷堂을 통해 고려의 이제현 등과 교류했던 주덕윤, 조맹부, 우집 등이 소상팔경에 대한 기록을 남기고 있었던 사실을 문헌기록과 소상팔경도의 제화시를 통해 확인했다. 결국 조선 초기 소상팔경의 유행은 원나라 말기, 명나라 초기 중국의 소상팔경의 유행과 그 맥을 같이 하고 있었음을 드러냈다.[72]

장계수는 조선 후기에 등장한 소상팔경도에 주목하여 논의를 전개했다. 소상팔경도의 기원과 수용을 살핀 후, 조선 후기 소상팔경도와 소상팔경시의 관계를 고찰하였다. 그리고 조선 후기를 세 시기로 구분하여 소상팔경도가 각 시기마다 어떤 양식적 특징을 지니고 있었는가 하는 점을 고찰하였다. 가장 특징적인 변화로 제시한 것은 조선 후기에 이르러 표현 방법에서 주제를 강조하기 위해 다른 경물들을 과감하게 삭제하는 현상이었다. 이러한 변화는 조선 후기의 실용적 사고가 바탕이 되어 주제를 더욱 명확하게 이해하고자 하는 경향과 상통한다고 지적했다.[73]

이처럼 미술사학 분야에서의 연구 성과는 중국 남송南宋 때의 소상팔경도 그 연원에 대해 심도 있는 논의가 있었다. 또한 조선시대 전기와 중기 그리고 후기에 제작된 소상팔경도의 양식과 기법, 화풍, 수용양상 등 다방면의 연구와 검토, 그리고 고증이 이루어졌다. 뿐만 아니라 일본이나 미국에 소장되어 있는 소상팔경도 작품들에 대해서도 어느 정도 연구 성과가 마련되어 있다.

다음으로 음악 분야에서의 연구 성과는 서인화에 의해 처음 마련되었

72) 李相男, 「朝鮮初期 瀟湘八景圖 硏究」, 이화여자대학교 대학원 석사논문, 2000.
73) 張桂秀, 「朝鮮後期 瀟湘八景圖에 대한 硏究」, 동국대학교 대학원 석사논문, 2000.

다. 서인화는 「단가 소상팔경 연구」라는 논문을 통해 고음반古音盤에 녹취된 세 가지 소상팔경 중에, 판소리 심청가 중의 소상팔경과 가야금병창 소상팔경은 현재 심청가의 범피중류 혹은 범피중류와 혼령상봉 대목을 담고 있음을 고찰했다. 반면에 단가 소상팔경은 사설 구성에 있어서는 시와 그림의 한 소재로서의 소상팔경의 기원이라고 할 수 있는 소상팔경도瀟湘八景圖와는 그 팔경의 순서와 수록 내용의 차이를 보인다. 동편제의 정춘풍에서 시작하여 송만갑을 중심으로 전승된 단가 소상팔경은 대부분 송만갑에게 배운 명창들의 고음반에서 담담한 우조와 붙임새, 그리고 꿋꿋하고 거뜬거뜬한 흐름으로 동편제적인 성격을 반영하고 있다고 지적했다.[74]

넷째, 문학과 회화를 동시에 아우르고자 했던 시도는 조은심과 고연희 등에 의해 마련되었다. 조은심은 소상팔경도와 함께 고려시대로부터 조선 후기까지의 방대한 분량의 문집 가운데서 '소상팔경'을 노래한 한시 299수를 토대로 소상팔경도의 유래와 수용, 시대적 변천과 변이 양상을 살폈고, '소상팔경시'를 대상으로는 시대적 변천과 변이 양상 그리고 장면별로 검토하였다. 아울러 소상팔경도와 소상팔경시를 대상으로 장면별 비교와 분석을 실시했다.[75]

고연희는 시와 그림으로 수용된 소상팔경과 궁중으로부터 양반가의 유행을 거쳐 향유층의 저변확대를 이루어 나간 소상팔경도와 소상팔경시를 통시적 관점에서 접근하여 고찰하였다. 궁중의 화풍과 한시, 양반가의 화풍과 시조, 향유층의 확대를 통한 민화류로의 확대와 가사, 수용의 시공간적 변화와 그 의미의 항목을 설정하여 논의를 전개했다. 그러나 지나치게 도식화한 혐의를 피하기 어렵고, 미술사와 문학사에서 기존에 논의되었

74) 서인화, 「단가 소상팔경 연구」, 『韓國音盤學』 제10호, 한국음반학회, 2000.
75) 趙銀心, 「瀟湘八景圖와 瀟湘八景詩의 比較 硏究」, 건국대학교 석사논문, 2001.

던 수준을 크게 넘어서지 못한 채 통시적 관점에서 기존의 연구 성과를 정리한 수준에 머무르고 있다.[76]

도시공학적 관점에서 접근한 연구 성과는 최기수에 의해 마련되었다. 이 논문에서는 전체 논문 가운데 4장을 '경'에 나타난 한국의 전통 경관景觀이라 설정해 놓고, 우리 전통 문화 속의 '경'에 대한 관점을 고찰했다. 이러한 시각을 바탕으로 소상팔경瀟湘八景을 분석하였다. 그 결과 소상팔경이라는 중국의 '경'을 수용했지만 무조건적이고 일방적인 수용이 아니라, 우리만의 것으로 변천을 이루었다는 지적과 함께 우리 선조들이 자연을 보고, 느끼고 또 자연과 사람이 어우러지는 상황을 소상팔경이라는 틀에 맞추지 않고, 우리의 경에 대한 전통을 확립할 수 있었음을 보여주는 것이라고 주장했다. 종래에 마련되었던 미술사나 문학사의 연구 성과가 충실하게 반영되지 못한 채 기존의 범주 내에서 논의가 전개되었던 점이 아쉬운 대목이다.[77]

해외에서의 소상팔경에 대한 연구 성과를 검토해 보면 간혹 미국을 위시로 유럽의 관심은 있어 왔지만 주된 연구와 성과는 동아시아 삼국인 한국과 중국 그리고 일본에서 비교적 활발한 편이다. 한 가지 특이한 점은 중국에서의 소상팔경에 대한 연구는 한국이나 일본에 비해서 비교적 한산해 보인다. 중국의 경우, 김양모의 『중국산수화 당·송·원 권中國山水畵 唐·宋·元 卷』에서 소상팔경도 일부를 소개하고 있는 정도이다.[78] 진굉도 『강호江湖』라는 책에서 개괄적 산수의 특징만을 언급하고 있다.[79] 나름대로 소상팔경에 대해 심도 있게 다루고 있는 책은 유금춘이 공저한

76) 고연희, 「瀟湘八景, 고려와 조선의 詩·畵에 나타나는 受容史」, 『동방학』 제9집, 한서대학교 동양고전연구소, 2003.
77) 최기수, 「曲과 景에 나타난 한국전통경관구조의 해석에 관한 연구」, 한양대학교 박사논문, 1989.
78) 金羊毛 『中國山水畵 唐·宋·元 卷』, 廣西美術出版社, 2000.
79) 陳宏 外, 『江湖』, 百家出版社, 2002.

『악록풍경명승岳麓風景名勝』이 있다.[80)]

주목할 만한 연구 성과로는 중국 동정호洞庭湖 이남의 호남성湖南省 소상瀟湘 강변에 위치한 호남대학교 출판부에서 간행한 『호남여유문학명편선독湖南旅游文學名篇選讀』이라는 책에서 당시에 미불米芾이 그림 소상팔경도瀟湘八景圖를 구입하게 된 배경과 그가 쓴 소상팔경시瀟湘八景詩가 함께 기록되어 있는 「소상팔경도시병서瀟湘八景圖詩幷序」를 소개하고 있다. 이 자료에 의해서 최초로 소상팔경도를 그린 사람이 이성李成이었다는 사실과 여덟 개의 화제畵題를 바탕으로 시를 창작했던 최초의 문인이 미불米芾이었다는 사실이 밝혀졌다.[81)]

일본의 연구 성과는 시마다島田의 초창기 연구 성과에 크게 의존하는 경향이 짙었다.[82)] 그 후로도 그다지 심도 있는 연구가 진행되지 않다가 근래에 들어 소상팔경 연구에서 주목할 만한 성과를 내고 있다.

일본인 김택홍은 팔경도의 유래와 감상, 그리고 중국의 목계牧谿와 옥간玉澗의 작품 세계와 함께 설촌雪村과 설주雪舟라는 인물의 화풍과 영향 관계 그리고 소상팔경도에 대해 간략히 언급했다. 또한 무로마찌室町 시대에 유행한 수묵화로서의 팔경도와 일본에서의 전개에 대해 서술했다.[83)]

한국과 일본의 연구자가 공동으로 집필한 『한국의 미술 일본의 미술韓國の美術 日本の美術』이라는 책은 '소상팔경'의 개괄적인 내용을 다룬 입문서로서의 성격이 짙다.[84)]

최초로 소상팔경 전반에 대해 종합적인 검토 아래 제출된 연구는 굴천귀

---

80) 劉金春 외, 『岳麓風景名勝』, 中國 湖南文藝出版社, 1998.

81) 米芾, 「瀟湘八景圖詩幷序」, 『湖南旅游文學名篇選讀』, 中國湖南大學出版社, 2002.

82) 島田修二郎, 「宋迪と瀟湘八景」, 『南畵鑑賞』 104卷, 1931, 7쪽.

83) 金澤弘, 『雪舟の藝術 水墨畵論集』, 秀作社 出版, 2002年, 222-239쪽.

84) 鄭于澤·並木誠士, 『韓國の美術 日本の美術』, 昭和堂, 2003年, 104-107쪽.

사堀川貴司에 의해 마련된 『소상팔경—시가와 회화에 보이는 일본화의 양상瀟湘八景－詩歌と繪畵に見る日本化の樣相』이라는 성과물이다. 이 성과물은 원전강독原典講讀 세미나의 연속물로 간행된 책이었다. 이 책에서 '소상'과 '팔경'의 기원과 유래, 중국에서의 성립과 전개 과정, 조선에서의 수용, 그리고 일본으로의 이입移入 등을 앞에서 다루었다. 나머지는 일본에서 수용된 여러 팔경 문화를 다양하게 소개하고 있다.[85)]

이와 함께 주목되는 최근의 성과물로는 좌등강굉佐藤康宏의 저서 『강좌 일본미술사 3권—도상의 의미講座日本美術史 3—圖上の意味』라는 연구서가 동경대학교 출판부에서 간행되었다. 그는 이 책에 실은 판창성철板倉聖哲의 「탐유의 그림으로 본 동아시아 회화사探幽縮圖から見た東アジア繪畵史」라는 제목의 논문에서 17세기 탐유(1602~1674)라는 문인 화가가 그린 소상팔경도와 일본에서 소장하고 있다가 재일 교포 사업가인 김용두 옹이 우리나라 진주국립박물관에 기증한 소상팔경도를 포함하여 한·중·일 세 나라의 그림과 함께 비교적 상세하게 논의했다.[86)]

그러나 이상에서 살펴본 국외의 연구 성과물에서도 소상팔경의 개별 시제詩題 내지 화제畵題가 어떤 의미를 내포하고 있는지 혹은 어떤 서사적 맥락을 그려 놓은 것인지에 대한 문제는 논의하지 못하고 있는 실정이다.

지금까지 문학 분야, 미술사 분야, 음악 분야, 문학과 미술을 아우르고자 한 분야, 도시공학 분야, 국외의 연구 성과 등 여섯 분야로 나누어 각 분야별 연구 성과를 발표 순서를 기준으로 검토하였다. 정리하자면 우리나라의 경우는 최초로 이희승의 「가사 소상팔경 해설」로부터 소상팔경에 대한 본격적인 연구가 시작되었다. 그리고 한국 미술사 분야에서 안휘준의 연구 성과에 탄력을 받아 미술 분야와 문학 분야에서 일정 부분 만족할

---

85) 堀川貴司, 『瀟湘八景－詩歌と繪畵に見る日本化の樣相』, 臨川書店, 2002年.

86) 佐藤康宏, 『講座 日本美術史 3－圖上の意味』, 東京大學出版會, 2005年, 111-138쪽.

만한 성과를 거두었다고 판단된다.

그러나 조금 더 세밀하게 연구 성과를 들여다보면, 미술사 분야에서 이루어진 소상팔경도瀟湘八景圖의 여덟 장면들에 대한 심도 있는 분석에 비해 문학 분야에서의 접근은 아직 구체적 작품을 대상으로 심도 있는 논의가 이루어지지 못하고 있는 실정이다. 소상팔경도를 직접 보면서 시적 감흥이 떠올라 시를 창작했는데, 이때 시인들은 그림의 어떤 점을 보고 감흥이 일어나는가? 아울러 각각의 화제畵題들은 어떤 의미를 내포하고 있기에 천 년 이상의 기간 동안 생명력을 유지할 수 있었던가? 하는 점에 대한 규명이 체계적으로 이루어지질 못했다. 실례로 현재까지 제출된 문학 분야의 논문에서 분석 대상으로 삼거나 구체적으로 다루고 있는 소상팔경시 작품들을 확인한 결과, 현재까지 확인된 전체 550여 수 이상의 소상팔경 관련 시가문학 작품 가운데, 지금까지 발표된 논문에서 인용되고 있는 작품의 수는 기껏해야 총 80여 수에 지나지 않는다. 이는 전체 작품의 15% 내외에 해당되는 작품만을 지속적으로 연구 대상으로 삼고 있었다는 결과를 보여 준다. 이러한 점에서 소상팔경 시가문학에 대한 연구 결과가 과연 전체 작품의 실상을 대변할 수 있는 것인가? 아울러 연구결과의 대표성을 획득할 수 있을 것인가? 하는 의문이 제기된다. 또한 구체적인 작품 분석을 통한 논의보다는 이론적 측면이나 기타 갈래론, 화자론, 수용론 등에 치우친 논의 역시 큰 비중을 차지하고 있다. 물론 이러한 관점에서의 논의도 소중한 의미를 지닌다. 하지만 개별 작품들에 대한 작품론이 선행되어야만 여덟 장면에 대한 포괄적 논의가 가능해지고, 소상팔경 시가문학 일반에 대한 논의도 가능하리라 생각한다.

3. 소상팔경 시가문학의 자료 개관

소상팔경이 언제, 어디서, 누구에 의해 형성되었고, 이를 처음으로 그린 사람은 누구며, 아울러, 시 작품으로 창작한 사람은 누구인가 하는 점을 고찰할 것이다. 이를 통해 소상팔경의 형성 배경과 사적 전개의 과정이 밝혀질 것이다.

다음으로 소상팔경을 수용한 다양한 갈래의 작품들이 어떤 방식으로 존재하고 있었는가 하는 점을 중심으로 소상팔경의 문학적 범주와 규모를 고찰할 것이다. 이를 통해 한시와 시조, 가사, 판소리, 잡가 등 다양한 갈래에서 창작된 소상팔경 시가문학의 구체적 작품의 분량과 규모가 드러날 것이다.

마지막으로 이 책에서 다루게 될 소상팔경이라는 공간이 지니고 있는 서사적 내력에 대해 살펴볼 것이다. 공간이 지니고 있는 서사적 내력을 살펴봄으로써 왜 그곳을 토대로 소상팔경이 형성될 수밖에 없었던가 하는 필연적 이유가 밝혀질 수 있으리라 기대한다.

3.1. 소상팔경의 형성 배경

중국에서 소상팔경瀟湘八景이 언제 형성되었고 문학작품의 창작 대상이 되었는가 하는 점부터 살펴볼 필요가 있다. 소상팔경의 형성에 대하여 기존의 연구자들은 대다수가 이희승의 초창기 연구 성과에서 지적했던, 송대에 심괄이 지은 『몽계필담夢溪筆談』의 언급을 수용한 채 현재까지 그대로 따르고 있다.

> 탁지원외랑度支員外郎 송적宋迪은 그림을 잘 그렸는데, 특히 평원산수에 뛰어났다. 득의작得意作으로는 「평사낙안平沙落雁」, 「원포귀범遠浦歸帆」, 「산시청람山市晴嵐」, 「강천모설江天暮雪」, 「동정추월洞庭秋月」, 「소상야우瀟湘夜雨」, 「연사만종煙寺晩鐘」, 「어촌석조漁村夕照」가 있는데, 이를 일러 '팔경八景'이라고 한다. 호사가들이 이를 많이 전한다.[1]

문학 분야에서 이희승[2], 미술사 분야에서 안휘준[3] 등을 필두로 하여 그 이후에 발표된 일련의 연구에서도 이 부분을 줄곧 인용하면서 소상팔경 형성의 시발점으로 인식하고 있음을 알 수 있다.

그러나 1080년에 작성된 미불(1051~1107)의 『소상팔경도시병서瀟湘八景圖詩幷序』에 의하면, 송적(1014~1083 추정)이 소상팔경도를 그리기 이전에 이미 이영구(919~967) 일명 이성李成에 의해 소상팔경도가 그려졌던 사실이 중국 측의 고문서인 『호남통지湖南通志』에 수록되어 있다. 이 책에는 『소상팔경도시병서瀟湘八景圖詩幷序』라는 제목 아래 소상팔경의 일반적인 설명과 각 장면들의 주요한 특징 및 미불 자신이 창작한 소상팔경

---

1) 沈括, 『夢溪筆談』 卷十七, 「書畵篇」, "度支員外郎宋迪工畵, 尤善爲平遠山水, 其得意者, 有平沙落雁, 遠浦歸帆, 山市晴嵐, 江天暮雪, 洞庭秋月, 瀟湘夜雨, 煙寺晩鐘, 漁村夕照, 謂之八景, 好事者多傳之."
2) 이희승, 「歌詞 〈瀟湘八景〉 解說」, 『文章』 제3집, 1939. ; 『고시조와 가사감상』, 집문당(2004)에 재수록.
3) 안휘준, 『한국회화의 전통』, 문예출판사, 1997.

한시 작품을 수록하고 있는데, 글의 말미에 다음과 같은 기록이 첨부되어 있다.

> 내가 이영구(919~967)의 그림 소상팔경도를 돈을 주고 구입했다가 공무의 여가에 경景의 순서에 따라 하나하나 찬술했더니, 주인이 드러누워 손님을 마주하며 노는 듯하기에, 그 후로 가는 곳마다 지니고 다니며 보았다. 원풍 3년(1080년) 여름 4월에 양양襄陽 미불米芾은 서書하다.[4)]

이 기록을 통해 우리는 소상팔경도가 북송대의 화가 송적에 의해 처음 그려진 것이 아니라 그 이전에 이미 이영구라는 인물 즉, 이성[5)]에 의해 그려졌음을 확인할 수 있다.

따라서 소상팔경도가 형성된 시기는 송적이 활동했던 11세기 중반 북송 시대가 아니라, 이성이 활동했던 10세기 중반으로 당나라를 이은 오대십국五代十國의 시대였다. 그러므로 기존 학계에서 정설로 인정했던 북송 시대보다 100년 정도 앞선 시대였음이 입증된 셈이다.[6)] 최근에 간행된 중국의

---

4) 米芾, 「瀟湘八景圖詩幷序」, 『湖南旅游文學名篇選讀』, 中國 湖南大學出版社, 2002, 167-175쪽 참고. "余購得李營邱畵 『瀟湘八景圖』, 拜石余閑(卽公務之余), 逐景撰述, 主人以當臥游對客, 卽如携眺. 元卅三年夏四月, 襄陽米芾書."

5) 이영구(李營邱)는 곧 '이성(李成)'을 일컫는다. 자(字)는 함서(咸西), 먼 조상이 당나라 종실이었고, 산수화로 오래 이름이 높아서 스스로 일가를 이루었다.(卽李成, 字咸西, 先世祖先爲唐宗室, 擅長山水畵, 自成一家), 米芾, 「瀟湘八景圖詩幷序」, 『湖南旅游文學名篇選讀』, 中華民國 湖南大學校出版社, 2002, 173쪽 각주 41번 참고.

6) 이상남은 자신의 논문을 통해, "심괄(沈括)이 송적(宋迪) 소상팔경의 목록을 적은 이후 송적은 소상팔경도의 창시자로 널리 알려졌다. 그러나 송적이 소상팔경을 그린 최초의 인물인 것은 이견이 있다. 즉, 郭若虛의 『圖畵見聞志』, 휘종년간(徽宗年間, 1119~1125)에 지은 『宣和畵譜』에는 송적이 팔경도(八景圖)를 그렸다는 기록이 없고, 송적과 가장 친하게 교유했던 蘇軾의 문집에도 송적이 소상팔경도를 그린 기록은 없다. 다만 「瀟湘晩景圖」에 題한 詩가 있을 뿐이다. 송적 이전, 이성(李成)이 소상팔경을 그렸고, 『圖畵見聞志』에는 黃筌이 소상팔경도를 그렸다는 기록이 있다. 그러나 일본의 島田修二郞 교수는 자신의 논문 「宋迪と瀟湘八景」, 『南畵鑑賞』(104卷, 6-7쪽, 1931)을 통해 이러한 의견에 대해 당시 이미 李成 그림은 거의 없었고, 『益州名畵錄』에 황전이 瀟湘圖·八壽圖를 그린 기록이 瀟湘八景圖를 그린 것으로 誤記된 것으로 宋迪 이전 瀟湘八景圖가 그려졌다는 異說을 인정하지 않는다."고 지적했다. 이상남, 「朝鮮初期 瀟湘八景圖硏究」, 이화여대 석사논문, 2000, 5쪽, 각주 6번 참고. 그러나 이러한 견해는 당시에 중국에서 간행된 소상팔경 관련 자료를 광범위하게 확인하기 어려웠기 때문으로 보인다.

소상팔경 관련 자료들에서도 이러한 사실이 확인되고 있다.

북송北宋 가우嘉祐 연간(1056~1063)에는, 지금의 상강湘江 북대교北大橋 동인교東引橋 부근에 팔경대八景台가 있었고, 누대 위에 팔경도八景圖를 새겨 넣었다. 북송 원풍 3년(1080년)에 저명한 서화가이자 문학가인 미불〔米芾, 1051~1107, 자字는 원장元章, 호號는 해악거사海岳外史, 양양만사襄陽漫士, 세칭世稱 미남궁米南宮, 태원인太原人이고, 후에 양양, 진강 등지에 옮겨 살았다. 벼슬은 예부원외랑에 이르렀다.〕이 당나라 때의 이옹李邕을 흠모하여 「악록산비岳麓山碑」에 찬하여 글을 쓸 때, 악록산에 이르러 유람했는데, 이때 비석의 측면에 사詞를 지어 기념으로 남겼다. 또한 오대五代[7] 송초宋初의 화가였던 이성〔李成, 919-967, 자字는 함희咸熙, 사람들은 이영구李營丘라고 칭했다. 그의 진적眞迹은 북송 때 이미 매우 드물었고, 미불이 일찍이 지은 「무이론无李論」이 있다.〕의 팔경도를 구매하고는, 스스로 일컫기를, "공무公務의 한가한 틈에 경景을 차례대로 찬술했더니, 드러누워 손님을 대하는 듯할 뿐만 아니라, 가는 곳마다 지니고 다니면서 보고 있다."라고 했다. 이리하여 이성의 『소상팔경도시서瀟湘八景圖詩序』를 베껴서, 아울러 글과 함께 세상에 전했다. 그 후로 소상강 유역의 팔경은, 각 경이 있는 곳의 소재지마다 동일하지 않은 형식의 경관 건축물들이 별도로 세워졌는데, 예컨대 남송南宋 때, 영가永嘉 학파의 대표적 인물인 진부량陳傅良이 장사長沙에서 관리로 있을 때, 이미 팔경대八景台 근처에 두 채의 정자亭子를 세웠고, 역대 문인들이 노래를 짓고, 시를 지어 읊었는데, 그 가운데 비교적 널리 전해지고 있는 작품으로는 원대元代의 게해사揭奚斯, 진부陳孚, 정거부程鉅夫, 구양원歐陽元의 팔경시八景詩가 있고, 명대明代의 설훤薛瑄, 하원길夏原吉, 심명신沈明臣, 이몽양李夢陽, 원견옹顧玕雍, 당인唐寅, 장경張徑, 오도행吳道行의 팔경시 및 명나라 선종宣宗의 소상팔경도시瀟湘八景圖詩, 청대淸代의 장선張璇, 강유용江有溶 등 문인들의 팔경시가 있다.[8]

---

7) 당나라 말기에서 송나라 초기에 이르는 기간에 흥망(興亡)했던 양(梁) · 당(唐) · 진(晉) · 한(漢) · 주(周)를 일컫는 말로 '후량(後梁)'. '후당(後唐)'. '후진(後晉)'. '후한(後漢)', '후주(後周)'를 가리킨다.

8) 劉金春, 『岳麓風景名勝』, 中國湖南文藝出版社, 1998, 第六章, 橘洲攬勝, 160-163쪽. "北宋嘉祐年間(1056~1063), 今湘江北大橋東引橋附近建有八景台, 上嵌八景圖. 北宋元卅十年(1080), 著名書畫家, 文學家米芾(1051~1107) 字元章, 號海岳外史, 襄陽漫士, 世稱米南宮, 太原人, 后徙居襄陽, 鎮江等地, 官至禮部員外郎)因慕唐代李邕撰書的, 「麓山寺碑」, 至岳麓山游覽, 于碑的側面題詞留念. 又購得五代宋初畫家李成(919~967, 字咸熙, 人稱 "李营丘", 他的眞迹, 北宋時已經很少, 米芾曾作 "无李論")的八景圖, 自稱 "拜石余

위의 인용문을 통해서도 소상팔경도瀟湘八景圖를 그린 최초의 화가는 오대五代·송초宋初를 살았던 이성李成(919~967)이었음이 재차 확인되었다. 그런데 인용문의 언급에만 주목하면, 이성이 『소상팔경도시서瀟湘八景圖詩序』라는 이름으로 이미 그림과 함께 시를 창작했던 것으로 이해할 수도 있는데, 이는 인용문의 저자가 이성이 남긴 그림 소상팔경도를 위의 글에서 『소상팔경도시서』로 잘못 기록한 것으로 판단된다.

다음으로 소상팔경의 '소상'은 정확하게 어느 곳을 의미하는가 하는 점을 고증할 필요가 있다. 소상팔경의 배경이 되는 '소상'에 대해 11세기 중반의 서화가 미불米芾(1051~1107)은 다음과 같이 정의를 내리고 있다.

> 소수瀟水는 도주道州에서 발원發源하고, 상수湘水는 전주全州에서 발원하여, 영주永州에 이르러서 합류한다. 동정호洞庭湖 남쪽으로 두 물줄기가 모두 지나는 곳인 상음湘陰에 이르러 비로소 원수沅水와 만나고, 다시 동정호에 이르면 파강巴江과 더불어 물이 합쳐지기 때문에 동정호의 남쪽을 모두 소상瀟湘이라고 부를 수 있다. 이를테면 동정호의 북쪽은 한수漢水와 면수沔水가 세차게 흐르기에 그곳을 '소상'이라고 부를 수는 없다. 소상의 경관에 대해 얻어 들을 수 있는가? 동정호 남쪽으로 오면, 수면이 끝없이 넓고 아득하여 깊으면서도 푸르고, 겹겹의 산들이 층층마다 바위가 이어지면서 천리를 가는데, 하늘의 지붕이 텅 비어 푸른 사이에서, 안개와 노을이 삼키고 토한 것에 물들고, 바람에 돛단배와 모래밭에 새들은 나타났다 사라지며 왔다간 다시 가고, 물대水竹는 구름숲을 이루며 띠를 이루어 좌우를 비추고, 아침·저녁의 기운이 같지 않으며, 사계절의 기후가 한결같지 않다. 이것이 바로 소상의 대관大觀이다. 팔경八景의 극치極致는 앞에서 갖추어 나열했으니, 아울러 시와 함께 기록한다.9)

間(卽公務之余), 逐景撰述, 以當臥游對客, 卽如携眺." 于是寫成『瀟湘八景圖詩序』, 幷書傳天下. 此后瀟湘流域八景 景点所在地分別建有不同形式的觀景建筑, 如南宋永嘉學派的代表人物 陳傅良在長沙做官, 就在八景台旁建亭兩座. 歷朝文人相繼作歌作賦, 其中流傳較廣的, 元代有揭奚斯, 陳孚, 程鉅夫, 歐陽元的八景詩, 明代有薛瑄, 夏原吉, 沈明臣, 李夢陽, 顧玕雍, 唐寅, 張徑, 吳道行的八景詩及明宣宗瀟湘八景圖詩, 淸代有張璇, 江有溶等人的八景詩等.

9) 米芾, 「瀟湘八景圖詩幷序」, 『湖南旅游文學名篇選讀』, 中國 湖南大學出版社, 2002, 167쪽, "瀟水出道州,

이를 통해 알 수 있듯이 당시 소상팔경瀟湘八景의 배경이 되었던 '소상'은 동정호 남쪽 지역을 의미하는 것으로 이해할 수 있다. 소수와 상수가 각기 동정호 남쪽에서 발원하여 동정호를 향해 북쪽으로 흐르며, 원수와 합류되고, 다시 파강巴江과 합류되어 동정호로 흘러든다는 것이다. 따라서 소수와 상수가 흐르는 동정호洞庭湖 남쪽 지역을 '소상瀟湘'이라고 규정한 것임을 알 수 있다. '팔경'은 앞서 살펴본 '소상강' 일대에 자리 잡고 있던 실경實景에서 비롯되었다. 팔경八景의 구체적 장소와 그곳에 대한 개괄적 모습을 언급하고 있는 미불米芾의 작품을 통해 뒤에서 살펴보겠다. 그리고 최근 중국에서 간행된 저서를 통해 소상팔경瀟湘八景이 구체적으로 오늘날 어느 곳을 배경으로 창작된 것인지를 살펴볼 것이다. 소상팔경의 작품 순서는 당시 미불이 취했던 순서를 그대로 따르기로 한다.

이제 '팔경'에 대해 살펴볼 차례이다. 우선 주목하는 것은 '팔'이라는 숫자이다. 왜 많은 숫자 가운데 하필이면 '팔'이라는 숫자에 주목했었는가 하는 점에 의문을 갖지 않을 수 없다. 이러한 의문에 대해서는 팔이라는 숫자가 지니고 있는 동양적 수리관數理觀에 기초하여 함축적 의미를 살펴볼 것이다. 옛 문헌에 등장하는 팔이라는 숫자가 지닌 관습적 함의를 먼저 고찰하고 다양한 어휘 용례를 통해 팔이라는 숫자에 내포된 의미를 추출해 보겠다. 동양의 우주관과 철학적 사유체계가 집대성되어 있는 『주역周易』에서는 팔이라는 숫자를 어떻게 이해하고 있는가 하는 점을 먼저 살펴본다.

湘水出全州, 至永州而合流焉. 自湖而南皆二水所經, 至湘陰始與沅水會, 又至洞庭與巴江之水合, 故湖之南皆可以瀟湘名. 若湖之北, 則汉沔蕩蕩, 不得謂之瀟湘. 瀟湘之景可得聞乎. 洞庭南來, 浩淼沉碧, 疊嶂層岩, 綿衍千里, 際以天宇之虛碧, 染以烟霞之呑吐, 風帆沙鳥, 出沒往來, 水竹云林, 映帶左右, 朝昏之氣不同, 四時之候不一. 此則瀟湘之大觀也. 若夫八景之极致, 則具列于左, 幷紀以詩."

> 하늘이 하나, 땅이 둘, 하늘이 셋, 땅이 넷, 하늘이 다섯, 땅이 여섯, 하늘이 일곱, 땅이 여덟, 하늘이 아홉, 땅이 열이니, 하늘의 수가 다섯이요, 땅의 수가 다섯이니, 다섯 자리가 서로 얻으며 각각 합함이 있으니, 천수는 이십오요, 지수는 삼십이라. 무릇 천지의 수가 오십오니, 이것으로써 변화하며 귀鬼와 신神을 행한다.[10)]

이처럼 주역에 따르면 1, 3, 5, 7, 9의 다섯 숫자는 하늘에 해당하고, 2, 4, 6, 8, 10의 다섯 숫자는 땅에 해당한다. 땅의 질서는 짝수로 설명하고 있다. 그런 까닭에 경景을 이야기할 때는 팔경八景이니 십경十景이니 하는 제목으로 삼고 있음을 알 수 있다. 그 가운데서도 팔경이 많은 비중을 차지하는 것은 봄, 여름, 가을, 겨울의 사계절을 각각 두 개의 경씩 배열하기 위한 의도가 전제되어 있기 때문이 아닌지 판단된다. 그런가 하면 『관자管子』에서는 숫자 팔과 관련하여 다음과 같은 언급을 하고 있다.

> 천도는 아홉으로 제어하고, 지리는 여덟으로 제어하며, 인도는 여섯으로 제어한다. 하늘로 아버지를 삼고, 땅으로 어머니를 삼아 만물을 열었으니, 모든 것이 하나의 큰 줄기이다. (天道以九制, 地理以八制, 人道以六制. 以天爲父, 以地爲母, 以開乎萬物, 以總一統.)[11)]

『관자』에 따르면 천도가 구로 제어되고, 지리는 팔로 제어된다고 했다. 이로써 보면 땅이나 지리를 대변하는 숫자는 '팔'이 된다. '팔경'이라고 하면 지상에 존재하는 모든 경물景物을 포괄하는 의미로 해석할 수 있는 여지가 생긴다. 말하자면 땅 위에 존재하는 모든 경을 집약적으로 형상화해낸 것이 팔경이 되는 셈이다. 지리적 관점에서 볼 때 '소상팔경瀟湘八景'의 무대가 중국 호남성湖南省 동정호洞庭湖 남쪽 지역이라는 특정한 지역

---

10) 『周易』, 繫辭上傳, 第九章, "天一地二, 天三地四, 天五地六, 天七地八, 天九地十, 天數五, 地數五, 五位相得, 而各有合, 天數二十有五, 地數三十. 凡天地之數 五十有五, 此所以成變化 而行鬼神也."

11) 『管子』, 卷十四.

에 국한되어 있으나 그곳을 배경으로 형상화된 팔경의 세계는 한정된 공간만의 특징이 아니라 다른 모든 공간을 표상하고 있다는 점에 주목할 필요가 있겠다. 그렇다면 우리말 어휘에서 내재된 '팔八'의 의미는 어떨까? 숫자 팔이 사용된 어휘들을 대상으로 어떤 공통점이 내재되어 있는가 하는 점을 추출해 본다.

① 팔괘八卦 : 중국 상고 시대에 복희씨伏羲氏가 지었다는 여덟 가지 괘로 건乾 · 태兌 · 이離 · 진震 · 손巽 · 감坎 · 간艮 · 곤坤의 여덟 괘를 이른다. 이 여덟 가지의 괘를 통해 세상 만물과 인간사의 모든 현상을 설명한다.

② 팔방八方 : 사방四方과 사우四隅로 동 · 서 · 남 · 북과 북동 · 북서 · 남동 · 남서의 여덟 방위, 건乾 · 감坎 · 간艮 · 진震 · 손巽 · 이離 · 곤坤 · 태兌의 여덟 방위, 이곳저곳, 모든 방면.

③ 팔진八鎭 : 동서남북의 사방四方과 서남, 서북, 동남, 동북의 사우四隅, 따라서 모든 방향을 의미한다.

④ 팔도八道 : 조선 시대에, 국토를 여덟 개의 도로 나눈 행정 구역으로 경기도 · 충청도 · 경상도 · 전라도 · 강원도 · 황해도 · 평안도 · 함경도를 가리킨다. 팔로八路, 우리나라의 '전국全國'을 달리 이르는 말.

⑤ 팔달八達 : 길이 팔방으로 통하여 있음, 모든 일에 정통함.

⑥ 팔고八苦 : 사람이 인생에서 겪을 수 있는 여덟 가지 괴로움.

⑦ 팔면八面 : 모든 방면.

⑧ 팔자八字 : 한 평생의 운수.

⑨ 팔진八珍 : 맛있는 음식, 여덟 가지의 진미珍味.

⑩ 팔난八難 : 인간사에서 일어날 수 있는 여덟 가지 재난.

이러한 어휘들을 통해 우리는 팔八이라는 숫자에 내재되어 있는 동양적東洋的 수리관數理觀의 한 단면을 읽어낼 수 있다. 이 외에도 많은 어휘들이 있지만 모두 열거할 수는 없다. 다만 종합적으로 고찰할 때, 팔이라는 숫자에는 이 세상에 존재하는 사물과 현상의 모든 국면을 포괄하며 아우르는 개념이 내포되어 있다. 이러한 점은 일본에서 제출된 소상팔경 관련

연구에서도 언급되고 있음이 확인된다.

> '팔八'이라는 숫자는, 예컨대 '팔방八方' '팔굉八紘' '팔황八荒' '팔주八州'라고 하는 것처럼 공간적으로 '모든 방향', '모든 토지'라고 하는 의미를 나타낼 때 사용됩니다.[12]

이처럼 한국과 중국 그리고 일본의 동아시아 삼국에서 동양적東洋的 수리관數理觀에 입각하여 사용하고 있는 팔八이라는 숫자에는 '모든 방향'과 '모든 땅' 그리고 '모든 국면'과 '모든 상황'의 의미가 내재되어 있음이 확인된다. 따라서 소상팔경瀟湘八景은 소상瀟湘 일대를 배경으로 하고는 있지만 그 개별 작품간의 관계에 주목해 보면 그 이면에는 세상에 존재하는 모든 국면과 상황이 여덟 가지의 개별 제목마다 독립적으로 녹아들어가 있을 것임을 미루어 짐작할 수 있다. 그것들이 어떤 개별적 의미를 지니고 있으며 작품 전체 구조에서 각각 어떤 단계를 설명하고 있는가 하는 점 등을 고찰함이 이 책의 목적이 될 것이다.

3.1.1. 소상야우

소상야우瀟湘夜雨는 말 그대로 소상강瀟湘江 밤에 비가 내리고 있는 형상을 다룬 작품이다. 미불米芾은 이 작품을 소상팔경시瀟湘八景詩의 첫머리에 배치했다. 그의 『소상팔경도시병서瀟湘八景圖詩幷序』의 기록을 보면, 그림의 순서에 따라 하나씩 찬술했음을 밝히고 있는 것으로 보아 이성李成이 그린 소상팔경도 역시 소상야우 그림이 가장 앞에 배치되었던 것으로 보인다.[13] 소상야우에 대한 기록과 미불의 작품을 살펴보면 다음과 같다.

---

12) 堀川貴司, 『瀟湘八景-詩歌と繪畫に見る日本化の様相』, 臨川書店, 2002, 6쪽, "八という數字は, たとえば「八方」「八紘」「八荒」「八州」というように空間的に「すべての方角」「すべての土地」といった意味を表わすとき使われます."

13) 米芾, 「瀟湘八景圖詩幷序」, 『湖南旅游文學名篇選讀』, 中國 湖南大學出版社, 2002, 170쪽 참고. "余購得

참대나무 떨기는 일산처럼 우거졌고, 자고새가 슬피 운다. 강변 구름은 어둑어둑, 강물은 아득하고도 그윽하다. 강물이 폭포를 이루며 바다에 이르러, 쏟아 붓는 듯 기울인 듯하다. 눈물 흘리는 연객이 춤을 추고, 비파 뜯는 상령이 구슬프도다. (瀟湘夜雨 詩幷序：苦竹叢翳, 鷓鴣哀鳴. 江雲黯黯, 江水冥冥. 翻河倒海, 若注若傾. 舞泣珠之淵客, 悲鼓瑟之湘靈.)

大王長嘯起雄風	대왕의 장탄식에 거센 바람 일더니,
又逐行雲入夢中	다시금 구름 쫓아 꿈속에 들어가네.
想象瑤台環佩濕	비에 젖은 요대 모습을 생각하자니,
令人腸斷楚江中[14]	사람 애간장이 초나라 강에서 끊기네.

인용문에서 드러나듯 미불米芾이 이성李成의 소상야우도瀟湘夜雨圖를 보며, 인식했던 소상야우瀟湘夜雨는 대나무 떨기가 무성하고, 강변의 구름이 어두운 색을 드러내며, 강물은 아득하면서도 그윽하다고 표현했다. 아울러 강물이 폭포를 이루며 바다에 쏟아지듯 거세게 내리고 있는 모습을 형상화하고 있다. 자고새가 우는 장면이나 비파 뜯는 상수의 영혼을 슬퍼한다는 표현은 작가의 상상력이 동원된 것으로 이해할 수 있다.

소상야우의 공간은 영주永洲 성城 동쪽에 있다. 상수湘水는 영주성永洲城 경내에 있는 소수瀟水와 더불어 합수合水된 뒤에, 소상瀟湘이라고 칭한다. 비 내리는 소상강瀟湘江의 야경은 옛 문인들이 기록하여 뜻을 붙인 저명한 경관이다. "주룩주룩 비 내리는 상강의 나무들, 어두침침한 초나라 하늘길. 평온하게 이어진 나루터의 배, 흘러서 하류로 내려가지 못하게 하네."(元, 揭奚斯) 처량하지만 아무런 도움도 되지 못하는 심경으로, 밤비 내리는 형상 그 자체에 의하면 온통 슬프고 처량함에서 벗어나질 못한 채, 천백 년을 왔다. 사람들은 소상야우에 애정을 두는 것이 산하山河에 내리는 밤비 때문인지 아니면 영혼의 밤비 때문인지 모른다.[15]

李營邱書『瀟湘八景圖』, 拜石余閑(卽公務之余), 逐景撰述, 主人以當臥游對客, 卽如携眺. 元卅三年夏四月, 襄陽米芾書."

14) 米芾, 「瀟湘八景圖詩幷序」, 『湖南旅游文學名篇選讀』, 中國 湖南大學出版社, 2002, 168쪽 참고.

인용문은 최근 중국 호남성에서 간행된 소상팔경瀟湘八景 관련 책자 가운데 소상야우瀟湘夜雨에 대한 기록이다. 소상瀟湘에 비 내리는 경관에 주목하기보다는 소상야우의 형상이 지닌 의미에 주목했다. 슬프고 처량한 정조를 자아내는데, 사람들이 소상야우에 관심을 갖는 이유가 소상에 내리는 밤비의 형상 때문인지 아니면 순임금과 두 비妃였던 아황·여영에 얽힌 고사故事 때문인지 모르겠다고 언급하고 있다.

3.1.2. 산시청람

산시청람山市晴嵐은 산 속에 형성된 저자市를 배경으로 멀리로 보이는 푸르스름하고 흐릿한 기운을 의미한다. 이를 배경으로 시詩와 화畵가 창작된 것이다. 미불米芾의 『소상팔경도시병서瀟湘八景圖詩幷序』의 기록에 따르면 산시청람은 소상야우에 이어 두 번째 순서에 배치되었다.

> 산을 따라 성곽이 되었고, 여기저기 집들이 펼쳐져 있다. 물고기와 새우가 모여드는 마름 풀과 연꽃의 저자 거리이다. 오는 사람 어슬렁거리고, 가는 사람 천천히 걸어간다. 수풀 끝이 아득하고, 봉우리는 굽어 돌아 드러난다. 푸른빛이 산색을 머금었고, 붉은 기운 아침 햇살 비춘다. 텅 비어 한 손으로 움켜쥐어도 차지 않고, 흩어지니 허공에 가득하다. (「山市晴嵐」詩幷序 : 依山爲郭, 列肆爲居. 魚蝦之會, 菱芡之都. 來者于于, 往者徐徐. 林端縹緲, 巒表縈紆. 翠含山色, 紅射朝暉. 虛不盈乎一掬, 散則滿乎太虛.)

亂峰空翠晴還濕	어지러운 봉우리 하늘 푸르러 갰다 도로 습해지고,
山市嵐昏近覺遙	산시는 남기가 어두워 가까운 곳도 멀게 보이네.
正値微寒堪索醉	약간 추운 날씨인지라 술에 취하기 딱 알맞으니,
酒旗從此不須招16)	때문에 주막 깃발을 내걸고 부를 필요도 없겠네.

15) 劉金春, 『岳麓風景名勝』, 中國 湖南文藝出版社, 1998, 第六章, 橘洲攬勝, 161쪽. "在永洲城東. 湘水在永洲境內與瀟水汇合以后, 称爲瀟湘. 雨落瀟湘的夜景, 是旧時文人藉以寄情的著名景觀. "涔涔湘江樹, 荒荒楚天路, 穩系渡頭船, 莫敎流下去"(元揭奚斯) 凄凉而无助的心境, 就像夜雨本身一樣哀婉纏綿, 千百年來. 人們所鐘情的不知是山河的夜雨还是心靈的夜."

산시청람山市晴嵐의 형상은 산에 의지해 성곽城郭이 형성되었고, 곳곳에 집들이 펼쳐져 있다. 이곳에는 온갖 물고기들과 새우들이 모여 들고, 마름 풀과 연꽃들이 즐비하다. 오가는 사람들은 시간의 흐름과는 무관하게 정지된 듯, 움직이고 있으며 수풀 끝이 어디인지 보이지 않을 정도로 아득하게 보인다. 봉우리는 굽어 돌고, 산색은 온통 푸른빛을 띠고 있다.

산시청람의 공간은 상담湘潭과 장사長沙의 접경지인 소산昭山에 있다. 상강湘江은 형산衡山으로부터 북쪽으로 150여 킬로미터를 가면 이 소산에 이른다. 자줏빛 기운이 감돌고, 이내와 안개가 사람에게 옷을 입히고, 구름이 많고 노을이 무성하다. 한 봉우리가 강변에 외롭게 서 있는데, 빼어나고 아름다움이 마치 목욕을 막 끝내고 나온 신선과도 같다.

송대宋代 미불米芾이 일찍이 추위가 가시지 않은 이른 봄 소산에서 놀고 있을 때, 산을 따라 성곽이 만들어져, 이리저리 집들이 있고, 상인들이 구름처럼 모여들며, 주막 깃발을 찾아다니는 경관으로 특별하게 창작한 시에,

> 어지러운 봉우리 하늘 푸르러 갰다 도로 습해지고, 산시는 남기가 어두워 가까운 곳도 멀게 보이네. 약간 추운 날씨인지라 술에 취하기 딱 알맞으니, 때문에 주막 깃발을 내걸고 부를 필요도 없겠네.

『선화현지善化縣志』는 소산昭山의 산수山水에 대해 기술했다.

> 빼어난 봉우리면서도 형세가 수려한데, 상수 언덕에서 일어난 검고 푸른빛이 조화롭고, 모든 산이 기암괴석으로 충만한데, 이미 나무들로 겹겹이 그늘졌고, 잔 이슬이 바윗돌에 내렸으나, 쇠락의 형세는 없고, 배가 그 아래를 지나며, 이따금씩 바위 구멍이나 돌 틈으로 반걸음씩 기어 올라가도 미치질 못하는, 참으로 빼어난 경관이다.

16) 米芾, 「瀟湘八景圖詩幷序」, 『湖南旅游文學名篇選讀』, 中國 湖南大學出版社, 2002, 168쪽 참고.

소산 아래로는 깊은 못이 있는데, 『수경주水經注』에 이르기를 연못에 바닥이 없다고 했으며, 고대에 어떤 배가 이곳에서 위험을 만나 침몰했는데, 어떤 사람이 동정호洞庭湖에 있다가 그곳까지 도착한 배 위의 물건을 낚았다는 말이 대대로 전해진다. 때문에 소담昭潭과 동정호가 서로 통한다고들 말한다.[17)]

3.1.3. 원포귀범

원포귀범遠浦歸帆은 먼 포구로 돌아가는 배로 볼 수도 있고, 멀리 포구로 돌아오는 배의 의미로 읽을 수도 있겠다. 돌아가는 배의 형상인지, 돌아오는 배의 형상인지에 대해서는 구체적 작품의 실상을 통해 확인할 수 있을 것이다. 미불(米芾)의 『소상팔경도시병서瀟湘八景圖詩幷序』의 기록에 따르면 산시청람山市晴嵐에 이어 세 번째 순서에 배치되었다.

> 맑은 남기 물결을 비추고, 지는 노을이 물을 비춘다. 배는 조화를 이루며 날개가 돋친 듯 날아간다. 큰 물결 사이가 장차 편안한 곳이기를 바란다. 아내는 문에서 기다리며, 미소를 띤 채 한가롭다. (「遠浦歸帆」詩幷序 : 晴嵐映波, 落霞照水. 有叶其舟, 捷于飛羽. 幸際洪濤, 將以寧處. 家人候門, 覿笑容與.)

漢江游女石榴裙　　한강에서 놀고 있는 여인들 석류 치마 입고서,
一道菱歌兩岸聞　　한길에서 부르는 마름 노래 양 언덕에 들리네.
估客歸帆休悵望　　상인들 돌아가는 배를 슬퍼하며 바라보지 말거라,
閨中紅粉正思君[18)]　　규중에선 붉게 화장하고 정히 낭군을 그리워하네.

---

17) 劉金春, 『岳麓風景名勝』, 中國 湖南文藝出版社, 1998, 第六章, 橘洲攬勝, 162쪽. “在湘潭與長沙接壤處的昭山. 湘江由衡山北行150余公里到这昭山. 紫氣繚繞, 嵐烟袭人, 雲蒸霞蔚. 一峰獨立江邊, 秀美如剛出浴的仙子. 宋代米芾曾在微寒的早春游昭山, 看見依山爲廓, 列肆爲居, 商賈雲集, 酒旗獵然的景觀, 特作詩 : “亂峰空翠晴還濕, 山市嵐昏近覺遙. 正値微寒堪索醉, 酒旗從此不須招.” 『善化縣志』 對昭山山水也有記述 : “絶岭而奔秀, 起湘岸, 亭然翠玄, 皆怪石磅礴, 异木層蔭, 微露岩萼, 而无傾落之勢, 舟過其下, 往往岩牖石窗, 窺攀莫及, 洵异境也.” 昭山下有深潭, 『水經注』 說潭無底, 相傳古代有船于此遇險沈沒, 而有人在洞庭湖撈到了船上的東西, 故說昭潭與洞庭相通.”

18) 米芾, 「瀟湘八景圖詩幷序」, 『湖南旅游文學名篇選讀』, 中國 湖南大學出版社, 2002, 168쪽 참고.

원포귀범遠浦歸帆은 맑은 남기嵐氣가 물결을 비추고, 지는 노을이 수면에 비칠 때 배는 날개달린 듯 미끄러져 가는 모습으로 형상화되었다. 그리고 배를 타고 있는 상인들의 바람을 서술했고, 아내가 문에서 기다리며 미소 짓는 모습으로 그리고 있다.

원포귀범의 공간은 상음현湘陰縣 성城 강변에 있다. 귤주橘洲로부터 강을 따라 북쪽으로 약 70킬로미터를 가면 곧 상음湘陰에 이른다. 상음은 고대에 수역水驛 요새였는데, 북으로는 동정호洞庭湖에 이르고, 남으로는 장사長沙를 관통하는데, 수역水域이 대단히 멀리 트여서 옛날부터 지금까지 모두 어민들과 장사치들의 거주지였다. 매양 황혼 무렵이면, 먼 산은 검은 빛을 머금고, 언덕의 버드나무는 내烟 끼인 듯하고, 돌아가는 배들이 점점點點을 이루며, 어부의 노래 소리가 이따금씩 들리고, 돌아오는 배를 기다리는 어부의 아낙들과 나그네를 바라는 창기들이 저녁 바람 부는 석양 속에 서 있는데, 전체적으로 온화하고 향기로우면서도 원망스럽게 바라보며, 번거롭고 분주한 모습을 돋보이게 한다. "한강에서 놀고 있는 여인들 석류 치마 입고서, 한길에서 부르는 마름 노래 양 언덕에 들리네. 상인들 돌아가는 배를 슬퍼하며 바라보지 말거라, 규중에선 붉게 화장하고 정히 낭군을 그리워하네." 미불米芾이 지은 소상팔경시瀟湘八景詩는 다만 이 한 수뿐인데 분과 연지를 바른 향기가 차고 넘치니, 혼자 떠돌아다니며 타향에서 얹혀살다 보니, 따뜻한 정을 갈망하는 나그네 돌아가 머물고 싶은 마음을 잘 나타냈다.[19)]

인용문에서는 원포귀범遠浦歸帆의 형상을, 매양 황혼 무렵이면, 먼 산은

---

19) 劉金春,『岳麓風景名勝』, 中國 湖南文藝出版社, 1998, 第六章, 橘洲攬勝, 162-163쪽. "在湘陰縣城江邊. 從橘洲沿江北去, 約行70公理, 便到湘陰. 湘陰是古代水驛要塞, 北至洞庭, 南通長沙, 水域十分遼闊, 自古迄今都是漁民商賈的栖宿地. 每當黃昏, 遠山含黛, 岸柳似烟, 歸帆点点, 漁歌陣陣, 等待歸船的漁妇和企盼宿客的青樓女子站在晚風斜陽中, 襯托出一片溫馨悵望的繁忙景象. "漢江游女石榴裙, 一道菱歌兩岸聞. 估客歸帆休悵望, 閨中紅粉正思君." 米芾作瀟湘八景詩, 獨獨這一首, 盈溢着粉脂氣息, 寄寓着一个漂泊他鄉, 渴望溫情的旅客的歸泊之心."

검은 빛을 머금고, 언덕의 버드나무는 내烟 끼인 듯하고, 돌아가는 배들이 점점點點을 이루며, 어부의 노랫소리가 이따금씩 들리고, 돌아오는 배를 기다리는 어부의 아낙들과 나그네를 바라는 창기들이 저녁 바람 부는 석양 속에 서 있는데, 전체적으로 온화하고 향기로우면서도 원망스럽게 바라보며, 번거롭고 분주한 모습으로 그렸다. 아울러 인용문에서 미불米芾의 소상팔경시瀟湘八景詩가 이 작품 하나만 전하고 있다고 했는데, 이는 저자著者가 자료를 정밀하게 확인하지 못했던 결과로 판단된다.

3.1.4. 연사만종

연사만종煙寺晚鐘은 내煙 끼인 절에서 저물녘 들리는 종소리를 형상화한 작품이다. 안개 자욱한 산사山寺에 슬그머니 저녁이 찾아오면 산 속에 울려 퍼지는 종소리를 대상으로 삼고 있다. 미불米芾의 『소상팔경도시병서瀟湘八景圖詩并序』의 기록에 따르면 원포귀범遠浦歸帆에 이어 네 번째 순서에 배치되었다.

> 어둠이 송문에 드니, 사찰에 그늘이 진다. 석장을 쥔 스님이, 수풀 물가로 돌아가려 하는데, 종소리 한 번 울리니, 잔나비 슬피 울며 학이 날아오른다. 그윽한 계곡은 구름에 덮여 있고, 동산은 달을 토한다. (「煙寺晚鐘」詩并序 : 瞑入松門, 陰生蓮宇. 杖錫之僧, 將歸林渚, 蒲牢一聲, 猿悰鶴擧. 幽谷雲藏, 東山月吐.)

絶頂高僧未易逢	산꼭대기 고승을 쉽사리 만나지도 못했는데,
禪林長被白雲封	절간은 흰 구름에 길게 덮인 채 닫혀 있구나.
殘鐘已罷寥天遠	남은 종소리 이미 사라져 휑한 하늘이 먼데,
杖錫時過紫盖峰[20]	석장 든 스님 때마침 자개봉을 지나네.

20) 米芾, 「瀟湘八景圖詩并序」, 『湖南旅游文學名篇選讀』, 中國 湖南大學出版社, 2002, 169쪽 참고.

연사만종煙寺晩鐘의 형상은 어둠과 함께 생성된다. 어둠이 산자락을 타고 슬금슬금 내려앉으면 사찰은 어느새 그늘이 지고, 안개 자욱한 골짝에 그 자취를 감춰 버린다. 해 저물어 발길을 재촉하는 스님이 석장을 쥔 채 돌아가는데, 그윽한 종소리만 공명처럼 들려올 때, 뒷산은 달을 살짝 토해 낸다.

연사만종의 공간은 형산현衡山縣 성城 북쪽 청량사淸凉寺에 있다. 상강湘江에서 다시 북쪽으로 30킬로미터를 가면, 불교 승지인 남악南岳 형산을 지나는데, 저녁에 부는 바람이 거세서, 만물과 사람들이 잠들었는데, 오직 사찰 내에 시간을 알리는 오래된 종소리만이 때때로 은은하고 낭랑하게 울려 퍼진다. "종소리 따라 비 개이고 바람 따라 떨어지니, 양 언덕에 서릿발 종소리 들어도 같지 않네. 석양이 한창일 때 구름 너머 절에는, 강 건너 종소리가 구름 속에 있구나!", 강가 배의 나그네는 이 종소리 속에서 배를 매고 있거나 혹은 멀리 가고 있다.[21)]

연사만종煙寺晩鐘의 배경이 된 형산衡山은 저녁에 부는 바람이 매우 드세다고 한다. 그래서 저녁이면 사람들도 외출을 하지 않기에 모든 생명체들이 다 잠이 드는데, 오직 잠들지 않는 것은 시간을 알리는 사찰의 종소리뿐이다. 이렇게 은은하게 울리는 종소리가 메아리 되어 골짜기를 타고 넘기도 하는가 하면 때론 구름 속에서 울리기도 한다. 우리나라의 옛 문인들은 '연사만종'보다는 '연사모종煙寺暮鐘'이라는 시제를 보다 즐겨 사용하고 있음이 확인된다.

---

21) 劉金春,『岳麓風景名勝』, 中國 湖南文藝出版社, 1998, 第六章, 橘洲攬勝, 162쪽. "在衡山縣城北淸凉寺. 湘江又北行30公理, 經過佛敎勝地南岳衡山. 晩來風急, 万物人眠, 唯寺內报時的古鐘, 不時敲出悠揚宏亮的聲音. "音隨晴雨落隨風, 兩岸霜鐘听不同. 最時夕陽雲外寺, 渡江聲在白雲中." 江舟中的旅者, 在这種鐘聲中繫舟或者遠行."

3.1.5. 어촌석조

어촌석조漁村夕照는 어촌에 석양이 비추는 저녁 풍경을 대상으로 한다. 공간적 배경이 어촌이고 시간은 저녁이다. 평화로우면서도 고즈넉한 어촌에 분주한 일과를 마치고 석양이 비낄 무렵이면 하루 일과가 정리된다. 미불米芾의 『소상팔경도시병서瀟湘八景圖詩幷序』의 기록에 따르면 연사만종煙寺晩鐘에 이어 다섯 번째 순서에 배치되었다.

> 가지런한 오두막집, 물가에 자리를 잡았다. 배는 둥둥 떠다니며, 연꽃과 부들 포에 의지하네. 물고기로는 회를 칠 수 있고, 술도 구할 수 있다. 낚싯줄을 걷고 그물을 말기도 하니, 그 즐거움이 어떻겠는가! 서산으로 지는 해, 나의 노년을 비춘다. (「漁村夕照」詩幷序 : 翼翼其廬, 瀕涯以居. 泛泛其艇, 依荷與蒲. 有魚可膾, 有酒可需. 收綸卷网, 其樂何如. 西山之暉, 在我桑榆.)

晒网柴門返照新	그물 말리는 사립문에 저녁 빛이 새롭고,
桃花流水認前津	복사꽃 흐르는 물, 무릉도원이 앞 나루인 줄 알겠네.
買魚沽酒湘江去	물고기 사고 술을 팔러 상강으로 갔다가는,
遠吊懷沙作賦人[22]	장사를 회고하며 시 짓던 굴원을 멀리서 조문하네.

어촌석조의 형상은 가지런한 오두막집이 물가에 자리를 잡았고 배는 둥둥 떠다니며 낮에 연꽃과 부들 포 그리고 갈대 주변에 쳐놓았던 그물을 걷고 있다. 그물을 말리는 사립문에 저녁 빛이 비추고, 복사꽃이 떠다니니 무릉도원이 아닌가 하고 착각할 정도이다. 잡은 물고기로는 회를 칠 수도 있고, 술도 얼마든지 구할 수 있다. 낚시하고 그물 던지는 살아가는 즐거움이 어떻겠는가라며 어촌석조의 형상을 묘사했다.

어촌석조의 공간은 동정호洞庭湖 서쪽 무릉도원武陵桃源 계곡에 있다.

---

22) 米芾, 「瀟湘八景圖詩幷序」, 『湖南旅游文學名篇選讀』, 中國 湖南大學出版社, 2002, 169쪽 참고.

도연명의 「도화원기桃花源記」 중에도 "무릉 사람이 물고기 잡는 것을 업으로 삼았다."는 말이 있다. 무릉 사람들은 물고기 잡는 것을 업으로 삼아 왔기에 '도화원'을 발견했다. 세상 사람들이 또 '도화원'이라고 여겼기 때문에, 무릉 사람을 대할 때 어느 정도는 호기심과 호감을 갖고 있다. 그런 까닭에 무릉 사람들이 거주하는 곳이 어촌이고, 바로 문인 문객들이 동경하는 곳이 되었다. 한낮에 어부들이 동정호에 그물을 던져두고, 저녁 무렵에 어망을 수습한다. 살찌고 아름다우며 싱싱한 물고기를 손에 쥐고서 석양이 질 무렵 어부의 노래를 부르며 집으로 돌아온다. 좋은 시절을 만날 때에는 잡아온 물고기를 자기 집에서 다 먹지를 못해서, 다시 어시장에 가서 팔아 생활비에 쓰고, 남는 돈으로는 아무런 근심 없이 부족한 만큼의 술을 사서 마시고, 석양이 질 무렵이면 이미 취기가 돈다. 하루도 벌써 술 향기에 익는다.[23]

3.1.6. 동정추월

동정추월洞庭秋月은 동정호洞庭湖에 떠있는 가을 달을 의미한다. 이때 달은 대부분 보름달의 형상으로 묘사된다. 온 세상을 넉넉하게 비추는 달의 형상과 동정호 수면의 아름다움을 주된 표현 대상으로 삼고 있다. 미불米芾의 『소상팔경도시병서瀟湘八景圖詩幷序』의 기록에 따르면 어촌석조漁村夕照에 이어 여섯 번째 순서에 배치되었다.

> 군산에서 남쪽으로 오면, 넓은 호수가 푸르고, 회오리바람도 일어나지 않으며, 출렁이는 물결도 일지 않는다. 밤기운은 이미 맑고, 맑은 이슬 여기에

23) 劉金春, 『岳麓風景名勝』, 中國 湖南文藝出版社, 1998, 第六章, 橘洲攬勝, 163쪽. "在西洞庭桃源武陵溪. 陶淵明在「桃花源記」中說 "武陵人抱魚爲業." 武陵人因爲捕魚, 而發現了桃花源, 世人又因爲桃花源, 而對武陵人抱有一份好奇和好感. 因而, 武陵人所居住的漁村也就成了文人墨客所憧憬的地方. 白天, 漁人撒网洞庭 : 傍晚, 收拾漁网, 提着肥美的鮮魚, 在夕陽的晚唱中踏着漁歌回家. 碰到好季节, 捕到的魚自家吃不完, 還可拿到漁市去賣, 有了閑錢不愁買不到酒喝, 夕陽仿佛也就有了醉意, 日子也就有了酒香."

떨어진다. 소복한 미인이 호수에서 목욕하듯, 금빛 물결 빛나며 일렁인다. 무지개 맑은 그림자 넘어지고, 광악의 천성이 들려온다. 가는 구름조차 일지 않고, 위아래가 텅 빈 채로 밝다. (「洞庭秋月」詩幷序 : 君山南來, 浩浩滄溟. 飄風之不起, 層浪之不生. 夜氣旣淸, 靜露斯零. 素娥浴水, 光蕩金精. 倒霓裳之淸影, 來廣樂之天聲. 纖雲不起, 上下虛明.)

李白曾移月下仙　　이백은 일찍이 달에서 내려온 신선이 되어서.
烟波秋醉洞庭船　　가을날 내 끼인 수면 동정호 배 위에서 취했네.
我來更欲騎黃鶴　　내가 와서 다시금 황학을 타고자 하였더니,
直上高樓一醉眼[24]　　높은 누각에 곧장 오르자 온통 술에 취한 눈일세.

동정추월洞庭秋月은 군산 남쪽을 배경으로 한다. 동정추월의 배경이 된 곳은 호수가 넓고 푸르며, 바람도 일지 않아 잔잔한 호수가 맑고 깨끗한 풍경을 자랑하는 곳으로 인식되고 있었다. 동정추월의 공간은 동정호洞庭湖에 있다. 상음湘陰현에서 북쪽으로 가면 곧 한 번 바라보면 끝이 없는 동정호이다. 가을 하늘의 늦은 저녁 달빛이 은빛과 같고, 하늘은 맑아서 어떠한 흔적도 없고, 팔백 리 호수의 수면에 푸른 물은 거울과 같고, 바람이 고요하면 물결도 잔잔하다. 하늘과 수면이 서로 비추고, 달빛과 호수 빛이 서로 교감하여 융화되어, 호수 위에 배를 띄우고 한바탕 정취를 지닌 채, 군산君山에 오르거나 혹자는 악양루에 오르면, 틀림없이 거듭하여 일종의 다른 감회가 있을 것이다. 명나라 때, 심명신沈明臣은 시를 지어 말하기를, "나뭇잎 떨어지는 하늘이 푸르고 만 리에 물결만, 동정호洞庭湖 가을빛에 달빛만 가득하네. 장사長沙로 가는 길이 어딘지 모르겠건만, 다만 삼주를 노래하는 상인과 손님의 노래일세."라고 했다. 아름다운 경치의 즐거움에 길을 잃고서, 촉나라의 방종을 그리워하지 않고, 사람들이 풍경을 마주하면 상념이 일어날 수밖에 없다.[25]

---

24) 米芾, 「瀟湘八景圖詩幷序」, 『湖南旅游文學名篇選讀』, 中國 湖南大學出版社, 2002, 169쪽 참고.
25) 劉金春, 『岳麓風景名勝』, 中國 湖南文藝出版社, 1998, 第六章, 橘洲攬勝, 163쪽. "在洞庭湖. 由湘陰北

이처럼 동정추월洞庭秋月의 형상은 가을날 늦은 저녁 하늘의 달빛이 눈부신 은빛을 띠고 있으며, 하늘은 구름 한 점 없이 맑아서, 동정호 팔백 리가 마치 거울과 같이 깨끗하면서도 고요하고 물결도 잔잔하다고 인식하고 있음을 알 수 있다.

3.1.7. 평사낙안

평사낙안平沙落鴈은 평사 즉 모래밭에 내려앉는 기러기를 의미한다. 미불米芾의 『소상팔경도시병서瀟湘八景圖詩幷序』의 기록에 따르면 동정추월에 이어 일곱 번째 순서에 배치되었다.

> 서리가 맑아서 나무는 쇠락해도, 갈대는 무성하다. 무리의 새는 퍼드덕거리며, 열 맞추어 날아간다. 혹은 마시고, 혹은 쪼아대며, 혹은 울어대고 혹은 빙 돌며 날아간다. 상림원이 아름답지 않은 것이 아니라, 화살과 주살의 하루하루가 두려워서, 구름 속을 날며 물에서 잠자며, 애오라지 볕을 따른다. (「平沙落鴈」詩幷序 : 霜淸木落, 芦葦蒼蒼. 群鳥肅肅, 有列其行. 或飮或啄, 或鳴或翔. 匪上林之不美, 惧矰繳之日將. 雲飛水宿, 聊以隨陽.)

書斷衡陽暫此回	서신도 끊어진 형양에서 별안간 이곳으로 돌아오니,
沙明水碧岸莓苔	모래 맑고 물은 푸르러 언덕에는 이끼가 무성하네.
相呼正喜無矰繳	서로 부르며 정히 기쁜 것은 화살과 주살이 없음이고,
又被孤城畵角催[26]	고성에 미쳐서 화각을 재촉하네.[27]

去, 便是一望无除的洞庭湖. 秋天的夜晚, 月色如銀, 天空不杂任何痕迹, 八百里湖面, 碧水如鏡, 風息浪靜. 天空和湖面相互映照, 月光和湖光相互交融, 泛舟湖上, 則別有一番情趣, 登上君山或者岳陽樓, 想必又是另一種情怀. 明代沈明臣作詩說 : "木落天靑万里波, 洞庭秋色月明多. 不知何路長沙去, 只唱三洲估客歌." 有一種迷失于美景的樂不思蜀的放縱, 不免引起人們對于風景的怀想."

26) 米芾, 「瀟湘八景圖詩幷序」, 『湖南旅游文學名篇選讀』, 中國 湖南大學出版社, 2002, 170쪽 참고.

27) 이 부분에 대한 국역(國譯)은 정확한 맥락을 파악하기 어려웠다. 다만 화각(畵角)은 오랑캐의 옛날 악기를 이르는 명칭인데, 전후 맥락을 파악하기 어렵다. 계속 검토하여 보완할 예정이다.

서리가 맑고 나뭇잎이 지는 형상으로 보아 가을이 시간적 배경으로 설정되었음을 알 수 있다. 여러 무리의 새들이 퍼드덕거리며 열을 맞추고 날아가기도 하고, 일부는 물을 마시고, 또 일부는 먹이를 쪼아 먹기도 하고, 울어대기도 하면서 자기들끼리 빙 돌아나는 형상을 그리고 있다. 기러기들이 날아온 것은 황제의 정원인 상림원上林苑이 아름답지 않아서가 아니라 사람들이 화살과 주살로 기러기를 잡으려고 호시탐탐 노리고 있기 때문에 구름 속을 날고 물에 깃들어 잠을 자며 오로지 햇볕을 따르는 것이라고 인식하고 있다.

평사낙안平沙落雁의 공간은 형양시衡陽市 회안봉回雁峰에 있다. 소상강瀟湘江이 영주永洲로부터 아래로 수백 킬로미터를 흘러내려가 남악南岳 일흔 두 봉우리의 으뜸인 회안봉에 도달한다. "산은 형양衡陽 끝에 도달하고, 봉은 회안 그림자 드무네. 돌아가는 길이 멀어 응당 가엾게 여기지만, 차마 다시 남쪽으로 날지 못하네." (모령건) 옛 사람들이 지리에 대한 사유에 한계가 있었기 때문에, 기러기가 형양에 이르면 재차 남쪽으로 날아가지 않는다고 잘못 생각했었다. 북방의 날씨가 차갑게 바뀌면, 기러기 떼는 남쪽으로 가는데, 남쪽은 따뜻한 바람이 시원하게 불어오고, 고운 햇빛이 높이 비추며, 넓은 벌판에 모래벌이 펼쳐져 있고, 갈대가 무성하여, 항상 날아 온 기러기 떼가 서식한다. "서풍에 만 리의 기러기와, 한결같은 꽃잎들 동정호 가을이라. 무리가 금빛 모래밭에 가볍게 목욕하나, 상강에 서리 기운 흐르네."(명나라, 이몽양), 한 폭에 가을 기러기가 모래밭에서 장난치는 그림이 훌륭하다. 28)

28) 劉金春, 『岳麓風景名勝』, 中國 湖南文藝出版社, 1998, 第六章, 橘洲攬勝, 161-162쪽. "在衡陽市回雁峰. 瀟湘自永洲下瀉數百公理, 到达南岳七十二峰之首的回雁峰. "山到衡陽尽, 峰回雁影稀, 应怜歸路遠, 不忍更南飛"(毛令健) 由于古人地理思維的局限性, 誤以爲雁到衡陽不再南飛. 當北方天氣轉冷, 雁陳南行, 南方則金風送爽, 艳陽高照. 曠野平沙, 芦苇叢叢, 常常引來雁陳栖宿. "西風万里雁, 一叶洞庭秋, 群浴金沙軟, 瀟湘霜氣流"(明李夢陽), 好一幅秋雁戏沙圖."

평사낙안平沙落鴈은 형양시衡陽市 회안봉回雁峰을 배경으로 한다. 북방의 날씨가 차갑게 바뀌면 기러기 떼는 남쪽으로 날아오는데, 이때 남쪽은 따뜻한 바람과 고운 햇빛이 높이 비추고, 넓은 백사장과 갈대숲이 무성하여 기러기 떼가 서식하기에 좋은 환경이 되는 것으로 인식하고 있음을 알 수 있다.

3.1.8. 강천모설

강천모설江天暮雪은 멀리 아득하게 보이는 강변 하늘에 저물녘 내리는 눈을 말한다. 시간은 저물녘으로 설정되었고, 공간은 강천이다. 눈을 소재로 했기 때문에 계절은 겨울임이 분명하게 드러난다.

> 세모의 강은 텅 비었고, 바람은 매섭고 물결은 얼었다. 수신이 얼음을 자르고, 어지럽게 흩날리는 눈을 흩뿌린다. 크다고 노래하는 자 누구인가? 작은 배는 온통 달빛을 실었고, 차가운 물가에서 홀로 낚시질하며, 맑은 절조 부친다. (「江天暮雪」詩幷序 : 歲暮江空, 風嚴水結. 馮夷翦冰, 亂飄洒雪. 浩歌者誰? 一篷載月, 獨釣寒潭, 以寄淸絶.)
>
> 簑笠無踪失釣船　　도롱 삿갓 자취 없이 낚싯배를 잃었는데,
> 彤雲黯淡混江天　　어둡고 담담한 붉은 구름 강천에 섞였네.
> 湘妃獨對君山老　　상비는 홀로 군산을 마주하고 늙은지라,
> 鏡裏修眉已皓然[29]　　거울 속에서 하얗게 변한 눈썹을 닦네.

미불米芾이 인식했던 그림 강천모설江天暮雪의 시간은 세모歲暮이며, 강은 텅 비어 버린 듯 공허하고, 매서운 칼바람에 꽁꽁 얼어버린 수면에 어지럽게 흩날리고 있는 눈을 형상화했다. 추운 물가에서 작은 배를 띄워 놓고 달빛 가득 싣고, 홀로 낚시질을 하고 있는 어옹漁翁의 모습을 담아냈다. 시 작품을 통해서는 상비湘妃와 군산君山이라는 시어를 통해 순임금과

29) 米芾, 「瀟湘八景圖詩幷序」, 『湖南旅游文學名篇選讀』, 中國 湖南大學出版社, 2002, 170쪽 참고.

두 비妃의 고사를 형상화 대상으로 삼고 있음을 알 수 있다.

강천모설의 공간은 현재 귤주橘洲에 있다. 귤주는 예부터 장사長沙의 명승지로 여겼는데, 동쪽을 바라보면 장사, 서쪽을 바라보면 악록岳麓이다. 큰 눈이 분분하게 흩날리는 때가 되면, 흰눈이 강천江天과 혼연 일색을 이루고, 세상 만물이 고요하고 적막하여 아무런 소리도 없는데, 강중에는 상선들이 돛을 내리고 강안에 정박해 있고, 눈 빛 속으로 저녁 빛에 연무烟霧가 온통 떠다니며 가라앉지 않으니, 사람의 심경도 타관의 물 맑고 차가움에 이르고, 내리는 눈꽃이 바람에 춤을 추면, 그렇게 청량한 유유함이 아마도 겨울철 눈의 본질인 유유하면서도 한가로움에 가장 잘 접근했다고 생각한다.[30]

지금까지 '소상팔경瀟湘八景'의 형성과 개념을 중심으로 살펴보았다. 이는 본격적 논의에 앞서 논의의 토대를 마련하고자 하는 의도에서 '소상瀟湘'이란 말이 지닌 공간적 개념과 '팔경八景'의 구체적 장면들과 시 작품, 그리고 소상팔경瀟湘八景의 개별 시제들이 오늘날 어느 곳에 실재하고 있는가 하는 점 등을 고증하였다. 다음 장에서는 이 책에서 논의대상으로 삼고 있는 소상팔경의 자료 범주에 대해 살펴본다.

30) 劉金春, 『岳麓風景名勝』, 中國 湖南文藝出版社, 1998, 第六章, 橘洲攬勝, 162쪽. "在今橘洲. 橘洲自古爲長沙名勝, 東望長沙, 西瞻岳麓. 當大雪紛飛, 白雪江天渾然一色, 世間万物寂寂無聲, 江中商船落帆泊岸, 雪光中的暮色烟霧一樣漂浮不定, 人的心境也就格外地淸冷, 思想隨着雪花飄舞, 那種淸凉的悠閑也許是最接近冬雪本質的悠閑."

3.2. 소상팔경의 자료 범주

소상팔경이 형성된 이후로 중국은 물론이고, 소상팔경 문화가 유입된 한국과 일본에서도 팔경의 문화가 유행하게 된다. 서론의 도입부에서도 언급한 바와 같이 소상팔경이 고려시대 명종(明宗, 1171~1197) 이전 우리나라에 유입된 이래 다양한 양식과 갈래에 의해 유행했다. 조선조에 들어서는 청나라 사신들이 우리나라에 들어오면 반드시 구해 갈 정도로 소중하게 인식되었던 품목이 바로 소상팔경도瀟湘八景圖였다. 『승정원일기承政院日記』를 보면 경종 2년 1722년 12월 22일과 경종 3년 1723년 7월 11일 기사에는 이러한 기록이 실려 있다.

> 여필용呂必容이 영접도감으로서 장계狀啓를 올려 말하여 이르기를, "청淸에서 온 칙사勅使 이하 사신 일행이 각종 물품 구하기를 청하니 차례로 들어가 주려는데, 상칙上勅에게는 조총 네 자루와 흑각黑角[31] 네 통, 소상팔경 비단 병풍 한 좌坐, 화초영모도花草翎毛 비단병풍 한 좌坐, 왜장검倭將劍 한 자루, 사립簑笠[32] 세 개를 지급하고, 부칙副勅에게는 조총 세 자루와 흑각 네 통, 소상팔경瀟湘八景 비단 병풍 한 좌, 화초영모도花草翎毛 비단병풍 한 좌, 왜장검倭將劍 한 자루, 사립[33] 세 개를 지급하고, 대통관大通官에게는 조총 각 두 자루, 병풍 각 두 좌, 사립 각 두 개씩을 지급하고, 두 차통관次通官에게는 조총 각 두 자루, 병풍 각 한 좌를 들어가 주려는 뜻을 감히 아룁니다." 했다. 상께서 전교傳敎하시길, "예도禮道를 아는구나!"라고 말씀하셨다.[34]

---

31) '흑각(黑角)'은 물소의 뿔로 검은 빛을 띤다.

32) 『韓國美術史資料集成』에는 '斜笠'으로 표기되어 있는데, 이는 '簑笠'의 오기(誤記)로 보인다.

33) 위와 동일

34) 『承政院日記』 第556冊, 景宗3년(1723年), 7月11日 記事, "呂必容以迎接都監言啓曰, 勅使以下求請各種之物, 以第入給, 而上勅鳥銃四柄, 黑角四桶, 瀟湘八景綃屛一坐, 花草翎毛綃屛一坐, 倭將劍一柄, 簑笠三箇, 副勅, 鳥銃三柄, 黑角四桶, 瀟湘八景綃屛一坐, 花草翎毛綃屛一坐, 倭將劍一柄, 簑笠三箇, 而大通官鳥銃各二柄, 屛風各二坐, 簑笠各二箇, 兩次通官, 鳥銃各二柄, 屛風各一坐, 入給之意, 敢啓, 傳曰 知道." 1722년 경종 2년 기록에는 내용은 대동소이(大同小異)한데, 영접도감이 박희진(朴熙晋)이라는 인물로

『승정원일기承政院日記』에 기록된 바와 같이 사신 일행의 최고 우두머리인 칙사勅使와 부칙사副勅使에게만 주고, 나머지 사신 일행에게는 주지 않을 정도로 소상팔경도를 귀하게 인식했음을 알 수 있다. 청나라 사신들이 소상팔경도를 요구했다는 점만 보더라도 당시 소상팔경에 대한 청나라의 인식을 엿볼 수 있다. 이 소상팔경에 대한 인식은 회화뿐만이 아니라 시가문학에서도 크게 유행하였음은 다양한 기록을 통해 확인된다.

> 소상팔경의 아름다움이 온 세상에 명성을 떨쳤기에 고금의 시인들이 시 짓고 노래한 것을 이루 헤아릴 수 없을 만큼 많았다. 그런데 고움과 추함, 공교로움과 졸렬함이 각각 그 시인의 재질에 따라 달랐다. 생각해 보니 우리 성종대왕成宗大王께서도 만기萬機를 처리하시는 여가에 재미삼아 소상팔경 단율短律 16장章을 지으신 적이 있었다. 매 경景마다 각각 두 장의 작품이 지금까지 문단에 전해져 내려 왔다. 모두 말하기를, "성인聖人의 입장에서 본다면 물론 여사餘事에 지나지 않는 것이겠지만, 사인詞人 묵객墨客으로서는 도저히 이를 수 있는 경지가 아니다."고들 했다. 그 후로, 우리 전하仁祖께서 원훈元勳 여덟 사람에게 명하여 각각 두 장씩 베껴 써서 바치도록 하였다.
>
> 그런데 오직 연평부원군延平府院君 이귀李貴만이 미처 써서 바치지 못한 채 죽고 말았다. 그 집에서 초본草本을 구해 보니 자획字劃이 많이 이지러졌고, 종이 또한 같지 않았다. 그래서 화사畵史 이징李澄에게 명하여 그림으로 그리게 한 다음 연이어 거첩巨帖을 만들도록 했다. 그 일이 완성되자, 신臣 장유에게 명하시어 이 일을 기록하게 하셨다.
>
> 내가 곰곰이 생각해 보니, 시詩는 본래 성정性情의 드러남이고, 글씨도 역시 심획心畫이다. 생각해 보면 우리 성묘成廟께서는 하늘이 내려준 다재다능한 성군聖君이셨으며, 신령스러운 글재주와 성인의 운치가 전대前代의 수준을 훨씬 능가했다. 소상팔경瀟湘八景을 지은 것이 비록 우연히 재미삼아 지은 작품이라고 하더라도 성정이 일단一端이 표출되지 않았다고는 할 수 없을 것이다. 나아가 여러 신하들의 필적筆蹟으로도 각기 장단점이 있겠지만 한마디로 요약하자면 심획이 밖으로 형용된 것들이라고 하겠다.

기록되어 있음을 알 수 있다.

우리 성상聖上께서 이 첩帖을 만드신 것은 위로는 성조聖祖께서 한 번 눈길을 주시고 한 번 언급하신 것을 대할 때마다 못내 잊지 못하는 사모심思慕心이 족히 일어났기 때문이요, 아래로는 훈구勳舊에 관심을 쏟고 그들의 수적手蹟을 감상하면서 비단 훌륭한 솜씨를 지녔던 노신老臣을 추억하고, 비고鼙鼓 소리에 장수將帥를 생각하는 정도로 그치지 않으셨기 때문이니, 이 일이 비록 큰일은 아니라 하더라도 그 관계되는 바의 중대함이 어떻겠는가! 전세前世의 제왕帝王들이 서화書畵에 관심을 갖고 승경勝景을 감상하면서도 한갓 완물상지玩物喪志의 결과에 떨어진 것과 비교해 본다면 어찌 비단 하늘과 땅의 차이일 뿐이겠는가! 오, 아름답고도 성대하도다![35]

인용문에서 드러나듯 소상팔경瀟湘八景에 대한 관심은 왕실이라고 예외일 수는 없었던 문화 현상으로 보인다. 왕실에서도 지속적으로 관심과 애착을 가지고 회화뿐만 아니라 시가 문학을 통해서도 향유되었다. 조선조 중종中宗은 신하들에게 소상팔경을 시제로 삼아 종종 응제시應製詩를 요구하여 시재詩才를 겨루게 했던 기록이 확인된다.

1. 『朝鮮王朝實錄』, 『中宗實錄』 二十年(1525年) 六月五日(癸巳)

팔경八景에 대한 칠언율시七言律詩 제목을 내리며 일렀다. 전일에 대제학 이행李荇이 '시종侍從하는 문신들은 불시에 글을 짓도록 해야 한다.'고 했기 때문에 지금 짓도록 하는 것이니, 홍문관 · 예문관 · 승정원 · 시강원은 내일까지 지어 와야 한다. (下八景七言律詩題曰, 前者大提學李荇言, 侍從文臣, 不時命製, 故今命製爾, 弘文館 藝文館 承政院 侍講院, 明日製進可也.)

---

35) 張維, 『谿谷集』, 卷七, 「成廟御製瀟湘八詠帖序」, "瀟湘八景之勝 擅名海內 古今詩人賦詠 不勝其多 而姸醜巧拙 各隨其人. 惟我 成宗大王 萬機之暇 戲賦短律十六章 每景各二章 流傳藝苑. 咸以爲在聖人誠爲餘事 終非詞人墨客所能到也. 我殿下命元勳八人各寫二章. 唯延平府院君李貴 未及寫進而歿. 從其家得草本 字多剩缺 紙亦不類. 乃命畵史李澄描以繪事 聯爲巨帖. 旣成 命臣維識之. 臣維竊聞 詩固性情之發 而書亦心畫也. 洪惟 成廟以天縱多能之聖 神藻睿韵 高出前代. 八詠之作 雖出於偶爾游戲 無非陶寫性情之一端也. 卽諸臣筆蹟 各有長短 要之皆心畫之形於外者. 我聖上之爲是帖 上焉而對越聖祖寓目咳唾之餘 亦足以起羹墻之慕, 下焉而注念勳舊 觀其手蹟 不特如丹靑之憶老臣 鼙鼓之思將帥 則玆事雖微 其所係之重爲如何哉. 其視前世帝王留意書畫. 翫賞光景 徒爲玩物喪志之歸者. 何啻穹壤. 猗歟美哉 猗歟盛哉."

2. 『朝鮮王朝實錄』, 중종 28년(1533년) 8월 27일

임금께서 원포귀범遠浦歸帆을 제목으로 배율십운排律十韻을 양陽자 운韻에서 뽑아 지으라는 글을 써서 승지 오결吳潔에게 내리면서 일렀다. "즉시 호종한 당하관 문신에게 촉각燭刻(촉각이란 시간제한을 촉박하게 하여 글을 짓게 하는 것이다. 즉 초에 금을 긋고 그 금이 탈 때까지로 시간을 한정하는 것)으로 지어 바치게 하되 한성부 판윤 소세양蘇世讓과 예조 판서 유관柳灌을 시관試官으로 삼아 등급을 매기게 하라." 처음에는 이조 판서 김안로를 시관으로 하였는데 그의 아들 기祺가 제사製辭하는 데 참여하였기 때문에 소세양으로 대신한 것이다. (御題遠浦歸帆, 排律十韻陽字韻, 下承旨吳潔曰"卽令扈從堂下官文臣, 燭刻製進, 以漢城府判尹蘇世讓, 禮曹判書柳灌爲試官科次"初以吏曹判書金安老爲試官, 以子祺參製辭之, 遂以世讓代之.)

3. 『朝鮮王朝實錄』, 중종 30년(1535년) 5월 15일

상이 서교西郊에서 관가觀稼하고 이어 망원정望遠亭에 머물러 수전水戰을 관람하였다. 상이 동정추월洞庭秋月이란 글제로 오언률五言律을 짓고 어가御駕를 수행하는 신하들에게도 시를 지어 올리게 했는데, 심언광沈彦光 · 소세양蘇世讓 · 최세절崔世節 · 조인규趙仁奎 등이 우등하였다. 각각 활 1장張씩을 하사하라고 명하였다. (上觀稼于西郊, 仍駐于望遠亭, 觀水戰. 御題洞庭秋月五言律, 令扈駕之臣製進, 沈彦光 蘇世讓 崔世節 趙仁奎優等, 命賜弓各一張.)

4. 『朝鮮王朝實錄』, 중종 31년(1536년) 5월 12일

김근사에게 전교하기를, "심언광沈彦光과 정사룡鄭士龍의 글 지은 점수가 똑같으니 〔두 사람이 모두 삼상三上과 차상次上이었다.〕 마땅히 다시 같은 제목으로 글을 짓게 하여, 고하高下를 결정케 하라."하고, 상이 '동정추월洞庭秋月'로 칠언율시七言律詩를 '서산제설西山霽雪'로 오언율시를 짓도록 시제를 써서 내렸다. 그리하여 심언광이 1등을 하였고 활 쏘는 일도 끝났다. 정원에 전교하였다. "선온을 끝낸 뒤에 이름을 불러 상을 주되, 심언광에게는 숙마熟馬 1필을, 정사룡에게는 표피豹皮 1벌을 내리고, 그 밖의 소세양蘇世讓 · 조인규趙仁奎 · 유보柳溥 · 조사수趙士秀 · 오결吳潔 등에게는 각각 현궁弦弓을 갖춘 활 1장張을 주어라. (이상은 글을 지은 자들이다.) 관사觀射에서 1등인 교서관 부정자校書館副正字 남궁숙南宮淑에게는 상가賞加하고, 그 다음인 김감金勘 · 윤계尹溪 · 조희曺禧 · 박자영朴自英 등에게는 숙마를 주고, 서위徐

偉 · 반석평潘碩枰 · 황기黃琦 · 민선閔瑄 · 최보한崔輔漢 등에게는 어린 말을 주라." (傳于金謹思曰"沈彦光 鄭士龍所製等, 〈兩人皆爲三上次上〉宜更令作一題, 決高下" 上以洞庭秋月五言律詩 西山霽雪五言律詩, 題書而下之 於是彦光居首, 而射事亦畢. 傳于政院曰"畢宣後, 呼名賜給" 彦光熟馬一匹, 士龍豹皮一令, 其餘蘇世讓 趙仁奎 柳溥 趙士秀 吳潔等, 各賜俱弦弓一丁 〈此製述〉 觀射居首, 校書館副正字南宮淑賞加, 其次金勘 尹溪 曺禧 朴自英等, 熟馬. 徐偉潘碩枰 黃琦 閔瑄 崔輔漢等, 兒馬.)

이처럼 역대 제왕들도 소상팔경瀟湘八景에 심취해 있었음을 확인할 수 있다. 앞에서 살펴본 기록 이외에도 다양한 갈래에 걸쳐 소상팔경을 수용하고 있다. 이 책에서는 그 가운데서도 주된 논의 대상이 되는 문학에 한정하여 살펴볼 것이다. 이를 위해 소상팔경을 수용하고 있는 문학적 범주에 대해 고찰하고자 한다. 현재까지 수집된 자료에 의거하면 한시와 시조, 가사, 판소리, 민요, 무가巫歌, 시화詩話, 설화, 판소리계 소설, 고소설, 종교의 경전經典, 현대소설과 수필 등에서 소상팔경의 형상이 확인된다. 거의 모든 갈래에 걸쳐 두루 확인되고 있다. 갈래별로 확인된 작품들을 개괄적으로 정리하면 다음과 같다.

첫째, 한시는 산시청람山市晴嵐을 대상으로 지은 작품이 51수, 연사모종煙寺暮鐘을 대상으로 지은 작품이 51수, 소상야우瀟湘夜雨를 대상으로 지은 작품이 63수, 원포귀범遠浦歸帆을 대상으로 지은 작품이 52수, 평사낙안平沙落雁을 대상으로 지은 작품이 59수, 동정추월洞庭秋月을 대상으로 지은 작품이 61수, 어촌낙조漁村落照를 대상으로 지은 작품이 58수, 강천모설江天暮雪을 대상으로 지은 작품이 58수, 그리고 이렇게 소상팔경의 개별 시제에 따라 지은 작품은 아니지만 소상팔경을 노래한 한시 작품들이 『비해당소상팔경시첩匪懈堂瀟湘八景詩帖』에 14수, 그리고 '소상팔경'을 대상으로 창작된 작품 10수를 포함하여 총 471수의 작품을 확인한 후 정리하였다. 이 471수의 한시 작품을 고려시대와 조선시대를 거치면서 총 86명의

문인이 창작했다.[36)]

이 가운데 산시청람山市晴嵐, 연사모종煙寺暮鐘, 소상야우瀟湘夜雨, 원포귀범遠浦歸帆, 평사낙안平沙落鴈, 동정추월洞庭秋月, 어촌낙조漁村落照, 강천모설江天暮雪의 소상팔경 모든 시제를 대상으로 창작하여 오늘날까지 전하고 있는 작품을 남긴 문인은 총 38명이다.[37)]

그런데 홍세태(1653~1725)의 작품 여덟 수가 정두경(1597~1673)의 작품과 정확하게 일치하고 있다. 이에 대해 고증한 결과 홍세태가 일본에 가서 그곳의 문인들과 어울려 소상팔경瀟湘八景을 노래할 때에 창랑 홍세태는 정두경의 작품을 그대로 읊었던 것으로 보인다. 그 결과 일본 측

---

36) 소상팔경을 대상으로 한시를 창작했던 고려조와 조선조의 86명 명단은 다음과 같이 정리된다. 강항(姜沆, 1567~1618)/강석덕(姜碩德, 1395~1459)/강희맹(姜希孟, 1424~1483)/곽자완(郭自完, 未詳)/구음(具, 1614~1683)/구종직(丘從直, 1404~1477)/권만(權萬, 1688~未詳)/권두경(權斗經, 1654~1725)/권상일(權相一, 1679~1759)/권호문(權好文, 1532~1587)/김맹(金孟, 未詳)/김휴(金烋, 1597~1638)/김도수(金道洙, 未詳~1742)/김득신(金得臣, 1754~1822)/김만기(金萬基, 1633~1687)/김봉조(金奉祖, 1572~1630)/김상헌(金尙憲, 1570~1652)/김시락(金時洛, 1857~1896)/김시습(金時習, 1435~1493)/김안국(金安國, 1478~1543)/김종서(金宗瑞, 1390~1453)/김홍욱(金弘郁, 1602~1654)/나식(羅湜, 1498~1546)/나경문(羅景文, 未詳)/남수문(南秀文, 1408~1442)/류축(柳潚, 1564~1636)/류의손(柳義孫, 1398~1450)/만우(卍雨, 1357~未詳)/민제인(閔齊仁, 1493~1549)/박순(朴淳, 1523~1589)/박광전(朴光前, 1526~1597)/박세당(朴世堂, 1629~1703)/박영원(朴永元, 1791~1854)/박팽년(朴彭年, 1417~1456)/배유화(裵幼華, 1611~1673)/서거정(徐居正, 1420~1488)/성삼문(成三問, 1418~1456)/성종대왕(成宗, 1457~1494)/소세양(蘇世讓, 1486~1562)/송래희(宋來熙, 1791~1867)/숙종대왕(肅宗, 1661~1720)/신광한(申光漢, 1484~1555)/신석조(辛碩祖, 1407~1459)/신숙주(申叔舟, 1417~1475)/안지(安止, 1367~1464)/안숭선(安崇善, 1392~1452)/어세겸(魚世謙, 1430~1500)/윤추(尹推, 1632~1707)/윤계동(尹季童, 未詳~1453)/윤순지(尹順之, 1591~1666)/이곡(李穀, 1298~1351)/이여(李畬, 1645~1718)/이익(李瀷, 1681~1763)/이행(李荇, 1478~1534)/이광정(李光庭, 1674~1756)/이규보(李奎報, 1168~1241)/이만부(李萬敷, 1664~1732)/이만운(李萬運, 1736~未詳)/이보흠(李甫欽, 未詳~1457)/이수광(李睟光, 1563~1628)/이승소(李承召, 1422~1484)/이익신(李翊臣, 未詳)/이인로(李仁老, 1152~1220)/이재관(李在寬, 1783~1837)/이정암(李廷馣, 1541~1600)/이제현(李齊賢, 1287~1367)/이헌경(李獻慶, 1719~1791)/이현석(李玄錫, 1647~1703)/이홍유(李弘有, 1588~1673)/임억령(林億齡, 1496~1568)/정두경(鄭斗卿, 1597~1673)/정사룡(鄭士龍, 1491~1570)/정인지(鄭麟趾, 1396~1478)/정조대왕(正祖, 1752~1800)/정종로(鄭宗魯, 1738~1816)/정희량(鄭希良, 1469~未詳)/조욱(趙昱, 1498~1557)/조서강(趙瑞康, 未詳~1444)/진화(陳澕, 1180~1215 추정)/최항(崔恒, 1409~1474)/하연(河演, 1376~1453)/하진(河溍, 1597~1658)/홍섬(洪暹, 1504~1585)/홍세태(洪世泰, 1653~1725)/홍언필(洪彦弼, 1476~1549)/황준량(黃俊良, 1517~1563) 등 총 86명의 문인이 소상팔경 한시를 창작했다. (이상은 가나다 순임).

37) 강석덕, 강희맹, 구음, 권만, 권두경, 권상일, 김만기, 김시락, 김시습, 김홍욱, 만우, 박영원, 성종대왕, 성삼문, 소세양, 송래희, 숙종대왕, 신광한, 어세겸, 윤추, 이행, 이광정, 이규보, 이수광, 이승소, 이인로, 이정암, 이제현, 이홍유, 정조대왕, 정두경, 정사룡, 정종로, 정희량, 조욱, 진화, 홍세태, 홍언필 등 38인.

문헌에 그 노래가 창랑 홍세태의 작품인 것으로 인식되어 그대로 남아 전해지는 것으로 판단된다. 따라서 37명의 문인이 소상팔경의 여덟 장면을 온전하게 전하고 있는 셈이다. 37명의 문인이 창작했던 소상팔경의 작품 수는 총 360수가 정리되어 있다.

둘째, 시조 갈래이다. 시조는 전체 72수가 전한다. 하지만 시조의 경우 일반적으로 제목이 전해지지 않기 때문에 소상팔경을 시제로 전면에 내세우고 있는 작품이 드물다. 조선 전기 이후백李後白(1520~1578)의 경우는 드물게 소상팔경을 시조의 제목으로 내세우고 있지만 이것이 흔한 경우는 아니다. 이후백의 시조 작품 여덟 수에 대한 진위 논란을 떠나서 일단은 여덟 수가 전하고 있다. 나머지 작품이 64수에 이른다. 형식상으로는 평시조, 엇시조, 사설시조가 존재한다. 소상팔경 한시에서 형상화되었던 심상을 많이 활용하고 있는 작품들이다. 주로 지명과 주요 지형지물을 통해 소상팔경을 대상으로 창작되었음을 확인할 수 있는 작품들이다.

셋째, 가사歌辭 갈래이다. 소상팔경이라는 제목으로 창작된 가사는 한 작품만이 전하고 있다. 국문학 연구의 초창기에 이희승에 의해 소개되었다.[38] 그는 1939년 4월에 간행된 『문장文章』 제3집에 「가사歌詞 소상팔경 해설」이라는 제목의 글을 발표했다. 이 글은 초창기 연구 성과로 소상팔경 가사 원문을 제시하고, 어구語句를 주해註解하여 후대의 연구자들에게 편의를 제공했다는 점에서 그 의의를 찾을 수 있다. 한 가지 특이한 것은 소상팔경 가운데 「연사모종煙寺暮鐘」을 「황릉애원黃陵哀怨」이 대체하고 있다는 점이다. 「황릉애원」은 순임금과 그의 두 아내였던 아황과 여영의 사건에 얽힌 이야기를 배경으로 창작된 내용이다. 그러므로 「황릉애원」은 「소상야우瀟湘夜雨」와 매우 유사한 분위기와 정조를 표출하고 있음이 확인된다.

---

38) 李熙昇, 「歌詞 〈瀟湘八景〉 解說」, 『文章』 제3집, 1939.

넷째, 판소리 갈래이다. 판소리 「춘향가春香歌」, 「심청가沈淸歌」, 「흥보가興甫歌」, 「수궁가水宮歌」, 「적벽가赤壁歌」의 다섯 마당 가운데 「춘향가」, 「심청가」, 「흥보가」, 「수궁가」의 네 마당에 걸쳐 소상팔경과 관련된 사설이 등장한다. 「춘향가」에서는 방자의 경계 풀이와 춘향이 옥안에 갇혀 본관 수령의 처분만 기다리며 자신의 신세를 원망하는 옥중가 더늠에서 소상팔경 관련 사설이 등장한다. 「심청가」에서는 심청이 인당수에 몸을 던지기에 앞서 소상팔경을 유람하는 더늠이 등장한다. 「흥보가」에서는 '제비노정기' 더늠에서 소상팔경에 대한 사설이 등장한다. 「수궁가」에서는 '고고천변'이라고 하는 더늠에서 소상팔경과 관련된 사설이 등장하고 있다.

다섯째, 민요民謠 갈래이다. 서도 민요의 하나인 「수심가」에 잇대어 부르는 「엮음 수심가」에서는 소상팔경으로 들어가는 두 동자를 설정하고 있다. "소상강으로 배타고 저 불고 가는 놈 저 두 동자야 말 물어 보자. 너희 선생이 뉘라 하시며 행하는 곳은 그 어디메런가?"라고 하며 노래가 시작된다. 그런가 하면 『한국구비문학대계 5-2』에는 서사학동 민요로 「소상팔경」 노래가 전해진다.

여섯째, 무가巫歌 갈래이다. 무가에서는 「만조상해원경」이라는 제목의 노래가 전하고 있다. 전체 가운데 해당하는 부분만 보면, "아황여영 두 미녀는 요임금의 소생으로 순임금을 섬기다가 소상강에 이별하고 피눈물을 뿌릴 적에 마디마다 아롱다롱 소상반죽 생겼으니 근들아니 원혼이며 그 설움이 같을소냐. 금일 오신 저 조상님 그런 혼신 본을 받아 한번 가심에 원을 말고 생왕극락 들어가서 인도환생 하옵소서. 나무아미타불." 이라고 기록되어 전하고 있다.

일곱째, 시화詩話 갈래이다. 역대 시화에서 소상팔경瀟湘八景과 관련된 언급들을 보면 우선 서거정의 『동인시화東人詩話』에서는 상권上卷의 11화

話, 54화, 56화 세 편에서 소상팔경 관련 작품이 언급되고 있다. 11화에서는 고려시대 이인로李仁老의 소상팔경 한시 가운데 동정추월洞庭秋月 작품을 소개하면서 송나라 때 문인 소순흠蘇舜欽의 작품을 점화點化한 것임을 밝히고 있다. 54화에서는 동정호洞庭湖와 악양루가 있는 파릉산巴陵山이 천하의 장관임을 언급하며 시인묵객들의 작품을 소개했다. 56화에서는 이인로, 진화, 이제현의 소상팔경시를 대상으로 다양한 평어로 작품을 평가하고 있다.

허균은 『성수시화惺叟詩話』 21화에서는 원나라 귀양지에서 숨을 거둔 김구용金九容과 조서曹庶를 예로 들어 말하기를, "나는 대장부로 좁은 땅에 태어났기에 널리 노닐 수 없음을 언제나 한탄하였다. 두 분은 비록 먼 지방으로 귀양을 갔다지만 오나라와 초나라 지방 산천을 두루 보았으니, 참으로 인간 세상의 장쾌한 일이었다."고 언급하면서 소상강과 동정호가 주무대인 오吳·초楚 지역을 언급하고 있다.

김만중은 『서포만필西浦漫筆』 권하卷下 30화와 31화에서 "당나라 숙종肅宗 대종代宗 시대를 당하여 군문軍門에 있던 신하로 장안長安을 평정했던 공적이 있는데도, 국가의 성패에 관여하지 않고 동정호와 소상강瀟湘江 사이에서 단풍 향기를 맡으며 신선 배우기를 장량張良이 적송자赤松子를 따르듯 한 사람은 업후鄴侯가 아니면 또 누가 있겠는가?"하며 동정호와 소상강 일대를 언급했다.

하겸진은 『동시화東詩話』 권이卷二 63화에서 월과月課를 맡았던 시관 채유후蔡裕後가 시제로 '소상반죽瀟湘斑竹'을 냈는데, 홍주세가 장원으로 선택됨과 그의 시 작품[39]을 소개하면서 당나라 때 시인 전기錢起의 「상령

39) 흰 구름 사이로 창오산 빛 쓸쓸한데/남으로 가신 황제 언제나 돌아올까/남은 한은 상강 따라 흐르지 못하고/눈물 흔적 대나무에 얼룩져 항상 남아 있네/천년 굳은 절개 눈서리 이겨내고/깊은 밤 찬 소리 패옥 고리에서 울리네/자고새는 울다 지쳐 사람도 보이질 않고/강변에 두어 봉우리 이슬 안개 자욱하네. (蒼梧愁絶白雲間/帝子南奔幾日還/遺恨不隨湘水去/淚痕常在竹枝斑/千秋勁節凌霜雪/半夜寒聲動佩環/啼

고슬湘靈鼓瑟」[40]시에 비견한다고 지적했다.

여덟째, 판소리계 소설이다. 판소리계 소설로는 「춘향전春香傳」과 「심청전沈淸傳」에서 소상팔경瀟湘八景이 중요한 기능을 담당한다. 먼저 「춘향전」의 경우를 살펴본다. 춘향이 옥중에 갇혀 죽을 날만을 기다리다가 꿈을 꾸는 대목이다.

> 칼머리 도도 베고 우연히 잠을 드니, 향취香臭 진동하며 여동女童 한 쌍 내려와서 춘향 앞에 궤좌跪坐하며 여짜오되, "소녀 등은 황릉묘黃陵廟 시비侍婢러니, 낭랑娘娘의 명을 받아 낭자를 모시러 왔사오니, 사양치 말고 가사이다." 춘향이 공손히 답례하는 말이, "황릉묘라 하는 곳이 소상강瀟湘江 만리 밖에 멀고 멀고 멀었으니 어찌하여 가잔 말인가?" "가시기는 염려 마옵소서." 손에 든 봉미선鳳尾扇을 한 번 부쳐 두 번 부쳐 구름 같이 이는 바람 춘향의 몸 훨적 날려 공중에 오르더니, 여동이 앞에 세우고 길을 인도하여 석두성石頭城을 바삐 지나 한산사寒山寺 구경하고 봉황대鳳凰臺 올라가니, 좌편은 동정洞庭이요, 우편은 팽려彭蠡로다. 적벽강 구름 밖에 십이 봉이 둘렀는데, 칠백 리 동정호洞庭湖에 오초동남吳楚東南 여울물의 오고 가는 상고商賈들은 순풍順風에 돛을 달아 불피풍우不避風雨 떠나가고, 악양루岳陽樓 잠깐 쉬어 청초靑草 군산君山을 당도하니, 백빈주白蘋洲 갈가마귀는 오락가락 소리하고, 무협의 잔나비는 자식 찾는 슬픈 소리, 객客의 심사心思 처량하다. 소상강 당도하니, 경개景槪도 기이하다. 반죽斑竹은 성림成林한데 아황여영娥皇女英 눈물 흔적 뿌려 있고, 오현금五絃琴 비파성琵琶聲 은은히 들리는데, 십층대옥十層大屋 누각樓閣이 구름 속에 솟았는데, 영롱玲瓏한 전주발과 안개 같은 비단장緋緞帳을 경개 둘렀는데 주위도 웅장하고 기세도 거룩하다. 여동이 앞에 서서 춘향을 인도하여 전문殿門 밖에 세워두고 전상殿上에 고하니,

---

罷鷓鴣人不見/數峰江上露烟鬟)

40) 善鼓雲和瑟/常聞帝子靈/馮夷徒自舞/楚客不堪聽/苦調凄金石/淸音入杳冥/蒼梧來怨慕/白芷動芳馨/流水傳湘浦/悲風過洞庭/曲終人不見/江上數峯靑. 『당시기사(唐詩紀事)』 권30, 전기(錢起). 전기가 향천(鄕薦)으로 강호의 객사에서 묵고 있을 때 마당에서 시를 읊조리는 소리가 들렸는데, "곡이 끝났는데 사람은 보이지 않고, 강변에는 몇 개 봉우리만 푸르네."라고 하였다. 주위를 둘러보아도 아무 것도 없었다. 천보 10년에 '상령고슬'이라는 제목으로 시험을 보았다. 전기는 그때 들렸던 시구를 이용해서 시를 지었다. 당시 사람들이 그 시를 보고서 귀신의 노래라고 했다고 한다.

"춘향이 바삐 입시入侍 들라." 춘향이 황송하여 계하階下에 복지伏地하니, 낭랑이 하교下敎하되, "전상殿上으로 오르라." 춘향이 전상에 올라 거수擧手 재배再拜하고 염슬피좌斂膝避座하여 위를 살펴보니, 제일층 옥교상玉轎上에 낭랑상군娘娘湘君 전좌殿座하고, 제이층 황옥교黃玉轎에 상부인湘夫人이 앉았는데, 향취香臭 진동하며 옥패玉佩 쟁쟁琤琤하여 천상옥경天上玉京 완연하다. 춘향을 불러다 사좌하여 앉은 후에, "춘향아 네 들어라. 전생 일을 모르리라. 부용성芙蓉城 영주궁瀛州宮의 운화부인 시녀로서 서왕모西王母 요지연瑤池淵의 장경성長庚星에 눈을 주어 반도蟠桃로 희롱타가 인간에 전고하여 인간 공사 겪거니와 불구不久에 장경성長庚星을 서로 만나 영화부귀榮華富貴할 것이니 마음을 변치 말고 열녀烈女를 효칙效則하여 천추千秋에 유전하라." 춘향이 일어서며 면면재배面面再拜한 연후에, 월왕 구경하려다가 실족失足하여 깨달으니 남가일몽南柯一夢이라. 잠을 깨어 수성탄식數聲歎息 하는 말이, "이 꿈이 웬 꿈인가? 남양초당南陽草堂 큰 꿈인가? 내가 죽을 꿈이로다." 칼을 빗겨 안고, "애고 목이야, 애고 다리야. 이것이 웬일인고?"[41]

그런가 하면, 「심청전沈淸傳」에서는 심청이 아버지의 눈을 뜨게 하기 위해서 인당수에 몸을 던지는 대목이 등장한다. 이때 인당수에 투신하기 직전 소상팔경瀟湘八景을 유람하는 대목이 등장한다.

강두에 다다르니 선인들 모여들어 뱃머리에 좌판 놓고 심 소저를 뫼셔 올려 빗장 안에 앉힌 후에, 닻을 감고 돛을 달아 소리하며 북을 둥둥 울리면서 지향 없이 떠나간다. 범피중류泛彼中流 떠나갈 제 망망한 창해 중에 탕탕한 물결이라. 백빈주白蘋洲갈매기는 홍료안紅蓼岸으로 날아들고 상강湘江의 기러기는 평사平沙로 떨어진다. 요량寥亮한 남은 소래 어적漁笛인 듯하건마는 곡종인불견曲終人不見에 유색柳色만 푸르렀다. 애내성중만고수欸乃聲中萬古愁는 나를 두고 이름이라. 장사長沙를 지나니 가태부賈太傅 간 곳 없고, 멱라수汨羅水 바라보니 굴삼려屈三閭 어복충혼魚腹忠魂 어디로 가셨는고. 황학루黃鶴樓 다다르니 일모향관하처시日暮鄕關何處是요, 연파강상사인수烟波江上使人愁는 최호崔顥의 유적이라. 봉황대 다다르니 삼산반락청천외三山半落靑天外요, 이수중분백로주二水中分白鷺洲는 태백太白이 노던데요, 심양강潯陽江

41) 李古本, 「春香傳」.

다다르니 백낙천白樂天이 어디 가고 비파성琵琶聲이 끊어졌다. 적벽강 그저 가랴, 소동파蘇東坡 노던 풍경 의구히 있다마는 조맹덕曹孟德 일세지웅一世之雄 이금안재재而今安在哉요, 월락오제月落烏啼 깊은 밤에 고소성대姑蘇城臺에 배를 매고 한산사寒山寺 쇠북소리 객선에 떨어진다. 진회수秦淮水 건너가니 격강隔江의 상녀商女들은 망국한亡國恨을 모르고서, 연롱수烟籠樹 월롱사月籠沙 할 제 후정화後庭花만 부르더라. 소상강 들어가니 악양루岳陽樓 높은 집은 호상에 떠서 있고, 동남으로 바라보니, 오산吳山은 첩첩이요, 초수楚水는 망중望中이라, 반죽斑竹에 젖은 눈물 이비유한二妃遺恨 띄워 있고, 무산巫山에 돋는 달을 동정호에 비취이니 상하천광上下天光, 거울 속에 푸르렀다. 창오산의 저문 연기 참담하여 황릉묘에 잠기었다. 산협의 잔나비는 자식 찾는 슬픈 소리 천객遷客 소인騷人 몇몇이냐. 심청이 배 안에서 소상팔경瀟湘八景 다 본 후에 한 곳을 가노라니, 향풍이 일어나며 옥패 소리 들리더니 의희依俙한 주렴 사이로 어떠한 두 부인이 선관仙冠을 높이 쓰고 자하상紫霞裳 걷어 안고 뚜렷이 나오더니, "저기 가는 심 소저야, 나를 어이 모르느냐. 우리 성군 유우씨有虞氏가 남순하시다가 창오야蒼梧野에 붕하시니 속절없는 이 두 몸이 소상강 대수풀에 피눈물을 뿌렸더니, 가지마다 아롱져서 닢닢히 원한이라. 창오산붕상수절蒼梧山崩湘水絶에 죽상지루내가멸竹上之淚乃可滅이라. 천추 깊은 한을 하소할 길 없었더니, 네 효성이 지극키로 너다려 말하노라. 대순붕후기천년大舜崩後幾千年에 오현금남풍시五絃琴南風詩를 지금까지 전하더냐. 수로 만리 몇몇 일에 조심하여瀟湘八景 다녀오라." 홀연히 간 곳 없다. 심청이 생각하니 소상강이 예로다. 죽으러 가는 나를 조심하여 오라 하니 진실로 괴이하다. 그곳을 지내어서 회계산會稽山에 당도하니 풍랑이 일어나며 찬 기운이 소삽터니, 한 사람이 나오는데 두 눈을 꽉 감고 가죽으로 몸을 싸고 울음 울고 나오더니, "저기 가는 심 소저야, 네가 나를 모르리라, 오나라 오자서伍子胥로다. 슬프다 우리 성상聖上, 백비伯嚭 참소 듣고 촉루검屬鏤劍을 나를 주어 목을 찔러 죽인 후에 가죽으로 몸을 싸서 이 물에 던졌구나. 원통함을 못 이기어 월병이 멸오滅吳함을 역력히 보려 하고 내 눈을 일찍 빼어 동문상에 걸었드니 내 완연히 보았으나, 몸에 쌓인 이 가죽을 뉘라서 벗겨 주며 눈 없는 게 한이로다." 홀연히 간 곳 없다. 심청이 생각하니 그 혼은 오나라 충신 오자서라. 한 곳에 다다르니 어떠한 두 사람이 택반澤畔으로 나오는데, 앞으로 서신 이는 왕자의 거상이라. 의상이 남루하니 초수楚囚일시 분명하다. 눈물지며 하는 말이, "애달고도 분한 것이 진나라 속임 되어 무관武

關에 삼년 있다 고국을 바라보니 미귀혼未歸魂이 되었고나. 천추에 한이 있어 초혼조招魂鳥가 되었더니, 박랑퇴성博浪推聲 반겨 듣고 속절없는 동정달에 헛 춤만 추었세라." 그 뒤에 한 사람은 안색이 초췌하고 형용이 고고枯槁한데, "나는 초나라 굴원이라. 회왕을 섬기다가 자란子蘭(초회왕의 아들)의 참소 만나 더러운 마음 씻으려고 이 물에 와 빠졌노라. 어여쁠사 우리 임금, 사후에나 뫼셔볼가. 길이 한이 있었기로 이같이 뫼셨노라. 제고양지묘예혜帝高陽之苗裔兮여 짐황고왈백용朕皇考曰伯庸이라. 유초목지령낙혜唯草木之零落兮여 공미인지지모恐美人之遲暮로다. 세상에 문장 재사 몇 분이나 겨시드냐. 심 소저는 효성으로 죽고 나는 충신으로 죽었으니, 충효는 일반이라 위로코자 나왔노라. 창해 만리에 평안히 가옵소서."

심청이 생각하되 죽은 지 수천 년에 영혼이 남아 있어 내 눈에 뵈는 일이 그 아니 이상한가? 다 죽을 징조로다. 슬프게 탄식한다. 물에서 밤이 몇 밤이며 배에서 날이 몇 날이냐. 거연居然 사오 삭에 물결같이 흘러가니 금풍삽이석기金風颯以夕起하고 옥우확기쟁영玉宇廓其崢嶸이라. 낙하여고목제비落霞與孤鶩齊飛하고 추수공장천일색秋水共長天一色이라, 강안江岸에 귤농橘濃하니 황금黃金이 천 편千片이요, 노화蘆花에 풍기風起하니 백설이 만점이라. 신포세류新浦細柳 지는 잎과 옥로청풍玉露淸風 불었는데, 괴로울사 어선들은 등불을 도두 달고 어가漁歌로 화답하니 돋우는 게 수심이요, 해반의 청산들은 봉봉이 칼날이라. 일락장사추색원日落長沙秋色遠하니 부지하처조상군不知何處弔湘君이라. 송옥宋玉의 비추부悲秋賦가 이에서 슬플소냐. 동녀를 실었으니 진시황의 채약採藥 배인가. 방사方士는 없었으니 한무제漢武帝 구선求仙 배인가. 내가 진작 죽자 하니 선인들이 수직守直하고 살아 실려 가자 하니 고국이 창망하다. 한 곳을 당도하여 닻을 주고 돛을 지우니 이곳 인당수라. 광풍이 대작하고 바다가 뒤눕는데, 어룡이 싸우는 듯 대양바다 한 가운데 돛도 잃고 닻도 끊쳐 노도 잃고 키도 빠져 바람 불고 물결쳐 안개 뒤섞여 자자진 날, 갈 길은 천 리나 만 리나 남고 사면이 검어 어둑 저물어 천지지척 막막하여 산 같은 파도 뱃전을 땅 땅 쳐 경각에 위태하니, 도사공 이하가 황황대겁하여 혼불수신魂不守身하여 고사 절차 차리는데, 섬쌀로 밥을 짓고 돝 잡아 큰 칼 꽂아서 정하게 바쳐 놓고 삼색실과 오색 당속糖屬 큰 소 잡고 동이 술을 방위 차려 갈라놓고 심청을 목욕시켜 의복을 정히 입혀 뱃머리에 앉힌 후에, 도사공이 고사를 올릴 제 북채를 갈라 쥐고 북을 둥둥 둥둥 두리 둥둥 울리며, "헌원씨軒轅氏 배를 모아 이제불통以濟不通 하옵신

> 후, 후생이 본을 받아 다 각기 위업하니 막대한 공이 아닌가. 하우씨夏禹氏 구년지수九年之水 배를 타고 다스리고, 오복 고성공 세우고 도로 구주九州 돌아들 제 배를 타고 기다리고, 공명孔明의 높은 조화 동남풍을 빌어내어 조조曹操의 백만 대병 주유周瑜 화공火攻하여 적벽대전赤壁大戰 하올 적에 배 아니면 어이하리. 주요요이경양舟搖搖而輕颺하니 도연명陶淵明의 귀거래歸去來요, 해활海闊하니 고범지孤帆遲는 장한張翰의 강동거江東去요, 임술지추壬戌之秋 칠월에 종일위지소여縱一葦之所如하여 소동파 놀아 있고, 지국총 어사화로 공선만재명월귀空船滿載明月歸는 어부의 즐김이요, 계도란요하장포桂棹蘭橈下長浦는 오희월녀吳姬越女 채련주採蓮舟요, 차군발선하양성嗟君發船下陽城은 상고선商賈船이 그 아닌가. 우리 동무 스물네 명 상고로 위업하여 십오 세에 조수 타고 경세우경년經歲又經年에 표박서남漂泊西南 다니더니, 오늘날 인당수에 제수를 올리오니 동해신 아명阿明이며 남해신 축융祝融이며 강한지종江漢之宗과 천택지신川澤之神이 제수를 흠향하여 일체통감一體洞鑑하옵신 후, 비렴飛廉으로 바람 주고 해약海若으로 인도하여 백천금퇴百千金堆로 내게 소망 이뤄 주옵소서. 고시레 둥둥."

이 외에도 「토끼전」에서도 소상팔경瀟湘八景과 관련된 대목이 등장하고 있음을 확인할 수 있다. 아울러 이본인 「별주부전」에서도 그러한 대목이 확인되고 있다.

아홉째, 설화 갈래이다. 설화로는 「돈 대신에 소상강瀟湘江 구경」이라는 제목의 작품이 전해진다. 구비설화로는 「임진왜란과 소상반죽」이라는 제목의 작품이 『한국구비문학대계』에 전하고 있다.

열 번째, 고소설 갈래이다. 고소설 가운데는 「구운몽九雲夢」과 「만복사저포기萬福寺樗蒲記」 그리고 「이생규장전李生窺墻傳」 등의 작품에서 소상팔경의 형상이 등장하고 있음이 확인된다. 「구운몽」의 경우는 작품의 배경이 되고 있는 공간 자체가 소상팔경의 무대로 설정되어 있다. 「만복사저포기」와 「이생규장전」에서도 소상팔경의 이미지가 작품의 서사적 맥락에서 중요한 의미와 기능을 담당하고 있음을 알 수 있다. 지금까지 개괄적으로 살펴본 자료 외에도 증산교나 대순진리교 등의 자생적 민족종교의 종교 경전에서도 소상팔경瀟湘八景과 관련된 내용이 중요한 교리敎理로 기술되고 있음을 알 수 있다.[42] 뿐만 아니라, 현대소설과 현대수필에 이르기까지도 소상팔경은 중요한 문학의 소재이자 원천으로 인식되고 있었음이 확인된 셈이다. 이처럼 소상팔경은 회화사뿐만 아니라 우리 문학사에서도 다양한 갈래에 걸쳐 형상화가 되고 있었음을 알 수 있다.

이 책에서는 앞서 살펴본 다양한 갈래에 형상화된 소상팔경 문학을 대상으로 논의를 전개할 것이다. 다양한 갈래를 연구 대상으로 삼되, 가장 중심이 되는 것은 아무래도 한시 갈래가 될 것이다. 다른 갈래의 경우에는 주로 소상팔경의 전체적인 형상을 포괄적으로 다루고 있기 때문에 시제를 중심으로 하는 개별적이며 구체적인 논의가 사실상 불가능하다. 여덟 가지의 경景을 다루고 있는 한시를 통해 각각의 시제에 담긴 형상과 함의含意 그리고 그 이면에 감추어진 서사적 맥락을 밝힐 수 있으리라 예상하기 때문이다.

3.3. 소상팔경의 공간서사

서사敍事라고 하면 흔히 인물이 중심이 된다고 보는 것이 일반적 견해이다. 하지만 그러한 시각은 우리 인간을 중심으로 바라보는 관점이다. 서사라고 할 때, 우리는 흔히 한 인간이 살아온 삶의 내력을 중심으로

42) 소상팔경이 우리나라에서 자생적으로 발생한 종교의 경전에 서술되는 경우는 여덟 가지 개별 시제 가운데 순임금과 그의 두 아내였던 아황과 여영의 사건을 중심으로 형상화된 소상야우(瀟湘夜雨)와 밀접한 관련성을 지니고 있다.

이해하려는 경향이 있다. 여기서 말하는 공간 서사라는 용어는 인간을 중심으로 서사를 파악하는 것이 아니라 공간을 중심으로 그 공간이 지내온 내력을 살펴보는 것이다. 특정 공간이나 지역이 거쳐 온 특수한 내력을 살펴보고자 할 때 우리가 얻을 수 있는 이점은 그 공간과 관련된 작품의 의미를 보다 심도 있게 이해할 수 있다는 장점이 있다. 말하자면 소상강瀟湘江이라는 공간을 중심으로 어떠한 인물과 어떠한 역사적 사건들이 일어났는가를 살펴봄으로써 왜 하필이면 소상강 일대를 배경으로 소상팔경瀟湘八景이 성립될 수밖에 없었는가? 그리고 소상팔경의 이면에는 어떠한 서사가 함축되어 있는가 하는 점을 쉽게 이해할 수 있을 것으로 판단하고 있다.

산시청람山市晴嵐, 연사모종煙寺暮鐘, 소상야우瀟湘夜雨, 원포귀범遠浦歸帆, 평사낙안平沙落雁, 동정추월洞庭秋月, 어촌낙조漁村落照, 강천모설江天暮雪이라는 소상팔경 가운데 구체적인 지명이 제시된 시제는 소상야우와 동정추월 단 둘뿐이다. 소상야우는 소상강이라는 구체적 공간이 제시되어 있으며, 동정추월에서는 동정호洞庭湖라는 구체적 공간이 제시되어 있다. 그러나 산시山市, 연사煙寺, 원포遠浦, 평사平沙, 어촌漁村, 강천江天 등은 구체적인 공간이 아니라 어느 곳에서도 존재할 수 있는 형상들이다. 물론 오늘날 중국에서 간행되고 있는 관련 서적에서는 소상팔경의 여덟 시제들이 어느 지역을 배경으로 성립된 것인가를 제시하고 있다.[43)]

어쨌거나 이 책에서는 동정호 이남 소상강 유역이 소상팔경의 주요 무대이기에 이곳을 대상으로 역사와 함께 지내온 공간의 이미지에 대해 살펴보겠다. 말하자면 이곳에서 누구에게 어떤 일들이 왜 일어났는가 하는 점을 중심으로 고찰한다. 본래 서사敍事란 인간에게만 국한된 개념은 아닐 것이다. 만물에는 모두 자기 나름의 서사가 존재하기 마련이다.

---

43) 劉金春, 『岳麓風景名勝』, 中國 湖南文藝出版社, 1998, 第六章, 橘洲攬勝, 161-163쪽.

나무에게는 나무 나름의 서사가 존재하고, 바위에게는 바위 나름의 서사가 존재한다. 뿐만 아니라 어떤 강이 있다면 그 강만이 겪어온 나름의 서사가 분명 존재할 것이다. 사람마다 저만의 서사가 존재하듯이 말이다. 이는 공간이라고 예외일 수는 없을 것이다.

그렇다면 동정호洞庭湖와 소상강瀟湘江 유역은 어떠한 서사敍事를 지니고 있었을까? 이곳을 배경으로 발생했던 서사를 생각할 때 가장 먼저 떠오르는 인물은 순임금과 그의 두 비妃였던 아황娥皇과 여영女英이다. 그리고 「초사楚辭」로 잘 알려진 굴원屈原(B.C. 340~278)이 떠오른다. 여기서 언급된 순임금과 아황, 여영 그리고 굴원 등은 이곳에서 삶을 마감했던 인물이라는 공통점을 지니고 있다. 이들을 하나로 묶을 수 있는 공통점은 바로 죽음이다. 순임금은 황제의 신분으로 남순南巡하다가 창오蒼梧의 들녘에서 숨을 거두고 구의산九疑山에 안장安葬된다. 순임금의 죽음을 따랐던 아황과 여영은 소상강에 몸을 던져 삶을 마감하고 황릉黃陵에 안장된다.

굴원은 초나라 왕족과 동성同姓이었다. 학식이 뛰어나 초나라 회왕懷王에게 신임을 얻어 중책을 맡아 내정과 외교에서 활약했다. 그런데 법령을 입안立案할 때에 궁정의 정적政敵들과 충돌한 후에 그들의 중상모략으로 국왕 곁에서 멀어졌다. 사마천의 『사기史記』에서는 굴원의 「이소離騷」가 그 분함을 노래한 것이라고 기록했다. 그는 제나라와 동맹하여 강국인 진나라에 대항해야 한다는 합종파合縱派에 속했다. 그러나 연횡파連橫派인 진나라 장의張儀와 내통한 정적과 왕의 애첩 때문에 뜻을 이루지 못한다. 왕은 제나라와 단교하고 진나라에 기만당했고 출병을 해서도 고전할 따름이었다. 진나라와의 화평 조건에 따라 자진하여 초나라에 인질로 잡혔던 장의마저 석방한다. 제나라에 사신으로 가 있던 굴원은 귀국하여 장의를 죽여야 한다고 진언했다. 그러나 이미 때는 늦었고 왕이 진나라에 들어가는 것도 반대하였으나 역시 헛일이었다. 왕이 진나라에서 객사客死하자, 장남 경양왕頃襄王이 즉위하고 막내인 자란子蘭이 재상 격인 영윤이 되었다. 자란이 아버지를 객사하게 한 장본인이었기에 굴원은 그를 비난하였고, 또다시 모함을 받아 양쯔강 이남으로 추방되었다. 「어부사漁父辭」는 그때의 작품이다. 사마천의 『사기史記』에는 「회사부懷沙賦」가 실려 있는데, 이는 절명絶命의 노래이다. 한편, 자기가 옳고 세속이 그르다고 말하고, 「난사亂辭」에서는 죽음으로써 이 세상의 모범이 되고 자살로써 간諫하겠다는 결의를 밝히고 있다. 실제로 장사長沙에 있는 멱라수汨羅水에 투신하여 목숨을 끊었다. 멱라수는 장사를 관통하여 흐르고 있는 소상강瀟湘江의 지류에 해당한다. 뿐만 아니라, 소상강 일대는 기원전 5세기경부터 이미 많은 문학 작품의 배경이 된 공간이기도 하다. 기원전 77년에 태어나 기원전 6년에 숨을 거둔 유향劉向(B. C. 77~B. C. 6)의 『설원說苑』을 보면 초나라의 시로 「자문가子文歌」와 「초인가楚人歌」라는 두 작품이 실려 있고, 본래 월어越語로 되어 있던 것을 초어楚語로 번역한 작품 「월인가越人歌」가 실려 있는데 이는 굴원이 지은 『초사楚辭』의 「구가九歌」의 내용과 유사하여 이 작품의 영향을 받은 것으로 여겨지는 동시에 「구가」에 사용되고 있는 공간 역시 소상강 유역이었다. 이러한 점을 감안할 때 소상팔경의 무대는 이미 기원전 5세기경부터 많은 문학 작품이 창작된 공간으로 인식할 수 있다. 우선 순임금과 아황 그리고 여영의 이야기를 먼저 살펴보겠다.

> 유우有虞의 두 비妃는 황제 요堯의 두 딸이다. 장녀는 아황娥皇이고, 차녀는 여영女英이다. 순舜의 아버지는 완악했고, 어머니는 어리석었다. 아버지를 앞을 못 보는 늙은이라는 의미의 고수瞽叟라 불렀다. 동생 이름은 상象이었는데 자기 기분 내키는 대로 오만하게 굴었다. 순은 그들을 잘 감싸면서 특히 아버지 고수에게는 효를 다해 모셨다. 어머니는 순을 미워하고 상만 좋아했지만 순은 오히려 집안일에 열심이었고, 아버지와 어머니 그리고 동생 상에게

나쁜 마음을 갖지 않았다. 이런 사실이 세상에 알려지자 요임금을 보좌하던 중신重臣 사악四嶽이 요임금에게 순을 추천하였다. 요임금은 아황과 여영 두 딸을 순에게 시집보내 집안에서의 인격을 살펴보게 하였다. 요임금의 두 딸은 순의 시골집으로 내려가 순의 일을 도왔는데, 천자의 딸이라고 교만하거나 게으르지 않았다. 그녀들은 오히려 겸손하고 부지런하였으며, 또 검소함으로써 부도婦道를 다하려고 하였다. 그런데도 고수와 상은 순을 죽이려고 음모를 꾸며, 순에게 곳간 수리를 맡겼다. 순이 돌아와 두 부인에게 의논하여 말했다. "부모님께서 내게 곳간 수리를 하라 하시니 거기로 가보아야겠소." 두 부인은 "그렇다면 다녀 오시지오."라고 대답했다. 순이 곳간 위에 올라가 수리를 다하고 내려오려고 하자, 고수는 사다리를 치워 버리고 곳간에 불을 질렀다. 순은 나는 듯이 급히 뛰어내렸다. 상은 다시 부모와 음모를 꾸며 순을 우물에 처넣으려 하였다. 순이 또 두 부인에게 의논하였다. "할 수 없지요. 가셔야지요."라는 부인의 말을 듣고 순은 우물 속으로 들어갔다. 그러자 고수와 상은 우물 입구를 막고 순이 나오지 못하게 흙으로 덮어 버렸다. 순은 몰래 빠져 나왔기 때문에 고수와 상은 이번에도 순을 죽일 수 없었다. 고수는 또 순에게 술을 마시도록 강요하였다. 취하면 죽이려 한 것이다. 순이 또 이 사실을 두 부인에게 알리자 두 부인은 술에 취하지 않는 약을 그에게 주고 먹게 하였다. 순이 가서 종일 술을 마셨지만 취하지 않았다. 순의 여동생은 이러한 일들을 보고 순을 불쌍히 여겨 두 올케와 화해하였다. 부모가 순을 죽이려 하였으나 순은 결코 원망하지 않았다. 하지만 그들의 노함은 더더욱 식을 줄 몰랐다. 순이 들판으로 달려가 대성통곡하면서 하늘을 올려다보며 울부짖고, 또 부모를 부르짖었다. 이와 같이 부모가 그를 해치려고만 하였음에도, 부모를 생각하는 마음은 한결같았다. 동생을 원망하지도 않았으며 그들에 대한 두텁고 독실한 정도 예전과 같았다.

마침내 순은 백관百官의 장관에 추천되고, 사방의 제후들이 그에게 후한 대접을 하였다. 순은 민간에서 선발되어 마침내 국가의 중책을 맡게 된 것이다. 요임금은 순이 천자의 자질이 되는가를 여러 방면으로 시험하였는데, 모든 일을 항상 두 딸과 상의하였다. 마침내 순은 요임금을 이어 천자의 자리에 올랐다. 아황은 후后가 되고 여영은 비妃가 되었다. 순은 상을 유비有庳 땅에 봉해 주었고, 고수를 섬기는 것은 전과 똑같았다. 세상 사람들은 두 비를 총명하고 정숙하다고 칭송하였다. 순은 천하를 잘 다스리다가 지방을 순찰하는 도중에 창오蒼梧에서 세상을 떠났다. 세상은 그의 호를 중화重華라

하였다. 두 비는 양자강과 상수 사이에서 세상을 떠나자 세간에서는 그들을 상군湘君이라 하였다. 군자가 말하였다. "두 비는 덕이 순수하고 행동이 신실하였다. 『시경詩經』에 '비록 그 덕이 드러나지 않으나, 모든 제후가 그것을 본받았다.'하였으니 바로 이것을 말하는 것이다."

송頌에 이렇게 말했다. "처음에 두 비는 요임금의 딸이었다. 빈으로 유우와 나란히 섰지만 아래에서 순을 보좌하였다. 높은 신분으로 낮은 신분의 순을 섬겼으니 그 노고 심하였도다. 까다로운 고수와 화목하니 마침내 복을 즐길 수 있었다네."[44)]

이 인용문은 유향의 『열녀전烈女傳』에 기록된 순임금과 아황·여영의 이야기이다. 서사적 맥락 위주로 간략하게 정리되어 있음을 알 수 있다. 그런가 하면, 사마천의 『사기史記』에 실린 순임금과 아황·여영의 이야기는 어떻게 형상화되고 있는가 하는 점을 살펴본다.

우순虞舜의 이름은 중화重華이다. 중화의 부친은 고수瞽叟이고, 고수의 부친은 교우橋牛이며, 교우의 부친은 구망句望, 구망의 부친은 경강敬康, 경강의 부친은 궁선窮蟬, 궁선의 부친은 전욱顓頊이고, 전욱의 부친은 창의昌意이니, 순에 이르기까지 일곱 대가 흘렀다. 궁선부터 순에 이르기까지는 모두 지위가 낮은 서민이었다. 순의 부친 고수는 맹인이었다. 순의 모친이 세상을 떠나자 고수는 다시 아내를 맞이하여 아들 상象을 낳았는데, 상은 매우 오만하였다. 고수는 후처가 낳은 아들을 편애하여 항상 순을 죽이고자 하였으므로 순은 이를 피해서 도망 다녔고, 순이 어쩌다가 작은 잘못이라도 저지르게

---

44) 劉向, 『烈女傳』, '有虞二妃'. "有虞二妃者, 帝堯之二女也. 長娥皇, 次女英. 舜父頑母嚚. 父號瞽叟. 弟曰象, 敖遊於嫚. 舜能諧柔之, 承事瞽叟以孝. 母憎舜而愛象, 舜猶內治, 靡有姦意. 四嶽薦之於堯, 堯乃妻以二女, 以觀厥內. 二女承事舜於畎畝之中, 不以天子之女故, 而驕盈怠嫚, 猶謙謙恭儉, 思盡婦道. 瞽叟與象, 謀殺舜, 使塗廩. 舜歸告二女曰, 父母使我塗廩我其往. 二女曰, 往哉. 舜旣治廩, 乃捐階, 瞽叟焚廩, 舜往飛出. 象復與父母謀, 使舜浚井, 舜乃告二女, 二女曰, 兪往哉. 舜往浚井. 格其出入, 從掩 舜潛出, 時旣不能殺舜. 瞽叟又速舜飮酒, 醉將殺之. 舜告二女, 二女乃與舜藥浴汪, 遂往. 舜終日飮酒不醉. 舜之女弟繫憐之. 與二嫂諧. 父母欲殺舜, 舜猶不怨, 怒之不已. 舜往于田號泣, 日日呼旻天, 呼父母. 惟害若茲, 思慕不已. 不怨其弟, 篤厚不怠. 旣納于百揆, 賓于四門. 選于林木, 入于大麓. 堯試之百方, 每事常謀于二女. 舜旣嗣位, 升爲天子. 娥皇爲后, 女英爲妃. 封象于有庳, 事瞽叟猶若初焉. 天下稱二妃聰明貞仁. 舜陟方死于蒼梧. 號曰重華. 二妃死于江湘之間 俗謂之湘君. 君子曰 二妃德純而行篤. 詩云, 不顯惟德, 百辟其刑之, 此之謂也. 頌曰, 元始二妃, 帝堯之女, 嬪列有虞, 承舜於下. 以尊事卑, 終能勞苦. 瞽叟和寧, 卒享福祜."

되면 곧 벌을 받았다. 그러나 순은 언제나 아버지와 계모에게 순종하며 잘 모셨고, 동생에게도 잘 대했으며, 날마다 독실하고 성실하며 조금도 게으름을 피우지 않았다. 순은 기주冀州 사람이다. 그는 역산歷山에서 농사를 지었고, 뇌택雷澤에서 물고기를 잡았으며, 하빈河濱에서 도자기를 만들었다. 또한 수구壽丘에서는 일용기구를 만들었고, 틈이 나면 부하負夏로 가서 장사를 하였다. 순의 아비 고수는 무도했고 어미는 험담을 잘했고 동생 상은 교만방자 하여 모두 순을 죽이려고 하였으나, 순은 언제나 공손하게 자식된 도리를 잃지 않았고, 아우에게는 형의 도리를, 부모에게는 효도를 다하였다. 그래서 그를 죽이려고 해도 죽일 수 없었고, 일이 있어 그를 찾으면 순은 언제나 가까이에 있었다. 순은 나이 스물에 효성이 지극하다고 소문이 났고, 서른 살 때에는 요가 등용할 만한 사람이 있느냐고 묻자 사악이 입을 모아 우순을 추천하여 요가 좋다고 승낙했다. 이에 요는 두 딸을 순에게 시집보내어 집안에서의 행동을 살폈고, 아들 아홉을 보내어 함께 생활하게 하여 순의 집 밖에서의 행동을 관찰하였다. 순은 규예에 기거하면서 가정생활이 더욱 근엄하였으므로 요의 두 딸은 자신들이 고귀한 신분이라고 해서 감히 순의 가족에게 오만하게 대하지 않고 부녀자의 도리를 다했다.

요가 보낸 아홉 아들 또한 모두 더욱 성실해졌다. 순이 역산에서 농사를 짓자 역산에 사는 주민들은 모두 서로서로 밭의 경계를 양보했고, 뇌택에서 어렵漁獵을 하자 그곳의 사람들은 모두 서로서로 장소를 양보하게 되었으며, 그가 하빈에서 질그릇을 굽자 하빈의 그릇들은 하나도 조악한 것이 없게 되었다. 순이 사는 곳은 1년이 지나자 취락을 이루었으며, 2년이 지나자 읍이 되었고, 3년이 지나자 도시가 되었다. 이에 요는 순에게 갈포로 만든 옷과 거문고를 하사하였고, 창고를 지어주며 소와 양을 상으로 주었다.

고수는 여전히 상을 죽이려고 했는데, 하루는 순에게 창고에 올라가서 벽토를 바르게 하고 아래서 불을 질러 창고를 태워 버렸다. 그러나 순은 두 개의 삿갓으로 자신을 보호하며 창고에서 뛰어내려 도망쳐서 죽음을 면하였다. 그 뒤 고수는 또 순에게 우물을 파게 했다. 순은 우물을 파면서 밖으로 나올 수 있는 비밀 구멍을 함께 팠다. 순이 우물 깊이 파들어 가자 고수와 상은 함께 흙을 퍼부어 우물을 메워버렸고, 순은 몰래 파놓은 구멍을 통해 밖으로 나와 도망을 갔다. 고수와 상은 매우 기뻐하며 순은 이미 죽었을 것이라고 생각했다. 상은 "이 계책은 원래 제가 생각한 것입니다."라고 말하고는 부모와 함께 순舜의 재산을 나누어 가지려고 하였다. 이때 그는 "순의 아내인 요의 두 딸과 거문고는 제가 가지고, 소와 양, 창고는 부모님께 나눠드리겠습니다."라고 하고는 이에 순의 방에서 기거하며 그의 거문고를 뜯고 있었다. 순이 집으로 돌아와 상의 모습을 보자 상은 깜짝 놀라고 겸연쩍어하며 "난 형 생각에 가슴 아파하고 있었어."라고 말했다. 그러나 순은 "그랬었구나. 이 형 생각을 그처럼 하고 있었구나!"라고 대답했다. 그 후에도 순은 더욱 정중하게 고수를 섬기고 동생을 사랑해 주었다. 이에 요는 순에게 시험 삼아 오전을 실천하거나 백관을 통솔하는 부서를 맡겨 보았더니 그는 모든 일을 잘 처리하였다. (중략)

순은 스무 살 때 효자로 명성이 자자하였고, 서른 살에는 요임금에게 등용되었으며, 쉰 살에는 천자의 일을 대행하였다. 그의 나이 쉰여덟 살 때 요임금이 붕어하자, 예순 한 살에 요임금을 이어서 제위에 올랐다. 순임금은 제위를 이어받은 지 39년 만에 남쪽을 순수하다가 창오蒼梧의 들에서 붕어하였다. 그를 강남의 구의산九疑山에 장사 지냈으니, 이곳이 바로 영릉零陵이다.45)

사마천의 『사기史記』에 실린 순임금과 아황・여영의 이야기는 앞서 살펴본 자료에 비해 보다 상세하게 서술하고 있음을 알 수 있다. 순의 가계家系와 출신 그리고 젊은 시절의 성장 과정 등을 상세하게 기술하고 있다. 젊은 시절 역산歷山에서 농사를 지었던 일과 뇌택雷澤에서 물고기를 잡으며 생활했던 일, 하빈河濱에서 질그릇을 굽던 일, 수구壽丘에서 일용기구를 만들었던 일, 그리고 틈이 나면 부하負夏로 가서 장사를 하면서 생계를 유지했던 일 등 순이 살아 왔던 삶의 내력을 비교적 소상하게 기록하고 있음을 알 수 있다. 뿐만 아니라 순이 세상 사람들을 변화시켜 가는 과정을 흥미롭게 서술하고 있다. 순이 살던 곳은 1년이 지나자 취락聚落을 이루었고, 2년이 지나자 읍邑이 되었고, 3년이 지나자 도시都市가 되었다는 예시를 통해 잘 보여주고 있음이 확인된다.

이번에는 굴원屈原과 관련된 이야기를 살펴봄으로써 소상팔경瀟湘八景

45) 사마천, 『史記』 卷一, 「五帝本紀」 第一.

이라는 공간이 어떤 공간적 서사맥락을 획득하게 되었는가 하는 점을 중심으로 살펴보겠다. 굴원과 관련된 이야기는 사마천의 『사기史記』 권84 권卷八十四 제이십사第二十四에 실린 「굴원가생열전屈原賈生列傳」을 통해 상세하게 드러난다.

> 굴원의 이름은 평平으로 초楚나라 왕실과 동성同姓이다. 그는 초나라 회왕懷王의 좌도左徒였다. 견문이 넓고 의지가 굳세었으며, 치란治亂에 밝았고, 문사文辭에도 능숙하였다. 입조入朝하여서는 임금과 국사를 도모하여 이로써 명령을 내렸으며, 나가서는 빈객賓客을 접대하고 제후들을 응대하였다. 그리하여 왕은 그를 매우 신임하였다. 상관대부上官大夫는 그와 동등한 지위였는데, 서로 왕의 총애를 다투게 되자 마음속으로 굴원의 재능을 시기하였다. 회왕이 굴원에게 국가의 법령을 만들도록 하여, 굴원이 초안을 아직 완성하지 않았을 때, 상관대부는 그 사실을 알고 그 일을 빼앗으려고 하였으나, 굴원이 넘겨주지 않자, 이를 연유로 그를 참소하기를, "대왕께서 굴원에게 법령을 만들도록 하신 일은 모르는 자가 없는데, 법령이 나올 때마다 굴원은 자기의 공적을 자랑하여, 내가 아니면 만들 수 없다고 여기고 있습니다."라고 하였다. 이에 회왕은 분노하여 굴원을 멀리하였다. 굴원은 왕이 한쪽 말만 듣고 시비를 가리지 못하는 것과 아첨하는 무리들이 왕의 총명을 가로막는 것, 사악하고 비뚤어진 무리가 공명정대한 사람을 해치는 것과 단정하고 정직한 사람을 받아들이지 않는 것을 애통하게 생각하였다. 그리하여 우수와 근심으로 인하여 「이소離騷」를 썼다. '이소'는 근심스러운 일을 만났음을 말한다.
>
> 대저 하늘은 사람의 시초이며, 부모는 사람의 근본이다. 사람이 궁지에 이르면 근본을 돌이켜 보는 까닭에, 힘들고 피곤할 때에 하늘을 찾지 않을 수 없는 것이며, 질병으로 고통스럽고 참담해지면 부모를 찾지 않을 수 없는 것이다. 굴원은 올바른 도리를 곧게 실천하여, 충성을 다 바치고 지혜를 다 발휘하여 그 임금을 섬기었는데, 도리어 군주와 그의 사이가 이간질을 당하여 궁지에 처하였다고 말할 수 있겠다. 신의를 지켰으나 의심을 받았고, 충성을 바쳤으나 비방을 당하니, 어찌 원망스럽지 않겠는가? 굴원이 지은 「이소離騷」는 본래 이런 원망으로부터 이루어진 것이다. 국풍國風은 사랑을 읊으면서도 음탕하지 않았고, 소아小雅는 원망과 비난을 담고 있으나 반란의

내용이 아니었다. 이 이소와 같은 것은 그 두 가지를 다 겸한 것이라고 하겠다. 위로는 제곡을 칭송하고 아래로는 제환공을 말하고 있으며, 그 중간에는 탕임금과 무왕을 서술하여, 이를 통해서 세상일을 풍자한 것이다. 도덕성의 넓고 숭고함과 치란治亂의 관례들을 밝히면서 언급되지 않은 것이 없다. 그 문장은 간략하되 그 내용은 자세하고, 그의 의지는 깨끗하며 그의 행동은 겸손하다. 그 문장에서 작은 것을 비유하였으나 그것이 지칭하는 것은 매우 크며, 사소한 예를 들었으나 그것이 의미하는 바는 심원하다. 그의 의지가 깨끗하였기에 그가 비유한 사물들이 향기를 발하고, 그의 행동이 겸손하였기에 죽을지라도 고국을 멀리 하려 하지 않았다. 진흙구덩이에 빠져 더럽혀질지라도 매미가 허물을 벗듯이 세속의 외부로 헤쳐 나와서 세속의 쌓인 때를 덮어 쓰지 않았으니, 그는 결백하게 진흙 속에 있으면서도 물들지 않은 사람이었다. 이러한 지조를 미루어 보건대, 그야말로 일월日月과 더불어 빛을 다투는 사람이라고 할 수 있겠다.

굴원이 파면되자, 그 후 진나라는 제나라를 정벌하려고 하였는데, 제나라는 초나라와 연맹관계를 맺고 있었으므로 진나라 혜왕은 그것을 두려워한 나머지, 장의張儀에게 거짓으로 진나라를 떠나 후한 예물을 바치고 초나라를 섬기며, "진나라는 매우 제나라를 싫어하고 있으며, 제나라와 초나라가 연맹을 맺고 있으나, 초나라가 만약에 제나라와의 관계를 단절할 수만 있다면 진나라는 상商과 오於 지역의 600리를 바치려고 할 것입니다."라고 말하게 하였다. 초 회왕은 욕심스레 장의를 믿고서, 마침내 제나라와 단교하였고, 사신을 진나라로 파견하여 땅을 받아오도록 하였다. 그러나 장의는 교활하게 "나 장의는 초나라 왕과 6리를 약속했지, 600리를 약속하지 않았다."라고 말하였다. 초나라의 사신은 노하여 돌아가서 회왕에게 보고하였다. 회왕은 격노하여 대군을 일으켜 진나라로 쳐들어갔다. 진나라도 이에 군대를 동원하여 맞서 싸웠는데, 단丹과 석淅에서 초나라 군대를 격퇴시켰으며, 8만 명의 목을 잘랐고, 초나라의 장수 굴개를 사로잡아, 마침내 초나라의 한중 지역을 탈취하였다. 회왕은 이에 격분하여 전국의 군대로 하여금 진나라 내부로 깊숙이 들어가 공격하여, 남전藍田에서 큰 전투를 벌였다. 위나라는 그 소식을 듣고 초나라를 습격하여 등鄧에까지 이르렀다. 초나라의 군대는 질겁을 하고 진나라로부터 철수하였으나, 그때 제나라는 끝내 노하여 초나라를 지원하지 않았으므로, 초나라는 몹시 곤경에 처하게 되었다.

이듬해에 진나라는 한중 일대를 할양함으로써 초나라와 강화를 맺으려고 하였다. 초나라의 왕은 "땅을 얻고 싶지는 않고, 장의를 얻는 것으로 만족할 뿐이오."라고 말하였다. 장의가 그 소식을 듣고서 말하기를, "저 한 사람으로써 한중 지역을 대신한다면, 신을 초나라로 가도록 해주십시오."라고 하였다. 그리하여 그는 초나라로 가서 풍성한 예물로 권신인 근상靳尙과 통하고, 이어 회왕의 총희寵姬인 정수鄭袖에게 궤변을 늘어놓았다. 회왕은 결국 정수의 말을 듣고 장의를 석방시켜 주었다. 이때 굴원은 이미 배척되어 다시 요직에 오르지 못하였는데, 제나라에 사신으로 갔다가 돌아와서 회왕에게 "어찌하여 장의를 죽이지 않았습니까?"라고 묻자, 회왕이 비로소 후회하여 장의를 뒤쫓게 하였으나 따라잡을 수 없었다. 그 후 제후들이 일제히 초나라를 공략하여 크게 격퇴시켰고, 초나라의 장군 당말을 죽였다. 이때 진소왕은 초나라와 인척 관계였으므로 초 회왕과 화합하고자 하였다. 이에 회왕이 몸소 가려고 하자, 굴원은 "진나라는 호랑이나 이리와 같은 나라이므로 믿지도 마시고, 가시지도 않는 것이 좋습니다."라고 말했다. 그러나 회왕의 어린 아들인 자란子蘭은 왕에게 갈 것을 권하며 "어찌 진나라의 호의를 거절합니까?"라고 하였다. 결국 회왕은 진나라로 갔다. 그가 진나라의 무관武關으로 들어서자, 진나라의 복병들이 그 뒤를 차단하였고, 회왕을 억류시킨 채 초나라의 땅을 할양할 것을 요구하였다. 회왕은 분노하여 허락하지 않았다. 회왕이 도주하여 조나라로 갔으나, 조나라에서는 그를 받아주지 않았다. 다시 진나라로 갔으나, 결국 그곳에서 죽임을 당하여 귀국한 뒤 장사를 치르게 되었다. 그 뒤 회왕의 큰아들 경양왕이 즉위하였고, 그의 아우 자란은 영윤이 되었다. 초나라 사람들은 자란이 회왕에게 진나라로 갈 것을 권유하여 돌아오지 못한 것에 대해서 질책하였다.

굴원은 그 사실을 한스럽게 여겼으니, 비록 추방당한 처지였지만 초나라를 그리워하고, 회왕에 대해서 미련을 품어 그의 곁으로 다시 돌아갈 것을 기대하였고, 또한 임금의 깨우침이 있어 국운의 개선이 이루어지기를 간절히 바라고 있었다. 그리하여 임금의 은덕이 있고, 국운이 흥성하여 그 허물어져 가는 국운을 회복하고자, 시 한 편 속에 세 번씩이나 그 뜻을 폈다. 그러나 끝내 어찌할 방도가 없었고, 회왕은 다시금 돌아올 수 없었으니, 결국 이로써 회왕이 끝까지 잘못을 깨닫지 못하였음을 알 수 있다. 군주된 자는 어리석거나 현명하거나 못난 사람을 가리지 않고, 충성심만을 추구하여 자기를 위하도록 하지만, 또한 현명한 자가 등용되어 자기를 보필하기를 원하지 않을 리가 없다. 그러나 나라와 가정을 파괴하는 자가 계속 나오고, 성은聖恩으로 나라를 다스리는 임금이 대를 잇는 경우를 찾기 어려운 것은 소위 충신이 충성을 다하지 않음이고, 소위 현명하다는 자가 현명하지 않기 때문이다. 회왕은 충신을 분별할 줄 몰랐으므로, 따라서 안으로 정수에게 미혹되었고, 밖으로 장의에게 속았으며, 굴원屈原을 멀리하고 상관대부와 영윤 자란을 신임하였던 것이다. 군대는 꺾이고 영토는 깎이어, 여섯 개의 군郡을 잃었고, 몸은 진나라에서 객사하여 천하의 웃음거리가 되었다. 이것은 사람을 제대로 알아보지 못하여 화를 입은 것이다. 『역경易經』에서 말하기를, "우물물이 맑아도 와서 마시지 않는구나. 나의 마음을 슬프게 함은 이 물이 가히 마실 수 있는 것이기 때문이로다. 왕이 명철하다면 또한 그 복을 받는 법이다."라고 하였다. 왕이 밝지 못하니 어찌 복을 받을 수 있겠는가! 영윤 자란은 굴원의 태도를 듣고 격노하여, 마침내 상관대부로 하여금 굴원을 경양 왕에게 혹평하게 하였고, 경양왕은 격노하여 굴원을 멀리 유배시켰다. 굴원이 강가에 이르러, 머리를 풀어 헤치고 물가를 거닐면서 시를 읊었다. 그의 안색은 초췌하였고 모습은 야위었다. 어떤 어부가 그를 보고 "그대는 삼려대부三閭大夫가 아니십니까? 무슨 까닭에 여기까지 이르렀습니까?"라고 물었다. 굴원이 대답하기를 "온 세상이 혼탁하나 나 홀로 깨끗하고, 모든 사람들이 다 취해 있으나 나 홀로 깨어 있어, 이런 까닭에 추방당하였소."라고 말했다. 어부가 묻기를 "대저 성인이란 물질에 구애되지 않고 능히 세속의 변화를 따를 수 있는 사람입니다. 온 세상이 혼탁하다면, 왜 그 흐름을 따라 그 물결을 타지 않으십니까? 모든 사람이 취해 있다면, 왜 그 지게미를 먹거나 그 밑술을 마셔서 함께 취하지 않으십니까? 어찌하여 미련한 자존심만을 움켜잡고 추방을 자초하셨습니까?"라고 했다. 굴원이 대답하기를 "내가 듣기로 새로 머리를 감은 사람은 반드시 관을 털어서 쓰고, 새로 목욕을 한 사람은 반드시 옷을 털어서 입는다고 하였소. 사람으로서 또한 누가 자신의 깨끗함에 더러운 오물을 묻히려 하겠소? 차라리 흐르는 강물에 몸을 던져 물고기의 뱃속에서 장사를 지낼지라도, 또 어찌 희디흰 결백함으로써 세속의 더러운 먼지를 뒤집어쓰겠소!"라고 하였다. 그리고 '회사懷沙'라는 부賦를 짓고는 바위를 품고 마침내 멱라강汨羅江에 빠져서 죽었다. 굴원이 죽은 뒤에 초나라에는 송옥宋玉, 당륵唐勒, 경차景差 등과 같은 무리들이 있어서, 모두 문사를 좋아하여 부賦로써 호평을 받았다. 그러나 모두 굴원의 함축성을 모방하였지만, 끝내 감히 직간直諫을 표달하지 못했다. 그 후로 초나라는 날로 쇠락하여, 수십 년 뒤에는 결국 진나라에 의해서 멸망당하였다. 굴원이 멱라강에 빠진지 100여 년이 지나서, 한漢나라의 가생賈生이라는 사람이 장사왕의 태부太傅가 되어 상수를 지나다가, 글을 지어 강물에 던져서 굴원屈原을 애도하였다. 태사공은 말한다. "나는 「이소離騷」, 「천문天問」, 「초혼招魂」, 「애영哀郢」을 읽고서, 굴원의 심정을 슬퍼하였다. 장사長沙에 와서, 굴원이 빠져 죽었던 깊은 물을 바라보며 눈물을 흘리지 않을 수 없었고, 그의 인간됨에 대해 상념에 잠겼다. 가생이 그를 애도한 작품을 읽고 나서 굴원이 그와 같은 재능으로써 다른 제후를 유세했더라면 어느 나라인들 그를 받아들이지 않을 리가 없었을 터인데, 왜 스스로 그 지경에 이르게 되었는지 의문스러웠다. 그러나 「복조부鵩鳥賦」를 읽으니 삶과 죽음을 동일시하고, 인생의 성패에 개의치 않음을 보게 되어, 이전에 가졌던 나의 생각을 흔쾌히 버리게 되었다."[46]

굴원이 처했던 정치적 상황과 목숨마저 끊으면서까지 나라를 바로 세우고자 했던 강직한 충혼이 잘 형상화되어 있음을 알 수 있다. 사마천司馬遷의 『사기史記』에서도 드러나듯 굴원은 세상의 부조리와 횡포에 맞서 한 치의 양보나 타협 없이 죽음으로 저항한 인물이었다.

순임금과 아황 · 여영 그리고 굴원 등은 모두 소상강瀟湘江 일대에서 숨을 거둔다. 그 가운데서도 아황과 여영 그리고 굴원은 열녀烈女이자 충신忠臣으로 잘 알려진 인물들이다. 세상의 횡포에 맞서다가 결국 죽음이라는 극단적 방식을 선택했던 인물들이다. 소상팔경은 이처럼 순임금과 아황 · 여영 그리고 굴원이라는 인물이 최후를 맞이했던 공간인 소상강을 배경으로 형성되었다. 이와 같은 공간서사를 지니고 있었던 소상강 유역에서 여덟 가지의 경景이 생성되었음은 우연이 아닐 것이다.

46) 사마천, 『史記列傳』 上, 도서출판 까치, 2002, 353-372쪽.

한시 漢詩

자연과 문명이 조화를 이룬 이상적 공간

산시청람

산시청람山市晴嵐을 노래한 한시 작품은 총 51수에 이른다. 산시청람이라고 하면 말 그대로 푸른 남기晴嵐에 휩싸인 산시의 경관을 의미한다. 그런데 제목을 유심히 보면 쉽게 넘어가기 어려운 구석이 있다. 그것은 바로 '산시'라는 공간이다. 과연 어떤 공간을 산시라고 할 수 있는가? 일반적으로 생각하면, 산속에 만들어진 저자市 정도로 생각할 수 있다. 흔히 저자라고 하면 사람들이 북적대고 인접한 지역 간에 마을 사람들의 왕래와 접근이 용이하도록 마을과 마을이 교차하는 부근에 형성되는 것이 일반적이다. 그런데 산시청람이라는 제목 아래 형상화된 회화繪畵나 문학 작품들은 하나같이 북적거리는 도시의 형상이 아니라 산속 깊은 곳에 자리 잡고 있어서 일반적으로 사람들이 범접犯接하기 어려운 곳에 위치하고 있음을 알 수 있다. 왜 회화나 문학에서 그러한 공간을 설정했던 것일까? 이와 같은 의문을 해결하기 위해서는 사대부들의 사유체계에 대한 이해가 선행되어야 한다. 그들이 생각했던 산山과 시市에 대한 이해가 없이는 산시라는 공간적 개념이 어떻게 형성되었는가에 대한 의문을 풀기 어렵다.

> 내가 생각해 보니, 마음과 행적을 모두 잊고 경계와 지식이 모두 사라지면 산림山林이 성시城市이고, 염染과 정淨이 똑같은 근원이며, 시끄러움喧과 적막함寂이 하나로 합치될 것이니 어찌 반드시 공허한 사문에 얽매여 호계虎溪[1]를 한계로 삼아 그 구애됨을 보일 필요가 있겠는가?[2]

인용문 가운데 '산림'과 '성시'는 서로 대립되는 공간으로 인식되고 있다. 그러면서, "바로 이런 면에서 성시와 산림은 조선 초기 문인들이 파악했던 가치 있는 세계의 양면이라고 할 것이다. 채신보처럼 음성의 땅에 묻혀서 산림의 낭만을 추구할 수도 없고 그렇다고 성시에만 묻혀서 일생을 보낼 수도 없으니 성시와 산림을 동시에 추구할 수 있는 길을 모색함으로써 자기들의 이상을 실현하면서도 미적 만족을 얻을 수 있는 길을 찾고자 한 것이다. 그래서 산림성시가 같다고 했다."[3]라고 서술했다. 이처럼 당대의 사대부들은 '성시'와 '산림'을 대립적 공간으로 인식하였고, 그 둘을 동시에 추구할 수 있는 길을 모색했음을 알 수 있다. 이런 현상은 당대에만 국한된 것이 아니었다. 시대를 막론하고 인간은 자연과의 조화를 꿈꾸었다.

---

1) 중국 여산(廬山)에는 다른 산보다도 은자(隱者)들이 많이 살았다. 주변에 강과 호수가 많아서 일년 가운데 절반은 안개에 싸여 있어서 온전한 모습을 보여주지 않는 산이다. 그런 이유로 "여산진면목(廬山眞面目)을 보기 어렵다"는 말이 나온 것이다. 여산에는 불교의 고승이었던 혜원(慧遠)과 도교 모산파의 도사였던 육수정(陸修靜) 그리고 유교적 가치를 대변했던 도연명(陶淵明)이 찾아 와서 도담(道談)을 나누곤 했다. 이 세 사람은 헤어질 때 여산 밑에 흐르던 호계(虎溪)에서 호랑이 울음소리를 듣고 세 사람이 모두 파안대소를 하였다고 한다. '호계삼소(虎溪三笑)'라는 고사가 유래되었다. '호계삼소'는 동양의 3대 종교였던 유교, 불교, 도교의 공존과 회통을 의미하는 말이다.

2) 강희맹, 「三笑圓記」, 『私淑齋集』 卷八. ; 김성룡, 『여말선초의 문학사상』, 한길사, 1996, 201쪽 재인용, "余惟心跡雙忘, 境智俱泯, 則山林城市, 染淨同源, 喧寂一致, 何必靜縛空門, 限以虎溪, 以示其隘哉."

3) 김성룡, 위의 책, 202쪽.

오늘날도 마찬가지다. 인간은 스스로 만들어낸 문명 속에서 살아간다. 그러면서도 끊임없이 문명과 자연의 조화를 꿈꾸고 있다. 집을 지어도 친환경적인 집을 지으려 하고, 주말이면 너나 할 것 없이 산이나 들로 나가려고 애를 쓴다. 당대 사대부들의 삶 역시 마찬가지였다. 성시城市와 산림山林을 동시에 추구하기 위해 고민한 결과 병풍屛風 문화를 만들어 냈고, 정원庭園을 조경하는데 온갖 심혈을 기울였던 것이 아니겠는가?

산림과 성시를 동시에 추구할 수 있는 길을 모색했던 사대부들에게 산시청람山市晴嵐[4]은 어떤 의미로 다가왔을까? 혹시 그들은 산시라는 공간을 통해 그들이 꿈꾸었던 문명과 자연이 조화를 이룬 가상공간으로 인식했었던 것은 아니었을까?

사실 산시는 그림으로 그리기가 쉽지 않은 대상이다. 왜냐하면 산시의 형상이 독립적으로 존재하는 것이 아니라 늘 청람晴嵐이 포진布陣해 있는 형상이었기 때문이다. 실상 산시는 현실 속에 존재하는 실재 공간이라기보다는 이상적理想的이며 가상의 공간으로 보는 편이 옳을 것이다. 왜냐하면 산시는 말 그대로 산 속에 형성된 저자거리, 즉 시장市場을 말하기 때문이다. 그리고 작품에 형상화된 산시는 아주 깊숙하고 험한 산중에 위치하여 사람들이

---

4) '산시(山市)'는 산(山) 속의 '시장(市場)' 내지 '도시(都市)'를 의미한다. '산시'라는 시어가 최초로 사용된 것은 당나라 장적(張籍, 766~830)의 〈送海客歸舊島詩〉에서였다. "竹船來桂府, 山市賣魚鬚."라는 표현과 허당(許棠)의 〈憶宛陵舊居詩〉에서, "鳥徑通山市, 汀扉上海潮"라는 표현에서 등장했다. '청람(晴嵐)'은 정곡(鄭谷)의 〈華山詩〉에서 "峭仞聳巍巍, 晴嵐染近畿", 〈宣和畫譜〉에서는 "御府所藏, 有李成夏景晴嵐圖."라는 기록이 보인다. 이와 같은 예문을 통해서도 알 수 있듯이 산시의 형상은 실재하는 공간이라기보다는 현실에 존재하기 어려운 가상(假想)의 공간임을 알 수 있다. 물론 시에 형상화된 곳과 같은 장소가 실재하는 공간일 수도 있지만 이렇게 사람이 범접하기 어려운 곳에 저자가 형성되기는 어려운 것이 사실이다. 따라서 산시의 형상은 늘 자연을 곁에 두고 싶어 하는 인간의 욕망이 현실적 한계와의 절충 아래에서 형성된 공간 개념임을 알 수 있다.

범접하기 어려운 형상으로 다루어지고 있다.

모든 작품들에서 공통되는 산시의 형상은 산山이라는 이상 공간과 시市라는 현실 공간이 조화를 이루어 생성된 이념적·관념적 공간인 셈이다. 산이 성聖을 대표하는 공간空間이라면 시는 속俗을 대표하는 공간이다. 현실에 얽매어 살아갈 수밖에 없는 인간은 끊임없이 속의 공간을 떠나 성의 공간인 산을 갈망하며 살아간다. 그러나 현실적으로 인간의 삶은 현실공간으로부터 벗어나기가 그리 쉽지 않다. 많은 현실적 조건과 제약으로 말미암아 번화하고 분주한 저자거리를 벗어나지 못하고 평생을 살아간다. 그러한 현실적 제약을 극복하고 싶어 하는 인간의 욕망을 충족시키기 위해 '산시山市'라는 가상공간을 창출해낸 것이다.

문명이라는 거대한 틀을 벗어나 살 수 없는 인간은 끊임없이 자연을 지향하며 추구한다. 그러나 현실적 삶의 한계나 어려움은 결국 자연과 문명의 조화를 구현하지 못하고 가상공간의 설정을 통해서나마 욕망을 충족시키고자 한다. 당대의 문인들에게 산시의 의미는 산수山水를 그린 병풍屛風이나 자신의 집 마당에 정원庭園을 가꿈으로써 자연의 일부나마 축소시킨 채로 곁에 두고자 했던 일련의 문화적 현상과 그 맥을 함께한다. 말하자면 문명과 자연의 조화를 모색하였던 노력의 결실이 산수를 그려 넣은 병풍을 주변에 두르게 만들고, 정원을 가꾸고, 산시라는 공간을 설정하여 시와 그림으로 형용하며 향유했던 것으로 하나의 공통된 문화적 현상이었다.

산시가 성聖과 속俗의 조화調和를 모색한 결과 탄생한 이상적 공간이었다면 청람晴嵐은 성과 속을 경계 짓고, 구분하는 표지標識로 인식된 채 형상화되고 있었다. 동시에 청람은 속세俗世로부터의 접근을 차단하는 기능을 담당했던 것으로 형상화되었다. 속세의 기운을 차단하고 산시라는 이상적 공간을 더욱 신비스러운 분위기로 조성하는 데 기여하고 있다.

사실, 산시라는 공간은 '산림山林'과 '성시城市'라는 공간 개념을 하나로 통합시킨 가상의 공간이라고 정리할 수 있다. 성시가 사대부들에게 현실 공간이었다면 산림은 이상 공간이자 명철보신明哲保身의 공간이며 출처진퇴出處進退의 공간으로 인식되어 왔다. 성시의 번잡함과 시시비비是是非非로 염증을 느끼거나 일탈을 소망하는 경우 사대부들이 정서적 안정과 심적 위로를 받을 수 있는 공간이 바로 산림이었다. 산림이 심성을 수양하고 학문 연마의 근거지였다면, 성시는 그들의 이상을 현실 세계에 구현할 수 있는 현실 무대로서 인식되었다. 그렇기 때문에 이 두 공간은 현실과 이상을 대변하는 곳이자 실재에서 선택할 수 있는 삶의 두 가지 방식이었다. 가장 이상적인 공간은 산림과 성시가 조화를 이루는 공간이었고, 그래서 탄생하게 되었던 새로운 공간 개념이 바로 산시였다고 요약할 수 있다. 산시청람山市晴嵐의 형상과 함의는 산시라는 공간개념과 형성배경에 주목한 결과 산림과 성시가 조화를 이룬 현실적 요구에 대한 대안이자 성聖과 속俗이 조화를 이룬 이상적 공간으로 인식된 채로 작품으로 형상화되고 있었다.

1. **이인로**(李仁老, 1152~1220)

朝日微昇疊嶂寒	아침 해 조금 올라 겹 봉우리 차갑고,
浮嵐細細引輕紈	뜬 남기 흐늘흐늘 얇은 비단 펼친 듯.
林間出沒幾多屋	수풀 사이 들락날락 몇 집이나 되는지,
天末有無何處山[1]	하늘 끝 있나 없나 어느 곳이 산인가.

* 微昇(미승) : 조금 뜨다. 살짝 오르다. 조금 오르다.
* 疊嶂(첩장) : 疊峰(첩봉)의 의미로 중첩된 봉우리를 의미한다.
* 細細(세세) : 가는 모양, 작은 모양, 흐늘거리는 모양
* 天末(천말) : 하늘 끝, 하늘의 끄트머리

1) 이인로, 『三韓詩龜鑑』 卷之中, '산시청람', 『匪懈堂瀟湘八景詩帖』, 『동문선』 권20, 「송적팔경도」 '산시청람'. 여기서는 이인로의 활동기와 가장 가까운 시기에 편찬되었고, 현재 남아 있는 자료 가운데 가장 오래된 문헌인 『三韓詩龜鑑』의 표기를 따른다. 『三韓詩龜鑑』에는 최해(崔瀣, 1287~1340)의 비점(批點)이 그대로 남아 있기 때문에 가장 신뢰할 수 있는 판본이라 판단했다. 판본간의 차이를 살펴보면, 제1행이 『匪懈堂瀟湘八景詩帖』에는 '曉雨初收碧洞寒(새벽비가 걷혀도 푸른 골짝 차갑고)'로 기록되어 있다. 제4행의 "天末有無何處山"에서 두 번째 한자(漢字)인 '말(末)' 역시 『三韓詩龜鑑』의 표기를 따른 것이다. 『동문선』에는 '際'로 표기되어 있고, 『匪懈堂瀟湘八景詩帖』에는 '外'로 표기되어 있다. 작품의 의미에서 약간 미묘한 차이가 있으나 국역(國譯)이 크게 달라지진 않는다.

2. 이규보(李奎報, 1168~1241)

* 重重(중중) : 겹치는 모양, 중첩된 모양
* 無價景(무가경) : 값으로 칠 수 없는 풍경, 값을 헤아릴 수 없는 경관
* 廛市(전시) : 시내(市內), 도시(都市), 번화한 거리, 저자거리, 상점들이 즐비한 거리
* 這中(저중) : 이 가운데, 이 속에

非煙非霧襲重重	연기도 안개도 아닌 것이 겹겹이 끼어 있어,
宛作僧家氣鬱葱	완연한 절집되어 울창하며 푸른 기운이네.
此是山中無價景	이는 산 속에서 값도 칠 수 없는 경관이니,
有何廛市落這中[2]	어떻게 도시가 이 속에 떨어질 수 있었나.

3. 이규보(李奎報, 1168~1241)

* 恰如(흡여) : 흡사 ~인 듯하다. 흡사 ~와 같다.
* 莫敎(막교) : ~하게 하지 말라.
* 海浪(해랑) : 바다 물결, 희뿌연 연기를 바다 물결에 빗댄 비유적 표현이다.

萬疊山深嵐翠重	만 첩 산 깊은지라 푸른 남기 겹쳐 있어,
恰如瓊壁立青葱	흡사 구슬 벽에 푸른 파를 세운 듯하네[3].
莫敎風卷須留賞	바람은 잠시의 구경거리를 거두지 말라,
我愛僧行海浪中[4]	나는 바다 물결 속 스님 행적 사랑하네.

4. 이규보(李奎報, 1168~1241)

* 輕羅(경라) : 엷은 비단, 가벼운 비단, 남기(嵐)를 비유적으로 표현한 것이다.
* 爲問(위문) : 묻노니, ~을 묻다.

輕羅染碧水紋重	엷은 비단 푸르게 물들어 물결무늬 겹겹이니,
辨作須煩手似葱	이를 만들려면 여인의 고운 손길 번거로우리.
爲問青嵐誰織出	묻노니 푸른 남기는 누가 베를 짜서 내었나,
功成織縠布嵓中[5]	비단 짜 내어 골짜기 속에 펼친 공적 이뤘네.

---

2) 李奎報, 〈東國李相國集〉 後集 卷六, 『韓國文集叢刊』 第2卷, 197쪽, 「次韻李平章仁植虔州八景詩幷序」 '山市晴嵐'.
3) 文選云 立瓊壁之靑葱(『문선(文選)』에 이르길, "구슬 벽에 푸른 파를 세웠다." 함이 있다.)
4) 李奎報, 위의 책, 197쪽, 「次韻李平章仁植虔州八景詩幷序」 '山市晴嵐'.
5) 李奎報, 위의 책, 198쪽, 「次韻李相國復和虔州八景詩贈」 '山市晴嵐'.

5. 이규보(李奎報, 1168~1241)

翠光籠遍萬山重	푸른 빛 모든 산을 겹겹이 두루 에워싸고,
遠似胡天一嶺葱	멀리 아득한 하늘 한 봉우리 푸르네.
莫把岢嵐名一郡	가람으로 온 고을의 이름 짓지 마시오,
靑嵐寧入郡城中[6]	푸른 남기가 어찌 성안에 들어오겠나.

* 岢嵐(가람) : 1. 산 이름, 지금의 산서성(山西省) 가람현(岢嵐縣) 북쪽에 있는 산이다. 2. 내 이름, 가람현 동남쪽에서 서북쪽으로 흘러 황하(潢河)에 들어감. 3. 현(縣)의 이름
* 靑嵐(청람) : 푸른 남기, 푸른빛을 띤 아지랑이. 嵐(람)은 해질 무렵에 멀리 보이는 푸르스름하고 흐릿한 기운을 말한다. 嵐氣(남기)는 산에 가득 찬 안개를 일컫는 말로 쓰인다.

6. 이규보(李奎報, 1168~1241)

山中嘉景一何重	산중의 아름다운 경치 이보다 더할 수 없어,
嵐映晴霞作綺葱	아지랑이 맑은 놀에 비치니 비단 결 이루었네.
若是齊紈兼魯縞	만일 제나라와 노나라의 비단이었다면,
不知豪奪幾家中[7]	토호土豪가 몇 집에서 수탈할 것인지 모르겠네.

* 嘉景(가경) : 아름다운 경치
* 豪奪(호탈) : 강탈함, 폭력으로 빼앗음.

7. 이규보(李奎報, 1168~1241)

環巖已作翠巖重	절벽을 둘러 푸른 바위 겹겹이 만들고,
繞樹還成玉樹葱	나무를 둘러 홰나무 푸른빛을 이루었네.
若問僧庵何處是	만약 스님 머무는 곳 어디냐고 묻는다면,
靑羅一帶卷舒中[8]	푸른 비단 일대로 감겼다 펴지는 속이라네.

* 僧庵(승암) : 스님의 거처, 암자, 절, 사찰에 해당한다.
* 靑羅(청라) : 푸른 비단, 여기서는 푸른 남기의 모습을 비유적으로 표현한 것이다.

---

6) 李奎報, 위의 책, 199쪽, 「相國嘗和示一首, 予每復以二首, 未知鈞鑑何如, 惶恐惶恐」'山市晴嵐'.
7) 李奎報, 위의 책, 200쪽, 「次韻復和李相國八景詩各一首」'山市晴嵐'.
8) 李奎報, 위의 책, 201쪽, 「次韻英上人見和」'山市晴嵐'.

8. **진 화**(陳澕, 1180~1215 추정)

* 婉轉(완전) : 변화가 있고 또한 아취(雅趣)가 있는 모양
* 遊人(유인) : 나그네

靑山婉轉如佳人　푸른 산이 단아하게 변하여 아름다운 여인인 듯,
雲作香鬟霞作脣　구름은 향기로운 귀밑 털 되고 저녁 놀 입술 되네.
更教橫嵐學眉黛　다시 비낀 안개로 눈썹 그리는 먹을 본뜨게 하니,
春風故作西施嚬　봄바람은 짐짓 서시의 찡그림을 만드네.
朝隨日脚卷還空　아침에는 햇살을 따라 걷히어 비었다가,
暮傍疎林色更新　저녁에는 성긴 숲 끼고서 빛이 더욱 새롭네.
遊人隔岸看不足　나그네는 언덕 너머를 보기에도 부족하니,
兩眼不愽東華塵[9]　두 눈은 동화 티끌을 근심하지 않네.

9. **이제현**(李齊賢, 1287~1367)

* 漠漠(막막) : 아주 넓어 끝이 없는 모양, 펴 늘어놓은 모양, 어두운 모양
* 着色(착색) : 색을 칠하거나 하여 빛깔이 나게 함, 빛깔, 채색

漠漠平林翠靄寒　아득하고 평평한 숲에 푸른 아지랑이 차갑고,
樓臺隱約隔羅紈　누대는 은은하게 비단을 격하였네.
何當卷地風吹去　어찌하면 마땅히 땅을 쓰는 바람이 불어 가서,
還我王家着色山[10]　우리 왕가의 착색한 산을 되돌릴까.

---

9) 陳澕, 〈梅湖遺稿〉 卷四, 『韓國文集叢刊』 第2卷, 283쪽, 「宋迪八景圖」 '山市晴嵐'.
10) 李齊賢, 〈益齋亂藁〉 卷三, 『韓國文集叢刊』 第2卷, 526쪽, 「和朴石齋·尹樗軒用銀臺集瀟湘八景韻(石齋名孝修, 樗軒名奕)」 '山市晴嵐'.

10. 이제현(李齊賢, 1287~1367)

遠岫螺千點	먼 봉우리 천 점 산이 푸르고,
長溪玉一圍	긴 시냇물이 옥으로 빙 둘렀네.
日高山店未開扉	한낮에 산골 주막 문 열지 않고,
嵐翠落殘霏	푸른 남기는 가랑비에 떨어지네.
隱隱樓臺遠	은은하게 보이는 누대는 멀고,
濛濛草樹微	어둑어둑 풀과 나무는 희미하네.
市橋曾記買魚歸	물고기 사서 시장 다리로 돌아옴 기억하는데,
一望却疑非[11]	한 번 바라보니 도리어 아닌가 의심스럽네.

* 遠岫(원수) : 멀리 있는 산봉우리
* 市橋(시교) : 저자 다리, 시장에 있는 다리, 시장으로 가는 곳에 놓인 다리
* 濛濛(몽몽) : 어두운 모양, 가랑비가 자욱이 오는 모양

11. 이제현(李齊賢, 1287~1367)

海氣蒸秋熱	바다 기운은 가을 더위에 쪄 오르고,
山容媚曉晴	산의 자태는 새벽녘 안개 개어 곱네.
森森萬樹立無聲	빽빽한 온갖 나무 선 채로 소리 없고,
空翠襲人淸	하늘이 푸르니 사람을 맑게 물들이네.
鏡裏雙娥斂	거울 속 아름다운 여인이 바라는 것은,
機中匹練橫	베틀 속에 비껴 있는 한 필 비단이네.
隔溪何處鷓鴣鳴	시내 건너 어디선가 자고새 울어 대고,
雲日翳還明[12]	구름이 해를 가렸다가 다시 밝아지네.

* 海氣(해기) : 바다 위에 어린 기운
* 森森(삼삼) : 높이 솟은 모양, 수목이 촘촘하게 들어선 모양
* 雙娥(쌍아) : 미인의 두 눈썹, 미인을 의미한다.
* 匹練(필련) : 한 필의 하얗게 누인 명주, 폭포의 형용으로도 쓰인다.

11) 李齊賢, 위의 책, 608쪽, 「巫山一段雲 瀟湘八景」 '山市晴嵐'.
12) 李齊賢, 위의 책, 609쪽, 「巫山一段雲 瀟湘八景」 '山市晴嵐'.

12. **만 우**(卍雨, 1357~未詳)

* 谷口(곡구) : 골짜기의 어귀
* 昇平(승평) : 태평(泰平)한 세상

谷口雨初霽	골짝 어귀 비 처음 갤 적에,
山頭霧欲生	산 정상 안개가 생기려 하네.
幾多花柳巷	버드나무 마을은 얼마나 되나,
歌吹樂昇平[13]	노래 부르며 태평성대 즐기네.

13. **강석덕**(姜碩德, 1395~1459)

* 제1행의 '千里(천리)'가『匪懈堂瀟湘八景詩帖』에는 '曉日(효일)'로 기록되어 있다.
* 關山(관산) : 관문(關門)과 산, 고향에 있는 산, 고향, 향리의 의미로도 사용된다.

千里關山露未晞	천리관산 날 밝지도 않아서 모습 드러내니,
槿籬茅店掩柴扉	무궁화 울타리 초가집 사립문이 닫혀 있네.
輕嵐一抹橫如練	약간의 가벼운 남기가 비단처럼 비껴 있고,
多少樓臺隱翠微[14]	다소간 누대가 푸르스름한 곳에 숨어 있네.

* 多少樓臺(다소누대): 당나라 두목(杜牧, 803~852)의「강남춘(江南春)」에 등장하는 표현, "千里鶯啼綠映紅/水村山郭酒旗風/南朝四百八十寺/多少樓臺煙雨中."

13) 千峯,『匪懈堂瀟湘八景詩帖』,「山市晴嵐」.

14) 姜碩德,『東文選』第22卷,「瀟湘八景圖有宋眞宗宸翰」'山市晴嵐'. 序詩, ① 茂陵宸翰照蒼旻/虎臥龍跳儘絶倫/自是當時聊遣興/那知睿奬異時新〔무릉(茂陵) 신한(宸翰)이 푸른 하늘을 비추는데/범은 누웠고 용은 굽이치며 모두 뛰어났네/이로부터 당시에 소일(逍日)거리로 홍미를 붙임이/어찌 알았으랴, 임금님 칭찬이 새로울 줄을〕 ② 解衣盤礴問何人/意匠經營妙入神/試向晴窗時一展/怳然坐我洞庭濱(옷 벗은 채 발 뻗고 앉은 저 사람 누구인가/경영한 솜씨가 오묘한 신의 경지에 들었네/시험 삼아 밝은 창 앞에서 때로 한 번씩 펴 보면/황홀하게도 나를 동정호숫가에 앉히네) *송원군(宋元君)이 그림을 그리려고 여러 화사(畵史)들을 불렀는데 그들은 모두 붓을 빨고 먹을 찍었다. 그런데 한 사람은 인사도 없이 사관(舍館)으로 가므로 송원군이 사람을 시켜 엿보니, 그는 옷을 벗고 자유롭게 앉았으므로, 송원군은 그를 보고, "이 사람이 참으로 그림 그릴 사람이로다."라고 했다는 고사가 전한다.

14. 최 항(崔恒, 1409~1474)

雨餘山態轉峥嶸	비온 뒤 산의 자태 더욱 우뚝 솟아 있고,
細細浮嵐護晩晴	흐늘흐늘 떠다니는 남기는 저녁에 개이네.
輕鎖埜廛連又斷	살짝 잠긴 들판 상점 이었다가 끊어지고,
淡籠茆肆晦還明	엷게 싸여 늘어선 초가 어두웠다 밝아지네.
林端乍認搖帘影	숲 끝에 흔들리는 것 주막 깃발인 줄 알겠고,
郭外時聞賣藥聲	성곽 밖으로 이따금 약 파는 소리 들리네.
知向此間棲大隱	옛적부터 이 속에 위대한 은자 깃든 것을 알기에,
自憐蝸角趁鐘鳴[15]	다투는 세상 가엾이 여기며 종소리 따라 나아가네.

* 埜廛(야전) : 들판에 늘어선 상점

* 蝸角(와각)은 '와각지쟁(蝸角之爭)'의 준말로 '다툼'이나 '분쟁', '시비' 등을 의미한다.

* 大隱(대은) : 위대한 은자, 큰 은자, '大隱隱朝市(대은은조시)'라는 말이 있다. 이 말은 참된 은자는 조정이나 저자에 숨는다는 뜻이다. 자기가 닦은 도(道)가 행해지지 않거나 혹은 조정에 출사하여 작은 벼슬도 불사하고 혹은 시중(市中)에서 의원이나 매복자(賣卜者) 노릇까지 하는 것을 일컫는다.

15. 성삼문(成三問, 1418~1456)

練練籠闤闠	희고 반들반들한 것이 저자를 감싸고,
霏霏曳巖谷	뭉게뭉게 피어 험한 골짜기를 당기네.
最好雨餘天	최고 좋은 풍경은 비 온 뒤 하늘이나,
還宜月淡夕[16]	도리어 달빛이 담담한 저녁도 좋겠네.

* 練練(연련) : 희고 반들반들한 모양

* 闤闠(환궤) : 저자의 문, 저자(市)를 의미한다.

* 霏霏(비비) : 비나 눈이 부슬부슬 오는 모양, 미세한 것이 날아 흩어지는 모양, 구름이 이는 모양, 서리가 많이 내리는 모양, 풀이 우거진 모양, 번갯불이 번쩍이는 모양

15) 崔恒, 『匪懈堂瀟湘八景詩帖』, 山市晴嵐.

16) 成三問, 〈成謹甫集〉 卷一, 『韓國文集叢刊』 第10卷, 183쪽, 「瀟湘八景」 '山市晴嵐'.

16. 이승소(李承召, 1422~1484)

* 輞川(망천)은 왕유(王維)의 호로 왕유가 40대 후반(740년대)에 섬서성(陝西省) 남전현(藍田縣) 서남쪽의 종남산(終南山) 망곡(輞谷)에 망천장(輞川莊)을 짓고, 반관반은(半官半隱)의 은거생활을 했다.

水村山郭淨朝暉	어촌의 산 성곽이 아침빛에 맑아지고,
嵐翠霏霏欲染衣	푸른 남기 뭉게뭉게 옷을 물들이겠네.
爲問騎驢橋上客	다리 위 나귀를 탄 나그네에게 묻노니,
輞川風景是耶非[17]	왕유의 망천 풍경이 맞는가? 아닌가?

* 騎驢橋上客(기려교상객) : 『北夢瑣言(북몽쇄언)』의 내용 가운데, 어떤 사람이 정경(鄭綮)에게 묻기를, "요즘 시사(詩思)가 있습니까?"라고 하자, "시사는 파교 풍설 속 나귀 등위에 있다.(詩思在灞橋風雪中驢子背上)"고 답했다. 그런 일이 있고 난 후, 나귀 등이라고 하면 나귀 등에서 눈(雪)을 맞으면서 시상(詩想)을 떠올리는 행위로 인식되었다. 시상(詩想)을 떠올리는 데 가장 적당한 곳을 '파교려상(灞橋驢上)'이라 하는데 동일한 맥락이다.

17. 이승소(李承召, 1422~1484)

* 靄靄(애애) : 구름이 피어오르는 모양, 구름이 끼는 모양
* 悠悠(유유) : 아득하게 먼 모양, 근심하는 모양, 끝이 없는 모양
* 岩扉(암비) : 은자(隱者)의 집, 암굴의 문

靄靄千林暗	자욱한 구름에 모든 숲이 어두침침,
悠悠一水圍	아득하게 온통 물로 두르고 있네.
輕烟引素冪岩扉	엷은 안개 흰 깁 당겨 은자의 집 덮고,
共作翠嵐霏	푸른 남기 뭉게뭉게 함께 일어나네.
暫逐溪風度	잠깐 시내 바람 좇아 건너더니,
深埋野徑微	깊이 묻힌 들길은 희미하네.
何人市上醉扶歸	누가 저자에서 취하여 부축 받아 돌아오는가,
不管是耶非[18]	옳은 일인지 그른 일인지 관계하지는 마시오.

---

17) 李承召, 〈三灘集〉 卷九, 『韓國文集叢刊』 第11卷, 461쪽, 「題畵屛」 '山市晴嵐'.
18) 李承召, 위의 책, 467쪽, 「次益齋瀟湘八景詩韻 巫山一段雲」 '山市晴嵐'.

18. **강희맹**(姜希孟, 1424~1483)

遠峀靑如髻	먼 봉우리 푸른빛이 상투와 같고,
輕嵐白作圍	엷은 남기 하얗게 주위를 둘렀네.
茅茨何處掩柴扉	초가 어느 곳은 사립문을 닫았고,
空翠落霏霏	하늘은 푸른데 보슬비가 내리네.
野逕通林細	들길은 가늘게 숲으로 통하고,
溪橋跨岸微	시냇가 다리는 언덕에 걸쳐 희미하네.
誠敎摩詰畵圖歸	왕유에게 그림을 그려 돌아가게 해도,
眞趣也應非[19]	참된 정취는 응당 표현하지 못하리.

* 遠峀(원수) : 먼 봉우리, 멀리 있는 봉우리
* 誠敎(성교) : 정성껏 ~하게 하다.
* 摩詰(마힐) : 왕유의 자(字)
* 眞趣(진취) : 참된 멋

19) 姜希孟, 〈私淑齋集〉 卷五, 『韓國文集叢刊』 第12卷, 67쪽, 「瀟湘八景」 '山市晴嵐', 先君戴愍公, 雅好書畵, 家累百餘件, 必令希孟收藏齊帙, 其中奇愛者, 益齋文忠公所作 瀟湘八景巫山一段雲八首. 乃其手翰也. 希孟問請得於何所. 公曰, 得之文忠公遠孫李公嘻. 此實眞跡也. 希孟雖在童丱, 未嘗不欽慕其文章翰墨之妙, 及戴愍損舘 而所藏書畵 散失殆盡 其後二十四年 琴軒金子固氏, 送一古牋軸求詩, 乃其八景軸也. 噫! 手澤尙新, 忍觀諸 敢依韵敬次韻 〔돌아가신 아버지 대민공께서는 글과 그림을 법도에 맞게 좋아하셨다. 집에 서화(書畵) 수백여 건이 있었는데, 반드시 거두어 보관하여 가지런한 책으로 만들라고 명하셨다. 그 가운데서도 특별히 아끼신 것은 익재 문충공 이제현이 지은 〈瀟湘八景巫山一段雲八首〉로 직접 손으로 쓴 것이었다. 내가 어디에서 얻은 것인가를 물었더니, 공께서 말씀하시길, 문충공의 먼 후손인 이희(李嘻) 공에게서 얻으셨다 하였다. 이는 실재 문충공이 직접 쓴 작품이었다. 내가 비록 어린 나이였지만 아닌 게 아니라 과연 그 문장과 글씨의 신묘함을 흠모하지 않을 수 없었다. 대민공께서 돌아가심에 미쳐서 소장했던 서화가 거의 모두 산실되어 버렸다. 그 후 24년이 지난 지금 금헌 김자고 씨가 오래된 전축(牋軸) 하나를 보내면서 내게 시(詩)를 구하는데, 바로 그 팔경축이었다. 슬프다! 손때가 지금도 새롭기만 하다. 차마 이것을 보면서 감히 운(韻)에 따라 공경하는 마음으로 차운한다〕.

19. **어세겸**(魚世謙, 1430~1500)

* 雲扉(운비) : 구름 속의 집, 은자(隱者)의 집
* 悠然(유연) : 한가한 모양, 침착하여 서둘지 않는 모양

山作青螺點	산은 푸른 소라의 점이 되었고,
嵐如練帶圍	남기는 비단 띠를 두른 듯하네.
市鋪紈縠接雲扉	저자에 펼친 비단 은자 집에 접해 있고,
初日鬪林霏	아침에 솟는 해 숲 속 이슬비와 다투네.
入眼迷虛白	들어가 바라보니 텅 빈 듯 미혹되다가,
回頭失翠微	고개 돌려 바라보니 푸른 기운 사라졌네.
悠然對此忽忘歸	한가롭게 이를 마주하곤 돌아감도 잊었고,
四十已知非[20]	불혹에 이르러서야 나의 그릇됨을 알겠네.

20. **김시습**(金時習, 1435~1493)

* 迢迢(초초) : 1. 높은 모양, 2. 먼 모양
* 依稀(의희) : 1. 비슷한 모양, 방불(彷彿)한 모양, 2. 어렴풋이 보이는 모양
* 漁樵(어초) : 어부와 나무꾼

霏霏拂拂又迢迢	뭉게뭉게 모였다가 털어내니 다시 아득해지고,
染着秋風吹不消	물들어 붙어서는 추풍으로도 사라지지 않네.
輕冪青旗沽酒店	가볍게 푸른 깃발 덮으니 술집에서 술을 사고,
薄籠殘照送人橋	숲 주변에 해가 지면 다리에서 사람을 보내네.
依稀林石泉聲咽	숲과 바위는 어렴풋한데 물소리는 울려 퍼지고,
彷彿楓鴉樹影搖	단풍나무에 까마귀인 듯 나무 그림자 흔들리네.
自有武陵堪避世	무릉도원을 가졌으니 속세를 피하기에 충분한데,
何勞忘路問漁樵[21]	무엇하러 길을 잊고 어부와 나무꾼에게 묻는가.

---

20) 魚世謙, 〈咸從世稿〉 卷七, 「次益齋八景」 '山市晴嵐'.

21) 金時習, 〈梅月堂集〉 卷六, 『韓國文集叢刊』 第13卷, 195쪽, 「山市晴嵐」.

21. **성종대왕**(成宗, 1457~1494)

宛轉山橫翠	부드러운 자태 산은 푸른 빛 비껴 있고,
霏微雨弄晴	희미하게 내리는 비 맑은 하늘 희롱하네.
羅紈輕掩映	펼쳐진 흰 비단이 가볍게 가렸어도,
岩樹乍分明	바위와 나무는 잠깐 동안 뚜렷하네.
日薄前村影	해는 엷어 앞마을에 그림자 지고,
溪喧何處聲	요란한 시냇물 소리 어디에서 울리는가.
隔林知有屋	숲 너머에 집이 있다는 것을 아는 것은,
雞趁午時鳴[22]	닭들이 따라 붙으며 한낮에도 울기 때문이네.

* 宛轉(완전) : 미인의 형상으로 야들야들하고 부드러운 모습, 고운 자태를 일컫는다. 본래는 구부러진 모습을 나타낸다.
* 霏微(비미) : 가랑비 또는 가랑눈이 오는 모양
* 午時(오시) : 한낮, 대낮, 오전 열한 시에서 오후 한 시까지.

22. **성종대왕**(成宗, 1457~1494)

深遙山含翠	깊고도 비스듬한 산 푸른빛을 머금고,
雲收雨霽晴	구름 걷히고 비 개이니 하늘이 맑구나.
蒼麓藤蘿蔓	푸르른 산기슭엔 등나무가 무성하고,
靑天目强明	푸른 하늘은 눈으로도 뚜렷하게 밝구나.
千岩苔競色	온갖 바위 이끼 낀 채 제 빛깔을 다투고,
萬壑水爭聲	수많은 골짝에선 물소리가 다투는구나.
野店熹微處	들판에는 희미하게 주점이 자리 잡았던지,
群鷄彷彿鳴[23]	여러 무리 닭들이 우는 소리인 듯하구나.

* 藤蘿(등라) : 등나무
* 野店(야점) : 시골에 있는 상점, 시골 가게
* 彷彿(방불) : 비슷함, 근사함, 흐릿하여 분별하기 어려운 모양

---

22) 成宗, 『列聖御製』 第九篇, 「瀟湘八景」 '山市晴嵐'.
23) 成宗, 위의 책, 「瀟湘八景」 '山市晴嵐'.

23. **정희량**(鄭希良, 1469~未詳)

* 霏微(비미) : 가랑비 또는 가랑눈이 오는 모양
* 俄頃(아경) : 잠깐 동안, 잠시

江上靑山玉一朶	강변에 푸른 산은 한 송이 늘어진 옥과 같고,
曉日染成嵐縷碧	새벽 해에 물들어 푸른 올의 남기가 되었네.
經雲緯霧綿陸離	날과 씨로 구름 안개 감았다가 풀어 놓으며,
織罷瀟湘秋水色	소상 강 베 짜기를 마치니 가을날 물빛이네.
隨風宛轉學佳人	바람 따라 고운 자태로 미인을 배우더니,
畵出文君眉半蹙	그림에서 나온 문군 눈썹 반쯤 찡그리네.
俄頃霏微散作雨	잠시 부슬부슬 희미하게 비가 되어 흩뿌리니,
靑山忽起如新沐[24]	청산이 홀연 솟아 새로 목욕한 듯 일어서네.

* 文君(문군) : 사마상여의 아내. 『사기(史記)』「사마상여(司馬相如)」 열전, 서한(西漢)때 탁왕손(卓王孫)이라는 부유한 상인이 있었는데, 그에게는 일찍 남편과 사별(死別)하고 혼자 지내는 탁문군(卓文君)이라는 딸이 있었다. 평소 문군에게 마음을 가지고 있었던 젊고 유능한 사마상여는 연회에 참석한 기회에 거문고 연주를 통해 탁문군에게 자신의 마음을 전한다. 그 날 밤, 탁문군은 잠을 이룰 수 없었다. 그녀는 몰래 집을 빠져 나와 사마상여의 집으로 달려가서 그와 부부의 연을 맺게 되었다. 그녀의 아버지 탁왕손은 딸의 이러한 행동을 수치스럽게 생각하고 두문불출하였다. 그러나 그들의 어려운 생활을 더 이상 볼 수가 없어서 그들의 결혼을 인정하고 많은 재물을 주었다. 이렇듯 사마상여와 탁문군은 자신들의 진실한 마음과 행동으로 행복한 애정을 얻을 수 있었던 것이다. '문군사마(文君司馬)'란 탁문군과 사마상여를 줄여 부르는 말이며 사랑하는 부부나 연인(戀人)을 비유한 말로 사용된다.

---

24) 鄭希良, 〈虛庵遺集〉 卷一, 『韓國文集叢刊』 第18卷, 13쪽, 「瀟湘八景」 '山市晴嵐'.

24. **홍언필**(洪彦弼, 1476~1549)

羣山萬壑此中攢	무리 산과 많은 골짝이 이 가운데 모여 있고,
晩霽輕嵐羃翠巒	저녁에 개인 엷은 남기 푸른 봉우리 덮었네.
沙白月寒無點垢	모래는 희고 달빛은 차서 한 점 티끌도 없고,
波平江逈不驚湍	물결이 평온한 강 멀리로는 급류에도 놀라지 않네.
野僧楮錫尋歸逕	시골 중은 지팡이 짚고 돌아갈 길을 찾고,
仙子乘雲指帝關	신선은 구름 타고 상제 빗장 가리키네.
誰道澄江淨如練	맑은 강 흰 명주처럼 깨끗하다 누가 말했던가,
謝公詩語覺堪刪[25]	그대 시어 삭제할 만함을 깨달았으니 감사하네.

* 誰道(수도) : 누가 ~라고 말하다.
* 堪刪(감산) : 깎을 만하다. 삭제할 만하다. 뺄 만하다.

25. **이 행**(李荇, 1478~1534)

山家晴亦未見日	산 속 집은 맑아도 해는 아직 보이지 않는데,
非霧非烟渾若迷	안개도 연기도 아닌데 뒤섞여 헤매는 듯하네.
我欲扶藜事幽討	나는 지팡이 짚고 승경 탐방을 일삼고자 하는데,
望中儻有高人棲[26]	혹시라도 그림 속에 고인이 깃들었는지 바라보네.

* 幽討(유토) : 조용히 찾는다는 뜻으로 명승지(名勝地) 탐방을 의미한다.
* 高人(고인) : 1. 인격이 고결한 사람, 2. 뜻이 높아 세속을 따르지 않는 사람, 3. 세상에 나서지도 않고 벼슬길에도 나아가지 않는 탁월한 인물

25) 洪彦弼, 〈黙齋集〉 卷一, 『韓國文集叢刊』 第19卷, 216쪽, 「瀟湘八景」 '山市晴嵐'.
26) 李荇, 〈容齋集〉 卷一, 『韓國文集叢刊』 第20卷, 343쪽, 「山市晴嵐」.

26. 이 행(李荇, 1478~1534)

* 料理(요리) : 1. 일을 처리함, 2. 음식, 음식을 조리함.
* 笏(홀) : 천자(天子) 이하 공경대부가 조복(朝服)을 입었을 때, 띠에 끼고 다니는 것으로 군명(君命)을 받았을 때는 이것에 기록을 하는 것이다. 기록하기 위한 일종의 메모지에 해당한다. 조정에 나아가 벼슬살이 하는 모습을 빗댄 표현으로 이해된다.
* 几(궤) : 안석, 책상을 의미한다.

非烟亦非雲	연기도 아니고 또 구름도 아닌 것이,
淰淰暗山市	흐리고 흐려서는 산시를 어둡게 하네.
朝日出未高	아침 해가 나왔어도 아직 높지 않아서,
澒洞迷遠邇	골짜기로 흘러드니 멀고 가까움을 혼동하네.
吹萬巧娛人	바람은 만 가지 기교로 사람을 즐겁게 하고,
天公費料理	하늘은 공변되어 일 처리를 넓고 크게 하네.
爲問笏拄頤	묻노니 홀 가지고 턱을 받치며 살거나,
何似坐隱几[27]	혹은 안석에서 바둑 두는 모습은 어떠한가.

* 坐隱(좌은) : 바둑을 의미한다. 바둑을 두느라고 앉아 있는 것이 은거(隱居)한 것과 같다는 의미이다. 요임금이 순에게 왕위를 선양하며, 아들 단주에게는 바둑을 주며 평생을 소일하라고 했다. 이런 측면에서 앉아서 바둑 두는 모습은 은자의 전형적인 삶의 모습으로 간주되기 시작했다.

27. 신광한(申光漢, 1484~1555)

* 墟市(허시) : '墟'에는 '저자(市)'의 의미가 내포되어 있다.
* 三湘(삼상) : 1. 지명으로는 상향(湘鄕), 상담(湘潭), 상음(湘陰)을 말한다. 2. 강의 이름으로는 원상(沅湘), 소상(瀟湘), 증상(蒸湘)을 말한다. 3. 『長沙府志』에는 리상(灕湘), 소상(瀟湘), 증상(蒸湘)으로 기록되어 있다. 결국 소상강(瀟湘江) 유역을 언급하는 의미로 해석할 수 있다.
* 龍鍾(용종) : 1. 대나무의 별칭, 2. 노쇠한 모양, 늙어서 앓는 모습, '용종(龍鍾)', 두 자의 음(音)을 합하면 '늙을 융(癃)'자 음이 되므로 같은 의미로 쓰임, 3. 눈물을 흘리는 모양, 4. 의지를 상실한 모습

墟市朝歸後	산시에 아침이 돌아간 후에,
山雲晩翠重	산 구름은 저녁에 푸른 빛 겹쳐 있네.
戎戎淰淰淡還濃	무성하고 흐릿하게 엷다가 다시 짙어지니,
杜句善形容	두보의 시구가 형용을 잘하였네.
跋馬三湘客	말 달리던 삼상의 나그네,
回頭兩鬢蓬	고개 돌리니 두 귀밑머리 흐트러졌네.
欲沽春酒慰龍鍾	봄 술을 사서 노쇠한 몸을 위로하고자 하나,
橋斷更誰逢[28]	다리마저 끊겼으니 다시 누구를 만나겠는가.

---

27) 李荇, 〈容齋集〉, 卷三, 위의 책, 395쪽, 「瀟湘八景」'山市晴嵐'.
28) 申光漢, 〈企齋集〉 別集 卷七, 『韓國文集叢刊』 第22卷, 466쪽, 「瀟湘八詠」'山市晴嵐'.

28. **소세양**(蘇世讓, 1486~1562)

山城雨初過　산성에 내리는 비가 처음으로 지나가자,
嵐翠散邐迤　푸른 남기 흩어졌다 이어지며 비스듬하네.
樓臺滅沒間　누대가 그 속으로 사라지려는 순간에도,
草樹空濛裏　초목은 부질없이 가랑비 속에 있네.
清流映麗譙　맑은 물결에 우아한 망루가 비추는데,
彷彿桃源水[29)]　흡사 무릉도원의 물과 다름이 없네.

* 彷彿(방불) : 비슷함, 흐릿하여 분별하기 어려운 모양
* 譙(초) : 성문 위의 망루, 문루

29. **소세양**(蘇世讓, 1486~1562)

山郭樹層層　산의 성곽은 숲으로 울창하고,
煙嵐搭晴素　연기와 남기 맑은 흰빛 실었네.
樓臺滅沒間　누대가 그 속으로 사라지려는 사이,
谷風吹不掃[30)]　골짝 바람 불어도 쓸어 내진 못하네.

* 層層(층층) : 여러 층으로 겹친 모양
* 谷風(곡풍) : 1. 골짜기에서 내부는 바람, 2. 동풍(東風), 만물을 자라게 하는 바람, 3. 시경(詩經)의 편명(篇名)

30. **정사룡**(鄭士龍, 1491~1570)

一龕崖塹控山庄　벼랑 골짜기에 감실 하나 산장임을 알리고,
春霧和霏翳日光　봄 안개 보슬비와 합쳐서는 햇빛을 가리네.
出沒樹顚兼屋脊　나무 꼭대기가 가옥의 등성마루와 함께 출몰하는데,
就中疑有舊滄浪[31)]　그 가운데 특히 옛적의 어부사가 있는지 의심스럽네.

* 就中(취중) : 그 중에서도 특별히.
* 滄浪(창랑) : 굴원의 초사(楚辭)와 맹자에 실린 '창랑가(滄浪歌)'를 말한다. "滄浪之水清兮, 可以濯吾纓, 滄浪之水濁兮, 可以濯吾足"(맹자에는 '吾'가 '我'로 되어 있다.), 굴원의 초사에서는 인생의 일은 모두 자연스럽게 흘러가는 대로 맡겨야 한다는 의미를 강조했고, 맹자에서는 길흉화복이 모두 자초(自招)한 것이라는 의미로 사용되었다.

---

29) 蘇世讓, 〈陽谷集〉 卷一, 『韓國文集叢刊』 第23卷, 309쪽, 「書洪古阜春年畵屛」 '山市晴嵐'.
30) 蘇世讓, 〈陽谷集〉 卷十, 위의 책, 440쪽, 「瀟湘八景」 '山市晴嵐'.

31. 조 욱(趙昱, 1498~1557)

* 玉女(옥녀) : 미녀, 아름다운 여인, 선녀, 남의 딸의 경칭
* 隔了(격료) : 가로막고 있음, 차단해 버림.

山色分明玉女姿　산 빛은 분명하게 아름다운 여인의 자태이고,
輕嵐裁作碧羅帷　엷은 남기 재단하니 푸른 비단 휘장되었네.
地靈愛護非無意　땅의 정령이 산시를 아끼고 감싸려는 뜻에서,
隔了應嫌俗客知[32]　차단함은 속객이 아는 것을 꺼리기 때문이네.

32. 이정암(李廷馣, 1541~1600)

* 山腰(산요) : 山腹(산복)으로 산 중턱, 산허리를 말한다.
* 可怡(가이) : 기뻐할 만하다. 즐길 만하다.

晴嵐布山腰　맑은 남기 산허리에 포진하니,
可怡不可攬　기뻐할 순 있어도 잡을 수는 없네.
壟上有丈夫　언덕 위에는 한 사나이가 있는데,
欲市何由敢[33]　산시로 가려 하나 어찌 감히 행할까.

33. 이수광(李睟光, 1563~1628)

* 依俙(의희) : 희미한 모양
* 恰似(흡사) : 마치 ~ 인 듯하다.

宿靄籠朝旭　묵은 아지랑이 아침 해를 감싸고,
巖崖霽色寒　바위 벼랑에 비 개인 색 차갑네.
依俙林際路　수풀 끄트머리에 희미한 길은,
恰似畵中看[34]　마치 그림 속에서 보는 듯하네.

---

31) 鄭士龍, 〈湖陰雜稿〉 卷六, 『韓國文集叢刊』 第25卷, 189쪽, 「奉題工曹尹判書屛」 '山市晴嵐'.
32) 趙昱, 〈龍門集〉 卷三, 『韓國文集叢刊』 第28卷, 199쪽, 「溢之求八景之作率爾錄呈」 '山市晴嵐'.
33) 李廷馣, 〈四留齋集〉 卷一, 『韓國文集叢刊』 第51卷, 253쪽, 「題畵屛瀟湘八景」 '山市晴嵐'.
34) 李睟光, 〈芝峰集〉 卷一, 『韓國文集叢刊』 第66卷, 16쪽, 「山市晴嵐」.

34. **이홍유**(李弘有, 1588~1673)

藹藹浮嵐逗曉寒	자욱하게 뜬 남기에 새벽 추위 머무르고,
樓臺隱約隔羅紈	누대는 명주 비단 너머로 희미하게 숨어 있네.
須臾捲盡無痕跡	잠깐 사이 모조리 걷히자 흔적조차 사라지자,
始見東南聳碧巒[35)]	비로소 동남쪽 우뚝 솟은 푸른 봉우리 보이네.

* 藹藹(애애) : 많고 성한 모양, 초목이 무성한 모양, 좋은 향기가 나는 모양, 달빛이 어둠침침한 모양
* 隱約(은약) : 1. 말은 간단하나 뜻이 깊음, 2. 고생함, 3. 숨음, 4. 확실히 보이지 아니하는 모양

35. **하 진**(河溍, 1597~1658)

兩峯高插起晴嵐	높이 꽂힌 두 봉우리에 맑은 남기 일어나고,
山影依微樹影含	산 그림자 희미하게 수풀 그림자 품고 있네.
試使畵工看仔細	시험 삼아 화공에게 자세히 그려 보라 했더니,
遠而濃綠近而淡[36)]	멀면서도 짙푸르며 가까우면서 담박하게 그렸네.

* 依微(의미) : 희미하고 먼 모양
* 試使(시사) : 시험 삼아 ~ 하게 하다.

36. **정두경**(鄭斗卿, 1597~1673)

迢迢山市雜雲林	멀리로 아득한 산시는 구름숲과 섞여 있고,
宿雨初晴嵐氣深	간밤 비가 처음 개니 남기만이 깊어졌네.
天外亂峯時出沒	하늘 너머 어지러운 봉오리 이따금씩 출몰하고,
坐看蒼翠万重陰[37)]	앉아서 바라보니 푸른빛이 만 겹이나 그늘졌네.

* 迢迢(초초) : 높은 모양, 먼 모양.
* 宿雨(숙우) : 1. 연일(連日) 오는 비, 장마, 2. 간밤부터 오는 비

---

35) 李弘有, 〈遯軒集〉 卷三, 「題瀟湘八景畵屛, 又寫八詠」 '山市晴嵐'.
36) 河溍, 〈台溪集〉 卷三, 『韓國文集叢刊』 第101卷, 100쪽, 「山市晴嵐」.
37) 鄭斗卿, 〈東溟集〉 卷二, 『韓國文集叢刊』 第100卷, 409쪽, 「題瀟湘八景圖」 '山市晴嵐'. 이 작품은 洪滄浪, 〈瀟湘八景詩歌抄〉 31쪽에도 수록되어 있다. 〈瀟湘八景詩歌抄〉는 우리나라의

37. **김홍욱**(金弘郁, 1602~1654)

* 霏霏(비비) : 비나 눈이 부슬부슬 오는 모양, 미세한 것이 날아 흩어지는 모양, 구름이 이는 모양, 서리가 많이 내리는 모양, 풀이 우거진 모양, 번갯불이 번쩍이는 모양
* 搖曳(요예) : 1. 흔들흔들 움직임, 2. 이리저리 거닒, 배회함.
* 依俙(의희) : 1. 어렴풋이 보이는 모양, 2. 비슷한 모양, 방불한 모양

溪橋夜雨波聲急	시냇가 다리 밤비에 물결 소리 급하고,
嵐氣霏霏翠欲滴	남기는 자욱하여 비취색 방울지려 하네.
日斜翻成五彩屛	해 비끼니 번쩍이며 다섯 빛깔 병풍되고,
始識天公造化筆	하늘은 공변되어 붓으로 그려냄을 비로소 알겠네.
長風搖曳焂西東	긴 바람 잠깐 동안 동서로 흔들흔들하다가,
驀地穿林猶不絶	갑자기 숲을 뚫더니만 지금까지 멈추지 않네.
騎驢過客向何處	나귀 타고 지나는 나그네 어느 곳을 향하는지,
路入依俙山萬疊[38]	길은 만첩산중으로 희미하게 들어가네.

* 騎驢過客(기려과객) : 『北夢瑣言(북몽쇄언)』의 내용 가운데, 어떤 사람이 정경(鄭綮)에게 묻기를, "요즘 시사(詩思)가 있습니까?"라고 하자, "시사는 파교 풍설 속 나귀 등위에 있다.(詩思在灞橋風雪中驢子背上)"고 답했다. 그런 일이 있고 난 후, 나귀 등이라고 하면 나귀 등에서 눈(雪)을 맞으면서 시상(詩想)을 떠올리는 행위로 인식되었다. 시상(詩想)을 떠올리는 데 가장 적당한 곳을 '파교려상(灞橋驢上)'이라 하는데 동일한 맥락이다.

문헌이 아니라 일본에서 1688년에 간행된 책이다. 이 책에는 일본인들이 노래한 소상팔경 한시와 그림이 함께 수록되어 있다. 우리나라 사람으로는 유일하게 홍창랑(洪滄浪)이라는 이름으로 8수가 실려 있다. 여기서 '홍창랑'은 홍세태를 의미한다. 그러나 이 작품들은 모두 정두경(鄭斗卿, 1597~1673)의 〈동명집(東溟集)〉에 실려 있는 작품과 동일하다. 여러 정황으로 미루어 보건대, 홍세태(洪世泰, 1653~1725)가 정두경에 비해 56년 뒤에 태어났다는 점, 또 다른 기록으로 보아 홍세태가 일본에 갔던 것은 사실이다. 일본 문인들과 '소상팔경'을 소재로 창작하는 과정에서 정두경의 작품을 그대로 노래했던 것이 일본에서 제작된 〈瀟湘八景詩歌抄〉라는 책에 수록된 것으로 보인다.

38) 金弘郁, 〈鶴洲全集〉 卷四, 『韓國文集叢刊』 第102卷, 37쪽, 「次權進士昱瀟湘八景八首」 '山市晴嵐'.

38. 구 음(具崟, 1614~1683)

非煙非霧過江橫　연기도 안개도 아닌 것이 강에 걸쳐 비껴 있고,
點綴秋容媚曉晴　점점이 이어진 가을 모습 새벽에 비 개이니 아름답네.
遠遠鳥從空外度　멀리멀리 새들 좇아 하늘 너머로 건너가고,
依依人向畵中行　희미한 사람들은 그림 속을 향해 걸어가네.
巧粧山市低偏濕　곱게 단장한 산시 한 편에 습기가 내렸고,
句引湖風散却輕　호수 바람 잡아 당겨 흩으니 도리어 가벼워지네.
最喜朝陽能解駁　아침 해가 얼룩을 풀어 낼 수 있음이 가장 기쁘니,
湘中物色轉分明[39]　상강 속의 만물 빛깔이 분명하게 옮기었구나.

* 依依(의의) : 1. 무성한 모양, 2. 사모하는 모양, 3. 확실하지 않은 희미한 모양, 여기서는 희미하고 아득한 모습으로 사용됨.
* 句引(구인) : 잡아당김, 꾀어냄.

39. 윤 추(尹推, 1632~1707)

雨後山容特地淸　비 내린 후 산의 자태 땅은 더욱 맑고,
輕嵐一抹媚新晴　약간의 엷은 남기 맑은 날씨에 아름답네.
氤氳初似曳長練　천지 기운 처음에는 긴 비단을 당긴 듯하더니,
澒洞俄驚翻大瀛　갑자기 잇달아서 큰 바다로 나아감에 놀라네.
遠近峯巒無更出　멀고 가까운 봉우리는 다시 나오지 않고,
依俙郖落沒還生　희미한 촌락은 사라졌다 도로 나타나네.
人間不有眞仙已　인간 세상에는 참된 신선 일찍이 존재하지 않으니,
如有應從此裏行[40]　만일 따를 수만 있다면 응당 그림 속으로 가리라.

* 新晴(신청) : 오랫동안 날씨가 좋지 않다가 비로소 햇빛이 나는 것을 이름
* 氤氳(인온) : 천지의 기운이 서로 합하여 서린 기운
* 澒洞(홍동) : 연속된 모양
* 大瀛(대영) : 큰 바다, 대양(大洋)

---

39) 具崟, 〈明谷先生文集〉 卷二, 「瀟湘八景」 '山市晴嵐'.
40) 尹推, 〈農隱遺稿〉 卷一, 『韓國文集叢刊』 第143卷, 198쪽, 「瀟湘八景代洪陽從兄月課作」 '山市晴嵐'.

40. **김만기**(金萬基, 1633~1687)

* 隱約(은약) : 1. 말은 간단하나 뜻이 깊음, 2. 고생함, 3. 숨음, 4. 확실히 보이지 아니하는 모양
* 鮫人(교인) : 물 속에 산다는 괴상한 사람
* 玉女(옥녀) : 1. 미녀(美女), 2. 선녀(仙女), 3. 남의 딸의 경칭
* 蓮掌(연장) : 중국 화산(華山)의 중봉(中峯)과 동봉(東峯)을 함께 칭하는 말

隱約浮嵐紫翠橫	희미하게 뜬 남기 자취 빛이 비껴 있고,
螺鬟淡抹未分明	소라 같은 산색은 엷게 칠해 분명치 않네.
鮫人夜織生綃軟	교인은 밤새도록 베를 짜서 부드러운 명주를 만들고,
玉女晨粧彩帔輕	옥녀는 새벽녘에 단장하고 가벼운 치마에 무늬 놓네.
霧市却疑蓮掌近	안개 낀 저자는 도리어 화산이 가까운지 의심스러운데,
霞標似向石橋行	은자가 마치 돌다리를 향해 걸어가는 듯하네.
山風忽捲樓臺出	산에 부는 바람이 홀연 누대를 휘감아 돌고 나오기에,
入望靑帘閃晩晴[41]	들어가 보니 푸른 주막 깃발은 저녁에 비 개이니 번쩍이네.

* 霧市(무시) : 후한 때 장해(張楷)가 도술을 좋아하여 오리(五里)에 걸쳐 안개를 만들고서 홍농산(弘農山)에 은거했다고 한다.
* 霞標(하표) : '하표(霞標)'는 명나라 관종성(管宗聖)의 자(字)로 조정에서 여러 번 불렀으나 벼슬길에 나아가지 않고 자연에 은거했던 은자(隱者)로 알려졌다.

41) 金萬基, 〈瑞石集〉 卷一, 『韓國文集叢刊』 第144卷, 370쪽, 「瀟湘八景」 '山市晴嵐'.

41. **홍세태**(洪世泰, 1653~1725)

迢迢山市雜雲林	멀리로 아득한 산시는 구름숲과 섞여 있고,
宿雨初晴嵐氣深	간밤 비가 처음 개니 남기만이 깊어졌네.
天外亂峯時出沒	하늘 너머 어지러운 봉오리 이따금씩 출몰하고,
坐看蒼翠万重陰[42]	앉아서 바라보니 푸른빛이 만 겹이나 그늘졌네.

* 宿雨(숙우) : 1. 연일(連日) 오는 비, 장마, 2. 간밤부터 오는 비

42. **권두경**(權斗經, 1654~1725)

山暈帶青羅	산 빛은 푸른 비단을 둘렀는데,
依微如染漬	희미함은 마치 물들은 듯하네.
風起忽無蹤	바람 일자 홀연 자취를 감추니,
方知是空翠[43]	바야흐로 하늘이 푸름을 알겠네.

* 青羅(청라) : 푸른 비단, 여기서는 푸른빛이 감도는 남기를 비유적으로 표현
* 依微(의미) : 희미하고 먼 모양
* 染漬(염지) : 물들다. 물들이다.

43. **숙 종**(肅宗, 1661~1720)

雨霽嵐收天氣淸	비 개이고 남기 걷혀 날씨가 맑아지고,
山光水色乍分明	산 빛과 물색이 잠깐 동안 분명하구나.
隔林茅屋熹微處	수풀 너머 초가에는 햇빛이 희미한데,
時聽羣雞喔喔鳴[44]	무리의 닭들이 홰치는 소리만 이따금씩 들리네.

* 天氣(천기) : 날씨, 기후
* 茅屋(모옥) : 띠로 지붕을 얹은 집, 누추한 집, 전(轉)하여 자기 집을 낮춰 이르는 말.
* 熹微(희미) : 햇빛이 흐릿한 모양.
* 喔喔(악악) : 닭 우는 소리, 새 우는 소리.

---

42) 鄭斗卿, 〈東溟集〉 卷二, 『韓國文集叢刊』 第100卷, 409쪽, 「題瀟湘八景圖」 '山市晴嵐'. 이 작품은 洪滄浪, 〈瀟湘八景詩歌抄〉 31쪽에도 수록되어 있다. 자세한 설명은 각주 37번 참고.
43) 權斗經, 〈蒼雪齋集〉 卷七, 『韓國文集叢刊』 第169卷, 126쪽, 「逑姪請賦瀟湘八景」 '山市晴嵐'.

44. **이광정**(李光庭, 1674~1756)

* 紫翠(자취) : 자줏빛과 푸른색으로 산의 모양을 형용하는 말
* 靑帘(청렴) : 푸른 깃발, 주점(酒店)임을 알리는 깃발

山空紫翠下	산 하늘에서 자줏빛과 푸른색이 내려앉고,
樓臺間靑帘	누대 사이로 푸른 깃발 펄럭이네.
多少沽酒客	얼마나 될지 모르는 술을 사는 손님들,
來往掃烟嵐[45]	오고 가며 연기와 남기를 쓸고 있네.

45. **권상일**(權相一, 1679~1759)

* 巖屋(암옥) : 가파른 곳에 위치한 집
* 隱暎(은영) : 겉으로 환히 드러나지 않게 비치는 모습

雨氣初收山氣生	비 기운 처음 걷혀 산 기운이 생생하고,
濃靑滴翠更分明	짙푸른 물방울의 비취빛 더욱 분명하구나.
鷄鳴巖屋人誰在	닭 우는 가파른 집에는 누가 살고 있는지,
隱暎危巒數點橫[46]	은은하게 비치는 높은 봉우리만 두어 점 비껴 있네.

46. **권 만**(權萬, 1688~未詳)

* 山市(산시) : 산속에 만들어진 도시, 쉽게 접근하기 어려운 곳에 형성된 도시
* 依微(의미) : 희미하고 먼 모양
* 垂柳(수류) : 길게 드리운 버드나무, 축축 늘어진 수양버들

山市本淸寂	산시는 본래 맑고 고요하고,
靑嵐晴更濃	푸른 남기 개었다 더욱 짙어지네.
依微垂柳外	희미하게 드리운 버드나무 너머로,
人度小橋中[47]	사람이 작은 다리 가운데를 건너네.

---

44) 肅宗, 『列聖御製』 第十七篇, 「瀟湘八景」 '山市晴嵐'.
45) 李光庭, 〈訥隱集〉 卷三, 『韓國文集叢刊』 第187卷, 185쪽, 「瀟湘八景題雙碧堂小屛」 '山市晴嵐'.
46) 權相一, 〈淸臺集〉 卷三, 「瀟湘八景, 八景幷四鶴, 作十二帖寢屛」 '山市晴嵐'.
47) 權萬, 〈江左集〉 卷一, 『韓國文集叢刊』 第209卷, 71쪽, 「瀟湘八景」 '山市晴嵐'.

47. **정종로**(鄭宗魯, 1738~1816)

臨江小市傍青山	강을 따라 작은 산시 푸른 산은 곁에 있고,
嵐氣三時紫翠斑	남기 기운 하루 종일 자줏빛 푸른 무늬네.
最是一天晴霽後	비갠 후의 맑은 하늘이 그 중에 으뜸이니,
商人疑在蜃樓間[48]	상인이 공중누각 사이에 있는지 의심하네.

* 三時(삼시) : 1. 아침과 낮과 밤, 하루 종일 2. 농사를 짓는 데 필요한 세 계절, 즉 봄, 여름, 가을

* 蜃樓(신루) : '蜃氣樓(신기루)'의 준말이다. 두 가지 의미로 사용되는데, 하나는 일반적으로 바다 위나 사막에서 기온의 이상한 분포 때문에 광선이 굴곡하여 먼 데 있는 물체가 거꾸로 비쳐 보이는 현상을 말한다. 다른 하나는 근거나 현실적 토대가 없는 가공의 사물을 일컫는 말로 사용된다. 여기서는 후자의 의미로 그림에서 안개나 남기 등에 의해 건축물 하단이 보이지 않고, 누각의 상단부만이 희미하게 보이는 현상을 신루(蜃樓)라고 형용했다. '신루'는 헌종 1년(1835년) 화원 선발시험의 화제로도 출제되었다. 당시 화제(畵題)는 "噓氣成樓臺, 望之丹碧隱然(허기성누대, 망지단벽은연)"이라 하여 "숨을 내뿜어 누대를 이루니, 울긋불긋한 모습이 은은하게 보이네."라는 의미였다. 환상적이고 신비한 화제와 유사한 내용이라고 할 수 있다. 강관식, 『조선후기 궁중화원 연구』 돌베개, 2001, 408쪽.

48. **정조대왕**(正祖大王, 1752~1800)

雨餘山色染如藍	비 내린 뒤 산색은 쪽빛으로 물들고,
拌靄調霞映水南	뒤섞인 아지랑이 노을과 어우러져 물 남쪽을 비추네.
浦肆酒闌人影散	포구에 널린 주막 사람 그림자 흩어지니,
濛濛空翠更鬛鬖[49]	어둑한 하늘에 비취빛 더욱 길게 드리우네.

* 濛濛(몽몽) : 가랑비가 자욱이 오는 모양, 어두운 모양
* 鬛鬖(남삼) : 머리털이 길음, 머리털이 치렁치렁한 모양

48) 鄭宗魯, 〈立齋集〉卷六, 『韓國文集叢刊』 第253卷, 120쪽, 「瀟湘八景次皓隣韻」 '山市晴嵐'.
49) 正朝大王, 〈弘齋全書〉 卷二, 『韓國文集叢刊』 第262卷, 33쪽, 「瀟湘八景 癸巳」 '山市晴嵐'.

49. **이재관**(李在寬, 1783~1837)

* 寂寂(적적) : 쓸쓸하고 고요한 모양
* 紅塵(홍진) : 속세, 세상
* 莫評(막평) : ~라고 평하지 말라.

一帶靑山人畫來	푸른 산 일대를 사람들이 그려 왔듯,
煙雲寂寂水光開	연기와 구름 고요한데 물빛만이 열리네.
千門盡掩紅塵隔	천개 문이 죄다 가려 속세와도 격했으니,
莫評長安古都猜[50]	장안 옛 도시 샘난다고 평하지는 말게나.

50. **박영원**(朴永元, 1791~1854)

* 空濛(공몽) : 이슬비가 뽀얗게 내리거나 안개가 자욱하게 껴서 어둠침침한 모양
* 桃都(도도) : 무릉도원

空濛山氣未全淸	안개 자욱한 산 기운이 온전히 맑지 않고,
翠壁丹崖晦又明	푸른 벽과 붉은 언덕 어두웠다 다시 밝네.
頗似桃都天漸曙	자못 무릉도원 같더니 하늘 점점 밝아지며,
時聞木末遠鷄鳴[51]	이따금 나무 끝 멀리서 닭 울음이 들리네.

51. **송래희**(宋來熙, 1791~1867)

* 橫橋(횡교) : 가로놓인 다리
* 夕暉(석휘) : 저녁나절의 햇빛

跨岸橫橋暎夕暉	언덕 너머 가로놓인 다리에 석양이 비추이고,
南商北旅販魚歸	남쪽 상인 북쪽 나그네 물고기 팔고 돌아가네.
輕嵐淡抹墟烟鎖	가벼운 남기 묽게 칠해 산시는 연기에 잠겼고,
回望靑帘隔翠微[52]	돌아보니 푸른 깃발 비취색 너머로 희미하네.

---

50) 李在寬, 「山市晴嵐圖」, 『韓國繪畫:國立中央博物館未公開繪畫特別展』 國立中央博物館, 1977.
51) 朴永元, 〈梧墅集〉 冊五, 『韓國文集叢刊』 第302卷, 318쪽, 「瀟湘八景」 '山市晴嵐'.
52) 宋來熙, 〈錦谷集〉 卷一, 『韓國文集叢刊』 第303卷, 107쪽, 「瀟湘八景 八首」 '山市晴嵐'.

52. **김시락**(金時洛, 1857~1896)

近山爲市市生嵐	가까운 산 도시 되니 도시엔 남기 생기고,
淡綠輕紅不勝酣	엷은 초록빛 살짝 붉어 한창에는 모자라네.
人語鷄聲猶俗界	사람 말소리 닭 울음은 오히려 속세이건만,
化翁分付綵中含[53]	조화옹이 비단 속에 품었다가 나누어 주네.

* 不勝(불승) : ~을 견디지 못하다. ~을 이기지 못하다. ~에 모자라다. 부족하다.
* 化翁(화옹) : 조화옹, 조물주

* 정두경과 홍세태의 작품은 동일한 것으로 확인되었다. 따라서 총 51수로 정리된다.

53) 金時洛, 〈莊庵集〉 卷一, 「家有古藏瀟湘畫八帖, 家兄逐景題詠, 伏次其韻」 '山市晴嵐'.

구도의 과정과 방향을 제시하는 형상

연사모종

연사모종煙寺暮鐘을 노래한 한시 작품이 51수 그리고 시조 작품이 4수가 전한다. 연사모종은 연사만종煙寺晩鐘이라는 제목으로 전해지기도 한다. 말 그대로 해저물녘 연기에 가려진 절에서 울리는 종소리를 형상화한 문학과 회화를 의미한다. 연사모종은 내煙끼인 사찰에서 저녁 무렵 울리는 종소리를 형상화의 대상으로 삼고 있다. 그러므로 연기에 덮여 있는 산사山寺와 눈으로는 볼 수 없는 종소리를 형용해야 했기 때문에 문인文人, 화가畵家들이 적지 않은 고민을 했을 것이다. 그런 이유로 흔히 문인들끼리 시재詩才를 겨룰 때 즐겨 사용했던 시제 가운데 하나가 바로 소상팔경瀟湘八景이었다.

그림에서 종소리를 어떻게 형상화할 것인가? 아울러 연기에 덮여 있는 산사는 어떻게 형상화할 것인가? 하는 문제는 화가들에게 큰 고민이 아닐 수 없었다. 청각적 이미지를 시각적 이미지로 변환하여 표출하기란 무척 어려웠을 것이다. 따라서 직접적 형용이 어려웠기에 다른 간접적 방식을 통해 종소리를 형용할 수밖에 없었던 관습이 마련되었으리라 추측할 수 있다.

시 작품에서는 대개의 경우 산사山寺가 존재한다는 사실은 종소리를 통해서 확인되고 있다. 산사는 연기에 가려 어딘지 확인할 수 없고 다만 종소리를 통해서 산속 어딘가에는 분명 사찰이 존재하고 있음을 알린다. 회화繪畵 작품에서는 저녁에 울리는 종소리와 함께 서둘러 돌아오는 스님을 등장시킴으로써 연기에 덮여 있는 산중 어딘가에는 산사가 자리 잡고 있으며 종소리를 방향 삼아 돌아오고 있음을 간접적으로 암시한다. 말하자면 직접 드러내 놓고 말하지 않으면서도 본의本意를 충분하게 전달하고 있는 셈이다.

연사모종煙寺暮鐘은 제목 자체가 눈에 보이지 않는, 눈으로 확인할 수 없는 대상물이다. 연사가 그렇고, 모종 역시 그렇다. 따라서 이와 같은 시제詩題나 화제畵題에서는 구체적으로 드러내는 방식이 사용될 수밖에 없다. 정지된 영상이라는 그림 어디에도 사찰寺刹을 그려서는 안 된다. 만일 구체적인 사찰의 형상을 그려 넣은 그림이라면 그만큼 화제가 요구했던 의취意趣를 효과적으로 드러낸 작품이라고 말하기 어렵다.

연사모종이라는 제목은 그 자체에서 드러나듯 구체적 모습으로 제시하기 어려운 형상이다. 작품마다 약간씩 편차가 존재하지만 거시적 관점에서 작품을 조망하면 크게 세 가지 특징적인 형상을 지적할 수 있다. 첫 번째는 연사의 형상이다. 연기에 감추어진 사찰의 형상으로 대부분의 작품에서 연기에 가려져서 보이지 않는 형상으로 처리하였다. 두 번째는 모종의 형상이다. 저녁에 울리는 종소리는 대부분 직접 형용할 수 없는 대상이기 때문에 다양한 방식으로 표출되었다. 다만 공통적인 의미를 추출해 본다면 종소리는 대개의 경우 일정한 방향성을 제시하고 있었다는 점이다.

마지막으로 세 번째는 작품 속에 형상화된 인물들의 태도이다. 거의 모든 작품에서 작중 화자나 작품 속 인물이 사찰을 향해 가는 상황이 전개되고 있었다. 그런데 화자나 작품 속 인물은 어두운 저녁 상황이거나 연기에 둘러싸인 상황이기에 오로지 종소리의 유도에 따라 험한 과정을 극복해 나가고 있음을 알 수 있다. 인물은 주로 스님이거나 화자와 같은 인물이 설정되었지만 이들을 한마디로 말하면 '구도자求道者'라고 할 만한 사람들이다. 구도자에게 구도의 과정과 방향성을 제시하는 형상이 바로 연사모종煙寺暮鐘의 형상形象이자 함의含意라고 할 수 있다.

1. **이인로**(李仁老, 1152~1220)

千回石徑白雲封　　천 구비 돌길마다 흰 구름이 덮여 있고,
巖樹蒼蒼晩色濃　　바위 숲은 새파랗게 어스름만 짙어졌네.
知有蓮坊藏翠壁　　사찰이 푸른 절벽에 숨겨 있음을 아는 것은,
好風吹落一聲鍾[1)]　　좋은 바람 불어 종소리 떨어지기 때문이네.

* 蒼蒼(창창) : 1. 빛이 새파란 모양, 2. 초목이 나서 푸릇푸릇하게 자라는 모양, 3. 하늘이 개어 맑은 모양, 4. 노쇠한 모양, 5. 어둑어둑한 모양
* 蓮坊(연방) : 사찰, 절(寺)

2. **이규보**(李奎報, 1168~1241)

山中除却水聲寒　　산 속에서 물소리 차가움을 빼버리면,
眞味尤宜寂寞間　　참된 맛은 적막한 시간이 가장 마땅하네.
我笑嵓僧多事在　　우습구나, 석굴 스님 많은 일이 있는지,
擊鍾來往自難閑[2)]　　종을 치러 오가며 절로 한가하기 어렵네.

* 除却(제각) : 제거(除去), 삭제하다. 빼버리다.
* 擊鍾(격종) : 종을 치다.

---

1) 李仁老, 『三韓詩龜鑑』 卷之中, '煙寺晩鐘'. ; 『東文選』 卷二十, 「宋迪八景圖」 '煙寺晩鐘'.
2) 李奎報, 〈東國李相國集〉 後集 卷六, 『韓國文集叢刊』 第2卷, 197쪽, 「次韻李平章仁植虔州八景詩幷序」 '煙寺暮鍾'.

3. 이규보(李奎報, 1168~1241)

* 杳漠(묘막) : 아득한 모양, 흐릿한 모양
* 奈知(내지) : 어찌 ~을 알겠는가.

西峰日落暮山寒　서쪽 봉에 해저무니 저녁 산이 싸늘하고,
響出孤烟杳漠間　외딴 연기 아득한 사이로 종소리 울리네.
一度落殘還一度　한 번 떨어져 사라지곤 다시 한 번 울려,
奈知聲亦未容閑[3]　소리도 한가로울 수 없음을 어찌 아는가.

4. 이규보(李奎報, 1168~1241)

* 天陰(천음) : 날씨가 흐리다. 하늘이 어둡다.
* 天霽(천제) : 날씨가 개다. 하늘이 맑다.
* 一樣(일양) : 한결같은 모양, 같음, 동일함, 모두다

天陰天霽與炎寒　날씨가 흐리거나 개거나 덥든지 춥든지,
一樣聲來暮樹間　저녁 수풀 사이로 한결같은 소리가 오네.
不有孤煙常作候　항상 외딴 연기만 두지 않는 날씨인지라,
也應人與此鍾閑[4]　응당 사람이 이 종과 더불어 한가하겠네.

5. 이규보(李奎報, 1168~1241)

* 漸認(점인) : 점점 ~을 알겠네. 점차 ~인 줄 알겠네.
* 擊罷(격파) : 종치기를 마치다. 종소리가 끝나다.

初聞猶混瀑流寒　처음 듣기에 폭포수와 섞여 차갑게 흐르더니,
漸認來從岳寺間　산속 깊은 사찰로부터 점점 울려옴을 알겠네.
擊罷雲閑君莫道　종소리 끝나면 구름이 한가하다 말하지는 말게,
白雲爭肯有忙閑[5]　백운이 어찌 바쁘고 한가함 있어 즐기겠는가.

---

3) 李奎報, 〈東國李相國集〉後集 卷六, 『韓國文集叢刊』 第2卷, 197쪽, 「次韻李平章仁植虔州八景詩幷序」 '煙寺暮鍾'.
4) 李奎報, 위의 책, 198쪽, 「次韻李相國復和虔州八景詩贈」 '煙寺暮鍾'.
5) 李奎報, 위의 책, 199쪽, 「相國嘗和示一首, 予每復以二首, 未知鈞鑒何如, 惶恐惶恐」 '煙寺暮鍾'.

6. 이규보(李奎報, 1168~1241)

釋子尤宜坐臘寒	스님들 한 겨울엔 좌선坐禪하기 알맞은지라,
寒天來往廱容間	추운 날씨에 내왕은 용납을 금하는 시간이네.
區區聲裡占時候	가느다란 종소리 속에서 시간을 알려주는데,
天地無心日月閑[6]	하늘과 땅 무심하고 해와 달은 한가롭네.

* 區區(구구) : 1. 작은 모양, 자잘한 모양, 2. 득의(得意)한 모양
* 時候(시후) : 때, 사철의 기후

7. 이규보(李奎報, 1168~1241)

滿山蕭瑟晩風寒	온 산에 맑은 비파 저녁 바람 차갑고,
振暢鍾聲十里間	십 리 사이에 종소리가 울려 퍼지네.
未到嵒廬吾已想	깊은 암자에 이르지 않고 생각해보니,
沙彌忙遽老僧閑[7]	사미승은 바쁘겠고 늙은 스님 한가하리.

* 蕭瑟(소슬) : 맑은 비파 소리
* 振暢(진창) : 떨치며 퍼지다. 울려 퍼지다.
* 嵒廬(암려) : 깊은 산속에 있는 암자
* 沙彌(사미) : 아직 수행이 익지 않은 작은 중

6) 李奎報, 위의 책, 200쪽, 「次韻復和李相國八景詩各一首」 '煙寺暮鍾'.
7) 李奎報, 위의 책, 201쪽, 「次韻英上人見和」 '煙寺暮鍾'.

8. **진 화**(陳澕, 1180~1215 추정)

* 마지막 행의 첫 한자(漢字) '杳'가 『梅湖遺稿』에는 '香'으로 기록되어 있고, 『匪懈堂瀟湘八景詩帖』 에는 '杳'로 되어 있다. 문맥상 '杳'가 옳은 것으로 판단된다.
* 裊裊(뇨뇨) : 간드러진 모양, 간드러진 소리가 계속해서 자꾸 들리는 모양, 바람에 나뭇잎과 가지가 나부끼는 모양
* 濛濛(몽몽) : 자욱한 모양, 가랑비가 자욱이 오는 모양, 어두운 모양

煙昏萬木栖昏鴉	저물녘 온 숲에 연기와 까마귀가 찾아들고,
遙岑不見金蓮花	먼 봉우리로는 둥근 달을 볼 수 없네.
數聲晩鍾知有寺	몇 번 울리는 저녁 종소리에 절 있는 줄 알겠고,
縹緲樓臺隔暮霞	어슴푸레한 누대는 저녁놀에 가려 있네.
淸音裊裊江村外	맑은 소리 간드러지게 강촌 너머로 울리는데,
水靜霜寒來更賒	물은 고요하고 서리 찬데 들려오는 종소리만 더욱 길어라.
行人一聽一回首	행인이 한 번 듣고 고개 한 번 돌리니,
杳靄濛濛片月斜[8]	멀리로 아지랑이 자욱한데 조각달만 비꼈네.

9. **이제현**(李齊賢, 1287~1367)

* 丹青(단청) : 1. 붉은빛과 푸른빛, 2. 채료(彩料), 3. 채색하여 그린 그림, 여기서는 그림의 의미
* 畵筆(화필) : 그림붓, 그림 그리는 붓

一幅丹靑展不封	한 폭의 그림을 펼치고서 봉하지 않으니,
數行水墨淡還濃	두어 줄의 수묵이 담박하다 다시 짙네.
不應畵筆眞能爾	그림 그리는 붓으로도 진정 그릴 수 없는 것은,
南寺鍾殘北寺鍾[9]	남사의 종소리 사라진 뒤 북사의 종소리라네.

8) 陳澕, 〈梅湖遺稿〉 卷四, 『韓國文集叢刊』 第2卷, 283쪽, 「宋迪八景圖」 '煙寺暮鍾'.
9) 李齊賢, 〈益齋亂藁〉 卷三, 『韓國文集叢刊』 第2卷, 526쪽, 「和朴石齋・尹樗軒用銀臺集瀟湘八景韻(石齋名孝修, 樗軒名奕)」 '煙寺暮鍾'.

10. 이제현(李齊賢, 1287~1367)

楚甸秋霖捲	초나라 땅에는 가을장마 걷히고,
湘岑暮靄濃	상강 봉우리엔 저물녘 안개 짙네.
一春容罷一春容	한번 고요함이 파하면 한번 고요해지고,
何許日沉鐘	어디에서 해질녘의 종이 울리나.
搖月傳空谷	달을 흔들며 빈 골짜기에 퍼져 와서,
隨風度遠峯	바람 따라 먼 산봉우리로 건너가네.
溪橋有客倚寒笻	다리 위엔 한 나그네 대지팡이 짚고 가는데,
一逕入雲松[10]	한 가닥 길이 구름 속 소나무 사이로 들어가네.

* 秋霖(추림) : 가을장마
* 春容(종용) : 침착하고 조용한 모양
* 何許(하허) : 어느 곳, 어디
* 日沉鐘(일침종) : 해 저무는 종소리

11. 승(僧) 만우 천봉(卍雨千峯, 1357~未詳)

淡煙橫絶壁	엷은 연기 절벽을 가로질렀고,
斜日照空庭	비낀 해는 빈 뜰을 비추네.
鐘響出林表	종소리 숲에서 솟아 퍼지면,
闍梨應念經[11]	큰스님 응당 경전 읊조리겠네.

* 空庭(공정) : 텅 빈 뜨락, 텅 빈 뜰
* 闍梨(사리) : '도(闍)'는 범어(梵語)로 '사'의 음역에 쓰임, 사범(師範)이 되는 승려로 큰스님

10) 李齊賢, 〈益齋亂藁〉 卷十, 위의 책, 608쪽, 「巫山一段雲 瀟湘八景」 '煙寺暮鍾'.
11) 卍雨(1357~未詳), 〈匪懈堂瀟湘八景詩帖〉, 「煙寺暮鍾」.

12. **강석덕**(姜碩德, 1395~1459)

* 漠漠(막막) : 아주 넓어 끝이 없는 모양, 펴 늘어놓은 모양, 어두운 모양
* 招提(초제) : 사찰(寺刹), 절

青煙漠漠鎖巑岏　푸른 연기는 아득히 높은 봉들을 감쌌는데,
松檜陰森路屈盤　소나무 전나무 어둑한 숲 속 길은 구불구불하네.
試問招提藏底處　시험 삼아 묻노니 절은 어느 곳에 잠기었는지,
一聲種落白雲端[12)]　한 번 울린 종소리가 흰 구름 끝에 떨어지네.

13. **최 항**(崔恒, 1409~1474)

* 依稀(의희) : 흐릿한 모양, 아득한 모양
* 鯨音(경음) : 종소리
* 剡藤(섬등) : 종이의 한 가지로 중국 섬계(剡溪) 지방에서 산출하는 등나무를 원료로 제조한다.

點點峰巒露數稜　점점의 산봉우리 두어 꼭지만을 드러내고,
暝煙分碧罩山層　어두운 연기 푸르게 갈려 산을 층층이 휘감네.
依稀飛搆樹間寺　희미하게 나는 듯 얽혀 있는 숲 속의 절에서,
杳靄孤光龕下燈　아득히 새어나는 외딴 빛은 감실 아래 등불이네.
出谷鯨音吟更殷　골짜기를 벗어난 종소리는 더욱 커지고,
連雲鳥道響遙淩　이어진 구름 새 나는 길로 종소리 멀리 울리네.
吳王未易丹青處　오왕은 그림 곳곳을 쉽게 다룰 수가 없었던지,
要遣工詩掃剡藤[13)]　빼어난 시를 보내 섬등지에 그리라고 요구하네.

---

12) 姜碩德, 『東文選』 第22卷, 「瀟湘八景圖有宋眞宗宸翰」 '煙寺暮鍾'.
13) 崔恒, 『匪解堂瀟湘八景詩帖』, 「煙寺暮鍾」.

14. **성삼문**(成三問, 1418~1456)

遠樹煙橫碧	먼 숲은 연기 푸르게 비껴 있고,
連山日下舂	연이은 산 아래로 해가 지네.
鍾鳴何處寺	종소리가 어느 절에서 울리는지,
雲外落從容[14]	구름 너머로 조용히 떨어지네.

* 連山(연산) : 연이은 산, 연달아 있는 산, 계속 이어진 산들
* 下舂(하용) : 아래로 절구질하네. 해가 떨어지는 모습을 빗댄 표현

15. **이승소**(李承召, 1422~1484)

野水村林帶落暉	들판 물과 마을 숲은 석양빛을 띠었고,
山光凝紫淡烟霏	산 빛은 자줏빛 엷은 안개 보슬비에 엉겼네.
風傳雲外鍾聲遠	바람이 구름 밖 종소리를 멀리서 전하니,
知有招提在翠微[15]	비취빛 희미함 속에 절 있음을 알겠네.

* 落暉(낙휘) : 석양빛
* 招提(초제) : 절, 사찰(寺刹)

16. 이승소(李承召, 1422~1484)

遠水依山盡	멀리 물은 산을 따라 다하고,
輕烟羃樹濃	가벼운 연기 숲을 덮어 짙네.
忽驚雷吼撼秋容	홀연 우레 소리에 놀라 가을 형상 흔들리고,
蕭寺晩來鍾	소사에는 저물녘에 종소리 들려오네.
飛響搖寒月	비상하는 울림이 차가운 달을 흔들고,

* 蕭寺(소사) : 양(梁)나라의 무제(武帝)가 사원(寺院)을 짓고 자기 성(性)을 따 소사(蕭寺)라고 부른 고사, 이후로 사원(寺院)의 범칭으로 쓰인다.
* 綠玉(녹옥) : 녹색으로 육각주상(六角柱狀)의 옥돌, 에메랄드는 이 돌의 일종

14) 成三問, 〈成謹甫集〉 卷一, 『韓國文集叢刊』 第10卷, 184쪽, 「瀟湘八景」 '煙寺暮鍾'.
15) 李承召, 〈三灘集〉 卷九, 『韓國文集叢刊』 第11卷, 461쪽, 「題畵屛」 '煙寺暮鍾'.

殘聲殷斷峰	남은 메아리는 끊긴 봉우리에 성하네.
誰携綠玉一枝笻	누가 녹옥 한 가지 지팡이를 짚고서,
去入雲間松[16]	구름 사이 소나무 아래로 들어가는가.

17. **강희맹**(姜希孟, 1424~1483)

* 鯨音(경음) : 종소리
* 役役(역력) : 일에 골몰한 모양, 심력(心力)을 수고로이 하는 모양
* 悠悠(유유) : 근심하는 모양, 아득하게 먼 모양, 끝이 없는 모양
* 孤笻(고공) : 외딴 지팡이, 지팡이 하나

樹密招提隱	수풀이 빽빽하니 절이 감추어졌고,
烟沉紫翠濃	안개에 잠겨 붉고 푸른빛이 짙어지네.
鯨音忽撼暮山容	홀연 종소리가 저문 산의 자태를 흔들고,
三十六聲鍾	서른여섯 번의 종소리 울리네.
役役悲塵世	마음도 수고롭게 속세를 슬퍼하고,
悠悠望翠峯	근심스레 푸른 봉우리만 바라보네.
偶然深省倚孤笻	우연히 지팡이 의지해 깊숙이 살펴보니,
暝色入蒼松[17]	어두운 빛이 푸른 소나무에 들어 있네.

16) 李承召, 〈三灘集〉 卷九, 위의 책, 468쪽, 「次益齋瀟湘八景詩韻巫山一段雲」 '煙寺暮鍾'.
17) 姜希孟, 〈私淑齋集〉 卷五, 『韓國文集叢刊』 第12卷, 67쪽, 「瀟湘八景」 '煙寺暮鍾'.

18. **어세겸**(魚世謙, 1430~1500)

蘭若何林隔	절은 어느 숲을 격해 있는지,
煙雲是處濃	안개구름은 이곳이 짙구나.
平生役役抗塵容	평생 동안 수고롭게 속세에서 보낸 얼굴,
羞聽道山鍾	도산에서 울리는 종소리 듣기에 부끄럽네.
迸獸潛幽壑	달아난 길짐승은 깊은 골짜기로 숨고,
驚禽失舊峯	놀란 날짐승은 옛 봉우리를 잃었구나.
晩將深省起扶笻	저물녘 깊이 살피고자 지팡이 잡고 일어서,
徙倚兩三松[18]	두세 그루 소나무 주변을 배회하네.

* '蘭若(난야)'는 범어로 사찰, 즉 절을 가리킨다.
* 徙倚(사의) : 1. 배회함, 2. 잠깐 들름, 3. 한만함.

19. **김시습**(金時習, 1435~1493)

千峯迢遞亂猿啼	천 봉우리 높고 멀어 원숭이 울음소리 어지럽고,
何處踈鍾度晩溪	어느 곳 성긴 종소리 해 저무는 계곡을 지나는가.
韻與松濤相斷續	여운과 함께 소나무 물결 서로 끊어졌다 이어지고,
聲和月彩競高低	종소리는 달빛과 어우러져 높은 자리 다투네.
靜思雲臥晨聞句	산중에 은거하여 고요히 생각하며 새벽엔 시구 듣고,
閑想愁眠夜泊題	근심하며 졸다 한가롭게 생각하고 밤되어 제목에 머무네.
情緖難堪淸坐久	난감한 것은 맑은 정신으로 오랫동안 앉아 있는 것인데,
暮天風露正凄凄[19]	저녁 하늘에는 바람과 이슬만이 참으로 처량하네.

* 迢遞(초체) : 먼 모양, 높은 모양
* 雲臥(운와) : 구름과 잠, 곧 세상을 피해 산중에 은거하는 것을 이름
* 愁眠(수면) : 근심하며 잠자다. 또 그 잠.
* 凄凄(처처) : 싸늘한 모양, 쌀쌀한 모양, 구름이 이는 모양, 눈물이 흐르는 모양

---

18) 魚世謙, 〈咸從世稿〉 卷七, 「次益齋八景」 '煙寺晩鍾'.
19) 金時習, 〈梅月堂集〉 卷六, 『韓國文集叢刊』 第13卷, 195쪽, 「煙寺暮鍾」.

20. 성종대왕(成宗, 1457~1494)

* 渺渺(묘묘) : (주로 물 따위가) 끝없이 넓어 아득하게 보이는 모습
* 飄飄(표표) : 바람이 부는 모양, 정처 없이 떠도는 모양
* 行脚(행각) : 1. 중이 여러 나라를 걸어다니면서 불도(佛道)를 수행하는 것, 2. 도보로 여러 곳을 돌아다니는 것

嵐翠千峯色	온갖 봉우리 푸른 남기 빛깔인지라,
招提第幾層	사찰은 그 속에 몇 번째 층에 있나.
樹深催晩景	수목이 깊은지라 저녁 경물 재촉하고,
山寂量寒灯	산중이 적막하니 차가운 등불 헤아리네.
渺渺踈鍾動	아득하게 울려 퍼지는 성긴 종소리가,
飄飄餘響凌	바람에 날려서는 메아리되어 돌아오네.
石梯歸意倦	돌계단으로 돌아갈 마음은 게으른지라,
行脚在烏藤[20]	스님 발걸음 새와 등나무랑 함께 있네.

21. 성종대왕(成宗, 1457~1494)

* 嵯峨(차아) : 높이 불쑥 솟아 험한 모양
* 鳧氏(부씨) : 『주례(周禮)』「동관 고공기」에 의하면 종 만드는 사람, 여기서는 종소리로 형상화됨.
* 百八聲(백팔성) : 절에서 아침·저녁으로 백팔 번씩 치는 종소리, 인간의 백팔번뇌를 깨치는 의미

嵯峨深古寺	우뚝 솟은 산 깊숙한 곳에 옛 사찰,
雲霧碧層層	구름과 안개가 층층이 푸르네.
煙影籠岩樹	연기 그림자는 바위와 수목을 에워싸고,
僧心鎖佛燈	스님 마음은 부처 가르침만 담아두네.
金鴉纔轉去	금빛 까마귀 겨우 옮겨 날아가는데,
鳧氏忽侵凌	부씨 만든 종소리 홀연 점차 지나가네.
百八聲殘後	백팔 번뇌 종소리가 사라지고 난 후,
淸風舞葛藤[21]	맑은 바람이 칡덩굴나무 춤추게 하네.

---

20) 成宗, 『列聖御製』 第九篇, 「瀟湘八景」 '煙寺暮鍾'.
21) 成宗, 위의 책, 「瀟湘八景」 '煙寺暮鍾'.

22. **정희량**(鄭希良, 1469~未詳)

古木回巖山轉深	고목은 바위를 돌고 산은 점점 깊어지니,
鳥啼不盡來暝色	새울음 다하지 못하여 어둠이 찾아오네.
穿雲越壑何處鍾	구름 뚫고 계곡 넘는 어느 곳 종소리인가,
定有高僧住空谷	틀림없이 어떤 고승 빈 계곡에 살고 있네.
縹緲樓臺隱晚霞	아득히 넓은 곳에 누대는 저녁놀에 숨어서,
雖欲往從歸路隔	따라가려 하더라도 돌아갈 길이 막혀 있네.
落日驚聞獅子吼	해 지자 사자 울음소리를 듣고는 놀랐는데,
驢背詩人首屢側[22]	나귀 등에 시인은 머리 자주 기울어지네.

* 縹緲(표묘) : 아득히 넓은 모양, 높고 먼 모양
* 晚霞(만하) : 저녁노을, 저녁놀

* 騎背詩人(기배시인) : 『北夢瑣言(북몽쇄언)』의 내용 가운데, 어떤 사람이 정경(鄭綮)에게 묻기를, "요즘 시사(詩思)가 있습니까?"라고 하자, "시사는 파교 풍설 속 나귀 등위에 있다.(詩思在灞橋風雪中驢子背上)"고 답했다. 그런 일이 있고 난 후, 나귀 등이라고 하면 나귀 등에서 눈(雪)을 맞으면서 시상(詩想)을 떠올리는 행위로 인식되었다. 시상을 떠올리는 데 가장 적당한 곳을 '파교려상(灞橋驢上)'이라 하는데 동일한 맥락이다.

23. **홍언필**(洪彦弼, 1476~1549)

濛濛晚靄罩巑岏	자욱한 가랑비에 저녁놀은 가파른 산을 덮고,
古寺昏鍾殷碧巒	옛 절 저녁 종소리 푸른 봉우리에 은은하네.
苔逕雲封僧去盡	이끼 낀 길 구름이 덮어 스님 걸음 사라지고,
淸江波定舫來安	맑은 강 물결이 잔잔하니 배들은 편히 오네.
人間羿彀吾知隘	인간세상 예의 활쏘기가 내게 막혔음을 알기에,
物外仙遊爾自寬	물외에서 신선놀음 하니 모습 절로 너그럽네.
獨立長吟搔白首	홀로 서서 길게 읊조리며 흰머리를 긁으니,
梵音搖月落蒼灣[23]	경전 읽는 소리 달 흔들고 푸른 만에 지네.

* 濛濛(몽몽) : 비나 안개 같은 것이 내려 자욱한 모양
* 晚霞(만하) : 저녁놀
* 梵音(범음) : 경(經) 읽는 소리, 범어(梵語) 문자의 음(音)
* 蒼灣(창만) : 푸른 물굽이, 푸른 만, 푸른빛을 띠고 육지로 쑥 들어온 바다의 부분

---

22) 鄭希良, 〈虛庵遺集〉 卷一, 『韓國文集叢刊』 第18卷, 13쪽, 「瀟湘八景」 '煙寺暮鍾'.
23) 洪彦弼, 〈默齋集〉 卷一, 『韓國文集叢刊』 第19卷, 216쪽, 「瀟湘八景」 '煙寺暮鍾'.

24. **이 행**(李荇, 1478~1534)

* 形聲(형성) : 형상과 소리
* 蒼然(창연) : 푸른 모양, 해질 무렵의 어두컴컴한 모양

但認寺爲鍾	절에서 종치는 것만은 알겠는데,
誰指烟是寺	누가 안개 낀 이 절을 알려주려나.
人言聲本寂	소리는 본래 고요하다고들 말하나,
我悟形無視	형상이 보이지 않음을 나는 깨달았네.
聲自空中生	소리는 절로 하늘 속에서 생겨나지만,
形非眞實地	형상은 참으로 실재하는 땅이 아니네.
形聲了未分	형상과 소리 분명하게 나눌 수 없는데,
暮色蒼然至[24]	어두컴컴한 저녁 빛이 이르네.

25. **신광한**(申光漢, 1484~1555)

* 諸天(제천) : 모든 천상계 혹은 그곳에 사는 부처
* 靈隱(영은) : 절강성 항주 서호(西湖) 가에 있는 산 이름. 고대에 허유(許由)와 갈홍(葛洪) 등이 은거한 곳이다.

日落寒山遠	해 떨어지니 차가운 산은 멀어지고,
煙叅古樹齊	고목은 자욱한 안개 속에 가지런하네.
諸天鎖斷暝鍾低	천상계 사슬 끊고 저녁 종소리 내려오니,
風引渡溪西	바람이 이끌고 시냇가 서쪽으로 건너가네.
欲遇僧歸問	돌아가는 길 묻기 위해 스님 만나려는데,
還愁客路稽	도리어 수심으로 나그네는 길에서 머무네.
只疑靈隱此間栖	다만 영은인가 의심하며 이 속에 깃들어,
獨立使人迷[25]	홀로 서니 사람으로 하여금 미혹케 하네.

---

24) 李荇, 〈容齋集〉 卷三, 『韓國文集叢刊』 第20卷, 395쪽, 「瀟湘八景」 '煙寺暮鍾'.
25) 申光漢, 〈企齋集〉 別集 卷七, 『韓國文集叢刊』 第22卷, 466쪽, 「瀟湘八詠」 '煙寺暮鍾'.

26. 소세양(蘇世讓, 1486~1562)

落日獨尋僧	해 저물어 홀로 승려를 찾지만,
林深崖谷邃	숲 깊으니 벼랑 골짝 깊숙하네.
雲外忽聞鍾	구름 너머 홀연 종소리 들리니,
雲間遙認寺	구름 속 멀리에 절 있음을 알겠네.
草露濕芒鞋	풀잎에 맺힌 이슬 짚신을 적시는데,
踏入前山翠[26]	밟아 들어가니 푸른 산 앞에 있네.

* 芒鞋(망혜) : 짚신, 본래 삼으로 만든 신발을 의미

27. 소세양(蘇世讓, 1486~1562)

隱隱一聲鍾	아득한 종소리 한결같은데,
招提在何處	절은 어느 곳에 있나.
蹇驢苔逕深	절뚝이는 나귀 이끼 낀 길 깊숙이,
暮入煙蘿去[27]	해 저물자 연기 덩굴로 들어가네.

* 蹇驢(건려) : 『北夢瑣言(북몽쇄언)』의 내용 가운데, 어떤 사람이 정경(鄭綮)에게 묻기를, "요즘 시사(詩思)가 있습니까?"라고 하자, "시사는 파교 풍설 속 나귀 등위에 있다.(詩思在灞橋風雪中驢子背上)"고 답했다. 그런 일이 있고 난 후, 나귀 등이라고 하면 나귀 등에서 눈(雪)을 맞으면서 시상(詩想)을 떠올리는 행위로 인식되었다. 시상을 떠올리는 데 가장 적당한 곳을 '파교려상(灞橋驢上)'이라 하는데 동일한 맥락이다.

* 隱隱(은은) : 1. 근심하는 모양, 2. 아득하여 분명치 않은 모양, 3. 큰 소리, 성낸 모양
* 招提(초제) : 절, 사찰(寺刹)

26) 蘇世讓, 〈陽谷集〉 卷一, 『韓國文集叢刊』 第23卷, 309쪽, 「書洪古阜春年畫屛」 '煙寺暮鍾'.
27) 蘇世讓, 〈陽谷集〉 卷十, 위의 책, 440쪽, 「瀟湘八景」 '山寺暮鍾'.

28. **정사룡**(鄭士龍, 1491~1570)

* 懸瀑(현폭) : 폭포
* 祇園(기원) : 절, 사찰(寺刹), 본래 인도 마갈타국 기타태자가 소유했던 동산, 수달장자가 이 동산을 사서 이곳에 기원정사(祇園精舍)를 세웠다고 한다.
* 上方(상방) : 산사(山寺), 사찰(寺刹)

懸瀑奔爲幾道川	폭포는 내달려 몇 길 시내가 되고,
祇園樹擁上方天	사찰에 나무들 산사 하늘 끌어안네.
何人遠趁青帘颺	어떤 사람은 펄럭이는 푸른 깃발 멀리서 좇고,
隔岸淸鐘到客船[28]	건너편 언덕 맑은 종소리 나그네 배에 이르네.

29. **조 욱**(趙昱, 1498~1557)

* 薜蘿(벽라) : 1. 덩굴이 벋는 풀, 2. 은자(隱者)의 옷, 숨어사는 이를 의미
* 出定(출정) : 스님이 선정(禪定;속정을 끊고 마음을 가라앉혀 삼매경에 이르는 일)을 마치고 나옴.

一抹青烟作暝陰	약간의 푸른 연기 어두운 그늘 만들고,
薜蘿深處客來尋	깊은 곳 은자에게 나그네가 찾아오네.
老僧出定無餘事	노승은 참선한 후 남은 일이 없었던지,
却放鐘聲度遠岑[29]	도리어 종소리 먼 봉우리 건너게 하네.

30. **황준량**(黃俊良, 1517~1563)

* 岫(수) : 1. 산에 있는 암혈(巖穴), 2. 산봉우리, 산 정상, 여기서는 산봉우리, 산 정상의 의미임.
* 雷動(뇌동) : 천둥처럼 격동(激動)함, 진동(震動)함.
* 殘夢(잔몽) : 아직 다 꾸지 않은 꿈
* 祇社(기사) : 절, 사찰(寺刹)

亂岫高還下	어지러운 산봉우리 높다 도로 낮아지고,
青烟淡又濃	푸른 연기는 담박하다 다시금 짙어지네.
幽林絶壑擁千重	그윽한 숲과 험한 계곡 천 겹으로 안겼는데,
誰報夕陽鐘	누군가 석양의 종소리를 알리는가?
雷動驚殘夢	천둥처럼 격동하니 남은 꿈 놀라고,

---

28) 鄭士龍, 〈湖陰雜稿〉 卷六, 『韓國文集叢刊』 第25卷, 189쪽, 「奉題工曹尹判書屛」 '煙寺暮鍾'.
29) 趙昱, 〈龍門集〉 卷三, 『韓國文集叢刊』 第28卷, 199쪽, 「謚之求八景之作率爾錄呈」 '煙寺暮鍾'.

風傳度遠峯　　바람이 전하니 먼 봉우리를 건너네.
尋聲祇社擬投蹤　　소리 나는 절을 찾아 삼가며 걸으니,
雲逕杳難從[30]　　구름 덮인 길 아득해 따르기 어렵네.

* 擬投蹤(의투종) : 두려워하여 삼가며 걷는다는 뜻으로 본래 발 디딜 곳을 살피면서 걷는다는 말로, '의족투적(擬足投跡)'에서 나온 말이다.

31. **이정암**(李廷馣, 1541~1600)

上方樓閣晩　　사찰 누각에선 밤늦도록,
雲外數聲鍾　　구름 너머로 종소리 자주 들리네.
山僧有底忙　　산승은 무슨 바쁜 일이 있는지,
橋畔促歸笻[31]　　다리 주변서 돌아갈 길 재촉하네.

* 上方(상방) : 사찰(寺刹), 절
* 底忙(저망) : 무슨 바쁜 일, 어떤 바쁜 일, '底(저)'는 '무슨', '어떤'의 의미로 사용됨.

32. **이수광**(李睟光, 1563~1628)

翠微僧獨去　　산등성이엔 스님 홀로 길을 가는데,
烟逕細難分　　안개 낀 길 희미해 분간하기 어렵네.
認取招提近　　절이 가깝다는 것을 알 수 있는 것은,
鐘聲出暮雲[32]　　저녁 구름에서 나오는 종소리 때문이네.

* 翠微(취미) : 산꼭대기에서 조금 내려온 곳, 파란 산기운
* 招提(초제) : 사찰(寺刹), 절

30) 黃俊良, 〈錦溪集〉 外集 卷二, 『韓國文集叢刊』 第37卷, 78쪽, 「煙寺晩鐘」.
31) 李廷馣, 〈四留齋集〉 卷一, 『韓國文集叢刊』 第51卷, 253쪽, 「題畫屛瀟湘八景」 '煙寺暮鍾'.
32) 李睟光, 〈芝峰集〉 卷一, 『韓國文集叢刊』 第66卷, 16쪽, 「煙寺晩鐘」.

33. **김봉조**(金奉祖, 1572~1630)

* 微茫(미망) : 흐릿한 모양, 모호한 모양
* 西風(서풍) : 서쪽에서 불어오는 바람, 가을바람을 의미한다.

夕照微茫古寺秋	석양빛이 흐릿한 옛 사찰은 가을이고,
小樓高入翠煙浮	작은 누대 높이 드니 푸른 연기 떠있네.
西風亦解詩人意	가을바람도 시인의 마음을 이해하고는,
時送鐘聲落晩洲[33]	이따금 종소리 보내 저녁 모래섬에 떨어지네.

34. **이홍유**(李弘有, 1588~1673)

* 崎嶇(기구) : 길이 험한 모양, 팔자가 사나움을 이르는 말
* 蕭寺(소사) : 양(梁)나라의 무제(武帝)가 사원(寺院)을 짓고 자기 성(性)을 따 소사(蕭寺)라고 부른 고사, 이후로 사원(寺院)의 범칭으로 쓰인다.
* 隆隆(융륭) : 소리가 큰 모양, 세력이 융성한 모양

烟冪蒼崖淡更濃	안개는 푸른 벼랑 덮어서 담박하다 다시 짙어지고,
崎嶇一逕入雲松	깊고 험한 오솔길은 구름 낀 소나무 숲에 들어가네.
不知何處藏蕭寺	어느 곳에 맑은 절이 감추어진 줄 모르겠는데,
風外隆隆響遠鍾[34]	바람 너머로 먼 곳의 종소리 융성하게 울리네.

35. **윤순지**(尹順之, 1591~1666)

一峯香刹肅秋煙	한 봉우리 고운 사찰 가을 연기 엄숙하고,
彼岸昏鍾到水邊	저편 언덕 저녁 종소리 물가에 이르네.
祇樹雨沉聲欲重	마침 나무들 비에 젖어 소리도 무거워지는 듯,

---

33) 金奉祖, 〈鶴湖集〉 卷一, 『韓國文集叢刊』 第80卷, 22쪽, 「鄭慶輔榮邦江舍八景」 '煙寺暮鐘'.
34) 李弘有, 〈遯軒集〉 卷三, 「題瀟湘八景畵屛, 又寫八詠」 '烟寺曉鐘'.

闍梨飯輟響隨傳　스님 식사 멈추고 종소리 따라 전하네.
心消長樂初聞句　처음 들은 글귀에 마음의 오랜 쾌락 사라지고,
愁起楓橋夜泊船　수심 이는 풍교에선 밤되자 배가 정박하네.
煩惱衆生無印可　번뇌 많은 중생에겐 허락됨이 없었기에,
欲尋雲衲學安禪[35)]　어디서 참선 배우려 숨은 고승 찾고자.

* 闍梨(사리) : 승려(僧侶)의 칭호, 사범(師範)이 되는 승려
* 雲衲(운납) : 숨어 사는 고승(高僧)

* 楓橋夜泊(풍교야박) : 당나라 시인 장계(張繼)의 유명한 시제(詩題)이다. 작품의 전문(全文)은 "月落烏啼霜滿天/江楓漁火對愁眠/姑蘇城外寒山寺/夜半鐘聲到客船."

36. 정두경(鄭斗卿, 1597~1673)

山寺烟深落日曛　산사에 안개 깊고 지는 해가 황혼녘에,
上方迢遞隔塵氣　사찰은 멀리로 속세 기운 격해 있네.
沙邊水鳥驚飛去　모래가 물새는 놀라서 날아가는데,
時有鐘聲出自雲[36)]　때마침 종소리가 구름 속에서 울리네.

* 上方(상방) : 산 위의 절, 사찰(寺刹)
* 迢遞(초체) : 먼 모양, 높은 모양

35) 尹順之, 〈涬溟齋詩集〉 卷一, 『韓國文集叢刊』 第94卷, 539쪽, 「瀟湘八景復選四首月課」.
36) 鄭斗卿, 〈東溟集〉 卷二, 『韓國文集叢刊』 第100卷, 409쪽, 「題瀟湘八景圖」 '煙寺暮鐘'. 이 작품은 洪滄浪, 〈瀟湘八景詩歌抄〉 31쪽에도 수록되어 있다. 〈瀟湘八景詩歌抄〉는 우리나라의 문헌이 아니라 일본에서 1688년에 간행된 책이다. 이 책에는 일본인들이 노래한 소상팔경 한시와 그림이 함께 수록되어 있다. 우리나라 사람으로는 유일하게 홍창랑(洪滄浪)이라는 이름으로 8수가 실려 있다. 여기서 '홍창랑'은 홍세태를 의미한다. 그러나 이 작품들은 모두 정두경(鄭斗卿, 1597~1673)의 〈동명집(東溟集)〉에 실려 있는 작품과 동일하다. 여러 정황으로 미루어 보건대, 홍세태(洪世泰, 1653~1725)가 정두경에 비해 56년 뒤에 태어났다는 점, 또 다른 기록으로 보아 홍세태가 일본에 갔던 것은 사실이다. 일본 문인들과 '소상팔경'을 소재로 창작하는 과정에서 정두경의 작품을 그대로 노래했던 것이 일본에서 제작된 〈瀟湘八景詩歌抄〉라는 책에 수록된 것으로 보인다.

37. **김홍욱**(金弘郁, 1602~1654)

* 依微(의미) : 희미하고 먼 모양
* 葱蒨(총천) : 푸른 덤불, 푸르게 우거진 덤불
* 莊生(장생) : 장자를 일컫는다. '주(周)'는 장자의 본명이다.
* 夢中夢(몽중몽) : 호접지몽(胡蝶之夢)을 말한다. 물아(物我)의 구별을 잊음을 비유하여 이르는 말로, 장자(莊子)가 꿈에 나비가 되어 즐기는데, 나비가 장자인지 장자가 나비인지 분간하지 못했다는 고사에서 온 말이다. 줄여서 '호접몽(胡蝶夢)'이라고도 한다.

紫翠巖巒雲錦展	울긋불긋 가파른 산엔 구름 비단 펼쳐 있고,
溪橋日落無人見	시냇가 다리에는 해 지니 사람 보이지 않네.
何處有寺鍾聲來	어느 곳에 절이 있어 종소리 들려오는가,
烟樹依微鬱葱蒨	내 끼인 나무 희미하고 푸른 덤불 울창하네.
令人深省塵想空	사람들에게 속세 생각 헛됨을 깊이 성찰케 하니,
始覺莊生夢中夢	장주가 꿈속에서 꿈꾸었음을 비로소 깨닫겠네.
老僧忙歸石路險	늙은 중은 험한 돌길을 조급하게 돌아가는데,
山月林風爲相送[37]	산속 달과 숲 속 바람이 서로 전송하게 하네.

38. **구 음**(具崟, 1614~1683)

* 暮靄(모애) : 저녁에 끼는 안개
* 上方(상방) : 산 위의 절, 사찰(寺刹)
* 留約(유약) : 뒷일을 미리 약속함.
* 春容(종용) : 침착하고 조용한 모양

楚峀湘岑暮靄濃	초나라 산굴과 상강 봉우리 저녁 안개 짙고,
上方何處日沉鍾	사찰 어느 곳에 해 저무는 종소리 울리는가.
正憐搖月傳空谷	달을 흔들며 빈 골짜기에 전하니 진정 가엾고
更愛隨風度遠峯	바람 따라 먼 봉우리 건너니 더욱 사랑스럽네.
楓岸餘音時斷續	단풍나무 언덕에 메아리가 이따금 끊겼다가 이어지고,
竹林留約久春容	대숲에 머무르며 오래도록 은은하고 조용함을 약속하네.
此間最是堪摹處	이 가운데에 가장 베낄 만한 곳의 풍경이 되는 것은,

37) 金弘郁, 〈鶴洲全集〉 卷四, 『韓國文集叢刊』 第102卷, 37쪽, 「次權進士昱瀟湘八景八首」 '煙寺晚鐘'.

沙逕歸僧伴一筇[38] 좁은 모랫길 돌아오는 스님 지팡이 하나와 짝한 모습이네.

39. 윤 추(尹推, 1632~1707)

江上高山出數峯 강변에 높은 산들 몇 봉우리 솟아 있고,
浮煙籠裏翠成重 뜬 안개 울타리 속에 비취빛 겹겹이네.
林間知有藏孤刹 수풀 속에 외딴 사찰 감춰진 것 알겠고,
雲際遙聞落暮鍾 구름 끝 멀리로 떨어지는 저녁 종소리 들리네.
聲欲大時方隱隱 종소리는 욕심이 크고자 지금도 큰소리로 들리고,
響當終處卻鼕鼕 울림이 정작 끝나야 할 곳에서 오히려 둥둥 울리네.
騷人聽此增清興 시인은 종소리 듣고 맑은 홍취 더해지니,
朝日應須理短筇[39] 응당 짧은 지팡이로 아침 해를 다스리겠네.

* 時方(시방) : 지금, 금시(今時)
* 隱隱(은은) : 1. 근심하는 모양, 슬퍼하는 모양, 2. 많고 성(盛)한 모양, 3. 아득한 모양, 분명하지 아니한 모양, 4. 큰 소리, 성낸 모양
* 鼕鼕(동동) : 북소리의 형용
* 清興(청홍) : 고상한 홍취, 속진을 떠난 정취(情趣)

38) 具崟, 〈明谷先生文集〉 卷二, 「瀟湘八景」 '煙寺暮鍾'.
39) 尹推, 〈農隱遺稿〉 卷一, 『韓國文集叢刊』 第143卷, 197쪽, 「瀟湘八景代洪陽從兄月課作」 '煙寺暮鍾'.

40. **김만기**(金萬基, 1633~1687)

* 西舂(서용) : 해가 서쪽으로 지는 모양
* 絶壑(절학) : 깊고 험한 골짝, 험준한 구렁
* 蕭寺(소사) : 양(梁)나라의 무제(武帝)가 사원(寺院)을 짓고 자기 성(性)을 따 소사라고 부른 고사, 이후로 사원의 범칭으로 쓰인다.

行行石逕日西舂　가도 가도 돌길인데 해는 서쪽으로 넘어가고,
度密穿青杳幾重　빽빽함 건너 푸름 뚫어도 어둠이 몇 겹인가.
剩看晩烟藏勝界　또 바라보니 저녁 안개가 빼어난 경치 감췄기에,
遙尋蕭寺賴疎鐘　멀리서 성긴 종소리에 의지해 소사를 찾네.
時聞絶壑流清響　끊어진 골짜기로 흐르는 맑은 소리 이따금 들리니,
應爲遊人引短笻　마땅히 나그네가 되어서는 짧은 지팡이를 당기네.
却似桃花浮水出　그런데 복사꽃이 물 위로 둥둥 떠다니는 듯하니,
武陵寧得秘仙蹤[40]　숨은 신선의 자취를 어찌 무릉도원에서 얻겠는가.

41. **홍세태**(洪世泰, 1653~1725)

* 上方(상방) : 산 위의 절, 사찰(寺刹)
* 迢遞(초체) : 먼 모양, 높은 모양

山寺烟深落日曛　산사의 안개 깊고 황혼은 내려앉아,
上方迢遞隔塵氣　산사 멀리로 속세 기운 격해 있네.
沙邊水鳥驚飛去　모래 가 물새는 놀라서 날아가는데,
時有鐘聲出自雲[41]　때마침 종소리가 구름 속에서 울리네.

---

40) 金萬基, 〈瑞石集〉 卷一, 『韓國文集叢刊』 第144卷, 370쪽, 「瀟湘八景」 '煙寺晩鐘'.
41) 洪滄浪, 〈瀟湘八景詩歌抄〉, 31쪽, 「瀟湘八景」 '遠寺晩鐘', 자세한 설명은 각주 36번 참고.

42. **권두경**(權斗經, 1654~1725)

何處木魚聲	어느 곳에 목어 소리인지,
黃昏度空翠	황혼에 푸른 하늘 건너네.
試看過橋僧	다리를 지나는 스님 보니,
知有烟中寺[42]	연기 속 절 있음을 알겠네.

* 木魚(목어) : 1. 불사(佛事)때, 두드려 소리를 내는 기구. 나무로 만든 일 미터 가량의 잉어 모양으로, 속이 비어 있다. 달리, 어고(魚鼓). 어판(魚板) 등으로 부름. 2. '목탁(木鐸)'을 달리 이르는 말

43. **숙종대왕**(肅宗, 1661~1720)

落日攀藤上碧峯	지는 해 더위잡고 푸른 봉에 오르니,
山門時聽度曉鐘	때마침 새벽 종소리 산문을 건너네.
長廊夜靜僧歸院	긴 회랑 밤은 고요하고 스님은 담장 돌아가서는,
無事閑吟獨看松[43]	일없어 한가롭게 읊조리며 홀로 소나무 바라보네.

* 山門(산문) : 절에 들어가는 문, 절의 누문(樓門), 사찰(寺刹), 절
* 歸院(귀원) : 담장을 돌아가다.

44. **이광정**(李光庭, 1674~1756)

蒼蒼暮江壁	강가 절벽은 저물어 짙푸르고,
隱隱聞踈鍾	성긴 종소리 은은하게 들리네.
借問過橋者	다리 지나는 이에게 물어보니,
禪家深幾重[44]	참선하는 집이 몇 겹이나 깊다네.

* 借問(차문) : 물어봄, 감히 물어봄, 시험 삼아 물어봄.
* 禪家(선가) : 참선하는 중(僧), 참선하는 집
* 幾重(기중) : 몇 겹

42) 權斗經, 〈蒼雪齋集〉 卷七, 『韓國文集叢刊』 第169卷, 126쪽, 「述姪請賦瀟湘八景」 '煙寺暮鍾'.
43) 肅宗, 『列聖御製』 第十七篇, 「瀟湘八景」 '煙寺晩鐘'.
44) 李光庭, 〈訥隱集〉 卷三, 『韓國文集叢刊』 第187卷, 185쪽, 「瀟湘八景題雙碧堂小屛」 '煙寺暮鍾'.

45. **권상일**(權相一, 1679~1759)

* 琳宮(임궁) : 사찰(寺刹), 절(寺)
* 漠漠(막막) : 아주 넓어 끝이 없는 모양, 펴 늘어놓은 모양, 어두운 모양
* 齋鍾(재종) : 불전(佛前)에 재반(齋飯)을 바치는 '재공(齋供)'시에 울리는 종소리

一抹煙橫三兩層	일말의 안개가 비껴 두 세 층을 이루고,
琳宮漠漠不分僧	사찰은 아득하니 스님을 분별할 수 없네.
齋鍾日暮來何處	해질녘 재공 종소리는 어디에서 들려오는지,
聲在蒼松與綠藤[45]	종소리는 푸른 소나무 초록 등나무와 함께 있네.

46. **권 만**(權萬, 1688~未詳)

* 孤舟(고주) : 외로이 떠 있는 배
* 鍾鳴(종명) : 때를 알리는 종이 울림.

孤舟江浦夕	강나루 저녁에 배 한 척만 외롭고,
一秣暝烟横	일말의 어둑한 안개만 비끼었구나.
鍾鳴何處寺	종소리 울리니 어느 곳에 절 있는지,
風外兩三聲[46]	바람 너머로 두서너 번 울리는구나.

47. **정종로**(鄭宗魯, 1738~1816)

* 縹緲(표묘): 높고 먼 모양
* 慣聽(관청) : 익숙하게 듣다. 습관적으로 듣다.

縹緲禪庵俯絶巓	높고 먼 참선 암자 험준한 산 정상에 숨었고,
夕鐘寒響落疎煙	저녁 종 차가운 음향에 성긴 연기 떨어지네.
白鷗慣聽無驚意	흰 갈매기는 익숙하게 들은지라 놀라는 마음 없고,
閒泛滄波滿船前[47]	한가로이 넘실대는 푸른 물결 뱃전에 가득하네.

---

45) 權相一, 〈淸臺集〉 卷三, 「瀟湘八景, 八景幷四鶴, 作十二帖寢屛」 '煙寺暮鐘'.
46) 權萬, 〈江左集〉 卷一, 『韓國文集叢刊』 第209卷, 71쪽, 「瀟湘八景」 '煙寺暮鍾'.
47) 鄭宗魯, 〈立齋集〉 卷六, 『韓國文集叢刊』 第253卷, 120쪽, 「瀟湘八景次皓隣韻」 '煙寺暮鍾'.

48. **정조대왕**(正祖, 1752~1800)

諸天遙指最高岑	온 하늘이 멀리 가장 높은 봉우리 가리키고,
數點浦烟銷梵林	여러 점 포구 연기에 절 숲이 사라졌네.
石逕歸僧何處向	돌길로 돌아가는 스님은 어느 곳을 향하는지,
斜陽飛錫趁鐘音[48)]	비낀 석양에 지팡이 날리며 종소리 따라붙네.

* 諸天(제천) : 모든 천상계 또는 그 곳에 사는 부처
* 飛錫(비석) : 석장(錫杖)을 날린다는 뜻으로 중이 각지를 돌아다니는 일

49. **박영원**(朴永元, 1791~1854)

畫出東南霽後峰	그림 속 비 갠 후의 동남쪽 봉우리에는,
白雲高寺動寒鍾	높은 절 흰 구름에 차가운 종소리만 요동치네.
風濤萬壑聲相應	바람이야 물결이야 골짝마다 소리 서로 응하니,
畫是山僧手種松[49)]	이는 산속 스님이 손수 소나무 심는 그림일세.

* 風濤(풍도) : 바람과 물결, 바람 불고 물결이 일어남, 세상살이의 어려움에 비유됨.

50. **송래희**(宋來熙, 1791~1867)

雲樹烟波隔渺冥	높은 나무에 안개 물결이 아득하여 어둡고,
望中勝界數峰青	승경 속 바라보니 몇 개의 봉우리 푸르네.
疎鍾斷續流清響	성긴 종소리 끊겼다 이어지며 맑은 울림 흐르니,
恰似楓橋半夜聽[50)]	흡사 풍교에서 한밤중에 종소리 듣는 듯하네.

* 雲樹(운수) : 구름이 걸릴 만한 높은 나무
* 楓橋(풍교) : 당나라 장계의 시 '풍교야박(楓橋夜泊)'의 시상을 떠올리고 있다. 작품의 전문(全文)은, "月落烏啼霜滿天/江楓漁火對愁眠/姑蘇城外寒山寺/夜半鐘聲到客船."

---

48) 正朝大王, 〈弘齋全書〉 卷二, 『韓國文集叢刊』 第262卷, 33쪽, 「瀟湘八景 癸巳」 '煙寺暮鐘'.
49) 朴永元, 〈梧墅集〉 冊五, 『韓國文集叢刊』 第302卷, 318쪽, 「瀟湘八景」 '煙寺晩鐘'.
50) 宋來熙, 〈錦谷集〉 卷一, 『韓國文集叢刊』 第303卷, 107쪽, 「瀟湘八景 八首」 '煙寺暮鐘'.

51. **이익신**(李翊臣, 未詳)

* 岧嶢(초요) : 산이 높은 모양
* 第幾岑(제기잠) : 차례로 몇 번째 봉우리

洞府煙沉石逕陰　골짝 마을 안개에 잠겨 돌길도 음산한데,
夕陽山寺客難尋　석양에 산사는 나그네가 찾기 어렵네.
風前隱隱鍾聲落　바람 앞엔 은은한 종소리가 떨어지는데,
僧在岧嶢第幾岑[51] 스님은 높은 산 가운데 몇 번째 봉우리에 계시나.

52. **김시락**(金時洛, 1857~1896)

* 蕭寺(소사) : 양(梁)나라의 무제(武帝)가 사원(寺院)을 짓고 자기 성(性)을 따 소사라고 부른 고사, 이후로 사원의 범칭으로 쓰인다.
* 誤著(오저) : 잘못 그리다.

蕭寺風流一法鍾　소사 풍류는 한결같은 불법의 종소리인데,
亂雲堆裏有誰捲　어지러운 구름 쌓인 속에서 누가 애쓰고 있는지.
有捲不可分明聞　애를 쓰고 있지만 분명하게 들을 수가 없었던지,
誤著遊人選勝筇[52] 나그네가 좋은 지팡이 고른 것은 잘못 드러냈네.

* 정두경과 홍세태의 작품은 동일한 것으로 확인되었다. 따라서 총 51수로 정리된다.

---

51) 李翊臣, 〈昭代風謠〉, 「煙寺暮鍾」.
52) 金時洛, 〈莊庵集〉 卷一, 「家有古藏瀟湘畫八帖, 家兄逐景題詠, 伏次其韻」'煙寺暮鍾'.

세계의 횡포에 휘둘린 자아 위로

소상야우

소상야우瀟湘夜雨는 한시가 63수이고, 시조가 26수 그리고 무가巫歌, 판소리, 판소리계 소설, 가사 등 다양한 갈래에서 두루 형상화되고 있음이 확인된다. 소상팔경瀟湘八景 가운데 가장 작품 수가 많은 시제詩題이자 화제畵題이다. 작품 분량에서만 커다란 비중을 차지하는 것이 아니라 소상팔경 가운데 가장 핵심이 되는 시제이자 화제가 된다. '소상瀟湘'으로 설정된 공간에 '밤비夜雨'가 내린다. 이 '소상'이라는 공간은 다른 일반적인 공간과 달리 엄청난 서사敍事를 지닌 공간이다. 그렇기 때문에 그곳에 내리고 있는 밤비 또한 예사롭지 않게 느껴지는 것이다. 앞서도 살펴보았듯이 그곳은 순임금이 최후를 맞이한 곳인 동시에 그의 두 아내였던 아황과 여영이 스스로 목숨을 끊은 공간이다. 또한 굴원屈原이 스스로 목숨을 끊음으로써 자신의 충정을 드러내고자 했던 공간이었다. 게다가 시성詩聖이라 일컬어지던 두보杜甫가 배 위에서 세상을 떠난 공간이기도 했다. 그런가 하면 시선詩仙 이백은 소상팔경의 하나였던 동정호洞庭湖 악양루에 올라 시흥詩興을 펼친 공간으로도 유명하다.

순임금과 아황 그리고 여영, 굴원 등의 인물이 소상야우瀟湘夜雨의 주된 형상화 대상이었다. 이들의 삶이 지니고 있는 서사적 특성은 지극히 평범하지 않다. 이 가운데 아황과 여영, 그리고 굴원은 모두 소상강瀟湘江에 몸을 던져 자결自決함으로써 스스로의 진심을 표현했다. 하지만 순임금의 경우는 상황을 조금 다르게 볼 수 있다. 순임금의 죽음에 대해서는 명확한 언급이 없다. 그저 유향의 『열녀전烈女傳』에서는 "순임금이 천하를 잘 다스리다가 지방을 순찰하는 도중에 창오蒼梧에서 세상을 떠났다."라고 기록했고, 사마천의 『사기史記』에서는 "순은 스무 살 때 효자孝子로 명성이 자자하였고, 서른 살에는 요임금에게 등용되었으며, 쉰 살에는 천자의 일을 대행하였다. 그의 나이 쉰여덟 살 때 요임금이 붕어하자, 예순 한 살에 요임금을 이어서 제위에 올랐다. 순임금은 제위를 이어받은 지 39년 만에 남쪽을 순수하다가 창오의 들에서 붕어崩御하였다. 그를 강남의 구의산九疑山에 장사葬事 지냈으니, 이곳이 바로 영릉零陵이다."고 기록하고 있다. 따라서 사마천의 기록대로라면 100세 가량에 죽은 셈이 된다. 그렇다면 노환老患으로 숨을 거두었을 리도 있다. 그럴 가능성이 높지만 그렇다고 노환으로 죽었다는 기록은 어디에도 보이지 않는다. 이에 대해 정재서 교수는 "후세의 유학자들에 따르면 요堯에서 순舜, 다시 순에서 우禹는 선양禪讓이라는 양보의 방식으로 덕 있는 사람에게 왕권이 전해졌다고 한다. 하지만 우리는 이 비극적인 이야기에서 혹시 순과 우 사이에 존재했던, 선양과는 거리가 먼 피비린내 나는 폭력의 냄새를 맡고 있는 건 아닐까. 유학자들이 자신들의 이데올로기를 위하여 그토록 이상화했음에도 미처 은폐하지 못했던 폭력의 냄새를*" 이라고 서술했다. 또한 우리 민족 자생 종교의 경전 가운데는 순이

요 임금의 맏아들인 단주丹朱에게 살해당한 것으로 기술되어 있음이 확인된다. 어쨌거나 순임금의 죽음도 남순南巡의 과정이었음은 분명하다. 그렇다면 그 죽음 역시 병환病患 등으로 사전에 예견되었던 죽음이 아니었던 것만은 분명하다. 만일 병환이나 노환老患으로 숨을 거둔 것이라면 당시의 상황에서 그 고령에 남순까지 감행하였을까 하는 의문이 든다.

하여튼 순임금과 아황, 여영 그리고 굴원 등은 소상강瀟湘江에서 안타깝게 숨을 거두었다는 공통점을 지닌다. 그리고 이들을 바라보는 문인들의 시선에는 안타까움과 연민 그리고 슬픔과 처절함이 짙게 베어 있음을 확인할 수 있었다. 소상야우瀟湘夜雨라는 제목의 작품을 창작하고 향유했던 많은 문인들의 의식 속에서는 순임금과 아황·여영 그리고 굴원 등의 죽음이 그야말로 한 개인에 맞서는 세계의 엄청난 횡포이자 시련으로 인식되었을 것이다. 그리고 그와 같은 세계의 횡포에 휘둘린 자아의 비극적 결말로 인식되기에 충분했다. 그렇기 때문에 문인들은 끊임없이 소상강 밤에 비가 내리는 형상을 반복해서 재현하며 사납게 내리는 비나 보슬비나 모두 순임금의 눈물이거나 아황과 여영의 한 맺힌 피눈물이거나 굴원의 억울함을 위로하는 눈물이라고 형상화하고 있었다. 말하자면 순임금, 아황, 여영, 굴원 등은 세계의 횡포에 휘둘린 개인적 자아이며, 이들을 위로하고 위무하기 위한 측면에서 끊임없이 반복적으로 작품이 창작되고 향유되었던 셈이다. 물론 그러한 현상이 나타난 이면에는 한 시대의 윤리적 이데올로기가 지닐 수밖에 없었던 측면도 배제할 수는 없다.

그러나 그러한 시각은 공시적 결과에만 한정하여 정당성과 합리

* 정재서, 『이야기 동양신화』, 황금부엉이, 2005, 272쪽 참고.

성을 인정받을 수 있을 뿐이다. 불변하는 가치와 체계를 기준으로 볼 때 그들은 세계의 횡포에 휘둘린 자아에 해당한다. 그리고 그들을 위로하고 있음이 소상야우라는 시제詩題 내지 화제畵題가 지니고 있는 함의含意가 될 것이다. 소상야우의 형상과 함의를 한마디로 정의하자면 소상강이라는 공간에 밤새도록 내리는 비의 형상을 다루고 있었고, 세계의 횡포에 휘둘린 자아를 위로하고 위무慰撫한다는 함의를 지니고 있었던 것으로 정리할 수 있다.

1. **이인로**(李仁老, 1152~1220)

一帶滄波兩岸秋	푸른 물결 일대에 양 언덕은 가을이고,
風吹細雨洒歸舟	바람 불어 가랑비가 돌아가는 배에 흩뿌리네.
夜來泊近江邊竹	밤이 되어 강변 대숲 가까이 배를 대었더니,
葉葉寒聲摠是愁[1)	잎사귀마다 차가운 소리 모두가 수심이네.

* 細雨(세우) : 가는 비, 가랑비
* 葉葉(엽엽) : 잎사귀마다, 잎마다

2. **이규보**(李奎報, 1168~1241)

日落江寒水暝天	해가 지니 강이 차고 물빛 어둔 하늘에,
夜來微雨更凄然	밤이 되니 이슬비가 더욱 쓸쓸하네.
二妃往事君何詰	두 왕비 지난 옛 일 그대 어찌 묻는가,
洒竹聲中正好眠[2)	대나무 흩뿌리는 빗소리 속에서 진정 잘도 자네.

* 微雨(미우) : 이슬비, 가랑비
* 凄然(처연) : 쓸쓸한 모양, 써늘한 모양
* 二妃(이비) : 아황과 여영, 순임금의 두 아내, 남편이 죽자 소상강에 투신하여 숨을 거둠.

---

1) 李仁老, 『三韓詩龜鑑』 卷之中, '瀟湘夜雨', 『東文選』 卷二十, 「宋迪八景圖」 '瀟湘夜雨'.
2) 李奎報, 〈東國李相國集〉 後集 卷六, 『韓國文集叢刊』 第2卷, 196쪽, 「次韻李平章仁植虔州八景詩幷序」 '瀟湘夜雨', 公詩云(공의 시에서 언급했다.)

3. 이규보(李奎報, 1168~1241)

* 漠漠(막막) : 아주 넓어 끝이 없는 모양, 펴 늘어놓은 모양, 흩어져 퍼지는 모양
* 茫茫(망망) : 넓고 멀어 아득한 모양
* 被酒(피주) : 술을 많이 마심, 크게 취함.
* 篙工(고공) : 뱃사공

漠漠茫茫夜雨天	아득하고 막막한 하늘 밤비만 내리고,
巫娥廟在益依然	아황의 사당은 더욱 의연하게 있네.
蕭騷聲裡能無感	쓸쓸한 소리 속에서 무감각할 수 있기에,
被酒篙工取次眠[3]	술에 취한 사공들만 차례대로 졸고 있네.

4. 이규보(李奎報, 1168~1241)

* 狎水(압수) : 물에 익숙하다.
* 未眠(미면) : 잠들지 못하다.

半夜雷潮已殷天	한밤중 우레 같은 조수 소리 하늘에 은은하고,
雨聲相助大琅然	빗소리 서로 도우니 큰 옥구슬 소리인 듯하네.
灘波漲起孤舟帆	여울 물결 불어나고 외딴 배 돛대가 일어서니,
狎水篙工尚未眠[4]	물에 익숙했던 사공조차 아직 잠들지 못하네.

5. 이규보(李奎報, 1168~1241)

* 蕭蕭(소소) : 바람 부는 소리, 나뭇잎 떨어지는 소리, 쓸쓸한 모양
* 寂然(적연) : 쓸쓸하고 고요한 모양
* 無賴(무뢰) : 믿을 수 없음, 교활하고 거짓이 많음.
* 醉中眼(취중안) : 술에 취한 눈

洒來幸是夜深天	내리쏟는 비 다행히 밤 깊은 하늘에 내리니,
臥聽蕭蕭尚寂然	누워서 쓸쓸한 빗소리 듣자니 오히려 적막하네.
無賴江邊班竹在	강변에 반죽 있음을 믿을 수가 없었는데,
遽能驚我醉中眼[5]	갑자기 술에 취한 내 눈을 놀라게 하네.

---

3) 李奎報, 〈東國李相國集〉 後集 卷六, 『韓國文集叢刊』 第2卷, 197쪽, 「次韻李平章仁植虔州八景詩幷序」 '瀟湘夜雨'.

4) 李奎報, 위의 책, 198쪽, 「次韻李相國復和虔州八景詩贈」 '瀟湘夜雨'.

5) 李奎報, 위의 책, 198쪽, 「相國嘗和示一首, 予每復以二首, 未知鈞鑒何如, 惶恐惶恐」 '瀟湘夜雨'.

6. 이규보(李奎報, 1168~1241)

九疑山暗雨中天	구의산 밤비 내리는 가운데 하늘을
有意何人不慘然	생각 있는 사람이라면 누군들 슬퍼하지 않겠나.
半夜人呼船閣漏	한밤중에 사람들 배에 물이 샌다고 소리치니,
篙工執戽略難眠[6]	사공은 두레박 잡고 수습하느라 잠들기 어렵겠네.

* 九疑山(구의산) : 순임금이 죽어서 묻힌 산
* 暗雨(암우) : 밤비, 어둠 속에서 내리는 비
* 慘然(참연) : 몹시 슬퍼하는 모양
* 篙工(고공) : 뱃사공, 사공

7. 이규보(李奎報, 1168~1241)

零陵江上雨連天	영릉의 강변에 장맛비가 계속되니,
寄船遊人思悄然	정박해 있는 나그네 마음 슬퍼지네.
夜久吹燈猶獨坐	밤 깊도록 등불 불며 홀로 앉았는데,
長年三老已酣眠[7]	장년 삼로는 벌써 깊은 잠들었네.

* 零陵(영릉) : 동정호 남쪽 소상강 유역의 지명(地名)
* 夜久(야구) : 밤 깊도록, 밤이 깊다.

---

6) 李奎報, 위의 책, 200쪽, 「次韻復和李相國八景詩各一首」 '瀟湘夜雨'.
7) 李奎報, 위의 책, 201쪽, 「次韻英上人見和」 '瀟湘夜雨'.

8. **진 화**(陳澕, 1180~1215 추정)

* 森森(삼삼) : 1. 높이 솟은 모양, 2. 수목이 빽빽하게 들어서 무성한 모양
* 蕭瑟(소슬) : 가을바람이 쓸쓸하게 부는 모양
* 翩翩(편편) : 빨리 날아가는 모양, 훌쩍 나는 모양, 왕래하는 모양, 여기서는 물방울 굴러가는 모양
* 蓬窓(봉창) : 쑥대를 걸어놓은 배의 창문
* 緊風(긴풍) : 급하게 부는 바람, 돌개바람, 구풍(颶風)

江村入夜秋陰重	강촌에 밤이 들어 가을 음기 겹쳐 있고,
小店漁燈光欲凍	작은 주막과 고깃배의 등불 빛이 얼려 하네.
森森雨脚跨平湖	주룩주룩 빗발이 편편한 호수에 걸쳐 있고,
萬點波濤欲飛迸	만 점 출렁이는 물결이 날아가려는 듯하네.
竹枝蕭瑟濾明珠	댓가지 소슬하게 밝은 구슬 거르고,
荷葉翩翩走圓汞	연잎에 대굴대굴 둥근 수은 달리네.
孤舟徹曉掩蓬窓	밤새도록 외딴 배는 봉창을 가렸어도,
緊風吹斷天涯夢[8]	돌개바람 불어 하늘 끝 머무는 꿈 끊어버리네.

9. **이제현**(李齊賢, 1287~1367)

* 水國(수국) : 지소(池沼)나 하천(河川) 등이 많은 땅, 어촌(漁村)
* 楚客(초객) : 소상강으로 유배되어 온 초나라의 굴원(屈原)을 의미한다.
* 三更(삼경) : 깊은 밤, 밤 11시에서 1시
* 湘妃(상비) : 아황과 여영

楓葉蘆花水國秋	단풍잎과 갈대꽃에 어촌은 가을이고,
一江風雨洒扁舟	온 강에 비바람만 조각배에 흩뿌리네.
驚廻楚客三更夢	초객을 놀라게 만든 깊은 밤 꿈,
分與湘妃萬古愁[9]	상비의 만고 시름 함께 나누네.

8) 陳澕,〈梅湖遺稿〉 卷四, 『韓國文集叢刊』第2卷, 283쪽,「宋迪八景圖」'瀟湘夜雨'.
9) 李齊賢,〈益齋亂藁〉 卷三,『韓國文集叢刊』第2卷, 525쪽,「和朴石齋・尹樗軒用銀臺集瀟湘八景韻(石齋名孝修, 樗軒名奕)」'瀟湘夜雨'.

10. 이제현(李齊賢, 1287~1367)

潮落蒹葭浦	조수가 빠지니 갈대숲 포구이고,
烟沉橘柚洲	귤주와 유주는 안개에 잠겨 있네.
黃陵祠下雨聲秋	황릉사 아래로 빗소리 가을이고,
無限古今愁	고금에 수심만은 한이 없구나.
漠漠迷漁火	멀리 아득하게 고깃배 불빛 어지럽고,
蕭蕭滯客舟	쓸쓸한 나그네 배 머물러 있네.
箇中誰與共淸幽	개중에 뉘와 함께 맑은 운치 즐길까,
唯有一沙鷗[10]	한결같은 모래밭엔 갈매기만 있네.

* 蒹葭(겸가) : 갈대
* 橘柚洲(귤유주) : 귤주(橘洲)와 유주(柚洲)의 두 모래섬, 소상강 가운데 있는 섬
* 黃陵祠(황릉사) : 아황과 여영의 사당
* 漠漠(막막) : 아주 넓어 끝이 없는 모양, 펴 늘어놓은 모양, 어두운 모양
* 漁火(어화) : 고깃배 불빛
* 蕭蕭(소소) : 바람 부는 소리, 나뭇잎 떨어지는 소리, 쓸쓸한 모양

11. 이제현(李齊賢, 1287~1367)

暗澹靑楓樹	검푸른 단풍나무와,
蕭踈斑竹林	엉성한 반죽의 수풀.
蓬窓夜雨冷難禁	봉창은 밤비에 냉기 막기 어렵고,
欹枕古鄕心	기운 베개에 우러나는 고향 생각.
二女湘江淚	아황과 여영이 상강에 뿌린 눈물,
三閭楚澤吟	삼려대부 굴원이 남긴 초택의 읊조림.
白雲千載恨沉沉	흰 구름은 천 년 동안 한스러움 깊으니,
滄海未爲深[11]	푸른 바다도 그보다는 깊지 못하리.

* 二女(이녀) : 아황과 여영
* 三閭(삼려) : 삼려대부인 굴원(屈原)을 가리킨다.
* 楚澤(초택) : 굴원이 유배 생활을 하던 초나라 소상강 유역의 택반(澤畔)
* 沉沉(침침) : 밤이 깊어 조용한 모양, 융성한 모양, 초목이 무성한 모양, 깊은 모양

10) 李齊賢, 〈益齋亂藁〉 卷十, 『韓國文集叢刊』 第2卷, 608쪽, 「巫山一段雲 瀟湘八景」 '瀟湘夜雨'.
11) 李齊賢, 위의 책, 609쪽, 「巫山一段雲 瀟湘八景」 '瀟湘夜雨'.

12. **천 봉**(卍雨, 1357~未詳)

* 三秋(삼추) : 가을에 해당하는 삼개월, 곧 음력 7, 8, 9월을 말한다.
* 楚客(초객) : 여기서 말하는 초나라 나그네는 굴원(屈原)을 말한다.
* 魏闕(위궐) : 높고 큰 문이란 뜻으로, 대궐의 정문을 말하는데, 전(轉)하여 조정의 의미.
* 通昔(통석) : 밤새도록, 통석(通夕)

一夜湘江雨	밤새도록 상강에 내리는 비가,
三秋楚客心	가을날 초나라 굴원 마음이네.
心應懸魏闕	마음은 응당 조정에 달려 있어,
通昔動哀音[12]	밤새도록 슬픈 소리 진동하네.

13. **강석덕**(姜碩德, 1395~1459)

* 挑盡(도진) : 등불의 심지를 끝까지 돋우어 소진하다.
* 黃陵祠(황릉사) : 아황과 여영의 사당(祠堂)
* 蒹葭(겸가) : 갈대, 갈대숲

孤舟千里思悠悠	외딴 배 천 리 길 유유히 흘러감을 생각하며,
挑盡寒燈攬弊裘	찬 등불 심지를 다 돋우곤 낡은 갖옷 취하네.
奈此黃陵祠下泊	어찌 황릉사 아래로 배를 대는데,
蒹葭風雨滿江秋[13]	갈대숲 비바람에 강은 온통 가을인가.

14. **성삼문**(成三問, 1418~1456)

* 迢遞(초체) : 먼 모양, 높은 모양
* 微茫(미망) : 흐릿한 모양, 모호한 모양
* 孤客(고객) : 시적 정황으로 보아 '굴원'을 의미하는 것으로 보인다.

迢遞雲連塞	멀고 먼 구름은 변방에 이어져 있고,
微茫水接天	가늘게 아득한 물은 하늘에 접해 있네.
不眠孤客耳	잠들지 못하는 외로운 나그네뿐이고,
寒雨滿江船[14]	찬비만 강가 정박한 배에 가득하네.

---

12) 千峯, 『匪懈堂瀟湘八景詩帖』, 瀟湘夜雨.

13) 姜碩德, 『東文選』 第22卷, 「瀟湘八景圖有宋眞宗宸翰」 '瀟湘夜雨'.

14) 成三問, 〈成謹甫集〉 卷一, 『韓國文集叢刊』 第10卷, 184쪽, 「瀟湘八景」 '瀟湘夜雨'.

15. **이승소**(李承召, 1422~1484)

雲暗瀟湘雨送涼	구름 어둔 소상에 비는 서늘함 보내고,
蓬窓月黑響琅琅	배 봉창에 달빛 검고 소리만 낭랑하네.
舟中多少遠遊客	배 안에선 멀리서 노는 몇 명의 나그네가,
盡向灯前說古鄕[15]	등불이 다 타도록 앞에서 고향을 말하네.

* 蓬窓(봉창) : 나룻배에 달린 창문
* 琅琅(낭랑) : 쇠와 옥이 서로 부딪쳐 나는 소리, 새가 지저귀는 맑은 소리

16. 이승소(李承召, 1422~1484)

雲接蒼梧野	구름은 창오 들녘에 닿았고,
雨昏白鷺洲	백로 섬에 빗발이 어두워라.
湘靈鼓瑟滿江秋	상수 신령 거문고 타니 온 강은 가을이고,
誰與伴牢愁	누구와 더불어 깊은 시름 짝을 할까.
露泣千竿竹	천 줄기 대나무엔 이슬이 울고,
烟沉一葉舟	일엽편주는 안개 속에 잠기네.
蓬窓月黑轉悠悠	봉창에 달빛 검고 시름만 길 때에,
波上有鳴鷗[16]	물결 위엔 울어대는 백구만 있네.

* 蒼梧(창오) : 순임금이 남순(南巡)을 하다가 창오 들판에서 숨을 거둠.
* 鼓瑟(고슬) : 큰 거문고를 타는 것

15) 李承召, 〈三灘集〉 卷九, 『韓國文集叢刊』 第11卷, 461쪽, 「題畵屛」 '瀟湘夜雨'.
16) 李承召, 위의 책, 467쪽, 「次益齋瀟湘八景詩韻 巫山一段雲」 '瀟湘夜雨'.

17. **강희맹**(姜希孟, 1424~1483)

* 海嶠(해교) : 해변(海邊)의 험준한 산
* 汀洲(정주) : 모래섬, 얕은 물 가운데 토사(土沙)가 쌓여 물 위에 나타난 섬
* 水國(수국) : 어촌
* 蒹葭(겸은) : 갈대

雲烟藏海嶠	구름과 안개 험준한 산을 감추고,
風雨滿汀洲	비와 바람은 모래섬에 가득하네.
水國蒹葭響晩秋	어촌에 갈대 소리 늦은 가을인데,
燈前萬里愁	촛불 앞에서 만 리의 시름이네.
寒聲聞竹岸	차가운 소리 대나무 언덕에서 들리고,
遙火認漁舟	먼 불빛은 고깃배인 줄을 알겠네.
五夜不眠蓬底幽	새벽까지 잠 못 드는 쑥대밭 밑 그윽한 곳,
哀鳴三兩鷗17)	갈매기 두서너 마리가 슬피 우네.

18. **어세겸**(魚世謙, 1430~1500)

* 漠漠(막막) : 아주 넓어 끝이 없는 모양, 펴 늘어놓은 모양, 어두운 모양
* 沉沉(침침) : 밤이 깊어 조용한 모양, 융성한 모양, 초목이 무성한 모양, 깊은 모양
* 蕭颯(소삽) : 쓸쓸한 바람 소리
* 浮搖(부요) : 둥실둥실 흔들리는 모양

漠漠湘江夜	어둑어둑 상강의 밤에,
沉沉帝子洲	깊고 깊은 황제 섬이 잠겼네.
靈媧鼓瑟不堪秋	신선의 거문고 소리 가을 견딜 수 없고,
况復雨添愁	게다가 거듭 내리는 비가 시름을 더하네.
蕭颯風驚竹	쓸쓸한 바람 소리 대나무를 놀라게 하니,
浮搖客繫舟	나그네는 둥실둥실 흔들리는 배를 묶네.
十年叢桂古寺幽	십년 된 계수나무 숲엔 옛 절도 그윽한데,
相近一雙鷗18)	서로가 가까운 것은 한 쌍의 갈매기로다.

17) 姜希孟, 〈私淑齋集〉 卷五, 『韓國文集叢刊』 第12卷, 67쪽, 「瀟湘八景」 '瀟湘夜雨'.
18) 魚世謙, 〈咸從世稿〉 卷七, 「次益齋八景」 '瀟湘夜雨'.

19. **김시습**(金時習, 1435~1493)

細打寒蘆葉正颼　차가운 갈대 살짝 쳐도 잎사귀는 바로 바람소리,
嗷嗷宿鴈叫江秋　요란하게 머무는 기러기들 가을 강에 절규하네.
幽蘭叢上行行薄　그윽한 난초 떨기 위로 가면 갈수록 엷어지고,
斑竹枝邊箇箇愁　얼룩진 대나무 가지 주변은 하나하나 근심이네.
遠岸漁燈明烱烱　먼 산기슭 고깃배 불빛 눈부시게 밝게 빛나고,
繞灘鬼語鬧啾啾　여울을 휘감은 귀신소리 음산하여 시끄럽네.
何人夜泊楓林下　누군가 단풍나무 숲 아래 밤 되어 정박하는데,
失纜相呼紅蓼洲[19]　닻줄 잃고 붉은 여뀌 모래섬에서 서로 부르네.

* 嗷嗷(오오) : 기러기가 시끄럽게 우는 모양
* 烱烱(형형) : 빛나는 모양, 마음에 걸리는 모양
* 啾啾(추추) : 가늘게 우는 소리, 처량하게 우는 소리, 음산하게 우는 소리
* 紅蓼(홍료) : 단풍이 들어 빨갛게 된 여뀌, '여뀌'는 습기가 있는 곳에 절로 자라는 풀의 일종

20. **성종대왕**(成宗, 1457~1494)

風定江天靜　바람이 정하니 강변 날씨도 맑아지고,
篷窓羊夜眠　봉창에서 노닐다가 밤이 되어 잠자네.
踈聲侵楚竹　성긴 소리 초나라 대나무에 침노하니,
亂點入吳船　점점이 어지럽게 오나라 배에 들이치네.
滴破三更夢　방울져 깨져버린 한밤중의 단꿈은,
寒凝一炷烟　온통 등잔불의 연기에 차갑게 엉겨 붙네.
苦吟應到曉　괴로이 읊조리며 응당 새벽에 이르러도,
遣興不須徧[20]　부친 흥취 모름지기 두루 미치질 못하네.

* 篷窓(봉창) : 뜸을 걸어 놓은 배의 창, 띠나 부들 등의 풀로 거적처럼 엮어 만든 물건으로 비, 볕, 바람 등을 막기 위해 쓰임.
* 楚竹(초죽) : 초나라 대나무, 여기서는 반죽(斑竹)을 의미한다.

19) 金時習, 〈梅月堂集〉 卷六, 『韓國文集叢刊』 第13卷, 194쪽, 「瀟湘夜雨」.
20) 成宗, 『列聖御製』 第九篇, 「瀟湘八景」 '瀟湘夜雨'.

21. 성종대왕(成宗, 1457~1494)

* 篷窓(봉창) : 뜸을 걸어 놓은 배의 창, 띠나 부들 등의 풀로 거적처럼 엮어 만든 물건으로 비, 볕, 바람 등을 막기 위해 쓰임.
* 蛛網(주망) : 거미집
* 茅簷(모첨) : 초가집 처마
* '三漏'는 세 가지의 번뇌로, 욕루(慾漏), 유루(有漏), 무명루(無明漏)를 일컫는다.

天黑瀟湘夜	하늘도 어두운 소상강의 밤인데,
篷窓孰買眠	누가 봉창의 단잠을 샀단 말인가.
竹間精魂閣	대나무 사이엔 정혼이 섰고,
江岸釣魚船	강 언덕엔 고깃배에서 낚시 하네.
蛛網懸珠玉	거미집 그물에는 옥구슬이 달려 있고,
茅簷鎖冷烟	초가 처마에는 찬 연기만 걸려 있네.
誰甘三漏夢	누가 세 가지 번뇌 꿈이 달콤하겠나,
不作一新編[21]	하나조차 새롭고 두루 하지 못하네.

22. 정희량(鄭希良, 1469~未詳)

* 九疑(구의) : 순임금이 죽어서 묻힌 산이 구의산(九疑山)이다.
* 嵯峨(차아) : 높이 불쑥 솟아 험한 모양
* 楚些(차사) : 슬프도다! 정도에 해당하는 감탄사
* 帝子(제자) : 제왕(帝王) 또는 천제(天帝), 천신(天神)의 아들
* 蕭條(소조) : 쓸쓸한 모양, 한적한 모양

九疑嵯峨雲似墨	구의산은 우뚝 솟아 구름이 검은 듯하고,
鷓鴣啼雨湘江夕	자고새가 빗속에 우는 상강은 저녁이네.
寒聲浙瀝助凄切	절강 물방울 차가운 소리 처절한 마음 돕고,
竹間餘淚哀欲滴	죽간에 남은 눈물 방울지려는 듯 슬퍼하네.
楚些爲招帝子魂	슬프도다! 순임금 영혼을 위하여 부름이니,
月恨雲愁天亦泣	달과 구름 한스러운 수심에 하늘도 울고 있네.
孤舟一夜滯未歸	밤새도록 외딴 배는 머무르며 돌아가지 못하고,
遠客蕭條生白髮[22]	멀리 있는 나그네는 쓸쓸하여 흰머리가 생기네.

21) 成宗, 위의 책.

22) 鄭希良, 〈虛庵遺集〉 卷一, 『韓國文集叢刊』 第18卷, 13쪽, 「瀟湘八景」 '瀟湘暮雨'.

23. **홍언필**(洪彦弼, 1476~1549)

風擺雲飛舞碧瀾	바람 불어 구름 날고 푸른 물결 춤추니,
蕭蕭夜雨響江灣	쓸쓸한 밤비는 강굽이를 울리는구나.
湘君一夜悲難勝	상군은 밤새도록 슬픔을 이기지 못하고,
斑竹千年色不刋	반죽은 천 년 동안 색이 끊이지 않는구나.
煙際暝帆催泊岸	안개 끝 어둑한 돛단배 언덕에 정박함을 재촉하고,
天涯孤客苦思還	하늘가 외로운 나그네 고단하게 돌아감을 생각하네.
幽懷豈待殫靈瑟	그윽한 회포는 어찌 영혼 울림 다하길 기다리겠나,
一雨今宵鬢半斑[23]	한바탕 비에 오늘밤 귀밑머리가 반쯤은 얼룩지네.

* 蕭蕭(소소) : 바람 부는 소리, 나뭇잎 떨어지는 소리, 쓸쓸한 모양
* 湘君(상군) : 상비(湘妃)라고도 하며, 순임금의 두 아내인 아황과 여영을 일컫는다.
* 今宵(금소) : 오늘밤

24. **이 행**(李荇, 1478~1534)

蒼梧望斷幾千載	창오를 바라봐도 끊긴 지 몇 천 년인가,
竹上斑斑餘淚痕	대나무 위에 얼룩얼룩 눈물자국 남았네.
暝雨如聞鼓瑟響	밤비에 거문고를 뜯는 소리 들리는 듯한데,
靑山何處招帝魂[24]	푸른 산 어디에서 순임금의 영혼을 부를까.

* 蒼梧(창오) : 순임금이 죽음을 맞이하며 숨을 거둔 곳이 창오(蒼梧)의 들녘이었다.
* 斑斑(반반) : 얼룩무늬가 있는 모양, 여기저기 흩어져 있는 모양, 점점(點點)
* 暝雨(명우) : 밤비
* 鼓瑟(고슬) : 큰 거문고를 탐, 거문고를 뜯는 모습

23) 洪彦弼, 〈默齋集〉 卷一, 『韓國文集叢刊』 第19卷, 216쪽, 「瀟湘八景」 '瀟湘夜雨'.

24) 李荇, 〈容齋集〉 卷一, 『韓國文集叢刊』 第20卷, 343쪽, 「瀟湘夜雨」, 三絶失(세 편의 절구 작품은 망실되었다. '연사모종', '원포귀범', '강천모설'을 일컫는다).

25. 이 행(李荇, 1478~1534)

* 浪浪(낭랑) : 눈물이 흐르는 모양
* 涕滂(체방) : 눈물이 비 오듯 쏟아지는 모양, 통곡하는 모양
* 涕痕(체흔) : 눈물자국
* 斷人腸(단인장) : 사람의 애간장을 끓다. 애간장을 태우다.

一鴈呌空碧	외기러기 푸른 허공에 울어대고,
秋氣生瀟湘	가을 기운 소상강에 생겨나네.
湘水晩容異	상수는 저녁에 형용이 다르고,
夜雨鳴浪浪	밤비는 눈물 흐르듯 울어대네.
竹林動哀響	대나무 숲에 슬픈 소리 진동하니,
二妃應涕滂	두 왕비 응당 통곡하는 울음이네.
涕痕湔不盡	눈물자국 죄다 씻지도 못했는데,
千古斷人腸[25]	오랫동안 사람의 애간장을 끓네.

26. 신광한(申光漢, 1484~1555)

* 星星(성성) : 머리털이 희뜩희뜩한 모양
* 蕭蕭(소소) : 바람 부는 소리, 나뭇잎 떨어지는 소리, 쓸쓸한 모양
* 湘娥(상아) : 상강의 미녀, 소상강에 투신한 아황과 여영을 의미한다.
* 伶俜(영빙) : 방랑하는 모양, 영락(零落)한 모양
* 幽靈(유령) : 죽은 사람의 혼령

暝色沉巴岸	저녁 빛은 파릉 언덕에 잠기고,
寒雲接洞庭	차가운 구름 동정호 접해 있네.
若爲孤客此時聽	외로운 나그네 되어 지금 듣는다면,
一夜鬢星星	하룻밤에 귀밑머리가 세겠네.
篷底蕭蕭響	봉창 아래 쓸쓸하고 처량한 소리,
心頭箇箇經	마음 끝을 낱낱이 지나가네.
湘娥倚竹獨伶俜	상강 미녀 대죽에 의지한 체 홀로 방랑하며,
何處泣幽靈[26]	어느 곳에서 저 세상 혼령 되어 우는가.

---

25) 李荇, 〈容齋集〉 卷三, 『韓國文集叢刊』 第20卷, 395쪽, 「瀟湘八景」 '瀟湘夜雨'.
26) 申光漢, 〈企齋集〉 別集 卷七, 『韓國文集叢刊』 第22卷, 465쪽, 「瀟湘八詠」 '瀟湘夜雨'.

27. **소세양**(蘇世讓, 1486~1562)

茫茫楚天暗	아득한 초땅 하늘 어둡고,
湛湛江水深	잠잠한 강물은 깊구나.
涔涔一夜雨	억수같이 밤새도록 내리는 비,
漠漠千古心	아득히 끝없는 천고의 마음이네.
客舟何處泊	나그네 배는 어느 곳에 정박할까,
滿岸楓樹林[27]	언덕 가득 단풍나무 숲이네.

* 茫茫(망망) : 넓고 멀어 아득한 모양
* 湛湛(잠잠) : 물이 많이 괸 모양, 물이 깊은 모양
* 涔涔(잠잠) : 비가 많이 오는 모양
* 漠漠(막막) : 아주 넓어 끝이 없는 모양

28. **소세양**(蘇世讓, 1486~1562)

漠漠一天秋	아득한 하늘 한결같이 가을이고,
涔涔滿江雨	억수로 내리는 비가 강에 가득하네.
船窓夜不眠	선창에선 잠 못 이루는 밤이건만,
漁火耿沙戶[28]	고깃배 불빛 물가 집에 반짝이네.

* 船窓(선창) : 배에 만든 창문
* 漁火(어화) : 고깃배에 켜놓은 등불
* 沙戶(사호) : 물가에 있는 집

27) 蘇世讓, 〈陽谷集〉 卷一, 『韓國文集叢刊』 第23卷, 309쪽, 「書洪古阜春年畫屛」 '瀟湘夜雨'.

28) 蘇世讓, 〈陽谷集〉 卷十, 위의 책, 440쪽, 「瀟湘八景」 '瀟湘夜雨'.

29. **정사룡**(鄭士龍, 1491~1570)

* 驀地(맥지) : 한눈팔지 않고 곧장
* 雨意(우의) : 우기(雨氣), 비 내리는 기운
* 蕭瑟(소슬) : 으스스하고 쓸쓸한 모양
* 叢篁(총황) : 대숲

驀地風來雨意酣	곧장 바람 불어오며 우기가 한창이고,
孤舟夜泊古祠南	외딴 배 밤이 되니 옛 사당 남쪽에 정박하네.
楚鄉物色皆多思	초나라 고을 물색 모든 것에 대한 생각 많지만,
蕭瑟叢篁最不堪[29]	으스스하고 쓸쓸한 대숲이 가장 견디기 어렵네.

30. **임억령**(林億齡, 1496~1568)

* 蒼梧(창오) : 순임금이 남쪽 지방을 순시하다가 숨을 거둔 들녘
* 聖帝(성제) : 순임금
* 夜半(야반) : 한밤중
* 紛紛(분분) : 어지러운 모양, 뒤섞인 모양, 번잡한 모양, 많고 성한 모양
* 蕭蕭(소소) : 바람 부는 소리, 나뭇잎 떨어지는 소리, 쓸쓸한 모양

蒼梧聖帝魂	창오에서 숨을 거둔 순임금의 혼백이,
夜半雨紛紛	한밤중 비가 되어 분분히 내리는구나.
竹裏蕭蕭意	대나무 속 소슬하게 울리는 뜻은,
要將洗淚痕[30]	바라건대 얼룩진 눈물 자욱 씻어내고자.

31. 임억령(林億齡, 1496~1568)

何處暗消魂	어딘가로 보이지 않게 사라진 혼백,
寒聲入夜紛	싸늘한 소리 밤들어 분분하여라.
平江添作浪	넓은 강에 다시금 물결을 보태느니,
已沒舊時痕[31]	이미 묻혔구나, 그 옛날의 자취는.

---

29) 鄭士龍, 〈湖陰雜稿〉 卷六, 『韓國文集叢刊』 第25卷, 189쪽, 「奉題工曹尹判書屛」 '瀟湘夜雨'.
30) 林億齡, 〈石川集〉, 驪江出版社 影印本, 126쪽, '翻李後白瀟湘夜雨之曲'.
31) 林億齡, 위의 책, 126쪽, '翻李後白瀟湘夜雨之曲'.

32. 임억령(林億齡, 1496~1568)

已斷楚臣魂	이미 끊어진 굴원의 혼백이,
還隨木葉紛	되려 나뭇잎 따라 분분하네.
舟人眠不省	뱃사공 잠에 겨워 살피지 못하건만,
舡閣漏垂痕[32]	뱃머리엔 눈물 자국만 드리웠구나.

* 楚臣(초신) : 초나라 신하, 굴원屈原을 의미한다.
* 舟人(주인) : 뱃사공

33. 임억령(林億齡, 1496~1568)

誰招去國魂	임금을 떠난 혼백 누가 불렀던가,
千里不禁紛	천리에 분분함을 금할 수가 없네.
忽返三更響	홀연히 깊은 밤 울림이 되돌아오니,
孤襟帶血痕[33]	외로운 가슴에 핏자국만 맺혀 있네.

34. 임억령(林億齡, 1496~1568)

今古有沈魂	예나 지금이나 물에 잠긴 넋 있으려니,
天陰鬼語紛	하늘은 음산하여 귀신소리 분분해라.
孤舟嫠婦在	외딴 배에는 임을 여읜 부인 있어,
滿面是啼痕[34]	얼굴 온통 울며 흐느낀 흔적이네.

* 沈魂(침혼) : 물에 빠져 스스로 목숨을 끊었던 굴원(屈原)의 혼백
* 嫠婦(이부) : 홀어미, 과부

---

32) 林億齡, 위의 책, 126쪽, '翻李後白瀟湘夜雨之曲'.
33) 林億齡, 위의 책, 126쪽, '翻李後白瀟湘夜雨之曲'.
34) 林億齡, 위의 책, 126쪽, '翻李後白瀟湘夜雨之曲'.

35. 임억령(林億齡, 1496~1568)

魚腹葬忠魂	물고기 뱃속에 장사지낸 충성스런 혼백,
千秋向國紛	천추에 나라 향한 마음 분분도 하여라.
江深招不得	강물 깊어 불러도 구할 수 없건만,
天水合無痕[35]	물과 하늘 맞닿아 흔적조차 없구나.

36. 임억령(林億齡, 1496~1568)

祠下二妃魂	사당 아래 이비의 혼백,
驚鴉噪自紛	놀란 까마귀 소리 분분하네.
曉看沾濕處	새벽녘 촉촉이 젖은 곳 바라보니,
汀草沒燒痕[36]	물풀이 불에 탄 흔적 사라졌네.

37. 임억령(林億齡, 1496~1568)

* 瘢痕(반흔) : 상처 자국

一夜九驚魂	하룻밤에 아홉 번이나 놀란 혼백,
天何又送紛	하늘은 어찌 다시 보내 분분한가.
三年寄江上	삼년 동안 강변에서 머무르며,
爲困覓瘢痕[37]	힘들게 옛 상흔을 찾고 있네.

---

35) 林億齡, 위의 책, 126쪽, '翻李後白瀟湘夜雨之曲'.
36) 林億齡, 위의 책, 126쪽, '翻李後白瀟湘夜雨之曲'.
37) 林億齡, 위의 책, 126쪽, '翻李後白瀟湘夜雨之曲'.

38. 임억령(林億齡, 1496~1568)

此地本傷魂	이 땅에서 본래 상처받은 혼백이,
寒宵百慮紛	차가운 밤 온갖 걱정하며 분분하네.
平生已三刖	평생 동안 이미 세 번을 베였기에,
陰氣痛瘡痕[38]	음산한 기운에 상흔을 고통스러워하네.

39. 조 욱(趙昱, 1498~1557)

江上蕭蕭雨勢繁	강변 쓸쓸함에 비의 형세가 성하고,
竹林應洗淚餘痕	대숲 응당 씻겼어도 눈물 흔적 남아 있네.
孤舟宿客欹寒枕	외딴 배에 깃든 나그네 찬 베개만 솟아 있고,
魂夢何因到故園[39]	꿈속 혼백 무슨 이유로 옛 동산에 이르렀나.

* 蕭蕭(소소) : 바람 부는 소리, 나뭇잎 떨어지는 소리, 쓸쓸한 모양

40. 홍 섬(洪暹, 1504~1585)

到曉月離畢	새벽에 다다르자 달 사라져 버리고,
今宵風更顚	오늘 밤에 바람이 다시 뒤집히네.
霏微從楚峀	가는 비 초나라 봉우리 따르고,
浙瀝渡湘川	절강은 상강을 거슬러 건너가네.
夜色鴻邊盡	밤빛은 큰 기러기 부근에 다하고,

* 霏微(비미) : 가랑비 또는 가랑눈이 오는 모양
* 靈妃(영비) : 신령스러운 왕비, 아황과 여영을 일컫는다.

---

38) 林億齡, 위의 책, 126쪽, '翻李後白瀟湘夜雨之曲'.

39) 趙昱, 〈龍門集〉 卷三, 『韓國文集叢刊』 第28卷, 199쪽, 「溢之求八景之作率爾錄呈」 '瀟湘夜雨'.

寒聲竹外傳　　차가운 소리 대죽 너머로 전하네.
靈妃應抱瑟　　신령스런 왕비 응당 거문고 잡고,
聽雨冷無眠[40]　　빗소리 들으며 추워서 잠 못 드네.

41. **박 순**(朴淳, 1523~1589)

* 蒼梧(창오) : 순임금이 남쪽 지역을 순시하다가 병으로 죽은 지역
* 蕭蕭(소소) : 바람 부는 소리, 나뭇잎 떨어지는 소리, 쓸쓸한 모양
* 夜分(야분) : 밤중, 밤, 야간
* 重瞳(중동) : 순임금의 눈동자가 두 개였다는 말에서 유래된 말로 순임금을 가리킨다.
* 孤墳(고분) : 외딴 무덤, 홀로 있는 무덤

蒼梧日落愁雲合　　창오에 해지니 근심 섞인 구름 모이고,
楚雨蕭蕭到夜分　　초나라 밤 깊도록 쓸쓸하게 비 내리네.
竹上更添無限淚　　대나무 위 다시 한없는 눈물 보태지고,
重瞳何處有孤墳[41]　　순임금 외로운 무덤 어느 곳에 있을까.

42. **박광전**(朴光前, 1526~1597)

* 灑灑(쇄쇄) : 끊임없이 연속하는 모양, 흩어지는 모양, 사물에 구애되지 않아 시원한 모양
* 漠漠(막막) : 아주 넓어 끝이 없는 모양, 펴 늘어놓은 모양, 어두운 모양
* 微微(미미) : 보잘 것 없이 아주 미약한 모양, 그윽하고 고요한 모양, 작은 모양
* 丹靑(단청) : 채색해 그린 그림, 빨간 빛과 푸른 빛, 채료(彩料)
* 猿猩(원성) : 원숭이

萬里沅湘碧玉流　　만 리 원수沅水 상수湘水 벽옥처럼 흐르고,
疎篁一夜雨聲秋　　성긴 대숲 밤새도록 빗소리는 가을이네.
煙沈橘柚洲前月　　귤주, 유주 앞에 뜬 달은 연기에 가라앉고,
風弄參差曲外愁　　바람이 들쑥날쑥 희롱하니 곡 너머로 근심하네.
漠漠歸舟沾灑灑　　아득하게 돌아가는 배 가물가물 파도를 적시고,
微微漁火遠悠悠　　희미한 고깃배 불빛 유유히 멀어지네.
丹靑直見猿猩在　　솜씨를 직접 보니 잔나비가 있겠고,
天下騷人盡白頭[42]　　천하의 시인들은 모조리 흰머리가 되겠네.

---

40) 洪暹, 〈忍齋集〉 卷一, 『韓國文集叢刊』 第32卷, 273쪽, 「瀟湘夜雨」.
41) 朴淳, 〈思菴集〉 卷一, 『韓國文集叢刊』 第38卷, 286쪽, 「瀟湘夜雨」.
42) 朴光前, 〈竹川集〉 卷二, 『韓國文集叢刊』 第39卷, 308쪽, 「瀟湘夜雨圖」 十一歲作.

43. **이정암**(李廷馣, 1541~1600)

南來逐客舟	남방으로 온 쫓겨난 객의 배,
莫近湘江泊	상강 가까이 정박하지 말게나.
西風夜雨時	가을바람에 밤비가 내릴 때,
髣髴英靈泣[43]	머리칼 풀어헤친 영령이 우네.

* 逐客(축객) : 쫓겨난 손님, 굴원(屈原)을 의미한다.
* 髣髴(방불) : 머리칼이 흩어진 모양, 비슷함, 꼭 비슷하게 생김, 몽롱해서 석연치 않음.

44. **이수광**(李睟光, 1563~1628)

斑斑竹上血	얼룩얼룩한 대나무 위에 혈흔,
當日二妃冤	그 날 두 왕비의 원통함이네.
半夜江心雨	깊은 밤 강 중심에 비 내리지만,
何曾洗淚痕[44]	어찌 일찍이 눈물자국 씻었겠나.

* 斑斑(반반) : 얼룩무늬가 있는 모양, 여기저기 흩어져 있는 모양
* 二妃(이비) : 아황과 여영
* 江心(강심) : 강의 한가운데

45. **이홍유**(李弘有, 1588~1673)

雨脚連空送晩秋	빗발은 하늘에 닿아 늦은 가을 보내고,
霏霏淅淅灑扁舟	보슬비 처량하게 일엽편주에 흩뿌리네.
應添二女思君淚	아황 여영이 남편 사모하는 눈물을 보탬일지니,
染畫叢篁萬古愁[45]	대나무 숲에 만고의 시름을 그림으로 물들이네.

* 霏霏(비비) : 비나 눈이 부슬부슬 오는 모양
* 二女(이녀) : 아황과 여영
* 染畫(염화) : 그림을 그리다. 그림을 채색하다.
* 叢篁(총황) : 대나무 숲

---

43) 李廷馣, 〈四留齋集〉 卷一, 『韓國文集叢刊』 第51卷, 253쪽, 「題畵屛瀟湘八景」 '瀟湘夜雨'.
44) 李睟光, 〈芝峰集〉 卷一, 『韓國文集叢刊』 第66卷, 16쪽, 「瀟湘夜雨」.
45) 李弘有, 〈遯軒集〉 卷三, 「題瀟湘八景畵屛, 又寫八詠」 '瀟湘夜雨'.

46. **정두경**(鄭斗卿, 1597~1673)

* 蕭蕭(소소) : 바람 부는 소리, 나뭇잎 떨어지는 소리, 쓸쓸한 모양
* 帝子(제자) : 순임금을 일컫는다.

夜雨蕭蕭斑竹枝	밤비가 쓸쓸하게 반죽 가지를 물들이니,
至今瑤瑟使人悲	지금도 거문고 소리 사람 심금 울리네.
千歲帝子無窮恨	천년의 황제에겐 한도 끝이 없는가,
只在瀟湘夜雨時[46]	지금도 소상강에는 밤비가 내리고 있네.

47. **김홍욱**(金弘郁, 1602~1654)

* 夕照(석조) : 저녁놀, 저녁때에 비치는 햇빛
* 荻花(적화) : 억새꽃
* 湘靈(상령) : 상수의 영령, 아황과 여영
* 不忍彈(불인탄) : 차마 연주하지 못하다.

夕照沉江氣候變	저녁노을 강에 지니 날씨가 변해 가고,
接地頑陰漲水面	땅에 닿은 짙은 그늘 수면에 넘실대네.
雨聲先到荻花岸	빗소리가 억새꽃 언덕에 먼저 도달하니,
驚起沙洲一陣鴈	모래섬엔 놀라 날아오르는 한 줄 기러기.
斑竹叢深響更戾	반죽 떨기 깊기에 울림 다시 어그러지고,
祠前白石淸如洗	사당 앞에 흰 돌은 씻은 듯이 맑구나.
湘靈抱瑟不忍彈	상령이 거문고 끌어 안고도 차마 연주하지 못하니,
蛟淚如珠泣潭底[47]	교룡은 구슬 같은 눈물로 연못 바닥에서 눈물짓네.

---

46) 鄭斗卿, 〈東溟集〉 卷二, 『韓國文集叢刊』 第100卷, 409쪽, 「題瀟湘八景圖」 '瀟湘夜雨'. 이 작품은 洪滄浪, 〈瀟湘八景詩歌抄〉 31쪽에도 수록되어 있다. 〈瀟湘八景詩歌抄〉는 우리나라의 문헌이 아니라 일본에서 1688년에 간행된 책이다. 이 책에는 일본인들이 노래한 소상팔경 한시와 그림이 함께 수록되어 있다. 우리나라 사람으로는 유일하게 홍창랑(洪滄浪)이라는 이름으로 8수가 실려 있다. 여기서 '홍창랑'은 홍세태를 의미한다. 그러나 이 작품들은 모두 정두경(鄭斗卿, 1597~1673)의 〈동명집(東溟集)〉에 실려 있는 작품과 동일하다. 여러 정황으로 미루어 보건대, 홍세태(洪世泰, 1653~1725)가 정두경에 비해 56년 뒤에 태어났다는 점, 또 다른 기록으로 보아 홍세태가 일본에 갔던 것은 사실이다. 일본 문인들과 '소상팔경'을 소재로 창작하는 과정에서 정두경의 작품을 그대로 노래했던 것이 일본에서 제작된 〈瀟湘八景詩歌抄〉라는 책에 수록된 것으로 보인다.

47) 金弘郁, 〈鶴洲全集〉 卷四, 『韓國文集叢刊』 第102卷, 36-37쪽, 「次權進士昱瀟湘八景八首」 '瀟湘夜雨'.

48. **구 음**(具崟, 1614~1683)

水國秋容接混茫	어촌의 가을 모습 혼망에 접해 있고,
夜來風雨撼瀟湘	밤새 온 비바람이 소상강을 흔드네.
細侵斑竹偏生響	가늘게 스민 얼룩진 대죽은 치우쳐 소리 나고,
遠翳漁燈乍放光	멀리 둥그런 고깃배 등불 잠깐 동안 빛을 내네.
孤枕夢回驚楚客	외론 잠자리 꿈에 드니 초나라 나그네 놀라고,
短蓬波颭叫吳商	짧은 봉창 물결 속에서 오나라 상인 절규하네.
蕭騷轉入皇陵廟	쓸쓸한 시부가 황릉 묘에 옮겨 들어가니,
惹起皇英舊恨長48)	아황 여영 묵은 한을 오랫동안 일으키네.

* 水國(수국) : 어촌
* 混茫(혼망) : 뒤섞여 구별할 수 없는 상태
* 皇陵廟(황릉묘) : 아황과 여영이 묻힌 무덤
* 惹起(야기) : 끌어 일으킴.

49. **박세당**(朴世堂, 1629~1703)

江風引雨度瀟湘	강바람은 비를 끌고 소상강을 건너는데,
雲氣冥冥水氣涼	구름 기운 어둑어둑 물 기운은 싸늘하네.
溜滴敗篷愁賈舶	낙숫물에 봉창이 무너지니 장삿배를 근심하고,
沙淘新浪沒漁梁	모래 이는 새 물결에 고기 잡는 축대 잠기네.
汀蘭碧色浸還潤	물가 난초 푸른 빛 스미어 도리어 젖어 있고,
浦竹斑痕洗不亡	포구에 반죽 흔적 닦아도 사라지지 않는구나.
何處簑翁回小棹	어디서 도롱이 입은 노인 작은 노로 돌아오고,
篝燈一點看微茫49)	구등 불빛 한 점이 바라보니 흐릿하네.

* 溜滴(류적) : 떨어지는 물방울, 낙숫물 같은 것
* 賈舶(고박) : 상선(商船), 장사치의 장삿배
* 篝燈(구등) : 천, 종이 등의 덮개를 이용해 사각형이나 둥근형 등의 모양으로 덮어 놓은 등불
* 微茫(미망) : 흐릿한 모양, 모호한 모양

48) 具崟, 〈明谷先生文集〉 卷二, 「瀟湘八景」 '瀟湘夜雨'.
49) 朴世堂, 〈西溪集〉 卷四, 『韓國文集叢刊』 第134卷, 78쪽, 「瀟湘夜雨」.

50. **윤 추**(尹推, 1632~1707)

* 歷亂(역란) : 어지러워 순서가 없는 모양, 꽃이 어지럽게 핀 모양
* 皇英(황영) : 아황과 여영에서 한 자씩 조합하여 부르는 명칭
* 賈生(가생) : 가생은 폄적(貶謫)되어 장사(長沙) 왕의 태부로 있었는데, 33세에 죽었다. 사마천의 『사기(史記)』 열전에 '굴원가생열전' 이라는 제목으로 굴원과 함께 기록되어 있다.
* 悲傷(비상) : 슬퍼서 마음이 아픈 모양

孤舟深夜泊瀟湘	깊은 밤 외딴 배가 소상강에 정박하니,
疎雨篷牕客興長	봉창에 성긴 비 나그네 흥 길게 하네.
蘆荻岸邊聲歷亂	갈대 억새 언덕가에 소리 어지럽게 지나가고,
煙波渚上色蒼茫	안개와 파도치는 물가 위로 빛깔이 창망하네.
皇英斑竹含遺恨	아황 여영 반죽은 남긴 한을 머금었고,
騷屈秋蘭帶舊芳	시인 굴원 '가을난초' 옛날 꽃다움 지녔네.
千載無情惟有水	천년동안 무정하게 오로지 물만이 있다고,
賈生何事謾悲傷[50]	가생은 무슨 일로 슬픈 상처 함부로 하는가.

51. **김만기**(金萬基, 1633~1687)

* 三湘(삼상) : 1. 지명으로는 상향(湘鄕), 상담(湘潭), 상음(湘陰)을 말한다. 2. 강의 이름으로는 원상(沅湘), 소상(瀟湘), 증상(蒸湘)을 말한다. 3. 『長沙府志』에는 리상(灕湘), 소상(瀟湘), 증상(蒸湘)으로 기록되어 있다. 결국 소상강(瀟湘江) 유역을 언급하는 의미로 해석할 수 있다.
* 微茫(미망) : 흐릿한 모양, 모호한 모양
* 霑灑(점쇄) : 뿌려 적심
* 白芷(백지) : 미나리과에 속하는 풀로 뿌리는 약재로 쓰고 어린잎은 식용으로 쓴다.
* 滴瀝(적력) : 물방울이 똑똑 떨어짐, 또는 물방울이 떨어지는 소리

不盡皇英淚萬行	다하지 못한 아황 여영 눈물 만 줄기가,
至今爲雨遍三湘	지금 비되어 삼상에 두루 뿌리네.
微茫莫辨黃陵廟	흐릿하고 희미한 황릉묘 분별하려 말게,
霑灑仍聞白芷香	비가 뿌려서 적시니 곧 백지향이 들리네.
靜夜渾添淸瑟響	고요한 밤 맑은 거문고 소리 섞여 더하고,
濕雲遙接九疑蒼	습한 구름은 멀리 구의산 푸름에 접했네.
孤篷滴瀝偏愁絶	외딴 봉창 물방울 떨어지니 한쪽 근심 끊기고,
遠客難成夢故鄕[51]	멀리 있는 나그네는 고향을 꿈꾸기도 어렵네.

---

50) 尹推, 〈農隱遺稿〉 卷一, 『韓國文集叢刊』 第143卷, 198쪽, 「瀟湘八景代洪陽從兄月課作」 '瀟湘夜雨'.

51) 金萬基, 〈瑞石集〉 卷一, 『韓國文集叢刊』 第144卷, 370쪽, 「瀟湘八景」 '瀟湘夜雨'.

52. **이 여**(李畬, 1645~1718)

羣山如淩野蒼茫	무리 지은 산이 달려가듯 들판은 창망하고,
暗雨隨風入楚鄉	저녁 비는 바람 따라 초나라 고을로 드네.
連浦濕烟迷夜色	연이은 포구는 눅눅한 안개에 밤빛을 미혹하고,
滿江驚鴈動秋凉	강에 가득 놀란 기러기 가을 서늘함에 동요하네.
蕭騷細和靈妃瑟	쓸쓸한 시인 두 비 영령 거문고에 작게 화답하니,
淅瀝偏侵右廟篁	쓸쓸하게 오른편 사당 대숲을 한쪽으로 침노하네.
更恐綠雲當日淚	푸른 구름 당시의 눈물이 더욱 두려운지라,
秖令留怨洒瀟湘[52]	다만 묵은 원한이 소상에 비를 뿌리게 하네.

* 蒼茫(창망) : 넓고 멀어서 푸르고 아득한 모양
* 蕭騷(소소) : 쓸쓸한 시인
* 靈妃(영비) : 아황과 여영의 영혼, 이비(二妃)의 영령
* 淅瀝(석력) : 눈이나 비가 내리는 소리, 쓸쓸한 모양

53. **홍세태**(洪世泰, 1653~1725)

夜雨蕭蕭斑竹枝	밤비가 쓸쓸히 내려 댓가지를 물들이니,
至今瑤瑟使人悲	지금도 거문고 소리 사람 심금 울리네.
千歲帝子無窮恨	천년의 황제에겐 끝이 없는 한인가,
只在瀟湘夜雨時[53]	다만 소상강엔 밤비만 내리고 있구나!

* 蕭蕭(소소) : 바람 부는 소리, 나뭇잎 떨어지는 소리, 쓸쓸한 모양
* 帝子(제자) : 순임금을 일컫는다.

52) 李畬, 〈睡谷集〉 卷一, 『韓國文集叢刊』 第153卷, 8쪽, 「瀟湘八景 選五首 壬寅」.
53) 洪滄浪, 〈瀟湘八景詩歌抄〉 31쪽, 「瀟湘八景」 '瀟湘夜雨', 자세한 설명은 각주 46번 참고.

54. **권두경**(權斗經, 1654~1725)

* 斑竹(반죽) : 대나무로 표피에 알록달록한 점이 있다. 아황과 여영의 눈물이라고 한다.
* 此時(차시) : 지금, 이때

江上有斑竹	강변에 얼룩진 대나무 있고,
竹間多夜雨	대나무 사이로 밤비가 많네.
悽切二妃魂	처절한 두 왕비의 혼백이,
此時無限苦[54]	지금도 한없이 고통스럽네.

55. **숙종대왕**(肅宗, 1661~1720)

* 霏霏(비비) : 비나 눈이 부슬부슬 오는 모양, 미세한 것이 날아 흩어지는 모양, 구름이 이는 모양, 서리가 많이 내리는 모양, 풀이 우거진 모양, 번갯불이 번쩍이는 모양
* 湘沅(상원) : 동정호 남쪽의 상수(湘水)와 원수(沅水)를 가리킨다.
* 漠漠(막막) : 아주 넓어 끝이 없는 모양, 펴 늘어놓은 모양, 어두운 모양

霏霏夜雨滿江頭	보슬보슬 내리는 밤비는 강가에 가득한데,
風撼滄波浸客舟	바람이 푸른 물결 흔들어 나그네 배에 들이치네.
回首湘沅雲漠漠	고개 돌려 상수와 원수 바라보니 구름이 막막하고,
悠悠千載使人愁[55]	아득하도다. 천년 동안 사람을 시름겹게 하는구나.

56. **이광정**(李光庭, 1674~1756)

* 蒼梧(창오) : 순임금이 숨을 거둔 곳
* 蕭蕭(소소) : 바람 부는 소리, 나뭇잎 떨어지는 소리, 쓸쓸한 모양

江上暮雲生	강가는 저물어 구름 생기니,
蒼梧不可覩	창오산 가히 볼 수가 없네.
蕭蕭斑竹林	쓸쓸히 얼룩진 대나무 수풀은,
半夜鳴踈雨[56]	한밤에 성긴 빗소리 울리네.

---

54) 權斗經, 〈蒼雪齋集〉 卷七, 『韓國文集叢刊』 第169卷, 126쪽, 「述姪請賦瀟湘八景」 '瀟湘夜雨'.
55) 肅宗, 『列聖御製』 第十七篇, 「瀟湘八景」 '瀟湘夜雨'.
56) 李光庭, 〈訥隱集〉 卷三, 『韓國文集叢刊』 第187卷, 185쪽, 「瀟湘八景題雙碧堂小屛」 '瀟湘夜雨'.

57. **권상일**(權相一, 1679~1759)

夜寒湘浦雨垂垂　추운 밤 상강 포구 밤비만 주룩주룩,
斑竹離披不自持　반죽이 만개해도 절로 지닐 수 없네.
千古皇英離別淚　천고에 아황과 여영이 이별한 눈물인데,
槍梧山色望皆疑[57)]　창오산 색 바라보니 모든 것이 의심스럽네.

* 垂垂(수수) : 드리운 모양, 축 처진 모양, 바로 하려 하는 모양
* 離披(이피) : 꽃이 활짝 핌, 꽃이 만개한 모양

58. **권 만**(權萬, 1688~未詳)

寂寂瀟湘夜　적적한 소상강의 밤이고,
蕭蕭斑竹林　쓸쓸한 얼룩진 대숲일세.
蒼梧望不見　창오를 바라봐도 볼 수 없고,
帝子雨中心[58)]　황제 마음속에 비가 내리네.

* 寂寂(적적) : 쓸쓸하고 고요한 모양
* 蕭蕭(소소) : 바람 부는 소리, 나뭇잎 떨어지는 소리, 쓸쓸한 모양
* 帝子(제자) : 순임금을 가리킨다.

59. **정종로**(鄭宗魯, 1738~1816)

蕭蕭夜雨濕斑篁　쓸쓸한 밤비가 반죽 떨기 적시고,
帝子遺蹤隔渺茫　황제 남긴 자취 아득하게 격해 있네.
最是三閭終古恨　최고로 으뜸은 삼려대부 그 옛날의 한인지라,
湘流不斷楚天長[59)]　상강 흐름 끊이지 않고 초나라 하늘까지 이어지네.

* 三閭(삼려) : 굴원, 유배 살기 이전 당시 조정에서 벼슬이 '삼려대부(三閭大夫)'
* 終古(종고) : 1. 영구, 영원, 2. 옛날, 고석(古昔), 3. 평상, 평상시

---

57) 權相一, 〈淸臺集〉 卷三, 「瀟湘八景, 八景幷四鶴, 作十二帖寢屛」 '瀟湘夜雨'.
58) 權萬, 〈江左集〉 卷一, 『韓國文集叢刊』 第209卷, 71쪽, 「瀟湘八景」 '瀟湘夜雨'.
59) 鄭宗魯, 〈立齋集〉 卷六, 『韓國文集叢刊』 第253卷, 119쪽, 「瀟湘八景次皓隣韻」 '瀟湘夜雨'.

60. **정조대왕**(正祖, 1752~1800)

* 依微(의미) : 희미하고 먼 모양

叢篁小雨夜霏霏	대숲에 가랑비는 밤부터 보슬보슬 내리고,
響入黃陵寶瑟希	빗소리 황릉 드니 귀한 비파 소리 드무네.
萬里淸湘流不盡	만 리 맑은 상강은 흘러도 다함이 없건만,
客舟寒夢轉依微[60]	나그네 배 차가운 꿈만 희미하게 뒤척이네.

61. **김득신**(金得臣, 1754~1822)

* 客星(객성) : 평상시는 보이지 않다가 때에 따라 아무 곳이나 나타난다는 별
* 家山(가산) : 고향산천, 고향
* 旅魂(여혼) : 여행 중의 심정, 객정(客情), 여사(旅思)
* 不堪聞(불감문) : 못내 듣기 어렵다.

客星偶寄浣湘濆	객성이 문득 원상의 그윽한 물에 깃들고,
夢斷家山萬里雲	꿈도 끊긴 고향 산천 만 리에 구름이네.
却恨旅魂客易醒	오히려 나그네는 객정이 쉬이 깨짐 한스럽고,
孤篷風雨不堪聞[61]	외딴 봉창에 비바람 소리 못내 듣기 어렵네.

62. **박영원**(朴永元, 1791~1854)

* 楚客(초객) : 굴원(屈原)을 형상화했다.
* 白鷗(백구) : 흰 갈매기, 흔히 사심(私心) 없는 자연물의 표상으로 형상화된다.

輕霏密灑綠江頭	가랑비에 촘촘하게 씻겨진 강변이 푸르고,
暮入蕭蕭楚客舟	저물녘 들어오는 쓸쓸한 초나라 나그네 배.
萬里烟波靑草渚	만 리에는 연기 파도와 푸른 풀의 모래섬,
白鷗得意未應愁[62]	백구만이 뜻을 얻어 시름겨워 하질 않네.

---

60) 正朝大王, 〈弘齋全書〉 卷二, 『韓國文集叢刊』 第262卷, 33쪽, 「瀟湘八景 癸巳」 '瀟湘夜雨'.
61) 金得臣, 「瀟湘夜雨」, 『澗松文華』 第25卷, 韓國民族美術史硏究所, 1983.
62) 朴永元, 〈梧墅集〉 冊五, 『韓國文集叢刊』 第302卷, 318쪽, 「瀟湘八景」 '瀟湘夜雨'.

63. **송래희**(宋來熙, 1791~1867)

一夕江湖暗浪生	밤새도록 강과 호수에 어두운 물결 일더니만,
疎篁滴瀝倍寒聲	성긴 대죽 물방울 떨어지며 찬 소리 배가 되네.
孤燈蓬底頻驚耳	외딴 등불은 봉창 아래 자주 귀를 놀라게 하니,
摠是離鄕遠客情[63]	모두가 고향을 떠나는 먼 나그네 심정이구나!

* 滴瀝(적력) : 물방울이 똑똑 떨어짐, 또는 물방울이 떨어지는 소리
* 客情(객정) : 객중(客中)의 정회(情懷)

64. **김시락**(金時洛, 1857~1896)

遠看如水細看雨	멀리 보면 물 같은데, 자세히 보니 빗물이고,
雨後靑峰江上數	비 내린 후 푸른 봉우리 강가 주변 두어 점.
二十五絃何處彈	스물다섯 줄 거문고를 어디에서 뜯어대는지,
亂篁叢裏神祠古[64]	어지러운 대숲 속에 신사만 오래되었네.

* 二十五絃(이십오현) : 전기(錢起, 722~780)의 「귀안(歸雁)」이라는 작품에 등장하는 표현이다. "瀟湘何事等閒回/水碧沙明兩岸苔/二十五絃彈夜月/不勝淸怨却飛來." 이 작품은 봄이 되어 소상강에서 북쪽으로 돌아가는 기러기를 노래한 작품이다. 공간적 배경 묘사와 함께 소상강에 전해 내려오는 전설을 함께 형상화한 작품이다. 봄이면 소상강 근처 형산(衡山) 회안봉(回雁峰)을 돌고 날아가는 기러기들의 형상에 순임금과 아황·여영, 그리고 초나라 굴원(屈原) 등의 고사를 포괄하고 있음을 알 수 있다.

* 정두경과 홍세태의 작품은 동일 작품이기에 소상야우(瀟湘夜雨)는 총 63작품임.

---

63) 宋來熙, 〈錦谷集〉 卷一, 『韓國文集叢刊』 第303卷, 107쪽, 「瀟湘八景 八首」 '瀟湘夜雨'.
64) 金時洛, 〈莊庵集〉 卷一, 「家有古藏瀟湘畫八帖, 家兄逐景題詠, 伏次其韻」 '瀟湘夜雨'.

고향 내지 모체 내부로 회귀 욕망

원포귀범

원포귀범遠浦歸帆을 노래한 한시는 53수에 이른다. 그리고 관련 시조 2수가 전해지고 있다. 원포귀범은 그동안 제목 자체에 대한 오역誤譯이 있었다. 원포귀범을 종래에는 대체로 "먼 포구로 돌아오는 배" 혹은 "멀리에서 포구로 돌아오는 배" 정도로 이해하고 있다. 그런데 이러한 국역國譯은 제목 자체의 실상과 다를 뿐만 아니라 작품의 실상과도 일치하지 않는다. 원포귀범은 원포와 귀범의 합성어로 볼 수 있다. 원포는 원遠이 포浦를 수식하는 관계로 먼 포구 혹은 멀리 있는 포구를 의미한다. 그리고 귀범은 돌아가는 배로 보아야 할 것이다. 귀범을 돌아가는 배가 아니라 돌아오는 배로 볼 경우에는 원포에 대한 국역이 옹색해진다. 원포귀범을 우리말로 옮길 때 고려할 점은 시점이다. 원포를 어떻게 해석할 것인가? '먼 포구' 내지는 '멀리 있는 포구'로 옮겨야 하는지 아니면 '멀리 포구로' 혹은 '멀리로부터 포구를 향해'로 해석하는 것이 옳은가 하는 문제가 대두된다.

요약하면, '원포'에서 '원'이 '포'를 수식하는 형용사로 볼 것인가?

아니면 부사로 볼 것인가? 하는 문제이다. '귀범歸帆'은 '돌아가는 배'로 볼 것인가 아니면 '돌아오는 배'로 볼 것인가 하는 문제가 남는다. 돌아가는 배와 돌아오는 배를 말할 때는 모두 발화자의 위치를 향한다는 점에서는 공통된다. 그러나 원포遠浦와 함께 해석할 때는 문제가 발생한다. '먼 포구로 돌아오는 배'보다는 '먼 포구로 돌아가는 배'로 보는 것이 사리에 맞는다. 작품의 실상도 이와 일치하고 있기 때문에 더더욱 그렇다.

원포귀범遠浦歸帆이라는 제목으로 창작된 시가와 회화에는 공통된 고사가 있다. 『세설신어世說新語』와 『진서晉書』, 「장한전張翰傳」에 따르면 남북조 시대의 진晉나라 장한이라는 사람과 관련된 고사이다. 장한은 자字가 계응季應이고, 시호諡號는 강동보병江東步兵이었다. 남북조 시대의 진나라 오군吳郡 사람이다. 제나라 왕을 보필해 '동조연東曹椽'이라는 벼슬에 있었다. 그런데 어느 날 가을바람이 불자 고향인 강동의 농어회와 순채국이 생각난다며 아무런 미련 없이 관직을 버리고 귀향했다. 고향인 오군 송강松江 지역으로 낙향하면서 하는 말이,

> "삶이란 뜻에 맞으면 그만이지, 고향에서 천 리나 떨어진 곳까지 멀리 나가, 하필 헛된 명예만을 구할 것인가? (人生貴得適意爾, 何能羈宦, 數千里以要名爵)."

라는 말을 남겼던 문인이다. 많은 수의 작품이 진나라 장한의 고사를 토대로 창작되고 있었음을 알 수 있다.[1] 뿐만 아니라 고산孤山

---

1) 일찍부터 장한(張翰)을 소재로 한 작품이 많았다. 그 가운데 이백의 「송장사인지강동(送張舍人之江東)」이라는 시가 있다. 그는 이 작품에서 장사인을 통해 옛적의 장한 고사를 언급하고 있다. "장한이 강동으로 갈 때에/마침 가을바람 불었네./맑은 하늘은 한 마리 기러기를 전송하고,/ 바다 관문에 외딴 배가 더디네./밝은 해는 서서히 지려하고,/푸른 물결 아득하니 기약하기 어렵네./오

윤선도尹善道는 강동江東으로 돌아가는 장한張翰을 위해 의작擬作하여 서序를 지었는데, 그 글에 이르기를, "사군자士君子가 이 세상을 살아감에는 출사出仕하고 은둔隱遁할 뿐이니, 출사하고 은둔하는 도道는 때에 맞게 할 뿐이다. 그러나 시비是非, 훼예毁譽, 승침昇沈, 득상得喪으로 그 마음이 동요하지 않아서 위로는 하늘을 원망하지 않고, 아래로는 사람을 탓하지 않아 분수에 편안한 것이 바로 철인哲人의 도이다. 그리하여 농사를 지으면서 자락自樂했던 자는 이윤伊尹이고, 낚시질에 의탁했던 자는 여상呂尙이고, 적송자赤松子를 따라 방외方外에서 노닐었던 자는 장량張良이고, 재물을 싣고 해도海島로 들어가 자신을 더럽혔던 자는 범려范蠡이다. 이 네 사람이 의탁한 대상은 비록 각기 달랐으나 세상이 좋아지면 나가서 도를 행하고 세상이 나빠지면 떠나가서 자신의 하고자 하는 바를 따른 점에 있어서는 똑같다. 나의 벗 장한은 강동 사람인데 종사관으로 있다가 어느 날 가을바람이 불어오자 고향인 강동 지방의 별미인 농어회와 순채 나물을 그리워하여 탄식하기를, '인생은 뜻에 맞음을 귀하게 여길 뿐이다. 부귀가 무슨 소용인가!' 하고는 마침내 벼슬을 버리고 고향으로 돌아갔다. 아! 출사할 만한 때인지 은둔할 때인지는 내가 알 수 있는 바가 아니다. 세상사로 자신의 지조를 바꾸지 않고 명성을 이루려고 하지 아니하여 은둔하여도 곤궁함을 걱정하지 않고 인정을 받지 못해도 근심하지 않아 미물微物에 흥興을 붙여 욕심 없이 자득自得함에 있어서는 그대의 하는 바가 네 사람에게 부끄러움이 없다고 할 만하다."[2]라는 기록이 전한다.

땅에서 달을 보게 되면,/천리 밖에서 행여 생각날까. (張翰江東去/正値秋風時/天淸一雁送/海闊孤帆遲/白日行欲暮/滄波杳難期/吳州如見月/千里幸相思)."

2) 윤선도(尹善道, 1587~1671), 『孤山遺稿』 卷五.

이와 같은 기록만 보더라도 장한의 고사를 통해서 시상을 전개하고 있는 원포귀범遠浦歸帆의 형상과 함의가 무엇인지 대략 짐작할 수 있는 대목이다.

원포귀범

1. **이인로**(李仁老, 1152~1220)

* 童童(동동) : 지엽(枝葉)이 무성한 모양, 지엽이 없는 모양
* 編蒲(편포) : 1. 부들포를 엮어 만든 돛폭, 2. 노온서(路溫舒)라는 사람이 가난하기 때문에 부들의 잎을 엮어 경서(經書)를 베낀 고사에서 나온 말로 '고학(苦學)'을 의미하기도 한다. 여기서는 전자의 의미로 사용되었다.

渡頭烟樹碧童童	나룻가 내 낀 초목 푸름이 무성하고,
十幅編蒲萬里風	열 폭 부들 돛폭에는 먼 곳 바람이네.
玉膾銀蓴秋正美	농어회와 순채국 맛 가을의 참맛이라,
故牽歸興向江東[1]	짐짓 돌아갈 흥에 끌려 강동 향하네.

* 玉膾銀蓴(옥회은순) : 남북조 시대의 진(晉)나라 장한(張翰)과 관련된 고사. 장한(張翰)은 자(字)가 계응(季應)이고, 시호(諡號)는 강동보병(江東步兵)이다. 남북조 시대의 진(晉)나라 오군(吳郡) 사람이다. 제나라 왕을 보필해 '동조연'이라는 벼슬에 있었는데, 어느 날 가을바람이 불자 고향인 강동(江東)의 농어회와 순채국이 생각나 아무 미련 없이 관직을 버리고 귀향했다. 고향인 오군(吳郡) 송강(松江) 지역으로 낙향하면서, "삶이란 뜻에 맞으면 그만이지, 고향에서 천 리나 떨어진 곳까지 멀리 나가, 하필 헛된 명예만을 구할 것인가?"라는 말을 남겼던 문인이다.
* 이백의 「송장사인지강동(送張舍人之江東)」이라는 시에서, 장사인을 통해 옛적의 장한 고사를 언급하고 있다. "장한이 강동으로 갈 때에/마침 가을바람 불었네./맑은 하늘은 한 마리 기러기를 전송하고,/바다 관문에 외딴 배가 더디네./밝은 해는 서서히 지려 하고,/푸른 물결 아득하니 기약하기 어렵네./오땅에서 달을 보게 되면,/천리 밖에서 행여 생각날까.(張翰江東去/正値秋風時/天淸一雁送/海闊孤帆遲/白日行欲暮/滄波杳難期/吳州如見月/千里幸相思)."

---

1) 李仁老, 『三韓詩龜鑑』 卷之中, '遠浦歸帆'. 『東文選』 卷二十, 「宋迪八景圖」 '遠浦歸帆'.

2. 이규보(李奎報, 1168~1241)

帆遠天遙水色滄	돛배 멀리 하늘가에 있고 물빛 푸르니,
未知舡與浪低昻	배와 물결 높고 낮음 알 수가 없구나.
不須更說如飛去	날듯이 가는 모습 더 말할 필요도 없이,
一轉頭間又轉茫[2]	한 번 머리 돌릴 사이에 또 아득해지네.

* 低昻(저앙) : 낮았다 높았다 함, 내려갔다 올라갔다 하는 모양

3. 이규보(李奎報, 1168~1241)

孤帆橫截海濤滄	외딴 배 가로지르는 바다 물결 푸르고,
又被風狂困激昻	드센 바람까지 맞아 격앙되어 곤란하네.
無限舟中辛苦態	배 안에서 고생하는 모습은 한이 없으나,
這邊閑望去茫茫[3]	여기서 한가롭게 바라보니 아득히 가네.

* 橫截(횡절) : 횡단(橫斷), 가로지름, 동서로 지나감.
* 激昻(격앙) : 감정이 격발하여 높아짐, 감정이 격해짐, 몹시 흥분함.
* 辛苦(신고) : 괴로움을 견디며 일함, 대단히 괴로움, 고생함, 매운 맛과 쓴 맛
* 茫茫(망망) : 넓고 멀어 아득한 모양

4. 이규보(李奎報, 1168~1241)

朝掛湘吳暮薊滄[4]	아침에 상오 떠나 저물녘 계창에 이르니,
須臾決失却昻昻	잠깐 동안에 멀리 가버려 볼 수 없구나.
片時未度相望處	잠시 동안 가까운 곳에 지나지 않았는데,
浦遠猶看入淼茫[5]	포구 멀리 여태 보니 넓은 곳 들어가네.

* 昻昻(앙앙) : 준마(駿馬)가 머리를 쳐들고 저벅저벅 걷는 모양, 뜻이 높고 뛰어난 모양, 밝은 모양
* 片時(편시) : 잠시(暫時)
* 淼茫(묘망) : 물이 한없이 넓은 모양

---

2) 李奎報, 〈東國李相國集〉 後集 卷六, 『韓國文集叢刊』 第2卷, 196쪽, 「次韻李平章仁植虔州八景詩幷序」 '遠浦歸帆'.

3) 李奎報, 위의 책, 197쪽, 「次韻李平章仁植虔州八景詩幷序」 '遠浦歸帆'.

4) 唐書有薊滄二州屬幽州節度('당서'에 "계주, 창주가 있는데 유주 절도에 속한다."하였다.)

5) 李奎報, 〈東國李相國集〉 後集 卷六, 『韓國文集叢刊』 第2卷, 198쪽, 「次韻李相國復和虔州八景詩贈」 '遠浦歸帆'.

5. 이규보(李奎報, 1168~1241)

* 洪溟(홍명) : 넓은 바다, 큰 바다
* 杳茫(묘망) : 아득하고 희미한 모양

未入洪溟大漭滄	출렁이는 큰 바다에 들어가기 전에,
已如人載帽微昂	이미 모자처럼 작게 보여 가물가물.
前帆度了後帆繼	앞 배 지나가자 다음 배가 뒤따르고,
任爾飛揚漸杳茫[6]	멋대로 떠가며 점점 아득해지누나.

6. 이규보(李奎報, 1168~1241)

* 海門(해문) : 해협(海峽), 육지와 육지 사이에 끼어 있는 바다의 움푹 파이고 좁은 부분
* 翹頸(교경) : 목을 빼고 바라봄, 머리를 들고 바라봄(翹首).
* 微茫(미망) : 흐릿한 모양, 모호한 모양, 희미한 모양, 아득한 모양

輕風引去海門滄	가벼운 바람 바다 관문 푸른 곳 끌고 가니,
帆與孤舟孰大昂	돛과 외딴 배 어느 것이 더 일렁이는가.
悔我未同船客去	후회스럽다! 내 손과 함께 배 타지 않고,
謾勞翹頸望微茫[7]	부질없이 목을 빼고 흐릿한 곳 바라보네.

7. 이규보(李奎報, 1168~1241)

* 瞥過(별과) : 잠깐 사이, 잠시 지나
* 茫茫(망망) : 넓고 멀어 아득한 모양

不歸淮汴即瀛滄[8]	회주 변주로 돌아가지 않고 영주 창주에 나아가니,
問爾何之首自昂	네게 묻노니 어디로 가느라 뱃머리 절로 일렁이나.
瞥過眼前無幾頃	잠깐 사이 눈앞을 지나더니 얼마 지나지 않았는데,
際天應獨水茫茫[9]	하늘 끝에선 응당 혼자일 테고 물만 멀고 아득하리.

---

6) 李奎報, 위의 책, 198쪽, 「相國嘗和示一首, 予每復以二首, 未知鈞鑒何如, 惶恐惶恐」 '遠浦歸帆'.

7) 李奎報, 위의 책, 200쪽, 「次韻復和李相國八景詩各一首」 '遠浦歸帆'.

8) 唐書又有瀛滄二州(〈당서〉를 보면, 또한 영주와 창주 두 주가 있다).

9) 李奎報, 〈東國李相國集〉 後集 卷六, 『韓國文集叢刊』 第2卷, 201쪽, 「次韻英上人見和」 '遠浦歸帆'.

8. **진 화**(陳澕, 1180~1215 추정)

萬頃湖波秋更闊	만 이랑 호수 물결 가을 더욱 공활한데,
微風不動琉璃滑	실바람도 불지 않아 유리처럼 매끄럽네.
江上高樓逈入雲	강가에 높은 누각 멀리 구름 속에 들었고,
憑欄客眼淸如潑	난간 기댄 나그네 눈은 씻은 듯이 맑구나.
俄聞輕櫓鳧鴈聲	노 젓는 소리 오리 기러기 소리 잠깐 듣고,
頃刻孤帆天一末	어느새 하늘 끝에 외딴 돛배가 보이네.
飛禽沒處水呑空	날짐승 사라진 곳에 강물은 하늘을 삼켰고,
獨帶淸光橫一髮[10]	홀로 맑은 빛 띠고 한 터럭으로 가로놓였네.

* 憑欄(빙란) : 난간에 기대다. 풍경을 감상하거나 누군가를 기다리는 행위로 형상화됨.
* 頃刻(경각) : 순식간에, 아주 짧은 시간에
* 一髮(일발) : 한 터럭, 여기서는 수평선 부근에 놓인 희미한 나룻배 한 척을 빗댐.

9. **이제현**(李齊賢, 1287~1367)

行舟賈客似兒童	배 부리는 장사꾼들은 아이들과 같아서,
香火人人乞順風	사람마다 제사 지내며 순풍을 소원하네.
賴是湖神能泛應	호수 신이 여러 사람 소원 이뤄준다 믿고서,
衆帆齊擧各西東[11]	모든 돛을 일제히 올려 각기 동서로 나가네.

* 香火(향화) : 제사(祭祀)의 별칭, 향을 피우는 불, 제사 때 올리는 향불
* 衆帆(중범) : 여러 척 돛단 배

---

10) 陳澕, 〈梅湖遺稿〉 卷四, 『韓國文集叢刊』 第2卷, 283쪽, 「宋迪八景圖」 '遠浦歸帆'.

11) 李齊賢, 〈益齋亂藁〉 卷三, 『韓國文集叢刊』 第2卷, 525쪽, 「和朴石齋·尹樗軒用銀臺集瀟湘八景韻(石齋名孝修, 樗軒名奕)」 '遠浦歸帆', 작품 끝에 "洞庭湖神 分風送舟(동정호 신이 바람을 나누어 배를 보낸다)"라고 기록되어 있다.

10. 이제현(李齊賢, 1287~1367)

* 片片(편편) : 가볍게 나는 모양, 여러 조각이 된 모양
* 趁(진)은 趂(진)과 같은 한자이다.
* 奔騰(분등) : 뛰어 오름, 물건 값이 갑자기 올라감.
* 雪花(설화) : 눈송이, 눈을 꽃에 비유한 말, 눈같이 흰 꽃

南浦寒潮急	남쪽 포구에는 찬 조수가 다급하고,
西岑落日催	서쪽 산봉우리 지는 해가 재촉하네.
雲帆片片趁風開	구름 돛배 나는 듯 바람 따라 열려,
遠映碧山來	멀리로 비치는 푸른 산이 다가오네.
出沒輕鷗舞	출몰하는 갈매기 경쾌한 춤을 추고,
奔騰陣馬回	뛰어 오른 늘어선 말들이 돌아오네.
船頭浪吐雪花堆	뱃머리 물결 토해 눈송이가 쌓였고,
畫鼓殷春雷[12]	봄날 우레같이 큰 북소리 그렸네.

11. 이제현(李齊賢, 1287~1367)

* 楊舲(양령) : 작은 배, 버드나무로 만든 봉창이 있는 작은 배
* 颯颯(삽삽) : 바람이 쌀쌀하게 부는 소리, 비가 쏟아지는 소리
* 帆席(범석) : 돗자리로 만든 돛
* 危檣(위장) : 높은 돛대
* 斷送(단송) : 헛되이 보냄, 허송(虛送)함.

解纜離淮甸	닻줄 풀어 회수 땅을 떠나가고,
楊舲指楚鄉	작은 배 초나라 고장 향해 가네.
風聲颯颯水茫茫	바람 소리 쌀쌀 물은 아득하고,
帆席上危檣	돗자리 돛이 높은 돛대 올랐네.
斷送浮雲影	뜬구름 그림자 헛되이 보내고는,
驚廻過鴈行	놀라서 돌며 지나는 기러기 행렬.
江樓紅袖倚斜陽	강가 누대 미인 석양에 기대 있어,
遠引客心忙[13]	멀리 나그네 마음 바쁘게 당기네.

12) 李齊賢, 〈益齋亂藁〉 卷十, 위의 책, 608쪽, 「巫山一段雲 瀟湘八景」 '遠浦歸帆'.
13) 李齊賢, 위의 책, 609쪽, 「巫山一段雲 瀟湘八景」 '遠浦歸帆'.

12. **만 우**(卍雨, 1357~未詳)

千里蓴方美	천리 고향 순채국 정녕 맛좋아,
東吳客大忙	동오 나그네는 무척 바쁘시네.
拏舟葦間去	배를 잡고 갈대 사이로 나가니,
蕭瑟朔風長[14]	소슬한 겨울바람이 길기만 하네.

* 千里蓴方美(천리순방미) : 남북조 시대의 진(晉)나라 장한(張翰)과 관련된 고사. 장한은 자(字)가 계응(季應)이고, 시호(諡號)는 강동보병(江東步兵)이다. 남북조 시대의 진나라 오군(吳郡) 사람이다. 제나라 왕을 보필해 '동조연'이라는 벼슬에 있었는데, 어느 날 가을바람이 불자 고향인 강동(江東)의 농어회와 순채국이 생각나 아무 미련 없이 관직을 버리고 귀향했다. 고향인 오군(吳郡) 송강(松江) 지역으로 낙향하면서, "삶이란 뜻에 맞으면 그만이지, 고향에서 천 리나 떨어진 곳까지 멀리 나가, 하필 헛된 명예만을 구할 것인가?"라는 말을 남겼던 문인이다. * 이백의 〈송장사인지강동(送張舍人之江東)〉이라는 시에서, 장사인을 통해 옛적의 장한 고사를 언급하고 있다. "장한이 강동으로 갈 때에/마침 가을바람 불었네./맑은 하늘은 한 마리 기러기를 전송하고,/바다 관문에 외딴 배가 더디네./밝은 해는 서서히 지려 하고,/푸른 물결 아득하니 기약하기 어렵네./오땅에서 달을 보게 되면,/천리 밖에서 행여 생각날까(張翰江東去/正値秋風時/天淸一雁送/海闊孤帆遲/白日行欲暮/滄波杳難期/吳州如見月/千里幸相思)."

13. **강석덕**(姜碩德, 1395~1459)

淸秋極浦逈連天	맑은 가을 먼 포구 하늘 끝에 닿았고,
欸乃一聲若箇邊	뱃노래 한 곡조는 어느 곳 주변인가.
日落風輕蘋滿水	해지고 바람 엷고 부평초 물에 가득하고,
片帆飛過碧山前[15]	조각 배 푸른 산 앞을 나는 듯 지나가네.

* 제1행의 '秋'가 『匪懈堂瀟湘八景詩帖』에는 '秋'의 古字인 '龝(추)'로 표기되어 있다.
* 極浦(극포) : 먼 데까지 뻗쳐 있는 개펄, 아득한 곳의 포구
* 若箇(약개) : 어디, 어느 곳, 몇, 그것, 그 등의 의미로 사용된다.

* 欸乃一聲(애내일성) : "欸乃一聲山水綠(애내일성산수록)"이라 하여, 유종원(柳宗元, 773~819)의 「어옹(漁翁)」에 등장하는 표현이다. "漁翁夜傍西巖宿/曉汲淸湘燃楚竹/煙銷日出不見人/欸乃一聲山水綠/迴看天際下中流/巖上無心雲相逐."

---

14) 千峯, 『匪懈堂瀟湘八景詩帖』, 「遠浦歸帆」.

15) 姜碩德, 『東文選』 第22卷, 「瀟湘八景圖有宋眞宗宸翰」 '遠浦歸帆'.

14. **최 항**(崔恒, 1409~1474)

* 渺渺(묘묘) : (주로 물 따위가) 끝없이 넓어 아득하게 보이는 모습
* 鐘鼎(종정) : 종과 가마솥, '종명정식(鐘鳴鼎食)'의 준말로 부귀한 사람의 살림을 이르는 말

渺渺蒼波不見洲	아득히 푸른 물결 육지는 보이지 않고,
征帆一片下中流	한 조각 돛단배 물결 가운데 내려오네.
烏飛浦口纔聞櫓	까마귀 나는 포구 겨우 노 젓는 소리 듣고,
鷗沒天涯已失舟	새는 하늘 끝에 잠겼고 배는 이미 잃었네.
千里蓴鱸乘逸興	천리 길 순채와 농어 빼어난 흥취를 탔고,
百季鐘鼎寄微漚	백년의 부귀영화 미세한 물거품에 부치네.
行行過盡楚山下	가고 가며 모조리 지났어도 초산 아래인데,
暮聽斷猿何處留[16]	저녁에 듣는 애끊는 잔나비 소리 어디서 머무나.

15. **성삼문**(成三問, 1418~1456)

遠水平如練	먼 곳 물은 비단결처럼 평온하고,
輕帆疾似禽	가벼운 돛단배는 새처럼 질주하네.
何令盛代士	어찌 지금 태평성대 선비로 하여금,
遽起討蓴心[17]	갑작스레 장한의 순심을 일으키나.

* 蓴心(순심) : 순채 생각, 남북조 시대의 진(晉)나라 장한(張翰)과 관련된 고사. 장한은 자(字)가 계응(季應)이고, 시호(謚號)는 강동보병(江東步兵)이다. 남북조 시대의 진나라 오군(吳郡) 사람이다. 제나라 왕을 보필해 '동조연'이라는 벼슬에 있었는데, 어느 날 가을바람이 불자 고향인 강동(江東)의 농어회와 순채국이 생각나 아무 미련 없이 관직을 버리고 귀향했다. 고향인 오군 송강(松江) 지역으로 낙향하면서, "삶이란 뜻에 맞으면 그만이지, 고향에서 천 리나 떨어진 곳까지 멀리 나가, 하필 헛된 명예만을 구할 것인가?"라는 말을 남겼던 문인이다.

---

16) 崔恒, 『匪懈堂瀟湘八景詩帖』, 遠浦歸帆.
17) 成三問, 〈成謹甫集〉 卷一, 『韓國文集叢刊』 第10卷, 184쪽, 「瀟湘八景」 '遠浦歸帆'.

16. **이승소**(李承召, 1422~1484)

海門潮上遠帆開	해협 조수 위로 먼 돛단배가 열리면,
万里長風借便回	만 리 오랜 바람 편히 빌려 돌아오네.
紅日下山天欲暮	붉은 해 산에 지니 하늘이 저물려 하고,
江頭稚子望皈來[18]	강가에 아이들은 돌아오기를 기다리네.

* 海門(해문) : 해협(海峽), 육지와 육지 사이의 바다
* 稚子(치자) : 어린 아이들
* 皈(귀)는 歸(귀)와 같은 한자임.

17. 이승소(李承召, 1422~1484)

遠水兼天淨	멀리 물은 하늘과 함께 맑고,
長風特地催	긴 바람이 일부러 재촉하네.
蒲帆晩帶落霞開	부들 돛이 지는 저녁놀 띄고 열려,
飛影過江來	날아가는 그림자 강을 건너오네.
更逐寒潮上	차가운 조수 다시 좇아 오르더니,
還隨返照回	도리어 석양을 따라 돌아오네.
船頭驚鴈起沙堆	뱃머리 놀란 기러기 모래밭 날아가고,
劈浪響如雷[19]	물결을 부수는 소리가 우레 소리 같네.

* 特地(특지) : 일부러, 특별히, '地'는 조사
* 船頭(선두) : 뱃머리

18) 李承召, 〈三灘集〉 卷九, 『韓國文集叢刊』 第11卷, 461쪽, 「題畵屛」 '遠浦歸帆'.
19) 李承召, 위의 책, 467쪽, 「次益齋瀟湘八景詩韻 巫山一段雲」 '遠浦歸帆'.

18. **강희맹**(姜希孟, 1424~1483)

* 咽咽(인인) : 빨리 치는 북소리
* 蓬蓬(봉봉) : 바람이 부는 모양, 무성한 모양
* 鼉鼓(타고) : 북의 일종, 악어 껍질로 메운 북
* 微茫(미망) : 흐릿한 모양, 모호한 모양

咽咽汀潮上	물가 조수 위로 빨리 치는 북소리,
蓬蓬鼉鼓催	바람 불어 무성히 둥둥둥 재촉하네.
湖平風熟衆帆開	호수 바람 잔잔해 뭇 배 돛을 펼치니,
隱然鏡光來	위엄 있는 달빛이 스며드네.
縹渺鷗邊闊	희미하던 갈매기는 변두리로 멀어지고,
微茫烟際回	흐릿한 연기와 안개만이 휘감아 도네.
羣檣繫纜白沙堆	여러 돛대에 감긴 닻줄과 흰 모래언덕,
江殷地中雷[20]	강물 출렁이며 땅속으로 세차게 흐르네.

19. **어세겸**(魚世謙, 1430~1500)

* 浪花(낭화) : 물결이 서로 부딪쳐 흩어지는 모양을 꽃에 비유하여 이른 말
* '뇌택(雷澤)'은 중국의 순(舜) 임금이 고기 잡던 곳이다.

十幅迎潮擧	조수를 맞아 열 폭 돛이 올라가니,
雙橈鼓柂催	두 개 노와 키 두드리며 재촉하네.
浪花飛雪棹頭開	포구 열고 노 저으니 물거품 눈처럼 날고,
萬里好歸來	만 리나 되는 길을 잘도 가고 잘도 오네.
風利難敎泊	바람이 이롭기에 머무르게 하기 어렵고,
波恬未擬回	물결도 고요하니 돌아올 생각하지 않네.
遙岑帆外露微堆	먼 봉우리 돛배 너머 흐릿한 두둑 드러나니,
應是澤名雷[21]	응당 연못의 이름은 뇌택雷澤이겠구나.

---

20) 姜希孟, 〈私淑齋集〉 卷五, 『韓國文集叢刊』 第12卷, 67쪽, 「瀟湘八景」 '遠浦歸帆'.
21) 魚世謙, 〈咸從世稿〉 卷七, 「次益齋八景」 '遠浦歸帆'.

20. **김시습**(金時習, 1435~1493)

一葉扁舟泛渺茫	한 조각 돛단배는 멀리 아득하게 떠나가고,
輕帆穿入荻花鄉	가벼운 돛단배 갈대꽃 핀 곳 뚫고 들어가네.
遙遙七澤歸程遠	아득한 칠택에서 돌아가는 과정은 멀고,
渺渺三湘去意忙	머나먼 삼상으로 가려는 생각 바빠지네.
風正緊時飛似箭	바람에 바로 얽히어 화살처럼 날아가는데,
浪初喧處漾如狂	물결이 처음엔 시끄럽다 미친 듯 출렁이네.
夕陽暝色人千里	석양이 어두운 빛인데 사람은 천 리에서.
欸乃數聲歌短長[22]	뱃노래 두어 곡조를 길고 짧게 노래하네.

* 三湘(삼상) : 1. 지명으로는 상향(湘鄕), 상담(湘潭), 상음(湘陰)을 말한다. 2. 강의 이름으로는 원상(沅湘), 소상(瀟湘), 증상(蒸湘)을 말한다. 3. 『長沙府志』에는 리상(灕湘), 소상(瀟湘), 증상(蒸湘)으로 기록되어 있다. 결국 소상강(瀟湘江) 유역을 언급하는 의미로 해석할 수 있다.

* 七澤(칠택) : 운몽택(雲夢澤)을 포함해 초나라 지역에 있던 일곱 개의 호수. 사마상여(司馬相如)의 「자허부(子虛賦)」에 "제가 듣자니 초나라 땅에는 칠택이 있다고 합니다만 저는 그 가운데 하나만 보았고, 나머지는 아직 보지 못했습니다(臣聞楚有七澤, 嘗見其一, 未睹其餘也)."라는 기록이 보인다.
* 欸乃(애내) : 뱃노래. 일설에는 노 젓는 소리라고도 한다. "欸乃一聲山水綠(애내일성산수록)"이라는 표현이 유종원(柳宗元, 773~819)의 「어옹(漁翁)」에 등장한다. "漁翁夜傍西巖宿/ 曉汲清湘燃楚竹/煙銷日出不見人/欸乃一聲山水綠/迴看天際下中流/巖上無心雲相逐."

21. **성종대왕**(成宗, 1457~1494)

納納乾坤大	하늘과 땅을 크게 감싸 안았고,
溶溶江水流	강물은 도도하게 흘러가는구나.
山川供遠眼	산천은 멀리로 눈에 들어오고,
風日送扁舟	바람과 해 조각배를 전송하는구나.
一葉天涯影	일엽편주 하늘가의 그림자가,
多生水上漚	물가에 거품을 많이 만드는구나.

* 納納(납납) : 1. 포용하는 모양, 휩싸들이는 모양, 2. 젖은 모양, 축축한 모양
* 溶溶(용용) : 강물이 넓고 조용히 흐르는 모양, 강물이 도도하게 흐르는 모양

22) 金時習, 〈梅月堂集〉 卷六, 『韓國文集叢刊』 第13卷, 194쪽, 「遠浦歸帆」.

落帆何處是	돛을 내릴 곳 어느 곳이 옳은지,
月白且停留[23]	달 밝으니 또한 머무를까 싶구나.

22. 성종대왕(成宗, 1457~1494)

* 蒼蒼(창창) : 빛이 새파란 모양, 초목이 나서 푸릇푸릇한 모양, 하늘이 개어 맑은 모양
* 日日(일일) : 날마다, 매일

風起靑帆後	바람이 푸른 돛에 일어난 뒤로,
從飛萬里流	바람 따라 만 리를 날 듯 흐르네.
千峯呼吸過	천 봉우리 한 번 숨쉬자 지나니,
知是夕陽舟	석양 실은 배인 것을 알겠구나.
烟霧蒼蒼際	연기와 안개가 창창한 사이로는,
波濤日日漚	물결과 파도가 날마다 선명하네.
湖光淸興盡	호수 빛은 흥취가 다하도록 맑은데,
何以爲魚留[24]	어째서 물고기가 산다고 말하는가.

23. 정희량(鄭希良, 1469~未詳)

* 猩猩(성성) : 1. 원숭이, 2. 붉은 빛, 진한 빨강
* 鏡面(경면) : 거울이 비치는 면
* 玻瓈(파려) : 유리, 수정, 칠보의 하나

渡頭楓林霜半破	나루터 단풍 숲은 서리 맞아 반쯤 지고,
海風吹滴猩猩血	바닷바람 불어서 붉은 핏빛 물들이네.
秋光上下鏡面平	위아래로 가을빛에 호수 면은 평온하고,
一片鑄出玻瓈碧	한 조각을 펼쳐내니 유리처럼 푸르네.
隔岸眠鷗忽驚起	언덕 너머 잠든 갈매기 홀연 놀라 날아가고,

---

23) 成宗, 『列聖御製』 第九篇, 「瀟湘八景」 '遠浦歸帆'.
24) 成宗, 위의 책.

客帆飛來隨鳥沒	나그네 배가 날 듯 오다 새를 따라 사라지네.
落日蒼茫何處宿	해 지자 아득하니 어느 곳에 머무를까,
短笛數聲山水綠[25)]	짧은 피리 몇 가락에 산수만이 푸르네.

* 短笛(단적) : 짧은 피리

24. **홍언필**(洪彦弼, 1476~1549)

隱隱平江抱遠山	은은하고 평온한 강 먼 산까지 감싸고,
歸帆一片水雲間	돌아가는 배 한 척 물과 구름 사이라네.
閒隨煙際沙鷗颺	연기 끝 틈을 따라 모래밭 갈매기 날아가고,
已隱遙岑古樹攢	아득히 먼 봉우리에 오래된 나무 모여 있네.
數闋漁歌聲更迥	어부가 서너 곡 마치자 소리 다시 멀어지고,
半江明月照逾寒	강 중심에 밝은 달은 더욱 차갑게 비추네.
扶笻岸幘擡雙眼	언덕 위에 지팡이 짚고 두 눈 치켜 들어올리니,
擬向靑霄控紫鸞[26)]	푸른 하늘 자줏빛 난새 당기려 하나 의심하네.

* 漁歌(어가) : 어부의 노래, 어부가
* 扶笻(부공) : 지팡이를 짚다.
* 岸幘(안책) : 언덕 정상, 언덕 꼭대기
* 擬向(의향) : ~하려 하다.

25. **이 행**(李荇, 1478~1534)

前帆帶後帆	앞선 배와 뒤따르는 배가 띠를 이루고,
遠浦連近浦	먼 포구는 가까운 포구에 잇닿아 있네.
軒軒風意王	춤을 추듯 부는 바람 천왕 뜻이니,
半側垂天羽	반쯤 기운 채 하늘 깃털 드리우네.

* 軒軒(헌헌) : 춤추는 모양, 득의한 모양, 출중한 모양, 높이 무리에 뛰어난 모양
* 急須(급수) : 술을 빨리 데우기 위해 사용하는 냄비

---

25) 鄭希良, 〈虛庵遺集〉 卷一, 『韓國文集叢刊』 第18卷, 13쪽, 「瀟湘八景」 '遠浦歸帆'.
26) 洪彦弼, 〈默齋集〉 卷一, 『韓國文集叢刊』 第19卷, 216쪽, 「瀟湘八景」 '遠浦歸帆'.

村家互指點　　마을 집 함께 가리키는 지점에는,
物色粲可數　　물색을 셀 수 있을 만큼 선명하네.
急須掃林亭　　술 데우는 냄비로 숲 속 정자 쓸어내고,
斗酒相勞苦[27]　　한 말 술로는 서로의 고단함 위로하네.

26. **신광한**(申光漢, 1484~1555)

* 漠漠(막막) : 아주 넓어 끝이 없는 모양
* 遙遙(요요) : 먼 모양, 아득한 모양, 멀리 가는 모양
* 捩柁(렬타) : 키를 틀어서 배의 방향을 돌림, 전타(轉柁)
* 長年(장년) : 1. 오랜 해, 2. 노년, 3. 장수, 4. 뱃사공, 여기서는 뱃사공의 의미

漠漠煙迷浦　　끝없는 연기 가물거리는 포구,
遙遙水拍天　　아득한 물 하늘을 어루만지네.
檣梢斜日亂帆懸　　돛대 끝에 비낀 해 흔들리는 돛을 매달고,
何處遠來船　　멀리서 오는 배는 어디에서 오는가.
和鴈浮空外　　화락하는 기러기 하늘 너머 떠돌고,
連山映渚邊　　연이은 산들이 모래섬 주변 비추네.
開頲捩柁最堪憐　　뱃머리 열고 키 비틀며 가장 가여운 모습,
黃帽是長年[28]　　누런 모자 쓰고 있는 뱃사공이로구나.

27. **소세양**(蘇世讓, 1486~1562)

* 極浦(극포) : 먼 데까지 뻗쳐 있는 개펄, 아득한 곳의 포구
* 五湖(오호) : 중국 태호(太湖) 근방에 있는 다섯 개의 호수

極浦杳無涯　　아득한 포구 어두워 끝이 없고,
平波息纖纊　　평온한 물결 가는 솜이 숨을 쉬듯.
帆影轉西風　　배 그림자 가을바람에 옮겨가고,

27) 李荇, 〈容齋集〉 卷三, 『韓國文集叢刊』 第20卷, 395쪽, 「瀟湘八景」 '遠浦歸帆'.
28) 申光漢, 〈企齋集〉 別集 卷七, 『韓國文集叢刊』 第22卷, 465쪽, 「瀟湘八詠」 '遠浦歸帆'.

三三復兩兩　　삼삼오오 거듭하며 짝지어 다니네.
誰能五湖遊　　누가 오호에서 노닐 수 있겠는가,
魚鳥恣心賞[29]　　고기 새들이 마음대로 감상한다네.

28. 소세양(蘇世讓, 1486~1562)

五五復三三　　배들은 삼삼오오 떼 지어 다니고,
編浦風自擧　　포구 엮은 바람은 절로 오르네.
波平一片遲　　평온한 물결위로 조각배만 더디니,
莫是江東去[30]　　강동으로 가는 것은 아니네.

* 江東去(강동거) : 남북조 시대의 진(晉)나라 장한(張翰)과 관련된 고사. 장한은 자(字)가 계응(季應)이고, 시호(謚號)는 강동보병(江東步兵)이다. 남북조 시대의 진나라 오군(吳郡) 사람이다. 제나라 왕을 보필해 '동조연'이라는 벼슬에 있었는데, 어느 날 가을바람이 불자 고향인 강동(江東)의 농어회와 순채국이 생각나 아무 미련 없이 관직을 버리고 귀향했다. 고향인 오군 송강(松江) 지역으로 낙향하면서, "삶이란 뜻에 맞으면 그만이지, 고향에서 천 리나 떨어진 곳까지 멀리 나가, 하필 헛된 명예만을 구할 것인가?"라는 말을 남겼던 문인이다. 시인이 강동으로 가는 것이 아니라고 한 이유는 만일 강동으로 가는 것이라면 아무런 미련 없이 훌훌 시원스레 떠나야 하는데, 물결도 잔잔하다고 했는데, 배가 더딘 것은 아무래도 장한이 고향으로 급하게 가는 마음과는 거리가 있기 때문에 강동을 향하는 것은 아니라고 보았다.

29. 정사룡(鄭士龍, 1491~1570)

巖回木老閟招提　　바위 감은 나무 늙고 절은 문이 닫혀 있고,
谷口烟蘿逕欲迷　　골짝 어귀 내 낀 덩굴로 작은 길 모르겠네.
俯視長洲船兩兩　　긴 모래섬 굽어보니 배 두 척이 동시에,
晩帆風飽入前溪[31]　　저물녘 돛에 바람 안고 앞쪽 계곡 들어가네.

* 招提(초제) : 사찰, 절
* 兩兩(양량) : 둘씩, 둘이 모두

29) 蘇世讓, 〈陽谷集〉 卷一, 『韓國文集叢刊』 第23卷, 309쪽, 「書洪古阜春年畵屛」 '遠浦歸帆'.
30) 蘇世讓, 〈陽谷集〉 卷十, 위의 책, 440쪽, 「瀟湘八景」 '遠浦歸帆'.

30. **조 욱**(趙昱, 1498~1557)

* 長江(장강) : 양자강(揚子江)의 별칭, 대강(大江)이라고도 한다.
* 篙工(고공) : 뱃사공, 사공
* 倚船(의선) : 배에 기대다.
* 竹枝歌(죽지가) : 당나라 때 유몽득(劉夢得)이 창작한 노래로 가사(歌詞)의 한 형식이다. 주로 남녀의 정사(情事)나 지방의 풍속(風俗)을 읊었다.

長江一道淨如練	장강 한 길 깨끗함이 비단 같고,
數幅風帆勢半斜	바람 맞은 수폭 돛 형세 반쯤 기우네.
省得篙工多小力	사공은 얼마나 힘 드는 줄 깨닫고서,
倚船閑唱竹枝歌[32]	배에 기대 「죽지가」 부르다 멈추네.

31. **이정암**(李廷馣, 1541~1600)

* 楓落(풍낙) : 단풍이 지다. 단풍이 낙엽되다.
* 晩風(만풍) : 저녁 바람

楓落吳江上	단풍나무 오강 변에 떨어지고,
浦帆送晩風	포구 돛배 저녁바람 보내오네.
惟須數行鴈	단지 서너 줄 기러기 헤아리니,
和影點寒空[33]	추운 하늘 그림자와 점이 되네.

32. **이수광**(李睟光, 563~1628)

* 忽驚(홀경) : 홀연 놀라다.
* 烟外(연외) : 내가 낀 지역 너머, 안개 낀 지역 건너편

野曠風還有	거친 들판에는 바람만이 돌아들고,
江空兩似無	강과 하늘 모두 없는 듯하구나.
忽驚眠鷺起	잠든 해오라기 홀연 놀라 깨어나고,
烟外晩帆孤[34]	내 낀 너머 저물녘 돛단배만 외롭네.

---

31) 鄭士龍, 〈湖陰雜稿〉 卷六, 『韓國文集叢刊』 第25卷, 189쪽, 「奉題工曹尹判書屛」 '遠浦歸帆'.
32) 趙昱, 〈龍門集〉 卷三, 『韓國文集叢刊』 第28卷, 199쪽, 「溢之求八景之作率爾錄呈」 '遠浦歸帆'.
33) 李廷馣, 〈四留齋集〉 卷一, 『韓國文集叢刊』 第51卷, 253쪽, 「題畵屛瀟湘八景」 '遠浦歸帆'.
34) 李睟光, 〈芝峰集〉 卷一, 『韓國文集叢刊』 第66卷, 16쪽, 「遠浦歸帆」.

33. **이홍유**(李弘有, 1588~1673)

依微遠浦水盈盈	흐릿하게 먼 포구 물결은 넘실넘실,
一陣檣烏百丈輕	한 줄로 늘어선 돛대 백 길이 가볍네.
出歿片帆風與便	출몰하는 조각배 바람이 주는 편리함,
天連雲海杳前程[35]	하늘 맞닿은 구름바다 앞길이 아득하네.

* 依微(의미) : 희미하고 먼 모양
* 檣烏(장오) : 돛대
* 盈盈(영영) : 넘쳐흐르는 모양, 예쁘게 단장한 모양
* 前程(전정) : 앞길, 전도(前途)

34. **윤순지**(尹順之, 1591~1666)

搖漾春江帶夕暉	넘실넘실 봄 강물은 석양빛을 둘렀고,
輕舠如馬過依依	가벼운 배 말과 같이 희미하게 지나네.
風添帆腹檣烏穩	바람이 돛배에 더하니 돛대가 평온하고,
棹拂波心渚鳥飛	물결 속에 노 저으니 물가 새가 날아가네.
蘋浦轉來涼雨在	마름 풀 포구에는 서늘한 비 옮겨오고,
柳橋穿入暮雲歸	능수다리 뚫고 들어간 저녁 구름 돌아가네.
端居有客無舟楫	일상의 한 나그네 배와 노가 없었던지,
欲向漁人問釣磯[36]	어부 향해 낚시 도구 묻는 듯하구나!

* 搖漾(요양) : 물이 움직이는 모양, 물고기가 헤엄쳐 움직이는 모양
* 依依(의의) : 확실하지 않은 모양, 희미한 모양, 흐릿한 모양
* 棹拂(도불) : 노를 떨쳐 올리다. 노를 젓다.
* 波心(파심) : 물결의 중심, 물결 속
* 端居(단거) : 일상생활, 평상시, 평상

---

35) 李弘有, 〈遯軒集〉 卷三, 「題瀟湘八景畵屛, 又寫八詠」 '遠浦歸帆'.

36) 尹順之, 〈涬溟齋詩集〉, 『韓國文集叢刊』 第94卷, 539쪽, 「遠浦歸帆」.

35. **정두경**(鄭斗卿, 1597~1673)

* 吳楚(오초) : 오나라와 초나라
* 孤帆(고범) : 외딴 배

洞庭湖闊水連天　동정 호수 광활하여 수평선이 하늘에 닿고,
吳楚東南望渺然　오초의 동남쪽을 바라보니 멀리로 아득하네.
一片歸舟向何處　일엽편주 돌아가는 배 어느 곳을 향하는가,
孤帆影盡白雲邊37)　외딴 배 그림자 흰 구름 가로 모조리 사라지네.

36. **하 진**(河溍, 1597~1658)

* 錦紋(금문) : 비단 무늬
* 趁(진)은 趂(진)과 동자(同字)

前江風定錦紋平　앞강 바람 비단 무늬 평온함을 만들고,
江上漁人送一生　강 위 어부 한평생을 보내는구나.
浦口夕陽移晩棹　포구에 석양빛 저물녘 노 저어 이동하며,
荻花深處趂魚行38)　억새꽃 깊은 곳에 물고기 행렬 좇는구나.

---

37) 鄭斗卿, 〈東溟集〉 卷二, 『韓國文集叢刊』 第100卷, 409쪽, 「題瀟湘八景圖」 '遠浦歸帆'. 이 작품은 洪滄浪, 〈瀟湘八景詩歌抄〉 31쪽에도 수록되어 있다. 〈瀟湘八景詩歌抄〉는 우리나라의 문헌이 아니라 일본에서 1688년에 간행된 책이다. 이 책에는 일본인들이 노래한 소상팔경 한시와 그림이 함께 수록되어 있다. 우리나라 사람으로는 유일하게 홍창랑(洪滄浪)이라는 이름으로 8수가 실려 있다. 여기서 '홍창랑'은 홍세태를 의미한다. 그러나 이 작품들은 모두 정두경(鄭斗卿, 1597~1673)의 〈동명집(東溟集)〉에 실려 있는 작품과 동일하다. 여러 정황으로 미루어 보건대, 홍세태(洪世泰, 1653~1725)가 정두경에 비해 56년 뒤에 태어났다는 점, 또 다른 기록으로 보아 홍세태가 일본에 갔던 것은 사실이다. 일본 문인들과 '소상팔경'을 소재로 창작하는 과정에서 정두경의 작품을 그대로 노래했던 것이 일본에서 제작된 〈瀟湘八景詩歌抄〉라는 책에 수록된 것으로 보인다.

38) 河溍, 〈台溪集〉 卷三, 『韓國文集叢刊』 第101卷, 100쪽, 「遠浦歸帆」.

37. **김홍욱**(金弘郁, 1602~1654)

夕潮初上江門濶　저녁 조수 처음 오르니 강문이 넓어지고,
冥冥獨鳥歸飛急　먼 하늘 새 한 마리 급히 날아 돌아가네.
斜陽欲落未落處　비낀 해 지려는데 아직 지지 않은 곳에,
忽有孤帆破天末　문득 외딴 배 한 척 하늘 끝을 깨뜨렸네.
蒼茫島嶼有無間　창망한 섬들이 그 사이에 있는지 없는지,
岸斷沙廻互出沒　언덕 끊겨 모래 빙빙 돌며 서로 출몰하네.
非無一棹與君歸　한 개 노가 없지 않아 그대와 함께 돌아갈지라도,
世亂不忍辭魏闕[39]　세상 어지러움을 차마 조정에는 말하지 못하겠네.

* 冥冥(명명) : 어두운 모양, 드러나지 아니하고 은미한 모양, 먼 하늘, 마음에 자연히 느끼는 모양, 조용하고 정성스러운 모양
* 蒼茫(창망) : 넓고 멀어서 푸르고 아득한 모양
* 魏闕(위궐) : 높고 큰 문이란 뜻으로 대궐의 정문, 조정(朝廷)의 의미로 사용됨.

38. **구 음**(具崟, 1614~1683)

百頃靴紋漾夕暉　백 이랑 꽃신 무늬 석양빛에 출렁이고,
去船來舶簇成圍　가고 오는 배 둥그렇게 주위를 두르네.
雲帆取次隨風散　구름 돛배 차례대로 바람 따라 흩어지고,
鷁首差池帶鴈飛　뱃머리 들쑥날쑥 기러기 떼가 날아가네.
陣馬近排前浦密　진마陣馬 근처 밀치니 앞 포구 빽빽하고,
檣烏漸過遠山稀　돛대 점점 지나가니 먼 산이 희미해지네.
湖神泛應還多事　호수의 신 널리 응해도 도리어 일이 많아,
分送東南各有歸[40]　동쪽 남쪽 돌아갈 곳 각각 나눠 보내네.

* 鷁首(익수) : '익(鷁)'이라는 물새의 형상을 배의 머리에 그리거나 새긴 배이다. 풍파를 잘 견디어 내므로 이 새를 뱃머리에 장식한다고 한다.
* 差池(치지) : 고르지 않은 모양, 가지런하지 않은 모양
* 檣烏(장오) : 돛대

---

39) 金弘郁, 〈鶴洲全集〉 卷四, 『韓國文集叢刊』 第102卷, 37쪽, 「次權進士昱瀟湘八景八首」 '遠浦歸帆'.
40) 具崟, 〈明谷先生文集〉 卷二, 「瀟湘八景」 '遠浦歸帆'.

39. **박세당**(朴世堂, 1629~1703)

* 晩來(만래) : 1. 저녁 때, 2. 늙었음
* 風色(풍색) : 천기, 날씨, 경치, 안색
* 極目(극목) : 시력이 미치는 한, 멀리 바라봄
* 茫茫(망망) : 넓고 멀어 아득한 모양
* 泛泛(범범) : 물 위에 뜬 모양
* 飄飄(표표) : 바람이 부는 모양, 정처 없이 떠도는 모양, 바람에 가볍게 나부끼는 모양
* 五湖(오호) : 중국 태호(太湖) 근방에 있는 다섯 개의 호수

晩來風色轉雙旂	저녁 무렵 경치는 한 쌍 깃발이 펄럭이고,
極目烟波島輿微	멀리 바라보니 안개 물결 섬들은 희미하네.
鷁路茫茫迷積靄	익조 길 아득하여 쌓인 아지랑이 혼미하고,
烏檣泛泛帶斜暉	검은 돛대 둥둥 뜬 채 비낀 노을 둘렀구나.
飄飄影蘸江雲濶	나부끼는 그림자는 강 구름 광활하게 담고,
明滅光遙水鳥飛	깜박이는 불빛 멀리로 물새가 날아가는구나.
欲問中流倚棹者	중앙을 흐르며 노에 의지한 자에게 묻노니,
五湖潮落幾時歸[41]	오호에 조수 지니 언제쯤 돌아가겠나.

40. **윤 추**(尹推, 1632~1707)

* 極浦(극포) : 먼 데까지 뻗쳐 있는 개펄, 아득한 곳의 포구
* 楚客(초객) : 초나라 나그네, 굴원을 의미한다.
* 蕭蕭(소소) : 바람 부는 소리, 나뭇잎 떨어지는 소리, 쓸쓸한 모양
* 汎汎(범범) : 물에 뜨는 모양, 물이 넓게 흐르는 모양
* 頃刻(경각) : 잠깐 동안, 잠시
* 杳然(묘연) : 그윽하고 먼 모양, 오래 되어 정신(精神)이 알쏭달쏭한 모양

扁舟掛席帶斜輝	일엽편주 자리 걸어 비낀 노을 두르고,
極浦煙波島嶼稀	먼 포구 연기와 파도 섬들은 희미하네.
方在天邊疑不動	하늘 끝에 배가 있어 꼼짝 않나 의심했건만,
卻過山際轉如飛	도리어 산을 지날 때는 날아가듯 옮겨가네.
若非楚客蕭蕭入	만일 굴원이 쓸쓸하게 들어가지 않았다면,
定是漁船汎汎歸	틀림없이 고깃배로 유유히 돌아갔겠지.
頃刻杳然何處去	잠깐 동안 아득하게 어느 곳으로 가는지,
洞庭西望漸依俙[42]	동정호 서쪽 바라보니 점점 흐릿하네.

41) 朴世堂, 〈西溪集〉 卷四, 『韓國文集叢刊』 第134卷, 79쪽, 「遠浦歸帆」.
42) 尹推, 〈農隱遺稿〉 卷一, 『韓國文集叢刊』 第143卷, 197쪽, 「瀟湘八景代洪陽從兄月課作」 '遠浦歸帆'.

41. **김만기**(金萬基, 1633~1687)

津頭春樹望中微	나루터 봄 수풀은 바라보니 희미하고,
舟子開帆向晩歸	사공은 돛을 펴고 저물녘에 돌아가네.
天遠長風吹不盡	하늘 멀리 긴 바람 불어도 다하지 않고,
江空五兩疾如飛	강 하늘 다섯 짝은 빠름이 나는 듯하네.
暮烟欲散橫官渡	저녁 안개 흩어지며 마을 빗겨 건너려 하고,
輕浪初平掠釣磯	경랑이 처음엔 평온하다 낚시터를 때리네.
儻載遊人湖海去	갑자기 나그네 싣고 호수와 바다로 떠나가니,
百年寧遣賞心違[43]	평생 어째서 완상하는 마음 어긋나게 하는가.

* 輕浪(경랑) : 가벼운 물결
* 釣磯(조기) : 낚시하는 물가, 낚시터(釣臺)의 의미로 사용
* 賞心(상심) : 경치를 완상하는 마음

42. **홍세태**(洪世泰, 1653~1725)

洞庭湖闊水連天	동정 호수 광활하여 수평선 하늘 닿고,
吳楚東南望渺然	오초의 동남쪽을 바라보니 멀리로 아득하네.
一片歸舟向何處	일엽편주 돌아오는 배는 어디를 향하는가,
孤帆影盡白雲邊[44]	외딴 배 그림자 흰 구름 가로 모조리 사라지네.

* 吳楚(오초) : 오나라와 초나라
* 孤帆(고범) : 외딴 배

43) 金萬基, 〈瑞石集〉 卷一, 『韓國文集叢刊』 第144卷, 370쪽, 「瀟湘八景」 '遠浦歸帆'.
44) 洪滄浪, 〈瀟湘八景詩歌抄〉 31쪽, 「瀟湘八景」 '遠浦歸帆', 자세한 설명은 각주 37번 참고.

43. **권두경**(權斗經, 1654~1725)

* 舒遲(서지) : 점잖고 조용한 모양, 느리고 더딘 모양
* 超忽(초홀) : 멀어서 아득한 모양, 기상(氣象)이 높은 모양

風微任舒遲	바람이 약하면 점잖고 조용함에 맡기고,
風緊從超忽	바람이 거칠면 멀리 아득하게 좇아가네.
點點遠浦間	멀리 있는 포구 사이에 점점이 있어서,
過去行蹤沒[45]	지나가 버리면 행적도 사라지는구나.

44. **숙종대왕**(肅宗, 1661~1720)

* 納納(납납) : 1. 포용하는 모양, 휩싸 들이는 모양, 2. 젖은 모양, 축축한 모양
* 溶溶(용용) : 물이 도도하게 흐르는 모양
* 緩緩(완완) : 동작이 느릿느릿한 모양

納納乾坤瑞靄輝	건곤을 포용한 상서로운 아지랑이 빛나고,
溶溶江水白鷗飛	도도하게 흐르는 강물로 백구가 날아가네.
紅霞碧浪更天濶	붉은 노을 푸른 물결 하늘 더욱 공활하고,
帆帶斜陽緩緩歸[46]	돛단배는 석양빛 띠고 느릿느릿 돌아가네.

45. **이광정**(李光庭, 1674~1756)

* 柴門(시문) : 사립문, 문을 막음, 문을 닫음
* 天風(천풍) : 하늘 높이 부는 드센 바람

柴門傍水開	사립문 곁으로 물길이 열리고,
綠波明如鑑	푸른 물결은 거울처럼 밝구나.
遠遠江浦秋	멀리멀리 강 포구엔 가을이고,
天風入布帆[47]	드센 바람이 돛단배 들이치네.

---

45) 權斗經, 〈蒼雪齋集〉 卷七, 『韓國文集叢刊』 第169卷, 126쪽, 「述姪請賦瀟湘八景」 '遠浦歸帆'.
46) 肅宗, 『列聖御製』 第十七篇, 「瀟湘八景」 '遠浦歸帆'.
47) 李光庭, 〈訥隱集〉 卷三, 『韓國文集叢刊』 第187卷, 185쪽, 「瀟湘八景題雙碧堂小屛」 '遠浦歸帆'.

46. **권상일**(權相一, 1679~1759)

入浦歸帆遠有無	포구 드는 돌아올 배 멀리에 있는지 없는지,
蒼林綠樹更縈紆	울창한 숲 푸른 나무 더욱 얽히고도 설키었네.
斜陽秖喜乘風便	지는 해에 바람 타서 편리하니 다만 기쁘건만,
不識人看作畵圖[48]	사람이 직접 보고 그림을 그렸는지 알 수 없네.

* 乘風(승풍) : 바람을 타고 빨리 나아가는 모습
* 畵圖(화도) : 그림을 그리다. 그림, 회화

47. **권 만**(權萬, 1688~未詳)

淼淼湖西岸	물 아득한 호수 서쪽 언덕,
依依竹裏家	희미한 대숲 속에 집 있네.
歸舟稍可辨	돌아가는 배 약간 판별할 수 있고,
帆腹受風斜[49]	돛폭 중심부 바람 받아 비끼었네.

* 淼淼(묘묘) : 물이 한없이 넓은 모양, 묘망(淼茫)
* 帆腹(범복) : 돛의 배, 돛의 한가운데, 돛의 중심부

48. **이헌경**(李獻慶, 1719~1791)

極浦歸舟楫	아득한 포구로 돌아가는 배 노를 저어가고,
潛豘吹浪前	물속에 잠긴 돼지 내쉬는 물결 앞에 있네.
紛紛來眼底	어지럽게 흩날리며 눈 아래에 다가오니,
颯颯已天邊	쌀쌀하게 부는 바람 하늘가에 그쳤네.
宿霧帆全小	묵은 안개 돛단배는 오롯이 작아지고,

* 極浦(극포) : 먼 데까지 뻗쳐 있는 개펄, 아득한 곳의 포구
* 紛紛(분분) : 어지러운 모양, 뒤섞인 모양, 번잡한 모양, 많고 성한 모양
* 颯颯(삽삽) : 바람이 쌀쌀하게 부는 소리, 비가 쏟아지는 소리
* 潭煙(담연) : 깊은 연기, 깊숙한 연기

---

48) 權相一, 〈淸臺集〉 卷三, 「瀟湘八景, 八景幷四鶴, 作十二帖寢屛」 '遠浦歸帆'.
49) 權萬, 〈江左集〉 卷一, 『韓國文集叢刊』 第209卷, 71쪽, 「瀟湘八景」 '遠浦歸帆'.

長風纜自牽	길게 부는 바람에는 닻줄 절로 끌리네.
暮依汀樹泊	저물녘 물가 나무에 의지해 배를 대니,
歌曲在潭煙[50]	노래는 굽이굽이 깊은 연기 속에 있네.

49. **정종로**(鄭宗魯, 1738~1816)

* 明滅(명멸) : 깜박거리다. 깜박이다.
* 極浦(극포) : 먼 데까지 뻗쳐 있는 개펄, 아득한 곳의 포구

明滅遙船入望微	멀리서 깜박거리는 배를 들여다보니 희미하고,
風帆齊趁夕陽歸	돛 바람 안고 나란히 좇으며 석양에 돌아가네.
好從極浦同依泊	아득한 포구로 잘도 따라 함께 의지해 배 대니,
亂唱漁歌響遠飛[51]	떠들썩한 어부의 노랫소리 멀리 울려 퍼지네.

50. **정조대왕**(正祖, 1752~1800)

* 楚檣(초장) : 초나라 선박의 돛대로 초나라 선박을 의미
* 吳帆(오범) : 오나라 선박의 돛으로 오나라 선박을 의미

楚檣吳帆盡烟波	오초 배들이 연기와 파도 다하도록,
去去來來港口多	떠나가고 돌아오는 항구가 북적이는구나.
極望長洲秋一色	아득히 바라보니 긴 모래섬 가을이 한 빛이고,
蘆花深處有漁家[52]	갈대꽃 깊은 곳엔 어부의 집이 있나보다.

50) 李獻慶, 〈艮翁集〉 卷二, 『韓國文集叢刊』 第234卷, 35쪽, 「遠浦歸帆」.
51) 鄭宗魯, 〈立齋集〉 卷六, 『韓國文集叢刊』 第253卷, 119쪽, 「瀟湘八景次皓隣韻」 '遠浦歸帆'.
52) 正朝大王, 〈弘齋全書〉 卷二, 『韓國文集叢刊』 第262卷, 33쪽, 「瀟湘八景 癸巳」 '遠浦歸帆'.

51. **박영원**(朴永元, 1791~1854)

蘆花楓葉遠輝輝	갈대꽃과 단풍잎은 멀리서도 눈부시고,
三十灣頭五兩飛	서른 물굽이 가에 오량이 나부끼네.
篛笠漁翁何處客	도롱이 입고 삿갓 쓴 어옹 어디 손님인지,
洞庭賒月捲蓬歸[53)]	동정호 아련한 달을 봉창에 담아 돌아가네.

* 五兩(오량) : 바람 부는 방향을 알아보기 위해 돛대 끝에 매달아 놓은 물건, 천 조각
* 賒月(사월) : 아련한 달, 요원한 달

52. **송래희**(宋來熙, 1791~1867)

中流輕楫晚風凭	중류에서 살짝 노 저으며 저녁 바람 의지하고,
浦溆渺茫水氣蒸	포구 물가 멀리 아득해 물 기운 찌는 듯하네.
試問君歸何處宿	그대는 돌아가 어디에 머무는가 물으니,
落花西畔有黃陵[54)]	꽃 지는 서쪽 언덕에 황릉이 있다하네.

* 渺茫(묘망) : 수면이 한없이 넓은 모양
* 水氣(수기) : 물기, 습기, 수증기
* 黃陵(황릉) : 아황과 여영의 무덤

53. **김시락**(金時洛, 1857~1896)

何心江上一孤帆	강변에 외딴 배 한 척 무슨 마음으로,
水草泡花影半蘸	수초와 물거품에 그림자 반쯤 담갔나.
楚舶吳船休共纜	오초 배들은 함께 닻을 들지 말지니,
怕他狂浪沒清鑑[55)]	저 성난 물결에 감식안이 매몰될까 두렵네.

* 狂浪(광랑) : 성난 물결, 거친 물결, 드센 물결
* 清鑑(청감) : 1. 명확히 분간함, 2. 자신의 시문(詩文)이나 서화(書畵) 등을 다른 사람 앞에 보일 때 상대방을 존대하여 일컫는 말

* 정두경과 홍세태의 작품은 동일한 작품이므로, 원포귀범은 총 52작품임.

---

53) 朴永元, 〈梧墅集〉 冊五, 『韓國文集叢刊』 第302卷, 318쪽, 「瀟湘八景」 '遠浦歸帆'.
54) 宋來熙, 〈錦谷集〉 卷一, 『韓國文集叢刊』 第303卷, 107쪽, 「瀟湘八景 八首 」 '遠浦歸帆'.
55) 金時洛, 〈荘庵集〉 卷一, 「家有古藏瀟湘畫八帖, 家兄逐景題詠, 伏次其韻」 '遠浦歸帆'.

현실과 이상 사이의 대립과 갈등

평사낙안

평사낙안平沙落鴈을 노래한 한시 작품은 총 59수이다. 그리고 직접 간접적으로 관련된 시조 작품이 17수가 있다. 평사낙안은 넓은 모래밭에 내려앉는 기러기의 형상을 다룬 작품이다. 기러기들이 평사平沙에 내려앉는 이유는 주로 휴식과 생계를 위해서였다. 그러나 동시에 평사에는 인간의 기심機心만이 차고 넘치는 상황이었다. 때문에 기러기들에게는 주살과 화살이 횡행하는 불안한 공간이기도 했다. 늘 이상을 꿈꾸지만 그 이상을 실현하기 위해서는 현실에 발을 디디고 있어야만 하는 인간의 삶을 형상화한 듯한 착각이 들 정도의 작품들이 많다. 출처진퇴出處進退의 문제에 대한 진지한 고민이 형상화된 작품 군이다.

평사낙안의 형상은 주로 생계를 유지하기 위해 기러기들이 넓은 모래밭이나 갈대숲에 내려앉는 모습이 주를 이루고 있었으며, 이러한 형상에 담긴 함의는 현실과 이상 사이의 대립과 갈등이었음을 언급했다. 여기서 말하는 현실이란 인간으로서의 기본적인 생활을 유지하기 위하여 경제 활동을 해야만 하는 삶의 현실, 즉 생계유지의 차원을 의미하는 것이었고, 이상이란 생계유지와 같은 현실적 문제에 속박되지 않고 자신의 이상을 펼칠 수 있는, 가장 이상적인 삶의 방식과 형태를 의미하는 것이었음을 확인했다.

평사平沙와 허공虛空이라는 공간은 기러기에게 서로 대비되는 공간이면서도 상호보완적인 공간이다. 허공은 기러기들이 이동하는 주된 공간이다. 하지만 그렇다고 계속해서 허공에 있을 수만도 없는 것이다. 계속해서 하늘을 날기 위해서는 휴식과 재충전을 위한 잠자리와 먹이가 필요하다. 기러기에게 평사가 바로 그러한 욕구를 충족시켜 주는 삶의 무대이자 공간인 셈이다. 그러한 의미에서 평사의 갈대숲이 기러기들의 주된 안식처로 등장하고 있었다. 이러한 곳에 내려앉는 기러기들의 형상이 작품의 주된 이미지를 이루고 있다. 그런데 기러기 주변에는 언제나 간사하고 사악한 이기심을 가지고 기러기를 해치려는 인간들이 존재한다. 때로는 화살과 주살을 쏘기 위해 기회를 엿보고 있는 모습으로 형상화되어 있었다.

평사낙안에 감춰져 있는 의미 맥락은 현실과 이상 사이의 긴장과 대립을 전제로 대두된다. 이상을 지키며 살아가는 것이 원칙이고 바람직한 삶의 모습이지만 인간이 지닌 한계와 생계유지를 위해서는 현실을 철저하게 외면할 수 없다는 현실인식은 결국 인간으로 하여금 끊임없이 현실 세계 어딘가를 기웃거리게 한다. 이 현실 세계 내지는 인간세상이 언제 어디서고 나에게 위협을 가하거나 함정이 될 수 있는 공간이다. 이러한 공간에서 나아갈 것인가 물러날 것인가 하는 출처진퇴出處進退의 서사를 진지하게 묻고 있는 것이 바로 평사낙안에 감춰진 의미 맥락이었다.

평사낙안

1. **이인로**(李仁老, 1152~1220)

* 日脚(일각) : 햇발, 태양이 운행하는 속도
* 征鴈(정안) : 멀리 날아가는 기러기
* 汀沙(정사) : 물가의 모래
* 雪花(설화) : 눈꽃, 여기서는 기러기의 움직임으로 갈대꽃이 흩날리는 모양을 눈꽃에 비유했다.

水遠天長日脚斜　물은 멀고 하늘 길어 햇발이 비껴 있는데,
隨陽征鴈下汀沙　양지 따라 기러기들 물가 모래에 내리네.
行行點破秋空碧　줄줄이 가을 하늘 푸름을 점쳐 깨뜨리며,
底拂黃蘆動雪花[1)]　누런 갈대밭 낮게 스쳐 눈꽃을 뒤흔드네.

2. **이규보**(李奎報, 1168~1241)

* 須愼(수신) : 모름지기 ~을 조심해라, 모름지기 ~을 삼가라.
* 幾人家(기인가) : 사람의 집 몇 채인가, 사람집이 얼마인가.

群飛有意亂蘆花　무리 지어 날며 갈대꽃을 어지럽히려는 생각인지,
半落平沙一陳斜　반쯤은 넓은 모래밭에 내렸고 한 무리는 빗겨 있네.
須愼傍邊誤汝者　곁에 너를 도모하는 자 있으니 모름지기 조심해라,
繞汀臨渚幾人家[2)]　물가를 두르고 모래섬 가까이 사람의 집 얼마인가.

1) 李仁老,『三韓詩龜鑑』卷之中, '平沙落鴈'. ;『東文選』卷二十,「宋迪八景圖」'平沙落鴈'.
2) 李奎報,〈東國李相國集〉後集 卷六,『韓國文集叢刊』第2卷, 196-197쪽,「次韻李平章仁植虔州八景詩幷序」'平沙落鴈'.

3. 이규보(李奎報, 1168~1241)

賴有汀邊木筆花	때마침 모래섬 주변에 목련화가 있었다면,
最宜文字落橫斜	문자로 비스듬히 떨어지기 딱 알맞았겠네.
低飛欲下沙洲戲	나지막이 날다가 모래섬에 내려 놀려고 하면,
待汝傳書有幾家[3]	너를 기다려 편지 전하려는 몇 집이 있겠네.

* 賴(뢰) : 때마침
* 沙洲(사주) : 모래섬
* 木筆花(목필화) : '木筆(목필)'은 白木蓮(백목련)의 별칭이다. 따라서 목필화는 목련꽃을 의미한다.

* 傳書(전서) : 기러기가 편지를 전하는 매개로 인식된 것은 유래가 있다. 『漢書(한서)』「蘇武專(소무전)」에 의하면, 한(漢)나라 소제(昭帝)는 19년 전, 선제(先帝)인 무제(武帝) 때(B.C. 100) 포로를 교환하기 위해 사절단을 이끌고 흉노(匈奴)의 땅에 들어갔다가 그곳에 억류당한 중랑장(中郎將) 소무(蘇武)가 아직도 살아 있음을 알고는 그의 귀환을 위해 특사를 파견했다. 현지에 도착한 특사가 곧바로 흉노의 우두머리인 선우(單于)에게 소무의 석방을 요구하자, 선우는 '소무는 벌써 여러 해 전에 죽었다.'며 대화에 응하려 하지 않았다. 그날 밤, 상혜(常惠)라는 사람이 은밀히 특사의 숙소로 찾아와 이렇게 말했다. "나는 소무를 따라왔다가 흉노의 내란에 말려 일행이 모두 잡힌 뒤 투항한 사람 중 하나요. 그런데 그때 끝까지 항복을 거부한 소무는 북해(北海) 변으로 추방당한 뒤 아직도 그곳에서 혼자 어렵게 살아가고 있소." 이튿날 특사는 선우를 만나 따지듯이 말했다. "내가 이곳에 오기 전에 황제께서 사냥을 하시다가 활로 기러기 한 마리를 잡았는데, 그 기러기 발목에는 헝겊이 감겨 있었소. 그래서 풀어 보니 '소무는 대택(大澤: 큰 못) 근처에 있다.'고 적혀 있었소. 이것만 봐도 소무는 살아 있는 게 분명하지 않소?" 안색이 변한 선우는 부하와 몇 마디 나누더니 이렇게 말했다. "어제는 제가 잘 모르고 실언을 한 것 같소. 그는 살아 있다고 하오." 꾸며댄 이야기가 제대로 들어맞은 것이다. 며칠 후 흉노의 사자(使者)가 데려온 소무는 몰골이 말이 아니었으나 그의 손에는 한나라 사신의 증표인 부절(符節)이 굳게 쥐어져 있었다. 이 고사에 연유하여 그 이후로 편지를 기러기와 관련하여 '안서(雁書)'라고 일컫게 되었다.

4. 이규보(李奎報, 1168~1241)

微雪飄飄細屑花	싸락눈은 바람 따라 미세한 눈꽃가루 흩날리고,
一行直下一行斜	한 줄은 곧게 내리고 한 줄은 비스듬히 내리네.
半斜半整眞奇景	반은 비끼고 반은 가지런해 참 기이한 경관이니,
火急將屛付畫家[4]	급히 서둘러 화가에게 병풍 그림 부탁해야겠네.

* 飄飄(표표) : 바람이 부는 모양, 정처 없이 떠도는 모양, 바람에 가볍게 나부끼는 모양
* 火急(화급) : 매우 급함, 아주 급함.

---

3) 李奎報, 위의 책, 197쪽, 「次韻李平章仁植虔州八景詩幷序」 '平沙落鴈'.
4) 李奎報, 위의 책, 198쪽, 「次韻李相國復和虔州八景詩贈」 '平沙落鴈'.

5. 이규보(李奎報, 1168~1241)

* 機心(기심) : 간사하고 사악한 마음
* 莫遣(막견) : ~하게 하지 말라.

沙際無田只荻花	모래밭 끝에 밭은 없고 다만 갈대꽃뿐인데,
有何窺望落橫斜	기러기들은 무엇을 바라보고 비껴 내려오나.
人人焉得機心息	사람들이 어찌 기심을 버릴 수 있겠나,
莫遣人禽共一家[5]	사람과 기러기 한집에서 살게 하지 말게나.

6. 이규보(李奎報, 1168~1241)

* 煙花(연화) : 흐릿하게 보이는 꽃
* 當須(당수) : 마땅히 ~해야 한다.
* 曉喩(효유) : 깨닫다. 깨우치다.
* 鬩墻(혁장) : 집안싸움을 하다. '鬩(혁)'은 '鬩(혁)'의 俗字

平沙十里暝煙花	평사십리 어두워 꽃은 흐릿하게 보이고,
雁陣猶能映日斜	기러기떼 오히려 저녁놀에 비추는구나.
弟弟兄兄終不亂	형제간 우애 있어 끝내 문란하지 않으니,
當須曉喩鬩墻家[6]	집안끼리 싸우는 사람들은 깨우쳐야 하네.

5) 李奎報, 위의 책, 198-199쪽, 「相國嘗和示一首, 予每復以二首, 未知鈞鑒何如, 惶恐惶恐」 '平沙落雁', 來詩云, 雁已馴人人亦熟, 人禽自在似同家(보내준 시에 "기러기는 사람과 친해지고 사람도 기러기와 낯익으니 사람이나 기러기나 자유로워 한 집안과 같네."라고 하였다).

6) 李奎報, 위의 책, 200쪽, 「次韻復和李相國八景詩各一首」 '平沙落雁'.

7. 이규보(李奎報, 1168~1241)

紛紛已擾水葒花	어지럽게 뒤섞여서 수홍화를 흔들더니,
更向沙汀拂拂斜	다시 모래밭을 향해 편편히 빗겨 앉네.
汝旣爲賓無特操	네가 손님되어도 굳은 절개가 없는데,
有誰容作主人家[7]	누가 너를 받아들여 주인될 집 있겠나.

* 紛紛(분분) : 어지러운 모양, 뒤섞인 모양, 번잡한 모양, 많고 성한 모양
* 水葒花(수홍화) : 들쭉나무가 '수홍화(水紅花)'인데, 원문에는 '紅'이 '葒'으로 되어 있다. 글자 그대로 보면, '물털여뀌꽃' 정도가 되는데, 실제 이 꽃이 존재하는지 확인하지 못했다.
* 特操(특조) : 굳게 지키어 변하지 않는 절개

8. 진 화(陳澕, 1180~1215 추정)

秋容漠漠湖波綠	가을 형용 아득하게 호수 물결 푸르고,
雨後平沙展靑玉	비 온 뒤에 모래밭은 푸른 옥을 펼쳤네.
數行翩翩何處雁	두어 줄로 펄펄 나는 어느 곳 기러긴가,
隔江啞軋鳴相逐	강 너머로 기럭기럭 울면서 서로를 좇네.
靑山影冷釣磯空	푸른 산 그림자 차가워 낚시터가 비었고,
淅瀝斜風響疎木	우수수 비낀 바람 성긴 나무를 울리네.
驚寒不作戛天飛	추위에 놀라 울며 하늘 높이 날지 않고,
意在蘆花深處宿[8]	마음은 갈대꽃 깊은 곳에 잠드는 데 있네.

* 漠漠(막막) : 아주 넓어 끝이 없는 아득한 모양, 펴 늘어놓은 모양, 어두운 모양
* 啞軋(아알) : 기러기 울음소리를 형용한 표현
* 釣磯(조기) : 낚시터
* 淅瀝(절력) : 물 또는 바람소리의 형용, 역력(瀝瀝)

---

7) 李奎報, 위의 책, 201쪽, 「次韻英上人見和」'平沙落雁'.
8) 陳澕, 〈梅湖遺稿〉 卷四, 『韓國文集叢刊』 第2卷 283쪽, 「宋迪八景圖」'平沙落雁'.

9. **이제현**(李齊賢, 1287~1367)

* 暖沙(난사) : 따뜻한 모래밭
* 翩翻(편번) : 새가 나는 모양

行行點點整還斜	줄줄이 점점이 가지런하다 다시 비껴 나는 것은,
欲下寒空宿暖沙	추운 하늘 내려와 따뜻한 모래밭에 잠들려 함이네.
怪得翩翻移別岸	갑작스레 펄펄 날아서 다른 언덕으로 옮겨감은,
軸轤人語隔蘆花9)	사냥꾼이 갈대꽃 사이에 두고 말하기 때문이네.

10. 이제현(李齊賢, 1287~1367)

* 繒繳(증격) : 주살, 矰繳(증격), 矰弋(증익), 矰繳(증작) 모두 같은 의미로 사용된다. 기러기를 사냥할 때 쓰이는 도구
* 金河(금하) : 변방의 지명으로 몽고 수원성(綏遠省) 귀수현(歸綏縣) 남쪽 흑하(黑河)
* 稻粱(도량) : 벼와 메조로 모두 가장 좋은 곡식을 의미, 생계(生計)의 의미로 사용된다.
* 悠揚(유양) : 멀리 날아가는 모습, 멀리 아득하게 날아오르는 모양

玉塞多繒繳	북쪽 변방 옥주에는 주살이 많고,
金河欠稻粱	금하에는 먹이가 없어 부족하네.
兄兄弟弟自成行	형제가 우애롭게 절로 항렬 이루어,
萬里到瀟湘	머나먼 소상강에 이르렀네.
遠水澄施練	멀리 물은 맑기가 비단 펼쳐 놓았고,
平沙白耀霜	평평한 모래밭엔 서리가 눈부시네.
渡頭人散近斜陽	나루터 사람들이 흩어지는 석양 무렵,
欲下更悠揚10)	기러기 내리려다 재차 멀리 날아가네.

* 玉塞(옥새) : 북쪽 변방 지역인 '옥주(玉州)'를 가리키는 것으로 보인다. 옥주는 일찍이 실크로드를 개척했던 한나라 장건(張騫)이 황하(黃河)의 원류를 찾아가다가 거쳐 간 우진국 남쪽 지역이다.

---

9) 李齊賢, 〈益齋亂藁〉 卷三, 『韓國文集叢刊』 第2卷, 525쪽, 「和朴石齋·尹樗軒用銀臺集瀟湘八景韻(石齋名孝修, 樗軒名奕)」 '平沙落鴈'.

10) 李齊賢, 〈益齋亂藁〉 卷十, 위의 책, 608쪽, 「巫山一段雲 瀟湘八景」 '平沙落鴈'.

11. 이제현(李齊賢, 1287~1367)

醉墨疎還密	술에 취해 쓴 글 솜씨 성글다가 도로 촘촘하고,
殘碁整復斜	낡은 바둑판인 양 가지런했다 또 기울었다 하네.
料應遺跡在泥沙	헤아려 보면 남긴 발자국은 모래밭에 있어도,
來往歲無差	오고 가는 세월이야 해마다 차이가 없다네.
水暖仍菰米	강물이 따뜻하니 줄 열매가 열리고,
霜寒尙葦花	서리가 차가워도 갈대꽃은 여전하네.
心安只合此爲家	마음만 편하면 이곳을 집으로 여겨야 하는데,
何事客天涯[11]	무엇하러 하늘 끝에서 나그네로 살아가는가.

* 醉墨(취묵) : 술에 취해 쓴 필적(筆跡), 모래밭에 남은 기러기 발자국을 시적으로 형상화한 표현
* 菰米(고미) : 줄의 열매로 식용이 가능함, '줄'은 벼와 유사한 다년생 풀로 연못이나 냇가에서 절로 자란다. 키는 1~2미터로 잎은 무더기로 나고, 8월에서 9월경에 꽃이 핀다. 줄기는 돗자리 만드는 데 사용된다.

12. 만 우(卍雨, 1357~未詳)

繞岸沙平布	언덕 두른 모래밭이 고르게 펼쳐 있고,
隨陽鴈欲來	기러기는 햇볕 따라 찾아오려고 하네.
相呼遵禮讓	서로를 부르면서 예에 따라 양보하니,
人世所欽哉[12]	인간 세상 이 모습 흠모할 바이로세!

* 遵禮(준례) : 예(禮)에 따르다. 예를 따르다.
* 人世(인세) : 인간 세상, 속세, 사람 사는 세상

11) 李齊賢, 위의 책, 609쪽, 「巫山一段雲 瀟湘八景」 '平沙落鴈'.
12) 千峯, 『匪懈堂瀟湘八景詩帖』, '平沙落鴈'.

13. **강석덕**(姜碩德, 1395~1459)

* 衡陽(형양) : 기러기가 깃드는 지역
* 暮春(모춘) : 음력 3월, 늦봄, 만춘(晩春)
* 玉關(옥관) : 옥문관(玉門關), 감숙성(甘肅省) 돈황(燉煌) 부근의 서역(西域) 관문
* 繒繳(증격) : 주살, 矰繳(증격), 矰弋(증익), 矰繳(증작) 모두 기러기를 사냥하는 도구
* 悠揚(유양) : 멀리 날아가는 모습, 멀리 아득하게 날아오르는 모양
* 紛綸(분륜) : 어지럽게 뒤얽히다. 어지러이 섞이다.(紛雜)

平沙如雪夐無垠	편편한 모래밭이 눈과 같아 멀리 끝이 없는데,
萬里衡陽欲暮春	머나먼 곳 형양 땅엔 봄이 저물려고 하는구나.
不似玉關矰繳密	옥관은 주살이 빽빽한 곳과 같지 않다고,
悠揚直下莫紛綸13)	멀리 날다 바로 내려 어지러이 뒤얽히지 말라.

* 제1행의 '如雪'이 『匪懈堂瀟湘八景詩帖』에는 '浩浩'로 표기되어 있다.

14. **이승소**(李承召, 1422~1484)

* 飄揚(표양) : 나부끼는 모양, 나부낌.

逐候飛南北	계절 따라 남북으로 날아가며,
謀身豈稻粱	어찌 도량으로 몸을 꾀하리오.
相呼万里不離行	만 리를 서로 부르며 떨어져 날지 않고,
隨意下清湘	뜻대로 맑은 상강에 내렸구나.
江濶涵秋影	강이 넓어 가을 그림자 담았고,
天清拂曉霜	하늘 맑아 새벽 서리 떨치누나.
長洲沙暖好秋陽	긴 물가 따스한 모래 가을볕이 좋아서,
遵渚任飄揚14)	물가 따라 제멋대로 나부끼네.

13) 姜碩德, 『東文選』 第22卷, 「瀟湘八景圖有宋眞宗宸翰」 '平沙落鴈'.
14) 李承召, 〈三灘集〉 卷九, 『韓國文集叢刊』 第11卷, 467쪽, 「次益齋瀟湘八景詩韻 巫山一段雲」 '平沙落鴈'.

15. **성삼문**(成三問, 1418~1456)

隨陽南又北	볕을 따라 남쪽 다시 북쪽,
遵禮第於兄	예에 따라 형에게 양보하네.
所以丹靑手	능숙하고 빼어난 솜씨를 행하여,
慇勤作爾形[15]	은근하게 그러한 형상을 만드네.

* 遵禮(준례) : 예를 따르다. 예를 좇다.
* 所以(소이) : 하는 바, 소행(所行), 이유, 까닭
* 丹靑手(단청수) : 빼어난 솜씨

16. **강희맹**(姜希孟, 1424~1483)

冥路通雲漢	어두운 길은 은하수로 통하는데,
低飛爲稻粱	낮게 날아가며 생계를 도모하네.
排空點點字千行	하늘에 점점이 배열된 글자가 천 줄인데,
去意在三湘	날아가는 마음은 삼상에 있다네.
沙遠平鋪雪	모래밭 멀리 깔린 눈이 평평하고,
蘆深冷着霜	갈대숲 깊이 서리 맞아 차갑구나.
驚寒千障向衡陽	천 길 추위에 놀라 형양을 향하려고,
作勢抑還揚[16]	세를 이뤄 내렸다 도로 솟구치네.

* 衡陽(형양) : 기러기가 깃드는 지역

* 三湘(삼상) : 1. 지명으로는 상향(湘鄕), 상담(湘潭), 상음(湘陰)을 말한다. 2. 강의 이름으로는 원상(沅湘), 소상(瀟湘), 증상(蒸湘)을 말한다. 3.『長沙府志』에는 리상(灕湘), 소상(瀟湘), 증상(蒸湘)으로 기록되어 있다. 결국 소상강(瀟湘江) 유역을 언급하는 의미로 해석할 수 있다.

---

15) 成三問, 〈成謹甫集〉 卷一,『韓國文集叢刊』第10卷, 184쪽,「瀟湘八景」‘平沙落雁’.
16) 姜希孟, 〈私淑齋集〉 卷五,『韓國文集叢刊』第12卷, 67쪽,「瀟湘八景」‘平沙落雁’.

17. **어세겸**(魚世謙, 1430~1500)

* 避患(피환) : 환란을 피하다. 근심을 피하다.
* 次第(차제) : 순서, 차례

避患矰並弋	화살과 주살 환란을 피하면서,
謀生稻與粱	벼와 기장으로 생애 도모하네.
南飛次第不違行	차례대로 남쪽으로 날며 행렬 어긋나지 않고,
帶影度衡湘	그림자 두르고 형양 소상 건너네.
天氣淸如水	날씨는 맑기가 물과 같고,
汀沙白混霜	모래섬 백색 서리와 섞였네.
飇風亂叫更陽陽	나부끼는 바람에 어지럽게 울며 더 남쪽으로,
隨意落荊楊[17]	기러기들 생각대로 형양에서 내려앉네.

18. **김시습**(金時習, 1435~1493)

* 夢澤涯(몽택애) : 몽택(夢澤)은 '운몽택(雲夢澤)'을 말한다. 운몽택은 초나라의 칠택(七澤) 가운데 하나로 구백 리 사방의 큰 늪이다. 지금의 호북성(湖北省) 효감현(孝感縣) 서북쪽이다.
* 七澤(칠택) : 운몽택(雲夢澤)을 포함해 초나라 지역에 있던 일곱 개의 호수, 사마상여(司馬相如)의 「자허부(子虛賦)」에 "제가 듣자니 초나라 땅에는 칠택이 있다고 합니다만 저는 그 가운데 하나만 보았고, 나머지는 아직 보지 못했습니다(臣聞楚有七澤, 嘗見其一, 未睹其餘也)."라는 기록이 보인다.

一行秋鴈落汀沙	한 줄 가을 기러기가 모래섬에 내리고,
抹破晴空數點霞	맑은 하늘 쓸어 깨는 두어 점 노을이네.
踈雨靜依黃葦葉	성근 비에는 누런 갈대 잎에 조용히 의지하며,
寒塘細唼白蘋花	찬 연못에 백빈화를 가늘게 쪼아 먹네.
歸心暗逐湘江渚	돌아갈 마음 상강 물가를 암암리에 좇는데,
亂翮相催夢澤涯	어지러운 날갯짓 서로 운몽택을 재촉하네.
莫戀稻粱容易下	생계를 연모하여 쉽사리 내려가지 말지니,
啣蘆須避弋言加[18]	갈대 품고 주살만 피하라는 말을 더하네.

17) 魚世謙, 〈咸從世稿〉 卷七, 「次益齋八景」'平沙落雁'.
18) 金時習, 〈梅月堂集〉 卷六, 『韓國文集叢刊』 第13卷, 194쪽, 「平沙落鴈」.

19. **성종대왕**(成宗, 1457~1494)

萬里衡陽鴈	만 리 형양으로 가는 기러기,
秋空一雨行	가을 하늘 한 줄기 비처럼 가는구나.
寒聲喧七澤	찬 소리에 칠택이 소란스럽고,
斜影落三湘	비낀 그림자 삼상에 떨어지네.
飮啄隨江渚	강 따라 물을 마시고 먹이를 쪼고,
生涯寄稻粱	생애는 벼와 기장에게 부치는구나.
低飛避殘照	나지막이 날며 남은 석양을 피하고,
點綴亦成章[19]	점점이 이어지니 또 문장을 이루네.

20. **성종대왕**(成宗, 1457~1494)

雲裏隨陽鳥	구름 속에 볕 따르는 새들이,
靑天布陣行	푸른 하늘에 진을 치고 가네.
功勳照漢國	공훈이 한나라를 비추고,
情緖接瀟湘	마음은 소상강에 접해 있네.
澣羽尋淸水	깃털 씻고 맑은 물을 찾더니,
充腸擇稻粱	뱃속 채우려고 도량 택하네.
斜陽何逗(缺)	지는 해 어찌 어디에 머무나,
千古似文章[20]	흡사 천고의 문장과도 같네.

* 功勳(공훈) : 기러기가 편지를 전하는 매개로 인식된 것은 유래가 있다. 『漢書(한서)』 「蘇武專(소무전)」에 의하면, 한(漢)나라 소제(昭帝)는 19년 전, 선제(先帝)인 무제(武帝) 때(B.C. 100) 포로를 교환하기 위해 사절단을 이끌고 흉노(匈奴)의 땅에 들어갔다가 그곳에 억류당한 중랑장

19) 成宗, 『列聖御製』 第九篇, 「瀟湘八景」 '平沙落雁'.

20) 成宗, 위의 책, 「瀟湘八景」 '平沙落雁'.

(中郎將) 소무(蘇武)가 아직도 살아 있음을 알고는 그의 귀환을 위해 특사를 파견했다. 현지에 도착한 특사가 곧바로 흉노의 우두머리인 선우(單于)에게 소무의 석방을 요구하자, 선우는 '소무는 벌써 여러 해 전에 죽었다.'며 대화에 응하려 하지 않았다. 그날 밤, 상혜(常惠)라는 사람이 은밀히 특사의 숙소로 찾아와 이렇게 말했다. "나는 소무를 따라왔다가 흉노의 내란에 말려 일행이 모두 잡힌 뒤 투항한 사람 중 하나요. 그런데 그때 끝까지 항복을 거부한 소무는 북해(北海: 바이칼 호) 변으로 추방당한 뒤 아직도 그곳에서 혼자 어렵게 살아가고 있소." 이튿날 특사는 선우를 만나 따지듯이 말했다. "내가 이곳에 오기 전에 황제께서 사냥을 하시다가 활로 기러기 한 마리를 잡았는데, 그 기러기 발목에는 헝겊이 감겨 있었소. 그래서 풀어 보니 '소무는 대택(大澤: 큰 못) 근처에 있다.'고 적혀 있었소. 이것만 봐도 소무는 살아 있는 게 분명하지 않소?" 안색이 변한 선우는 부하와 몇 마디 나누더니 이렇게 말했다. "어제는 제가 잘 모르고 실언을 한 것 같소. 그는 살아 있다고 하오." 꾸며댄 이야기가 제대로 들어맞은 것이다. 며칠 후 흉노의 사자(使者)가 데려온 소무는 몰골이 말이 아니었으나 그의 손에는 한나라 사신의 증표인 부절(符節)이 굳게 쥐어져 있었다. 이 고사에 연유하여 그 이후로 편지를 기러기와 관련하여 소식 전달의 매개체로 인식하여 '안서(雁書)'라고 일컫게 되었다.

21. **정희량**(鄭希良, 1469~未詳)

* 臨池墨(임지묵) : 후한(後漢) 때 장지(張芝)가 못가에서 붓글씨를 배울 때 연못의 물이 온통 까맣게 변했다는 고사(故事)에서 습자(習字)의 의미로 쓰인다. 여기서는 기러기 발자국을 의미한다.

秋容濃淡雨還晴	가을 형용 짙고 담박해 비 내리다 개이고,
海波不動含淨綠	바다 물결 고요해 차가운 초록빛 머금었네.
沙平若剪雪嵯峨	모래밭 평평하여 자른 듯 백설이 우뚝하고,
鴈背寒光斜欲滴	기러기 차가운 빛 비끼어 물방울 지려 하네.
西風吹影落漁磯	가을바람 불어 그림자 낚시터에 떨어지고,
字字新出臨池墨	못가에서 익히는 글자마다 새롭게 나오네.
何處稻粱驚網弋	어디에서 생계로 그물과 주살에 놀랐던지,
急向蘆花深處宿[21]	급하게 갈대꽃 향하더니 깊은 곳에 잠드네.

21) 鄭希良, 〈虛庵遺集〉 卷一, 『韓國文集叢刊』 第18卷, 13쪽, 「瀟湘八景」 '平沙落鴈'.

22. **홍언필**(洪彦弼, 1476~1549)

渺渺晴沙際碧灣	아득하게 개인 모래밭 푸른 물굽이 끝,
斜飛點點下雲端	점점이 비껴 날며 구름 끝에 내려앉네.
影隨返照沉遙峀	그림자 저녁별 따라 먼 봉우리에 잠기고,
聲雜淸江轉石灘	울음 섞인 맑은 강에 돌 구르는 여울소리.
驚叫尙知奴守警	놀라 절규함이 자신을 지키는 경계임을 알겠지만,
行舟寧料炬藏彈	가는 배 횃불 아래 활 숨김을 어찌 생각했겠는가.
看渠若少懷粱意	큰 것을 적은 듯 보며 생계 뜻을 품고,
萬水千山任往還[22]	자연 속에서 가고 옴을 마음에 맡기네.

* 渺渺(묘묘) : (주로 물 따위가) 끝없이 넓어 아득하게 보이는 모습
* 返照(반조) : 저녁 햇볕, 저녁때의 볕
* 萬水千山(만수천산) : 자연(自然)

23. **이 행**(李荇, 1478~1534)

一雙二雙集沙渚	한 쌍, 두 쌍 물가 모래섬에 모여서,
一飮一啄相因依	물 마시고 먹이 쪼며 서로 의지하네.
人間着足盡機穽	인간세상 발붙이면 모두가 함정이니,
何似冥冥雲際飛[23]	흐릿한 구름 끝을 날아감은 어떤가.

* 因依(인의) : 의지함.
* 機穽(기정) : 거짓 함정, 만들어낸 함정
* 何似(하사) : 어떤가, 어떠랴.
* 冥冥(명명) : 어두운 모양, 흐릿한 모양, 은미(隱微)한 모양

22) 洪彦弼, 〈默齋集〉 卷一, 『韓國文集叢刊』 第19卷, 216쪽, 「瀟湘八景」 '平沙落雁'.
23) 李荇, 〈容齋集〉 卷一, 『韓國文集叢刊』 第20卷, 343쪽, 「平沙落雁」.

24. 이 행(李荇, 1478~1534)

* 矰弋(증익) : 주살의 일종으로 기러기를 사냥하기 위한 도구
* 雲水(운수) : 구름과 물, 사방으로 정처 없이 떠돌아다니는 행각, 운수승(雲水僧)

非無稻粱謀	생계의 방편이 없는 것은 아니지만,
恐有矰弋加	두려움은 주살로 사냥함에 있음이오.
擧群一飢忍	모든 무리 한 번은 굶주림을 참다가,
雙雙下平沙	둘씩 넓은 모래밭에 내리네.
沙際少入行	모래밭 끝으로 살짝 들어가 보지만,
暮雨響蒹葭	저녁 비가 갈대의 푸른빛을 울리네.
相呼復冥飛	서로 부르며 거듭 아득하게 날아도,
雲水眞吾家[24]	구름과 물이 진정한 나의 집이로다.

25. 신광한(申光漢, 1484~1555)

* 玉塞情(옥새정) : 멀리 옥주(玉州)에 있는 변방 옥문관(玉門關)의 끝으로 원정(遠征) 나간 남편을 생각하는 아내의 쓸쓸한 심정, '옥문관'은 오늘날 감숙성 돈황현에 위치하고 있다.
* 宿處(숙처) : 잠든 곳

霜落長空杳	서리 내리니 긴 하늘 아득하고,
潮回遠渚生	조수 돌아 멀리 물가 생겨나네.
水淸沙白暮霞明	물 맑은 백사장 저녁노을 밝고,
風定數群橫	바람 고요해 여러 무리 빗기네.
影亂蘆花色	그림자 갈대꽃 색깔에 어지럽고,
聲連玉塞情	울음소리는 옥새의 정분 닿았네.
翩翩纔下又輕輕	나부끼듯 조금씩 가볍게 내리니,
宿處莫須驚[25]	잠든 곳 모름지기 놀라진 마라.

24) 李荇, 〈容齋集〉 卷三, 위의 책, 394-395쪽, 「瀟湘八景」'平沙落鴈'.

25) 申光漢, 〈企齋集〉 別集 卷七, 『韓國文集叢刊』 第22卷, 465쪽, 「瀟湘八詠」'平沙落鴈'.

26. **소세양**(蘇世讓, 1486~1562)

風吹動蘆花	바람이 불어 갈대꽃이 흔들리고,
潮退露沙渚	조수 물러가니 모래섬 드러나네.
行行篆碧空	줄줄이 푸른 하늘에 도장 찍고,
陣陣自成侶	여러 무리 저절로 짝을 이루네.
回翔隨落霞	빙 돌아날며 지는 노을 따르고,
日暮更容與[26]	해 지니 더욱 온화한 모습이네.

* 回翔(회상) : 빙빙 돌며 날아다님, 배회하다.
* 容與(용여) : 온화한 모습, 옹용(雍容)

27. **소세양**(蘇世讓, 1486~1562)

沙明宿鴈群	모래밭 밝아 기러기떼 잠들고,
落日轉紛紛	지는 해가 어지러이 옮겨가네.
萬里孤舟客	만 리에 외딴 배의 나그네가,
哀音月下聞[27]	달 아래 슬픈 소리 듣는구나.

* 紛紛(분분) : 어지러운 모양, 뒤섞인 모양, 번잡한 모양, 많고 성한 모양
* 孤舟(고주) : 외로이 떠 있는 배

28. **정사룡**(鄭士龍, 1491~1570)

極目寒汀帶晩沙	아득히 바라보니 찬 물가 저문 모래밭 두르고,
幾群嘹嚦入蘆花	몇 무린지 울어 소리 내며 갈대꽃에 들어가네.
莫將弋射驚飛去	장차 주살을 쏘아서 놀라 날아가게 하지 말고,
留作書郵好寄家[28]	편지를 써 역참에 남겨서 집에 부침이 좋겠네.

* 極目(극목) : 시력이 미치는 한, 아득히 바라보다.
* 嘹嚦(요력) : 새가 우는 소리, 새가 울어대는 소리
* 弋射(익사) : 주살로 새를 쏨.

---

26) 蘇世讓, 〈陽谷集〉 卷一, 『韓國文集叢刊』 第23卷, 309쪽, 「書洪古阜春年畵屛」 '平沙落鴈'.
27) 蘇世讓, 〈陽谷集〉 卷十, 위의 책, 440쪽, 「瀟湘八景」 '平沙落鴈'.

29. **조 욱**(趙昱, 1498~1557)

* 整整(정정) : 질서 있는 모양, 정제된 모양, 정연(整然)한 모양
* 斜斜(사사) : 비스듬한 모양, 바르지 않은 모양, 비, 눈 따위가 뿌리는 모양
* 詩仙(시선) : 큰 시인, 천재적 시인, 시작에 몰두하여 세사에 무관심한 사람, 이태백을 이르기도 함.

整整斜斜字幾行	가지런하게 비스듬하게 문자가 몇 줄인가,
平沙如紙白於霜	넓은 모래밭 종이와 같아 서리보다 희구나.
却嫌誤入詩仙眼	위대한 시인 눈에 잘못 들었나 의심했더니,
看作天書第一章[29)	하늘에다 편지 제일장을 지어 보이는구나.

30. **권호문**(權好文, 1532~1587)

沙白如鋪紙	백사장은 펼쳐진 종이인 듯하고,
聯鴻字萬行	나란한 기러기 문자만 줄이네.
影寒辭朔漠	그림자 차가워 삭막함을 말하고,
聲斷宛衡陽	소리가 끊기니 형양이 완연하네.
孤帶三江月	외롭게 삼강 달을 두르고,
羣呼七澤霜	무리가 칠택 서리 부르네.
觀魚仍作伴	고기를 바라보면 곧 짝이 되니,
便勝古濠梁[30)	편안함은 옛날 장자를 능가하네.

* 三江(삼강) : 강소성(江蘇省)의 대호(大湖)에서 흘러 내려가는 송강(松江), 누강(婁江), 동강(東江)이라고 일컫기도 하고, 오송강(吳淞江), 전당강(錢塘江), 포양강(浦陽江)이라고도 한다. 소상팔경의 배경이 된 동정호를 중심으로 볼 때, 강의 이름으로는 원상(沅湘), 소상(瀟湘), 증상(蒸湘)을 말하는 것으로 볼 수도 있고, 『長沙府志』에는 리상(灕湘), 소상(瀟湘), 증상(蒸湘)이라고 기록되어 있다. 결국 소상강(瀟湘江) 유역을 언급하는 의미로 해석할 수도 있다.
* 濠粱(호량) : 성을 빙 둘러 판 연못의 제방을 '호량(濠粱)'이라고 한다. 이 말은 장자(莊子)와 관련된 고사가 있다. 본래 '호복한수(濠濮閒愁)'라고 하여, 속세를 떠나서 자연을 즐기는 마음을 의미한다. 장자가 호량(濠粱) 위에서 물고기가 노는 것을 보고 즐거워했고, 또 복수(濮水)에서 낚시질을 하면서 초왕(楚王)이 부르는 데도 응하지 않았다는 고사에서 나온 말이다.

---

28) 鄭士龍, 〈湖陰雜稿〉 卷六, 『韓國文集叢刊』 第25卷, 189쪽, 「奉題工曹尹判書屛」 '平沙落鴈'.
29) 趙昱, 〈龍門集〉 卷三, 『韓國文集叢刊』 第28卷, 199쪽, 「謚之求八景之作率爾錄呈」 '平沙落鴈'.
30) 權好文, 〈松巖集〉 續集 卷五, 『韓國文集叢刊』 第41卷, 263쪽, 「月巖精舍次韻」 '平沙落鴈'.

31. **이정암**(李廷馣, 1541~1600)

豈不戀稻粱　　어찌 생계를 연모하지 않음이,
其如避矰弋　　주살을 피하는 것과 같겠는가.
前身諸葛侯　　전생 몸이 제갈 공명이었기에,
布陣依沙磧[31]　　모래섬에 의지하여 진을 치네.

* 矰弋(증익) : 주살, 기러기를 사냥하는 도구
* 布陣(포진) : 진을 치다.
* 沙磧(사적) : 모래섬

32. **이수광**(李睟光, 1563~1628)

蘆白沙如雪　　백사장에 갈대는 하얀 눈 같고,
聯翩下夕暉　　연이은 날갯짓 석양에 내리네.
休言能避弋　　주살 피할 수 있다 말하지 말라,
平地有危機[32]　　평지에도 위기는 있는 법이라네.

* 夕暉(석휘) : 저녁나절의 햇빛, 석양
* 休言(휴언) : 말하지 말라. 休(휴)는 금지의 의미

33. **류 축**(柳潚, 1564~1636)

明沙白如雪　　밝은 모래밭은 눈과 같이 하얗고,
平鋪三十里　　평평하게 삼십 리에 펼쳐져 있네.
征鴈落照邊　　먼 길 가는 기러기는 석양 주변에,
箇箇皆成字[33]　　한 마리 한 마리 모두 글자 되었네.

* 落照(낙조) : 석양(夕陽), 저녁때의 햇빛
* 箇箇(개개) : 낱낱, 각각, 여기서는 기러기 한 마리 한 마리의 의미

---

31) 李廷馣, 〈四留齋集〉 卷一, 『韓國文集叢刊』 第51卷, 253쪽, 「題畫屛瀟湘八景」 '平沙落鴈'.
32) 李睟光, 〈芝峰集〉 卷一, 『韓國文集叢刊』 第66卷, 16쪽, 「平沙落鴈」.
33) 柳潚, 〈醉吃集〉 卷二, 『韓國文集叢刊』 第71卷, 40쪽, 「漁牧亭八詠」 '平沙落鴈'.

34. **강 항**(姜沆, 1567~1618)

* 漫漫(만만) : 넓어 끝이 없는 모양, 길이 길어 먼 모양, 한가로운 모양, 한가롭게 노는 모양
* 矰繳(증격) : 주살, 기러기 등의 새를 잡을 때 사용하는 도구

平沙十里淨漫漫　평평한 모래밭 십 리 길은 넓디넓어 차갑고,
塞鴈行行點羽翰　변방에 기러기 줄지어 점점이 날갯짓하네.
翔集更妨矰繳苦　빙 돌며 모였다가 다시 주살 고통을 꺼리며,
哀鳴莫恨稻粱難[34]　생계가 어렵다고 슬픈 울음 한스러워 말아라.

35. **김상헌**(金尙憲, 1570~1652)

* 蕭蕭(소소) : 바람 부는 소리, 나뭇잎 떨어지는 소리, 쓸쓸한 모양
* 相伴(상반) : 서로 짝함.

江湖秋水淼無涯　강호의 가을 물은 끝없이 넘실대고,
蘆葦蕭蕭兩岸花　갈대가 소소하니 양 언덕은 꽃이네.
霜後霜前幾羣鴈　서리가 내린 전후 어느 정도의 기러기가,
月明相伴宿寒沙[35]　달 밝은 밤 짝을 지어 찬 모래에 잠드나.

36. **김봉조**(金奉祖, 1572~1630)

* 荻花(적화) : 억새꽃, 물 억새꽃
* 香處(향처) : 향기 나는 곳
* 網羅(망라) : 1. 그물, 2. 남기지 않고 모두 휘몰아 들임.

秋晩江城富荻花　늦은 가을 강성에는 억새꽃이 풍성하고,
數聲歸鴈落晴沙　울면서 돌아가는 기러기 맑은 모래에 내리네.
稻粱香處休來往　좋은 곡식 향기 나는 곳 왕래를 그만두더라도,
却怕人間有網羅[36]　도리어 인간 세상 새 잡는 그물 있어 두렵다네.

---

34) 姜沆, 〈睡隱集〉 卷一, 『韓國文集叢刊』 第73卷 31쪽, 「水月亭三十詠」 '平沙落鴈'.
35) 金尙憲, 〈淸陰集〉 卷十三, 『韓國文集叢刊』 第77卷 191쪽, 「雩潭十詠」 '平沙落鴈'.
36) 金奉祖, 〈鶴湖集〉 卷一, 『韓國文集叢刊』 第80卷 22쪽, 「鄭慶輔榮邦江舍八景」 '平沙落鴈'.

37. **이홍유**(李弘有, 1588~1673)

平湖萬頃練橫光	평평한 호수 만이랑 명주 비껴 빛나고,
十里明沙積水傍	십리 걸친 밝은 모래 물가에 쌓여 있네.
點點行行回鴈陣	점점이 줄지어 나는 기러기 떼 돌면서,
翩翻欲下更悠揚[37]	날갯짓하며 내리다 다시 멀리 나네.

* 翩翻(편번) : 새가 나는 모양
* 悠揚(유양) : 길고 먼 모양

38. **김 휴**(金烋, 1597~1638)

蕭瑟江天晚	소슬한 강변 하늘 해도 저물 무렵,
驚霜陣陣回	가을 서리에 놀라 줄지어 돌아가네.
斜陽明荻葦	비낀 해는 억새와 갈대를 밝혀 주고,
碧水映莓苔	푸른 물은 무성한 이끼 비추고 있네.
亂影風前墜	어지러운 그림자 바람 앞에 떨어지고,
寒聲月下來	차가운 울음소리 달 아래서 들려오네.
不因清怨去	애처롭게 여기며 가는 것이 아니기에,
還作好詩媒[38]	오히려 좋은 시를 짓는 매개가 되네.

* 蕭瑟(소슬) : 가을바람이 쓸쓸하게 부는 모양
* 莓苔(매태) : 이끼
* 寒聲(한성) : 차가운 울음소리
* 清怨(청원) : 아름다운 것을 애처롭게 여김, 깨끗한 원한

37) 李弘有, 〈遯軒集〉 卷三, 「題瀟湘八景畵屛, 又寫八詠」 '平沙落鴈'.
38) 金烋, 〈敬窩集〉 卷三, 『韓國文集叢刊』 第100卷, 293쪽, 「晩對亭八景」 '平沙落鴈'.

39. **정두경**(鄭斗卿, 1597~1673)

* 胡天(호천) : 넓은 하늘, 먼 하늘
* 芦花(호화) : 갈대꽃
* 孤烟(고연) : 외딴 연기, 부분적으로 뭉쳐 있는 연기

雁別胡天天一涯	넓은 하늘 한 끝에서 이별하는 기러기들,
瀟湘江畔宿芦花	소상 강변 갈대꽃 속에서 하루를 머무네.
時隨明月浮寒水	마침 밝은 달빛 따라 차가운 물에 떠있고,
更度孤烟下白沙[39]	외딴 연기 재차 건너 백사장에 내려앉네.

40. **김홍욱**(金弘郁, 1602~1654)

* 渺渺(묘묘) : (주로 물 따위가) 끝없이 넓어 아득하게 보이는 모습
* 冥冥(명명) : 드러나지 않고 은미(隱微)한 모양, 먼 하늘, 어두운 모양

浮雲滅盡霜天碧	뜬구름 모두 사라지니 가을 하늘 푸르고,
金風洲渚蘆花白	가을바람 모래섬에는 갈대꽃이 하얗구나.
平沙渺渺薄霧生	넓은 모래 아득하게 엷은 안개 생겨나고,
畵裏溪山淡水墨	그림 속 냇물과 산 수묵으로 담채 했네.
冥冥鴻鴈杳靄間	먼 하늘 기러기 어두운 아지랑이 사이에서,
數行飛下江天夕	여러 줄로 날면서 해지는 강가로 내려앉네.
月下哀鳴不忍聽	달 아래 슬픈 울음 차마 듣기 어려운지라,
遠客孤舟依岸宿[40]	먼 나그네 돛단배 언덕에 의지해 잠드네.

---

39) 鄭斗卿, 〈東溟集〉 卷二, 『韓國文集叢刊』 第100卷, 409쪽, 「題瀟湘八景圖」 '平沙落鴈'. 이 작품은 洪滄浪, 〈瀟湘八景詩歌抄〉 31쪽에도 수록되어 있다. 〈瀟湘八景詩歌抄〉는 우리나라의 문헌이 아니라 일본에서 1688년에 간행된 책이다. 이 책에는 일본인들이 노래한 소상팔경 한시와 그림이 함께 수록되어 있다. 우리나라 사람으로는 유일하게 홍창랑(洪滄浪)이라는 이름으로 8수가 실려 있다. 여기서 '홍창랑'은 홍세태를 의미한다. 그러나 이 작품들은 모두 정두경(鄭斗卿, 1597~1673)의 〈동명집(東溟集)〉에 실려 있는 작품과 동일하다. 여러 정황으로 미루어 보건대, 홍세태(洪世泰, 1653~1725)가 정두경에 비해 56년 뒤에 태어났다는 점, 또 다른 기록으로 보아 홍세태가 일본에 갔던 것은 사실이다. 일본 문인들과 '소상팔경'을 소재로 창작하는 과정에서 정두경의 작품을 그대로 노래했던 것이 일본에서 제작된 〈瀟湘八景詩歌抄〉라는 책에 수록된 것으로 보인다.

40) 金弘郁, 〈鶴洲全集〉 卷四, 『韓國文集叢刊』 第102卷, 37쪽, 「次權進士昱瀟湘八景八首」 '平沙落鴈'.

41. **구 음**(具崟, 1614~1683)

瀟湘南畔白皆沙	소상강 남쪽 두둑 흰 것 모두 모래인데,
密密踈踈醉墨斜	빽빽하고 성글어서 취한 묵이 비껴 있네.
欲下還飛頻叫侶	내리려다 다시 날아가며 자주 짝을 부름은,
去寒就暖此爲家	추위 떠나 따뜻함에 나가 집이라 생각하네.
高秋水落仍菰米	맑은 가을 하늘 물이 줄자 고미가 생기고,
明月霜寒尙葦花	밝은 달 서리 추위에도 갈대꽃은 여전하네.
最是夕陽將盡處	최고 풍경은 석양 모두 사라지려는 곳인데,
一行何事殿天涯[41]	기러기 일행 무슨 일로 하늘 끝 진압하나.

* 高秋(고추) : 가을 한창 때, 날씨가 맑아서 하늘이 높은 가을, 중추(仲秋)
* 水落(수락) : 흐르는 물의 양이 줄어든 상태
* 菰米(고미) : 줄의 열매로 식용(食用)이 가능함.
* 天涯(천애) : 하늘 끝, 썩 먼 곳

42. **박세당**(朴世堂, 1629~1703)

九江秋色老蒹葭	구강 가을빛에 갈대가 노쇠하니,
鴻鴈南歸集白沙	기러기 남쪽으로 돌아가 백사장에 모이네.
霜落薊門凋木葉	서리 내린 계문에 나뭇잎이 시들고,
月明湘浦暎蘆花	달 밝은 상강 포구 갈대꽃을 비추네.
雲邊趂侶行行急	구름 가에는 짝을 좇아 줄줄이 급하건만,
烟際離羣字字斜	연기 끝 떨어진 무리는 점점이 비끼었네.
半夜寒聲孤客枕	한밤중 차가운 소리에 외로운 나그네 잠들고,
夢魂驚斷楚天賖[42]	꿈속 혼 놀라 깨니 초나라 하늘만 아득하네.

* 九江(구강) : 동정호(洞庭湖)의 옛 이름, 원(沅), 점(漸), 원(元), 진(辰), 서(漵), 유(酉), 예(澧), 자(資), 상(湘)의 아홉 강이 흘러들어가므로 이른 명칭이다.
* 蒹葭(겸가) : 갈대
* 趂(진)은 趁(진)과 동자(同字)이다.
* 夢魂(몽혼) : 꿈속의 혼

---

41) 具崟, 〈明谷先生文集〉 卷二, 「瀟湘八景」 '平沙落鴈'.

42) 朴世堂, 〈西溪集〉 卷四, 『韓國文集叢刊』 第134卷, 79쪽, 「平沙落鴈」.

43. **윤 추**(尹推, 1632~1707)

* 紛紛(분분) : 어지러운 모양, 뒤섞인 모양, 번잡한 모양, 많고 성한 모양
* 俄然(아연) : 갑자기, 급히
* 閒雲(한운) : 한가하게 오락가락하는 구름, 한가롭게 떠도는 구름

百里長江際白沙	백 리에 걸친 긴 강은 흰 모래밭을 접해 있고,
寒空落鴈數行斜	추운 하늘 내려앉는 기러기 몇 줄이 비끼었네.
紛紛叫斷離還合	분분한 울음소리 끊겨 헤어졌다 다시 합하고,
陣陣飛廻邇復遐	줄줄이 날아돌며 멀었다가 다시 가까워지네.
肯效牽場求粟粒	기꺼이 이끄는 장소에서 곡식을 구해 주려고,
任教遵渚喙蘆花	마음대로 물가 좇으며 갈대꽃을 물게끔 하네.
俄然矯翼向何處	갑자기 힘센 날갯짓으로 어느 곳을 향하는지,
薄暮閒雲天一涯[43]	초저녁 하늘 끝에는 한가한 구름만 오락가락.

44. **김만기**(金萬基, 1633~1687)

* 儔侶(주려) : 동무, 동배(同輩)
* 點綴(점철) : 그림의 운필(運筆), 점을 찍은 것처럼 띄엄띄엄 여기저기 흩어져 있음.
* 鴉軋(아알) : 부딪쳐 나는 소리
* 翩翻(편번) : 새가 나는 모양

刷羽歸飛楚水涯	깃을 쓸며 돌아나는 초나라 강 언덕에서,
相呼儔侶下晴沙	동무 서로 부르며 맑은 모래에 내려앉네.
平鋪似雪汀洲逈	넓은 백사장이 모래섬 멀리 흰눈과 같고,
散落隨風字樣斜	바람 따라 흩어내려 글자 모양 비껴 있네.
點綴幾看依渚日	물가 해에 의지한 운필을 얼마나 보았나,
回翔時復隱蘆花	빙 돌아날다가 때로 거듭 갈대꽃에 숨네.
忽聞柔櫓聲鴉軋	홀연 노 젓는 약한 소리 삐걱하고 들리자,
驚起翩翻帶晚霞[44]	놀라서 펄펄 날아오르며 저녁노을 두르네.

43) 尹推, 〈農隱遺稿〉 卷一, 『韓國文集叢刊』 第143卷, 197-198쪽, 「瀟湘八景代洪陽從兄月課作」 '平沙落鴈'.

44) 金萬基, 〈瑞石集〉 卷一, 『韓國文集叢刊』 第144卷, 370쪽, 「瀟湘八景」 '平沙落鴈'.

45. **이 여**(李畬, 1645~1718)

江上西風動荻花	강변에 가을바람 억새꽃을 뒤흔들고,
水波如練水汀賒	물결은 비단 같아 모래섬이 아득하네.
羣飛紫塞三秋鴈	만리장성에 가을 기러기 무리 지어 날며,
亂落靑苔兩岸沙	푸른 이끼 양안 물가에 어지럽게 내리네.
點點遠從山外下	점점이 멀리 따르며 산 너머로 내려앉고,
雙雙時向浦邊斜	쌍쌍이 때맞춰 포구 가를 향해 비끼었네.
一聲叫侶流霜氣	짝을 찾는 한 소리에 가을 기운 흐르고,
彭蠡湖平曳晩霞45)	팽려호 평온하게 저녁노을 이끄네.

* 荻花(적화) : 억새꽃
* 紫塞(자새) : 만리장성(萬里長城)의 이칭(異稱), 흙이 자줏빛이므로 생긴 명칭
* 三秋(삼추) : 가을에 해당하는 세 달, 음력 7월, 8월, 9월
* 彭蠡湖(팽려호) : 현재 강서성(江西省) 양호(陽湖)를 이름, 현재 호남성(湖南省) 북부의 동정호(洞庭湖)와 강서성(江西省) 양호(陽湖,=彭蠡湖) 인근 지역이 장강(長江) 중하류의 이남 지역에 해당한다.

46. **이현석**(李玄錫, 1647~1703)

塞聲凄更斷	변방 소리는 거듭 끊겨서 처량하고,
風影整還斜	바람 그림자 정연하다 도로 비꼈네.
明月莓苔岸	이끼 낀 언덕에 밝은 달빛 비추고,
情霜蘆荻花	갈대와 억새꽃 가을 정취 일어나네.
箭驚十里翮	화살대가 십리를 날아가니 놀랍고,
書寄幾人家	서신은 몇 사람 집에다 부쳤는가.
已學雲逵漸	이미 구름 속 통하는 길 배웠기에,
時來戱晩沙46)	가끔 와 저녁 물가에서 장난치네.

* 莓苔(매태) : 이끼
* 雲逵(운규) : 구름 속 아홉 군데로 통하는 길, 구름 속에 있는 대로(大路)
* 晩沙(만사) : 저녁 물가, 저녁 모래섬

45) 李畬, 〈睡谷集〉 卷一, 『韓國文集叢刊』 第153卷, 8쪽, 「瀟湘八景選五首壬寅」 '平沙落鴈'.
46) 李玄錫, 〈游齋集〉 卷五, 『韓國文集叢刊』 第156卷, 387쪽, 「碧湖亭八詠」 '平沙落鴈'.

47. **홍세태**(洪世泰, 1653~1725)

* 胡天(호천) : 넓은 하늘, 먼 하늘
* 芦花(호화) : 갈대꽃
* 孤烟(고연) : 외딴 연기, 부분적으로 뭉쳐 있는 연기

雁別胡天天一涯 넓은 하늘 한 끝에서 이별하는 기러기들,
瀟湘江畔宿芦花 소상 강변 갈대꽃 속에서 하루를 머무네.
時隨明月浮寒水 마침 밝은 달빛 따라 차가운 물에 떠있고,
更度孤烟下白沙[47] 외딴 연기 재차 건너 백사장에 내려앉네.

48. **권두경**(權斗經, 1654~1725)

* 低飛(저비): 낮게 날다. 아래로 날다.
* 斜(사): 비스듬한 모양, 비껴 있는 모습, 한쪽 방향으로 기울어진 모습

山外千羣鴈 산 너머 많은 무리 기러기들,
低飛點點斜 낮게 날며 점점이 비끼었네.
平沙無限白 넓은 모래 끝없이 눈부신데,
明月宿蘆花[48] 밝은 달은 갈대꽃에 잠드네.

49. **숙종대왕**(肅宗, 1661~1720)

* 紛紛(분분) : 어지러운 모양, 뒤섞인 모양, 번잡한 모양, 많고 성한 모양
* 秔香(갱향) : 벼 향기, 곡식 익는 냄새

何處霜風動鴈羣 어디에 가을바람 기러기 무리 흔드니,
千行萬點落紛紛 천 줄 만 점이 뒤섞여서 내려앉는구나.
秔香酒熟興無盡 벼 향기에 술 익자 흥도 다하질 않고,
獨抱瑤琴日日醺[49] 홀로 거문고 끌어안고 날마다 즐겁구나.

---

47) 鄭斗卿, 앞의 책, 「題瀟湘八景圖」'平沙落鴈', 자세한 설명은 각주 39번 참고.
48) 權斗經, 〈蒼雪齋集〉 卷七,『韓國文集叢刊』第169卷, 126쪽,「述姪請賦瀟湘八景」'平沙落鴈'.
49) 肅宗,『列聖御製』第十七篇,「瀟湘八景」'平沙落雁'.

50. **이만부**(李萬敷, 1664~1732)

自有飛秋思	스스로 날면서도 쓸쓸한 맘 있었던지,
何爲鴈唳酸	어찌하여 기러기 괴롭고 슬프게 우나.
影分蘆渚月	그림자가 갈대 섬과 달빛을 나누고는,
飛破霜空寒[50]	가을 하늘 차가움 날아가며 깨뜨리네.

* 秋思(추사) : 가을에 느끼는 쓸쓸한 생각
* 唳酸(려산) : 괴롭고 슬프게 울다. 가슴 아프게 울다.

51. **이광정**(李光庭, 1674~1756)

洞庭秋欲霜	동정호 가을이라 서리 내리려는데,
沙上多鳴鴈	모래 위에 우는 기러기들이 많네.
還從亂山翔	다시 좇아 산 어지럽게 빙 돌고,
復集蘆花茫[51]	갈대꽃에 황망하게 다시 모이네.

* 鳴鴈(명안) : 우는 기러기
* 復集(부집) : 다시 모이다. 재차 모이다.

52. **권상일**(權相一, 1679~1759)

明白沙明分不分	밝고 흰 모래밭 밝음은 나누어도 나눌 수 없고,
鳴鴻兩兩落成羣	우는 기러기 둘씩 무리 이뤄 내려앉네.
何人對向橫橋立	어떤 이가 놓인 다리 향해 마주하고 서 있었나,
秖怕驚飛遠入雲[52]	다만 두렵고 놀라 날아서 구름 속에 들어가네.

* 橫橋(횡교) : 가로 놓인 다리, 가로지르는 다리
* 秖怕(지파) : 다만 ~을 두려워하다.

---

50) 李萬敷, 〈息山集〉 卷二, 『韓國文集叢刊』 第178卷, 66쪽, 「河回十六詠幷序」 '平沙落鴈'.
51) 李光庭, 〈訥隱集〉 卷三, 『韓國文集叢刊』 第187卷, 185쪽, 「瀟湘八景題雙碧堂小屛」 '平沙落鴈'.
52) 權相一, 〈淸臺集〉 卷三, 「瀟湘八景, 八景幷四鶴, 作十二帖寢屛」 '平沙落雁'.

53. **권 만**(權萬, 1688~未 詳)

* 翔空(상공) : 하늘을 빙 돌며 날다.
* 閃入(섬입) : 번쩍하며 들어가다. 순식간에 들어가다.

翔空頭尾直	허공을 돌아날 땐 머리꼬리 바르더니,
近沙頭尾低	모래밭에 다가서자 머리 꽁지 내리네.
催搏乍緩矯	잡으려 재촉하다 잠깐 더디게 바루고,
閃入水東西[53]	동쪽과 서쪽에서 번쩍하며 물에 드네.

54. **권 만**(權萬, 1688~未詳)

* 回翔(회상) : 빙빙 돌며 날아다님
* 沲(타) : 사천성을 흐르는 강으로 양자강(揚子江)의 지류임.

引領瀟湘浦	목을 빼고 소상 포구 바라보고,
羣飛點點斜	무리로 날며 점점이 비끼었네.
回翔低拂水	돌아 날다 내려가 물을 떨치고,
沲入洞庭沙[54]	타수는 동정호 모래밭에 드네.

55. **이헌경**(李獻慶, 1719~1791)

* 回頸(회경) : 목을 돌리다.
* 攲翎(의령) : 기운 날개깃

江鴈愛沙濶	강 기러기 모래밭 광활함을 좋아해,
淸霜放子孫	맑은 서리에 자손들을 내어맡기네.
低回方漸下	낮게 돌아 조금씩 아래로 내려오며,
警急復同喧	급함 경계하려 거듭 함께 울어대네.
回頸嗔風逆	목을 돌리고 성난 바람을 거스르며,

---

53) 權萬, 〈江左集〉 卷一, 『韓國文集叢刊』 第209卷, 62쪽, 「河回十六景」 '平沙落鴈'.
54) 權萬, 위의 책, 71쪽, 「瀟湘八景」 '平沙落鴈'.

歙翎曬日暄	기운 날개깃은 햇볕 쬐어 따뜻하네.
北方寒氣候	북쪽 지방은 차가운 기후인지라,
烏鵲却飛翻[55]	까막까치 도리어 날개를 퍼덕이네.

56. **정종로**(鄭宗魯, 1738~1816)

三湘齊下碧雲斜	푸른 하늘 비끼며 삼상에 일제히 내려,
暫點斜陽岸岸沙	석양에 점점이 모래 언덕으로 내려앉네.
入夜共浮明月浪	밤이 되니 밝은 달 물결 위에 떠 있고,
刷毛爭傍白蘆花[56]	하얀 갈대꽃 옆에서 털 씻으며 다투네.

* 碧雲(벽운) : 푸른 하늘, 벽공(碧空), 빛이 푸른 구름
* 白蘆花(백로화) : 하얀 갈대꽃, 달빛에 물든 갈대꽃의 형상을 형용한 표현

57. **정조대왕**(正祖, 1752~1800)

十里平沙雁陣橫	기러기 떼 십리 모래밭을 가로지르더니,
一時飛下九秋聲	한순간에 날아 내리니 구추의 소리네.
更看隻影南來遠	다시 보니 새 그림자 멀리 남쪽서 오니,
知是傳書報子卿[57]	편지 전해 자경 소식 전하는 줄 알겠네.

* 隻影(척영) : 한 마리 새의 그림자

* 子卿(자경) : 자경(子卿)은 소무(蘇武)의 자(字)이다. 『漢書(한서)』「蘇武專(소무전)」에 의하면, 한(漢)나라 소제(昭帝)는 19년 전, 선제(先帝)인 무제(武帝) 때(B.C. 100) 포로를 교환하기 위해 사절단을 이끌고 흉노(匈奴)의 땅에 들어갔다가 그곳에 억류당한 중랑장(中郎將) 소무(蘇武)가 아직도 살아 있음을 알고는 그의 귀환을 위해 특사를 파견했다. 현지에 도착한 특사가 곧바로 흉노의 우두머리인 선우(單于)에게 소무의 석방을 요구하자, 선우는 '소무는 벌써 여러 해 전에 죽었다.'며 대화에 응하려 하지 않았다. 그 날 밤, 상혜(常惠)라는 사람이 은밀히

55) 李獻慶, 〈艮翁集〉 卷二, 『韓國文集叢刊』 第234卷, 35쪽, 「平沙落雁」.
56) 鄭宗魯, 〈立齋集〉 卷六, 『韓國文集叢刊』 第253卷, 119쪽, 「瀟湘八景次皓隣韻」 '平沙落雁'.
57) 正朝大王, 〈弘齋全書〉 卷二, 『韓國文集叢刊』 第262卷, 33쪽, 「瀟湘八景 癸巳」 '平沙落雁'.

특사의 숙소로 찾아와 이렇게 말했다."나는 소무를 따라왔다가 흉노의 내란에 말려 일행이 모두 잡힌 뒤 투항한 사람 중 하나요. 그런데 그때 끝까지 항복을 거부한 소무는 북해(北海:바이칼 호) 변으로 추방당한 뒤 아직도 그곳에서 혼자 어렵게 살아가고 있소." 이튿날 특사는 선우를 만나 따지듯이 말했다. "내가 이곳에 오기 전에 황제께서 사냥을 하시다가 활로 기러기 한 마리를 잡았는데, 그 기러기 발목에는 헝겊이 감겨 있었소. 그래서 풀어 보니 '소무는 대택(大澤:큰 못) 근처에 있다.'고 적혀 있었소. 이것만 봐도 소무는 살아 있는 게 분명하지 않소?" 안색이 변한 선우는 부하와 몇 마디 나누더니 이렇게 말했다. "어제는 제가 잘 모르고 실언을 한 것 같소. 그는 살아 있다고 하오." 꾸며댄 이야기가 제대로 들어맞은 것이다. 며칠 후 흉노의 사자(使者)가 데려온 소무는 몰골이 말이 아니었으나 그의 손에는 한나라 사신의 증표인 부절(符節)이 굳게 쥐어져 있었다. 이 고사에 연유하여 그 이후로 편지를 기러기와 관련하여 소식 전달의 매개체로 인식하여 '안서(雁書)'라고 일컫게 되었다.

58. **박영원**(朴永元, 1791~1854)

* 二十五絃(이십오현) : 스물다섯 줄로 된 비파
* 巴陵(파릉) : 동정호가 있는 악양(岳陽)의 옛 이름

衡陽霜落送寒羣	형양 땅에 서리 내려 찬 무리 보내니,
兩岸明沙黃葉紛	양안의 밝은 모래밭 낙엽만 어지럽네.
二十五絃淸夜怨	비파 연주 소리 쓸쓸한 밤 원망이니,
巴陵孤客不成醺[58]	파릉 외로운 손 술 취하기도 어렵네.

59. **송래희**(宋來熙, 1791~1867)

* 生涯(생애) : 일생 동안, 한평생, 살아있는 동안
* 稻粱(도량) : 벼와 메조로 모두 가장 좋은 곡식을 의미, 생계(生計)의 의미로 사용된다.

白蘋風露滿江秋	흰 마름풀 바람 이슬 온 강에 가을인데,
驚起一聲更喚儔	한 소리에 놀라서는 재차 짝을 부르네.
飛向淸沙閒取適	맑은 모래 향해 날며 한적함을 취해야지,
生涯不作稻粱謀[59]	한평생 생계의 방편으로 삼지는 말아라.

58) 朴永元, 〈梧墅集〉 冊五, 『韓國文集叢刊』 第302卷, 318쪽, 「瀟湘八景」 '平沙落鴈'.
59) 宋來熙, 〈錦谷集〉 卷一, 『韓國文集叢刊』 第303卷, 107쪽, 「瀟湘八景 八首 」 '平沙落鴈'.

60. **김시락**(金時洛, 1857~1896)

誰說江湖乘四雁	강호에 기러기가 네 승이라고 누가 말했나,
平沙十里群成串	평평한 모래밭 십리에 무리는 꼬치를 이루었네.
白雲紅樹皆生涯	흰 구름과 붉은 나무들 모든 것이 생애이겠지만,
獲愛簑人一面侯[60]	도롱이 입고 사냥 즐기는 이에겐 일면 과녁일세.

* 誰說(수세) : 누가 ~라고 말했나.
* 簑人(사인) : 도롱이를 입은 사람

* 정두경과 홍세태의 작품은 동일한 작품이므로, 평사낙안은 총 59작품임.

60) 金時洛, 〈莊庵集〉 卷一, 「家有古藏瀟湘畫八帖, 家兄逐景題詠, 伏次其韻」'平沙落鴈'.

대립과 갈등이 해소된 최적의 상황

동정추월

동정추월洞庭秋月을 노래한 한시 작품은 전체 62수에 이른다. 작품 수로만 보면 소상야우瀟湘夜雨에 이어 두 번째에 해당한다. 또 시조 작품이 30여 수가 전한다. 동정추월은 제목에서 드러나듯 소상팔경瀟湘八景의 여덟 가지 시제 가운데 소상야우와 함께 구체적인 지명을 제목으로 드러내 놓고 있다. 동정추월이라는 제목으로 형상화된 작품들의 공통점은 대립과 갈등이 해소된 최적의 상황, 최고 정점이자 절정에 도달한 상황을 형상화하고 있다. 인간의 삶에 빗대어 말하자면 인생 최고의 황금기라고 말할 수 있다. 이러한 경지는 삶의 모든 고비를 잘 넘기고 출처와 진퇴에 대한 고민을 훌륭하게 해결한 뒤에라야 맞이할 수 있는 형국에 해당한다.

동정추월은 드넓은 호수를 환하게 비추고 있는 보름달의 형상을 제시함으로써, 인간의 삶에서 최고의 정점에 도달한 상태 내지 단계라는 맥락을 의미한다. 더 이상 오를 수 없는 최고의 경지라는 상징적 의미를 내포한다. 동시에 최고로 높은 경지에 도달한 상태이므로 이제 더 이상 올라갈 곳이 없고 내려가야만 하는 상황에 처한 것이다. 이는 『주역周易』의 중천重天 건괘乾卦에서 말하는 상구上九의 자리와도 같다. "항룡亢龍이니 유회有悔리라."의 표현이 동정추월의 형상과 맞아떨어지는 것은 아닐까 생각한다. 달도 차면 기울 듯이 사물의 형상도 정점에 달하면 쇠퇴의 길로 들어서는 의미 맥락이 동정추월洞庭秋月에 감춰져 있는 것이다.

동정추월

1. **이인로**(李仁老, 1152~1220)

* 瀲瀲(염염) : 잔물결이 이는 모양, 물이 넘치는 모양
* 黃金餠(황금병) : 황금 떡, 황금으로 된 떡, 여기서는 보름달에 비유한 표현
* 溶溶(용용) : 물이 도도하게 흐르는 모양

雲端瀲瀲黃金餠	구름 끝에 넘실대는 황금빛 달덩이가,
霜後溶溶碧玉濤	서리 뒤에 출렁이는 푸른빛 물결이네.
欲識夜深風露重	밤 깊어 바람 이슬 무거움을 알려 하니,
倚船漁父一肩高[1]	배에 기댄 어부 어깨 한 쪽만 높구나.

2. **이규보**(李奎報, 1168~1241)

* 金波(금파) : 금빛 물결, 황금물결
* 鏡澄波(경징파) : 거울 같은 맑은 물결
* 綠蘿(녹라) : 푸른 담쟁이, 벽라(碧蘿)

何事江天得月多	어이하여 강천에는 달빛이 이다지도 환한가,
金波交映鏡澄波	금빛 물결 거울처럼 맑은 물결 서로 비추네.
雖然天朗無纖靄	그렇지만 하늘 밝아 한 올 구름 끼도 없으니,
未害踈林間綠蘿[2]	성긴 숲 사이 푸른 덩굴이 해가 되지 않겠네.

---

1) 李仁老, 『三韓詩龜鑑』 卷之中, '洞庭秋月' ; 『東文選』 卷二十, 「宋迪八景圖」 '洞庭秋月'.
2) 李奎報, 〈東國李相國集〉 後集 卷六, 『韓國文集叢刊』 第2卷, 197쪽, 「次韻李平章仁植虔州八景詩并序」 '洞庭秋月'.

3. 이규보(李奎報, 1168~1241)

月將江影孰爲多	달이 강 그림자 따른다고 누가 많다 하나,
俱是澄澄一樣波	맑디맑아 한결같은 모습 물결과 함께 하네.
憑仗秋晴猶足賞	맑은 가을 날씨에 의지해 감상하기 족한데,
何人好事剪林蘿[3]	어떤 이가 호사스럽게 숲 덩굴을 베어냈나.

* 澄澄(징징) : 물이 맑은 모양
* 憑仗(빙장) : 의뢰함, 의지함.
* 好事(호사) : 일 벌려 놓기를 좋아함.

4. 이규보(李奎報, 1168~1241)

水國秋涼爽氣多	어촌 가을 서늘해 상쾌한 기운 많고,
氷輪正好映寒波	찬 물결 비추는 보름달 참으로 좋네.
波心俯鑑無勞望	물결 속 굽어보니 애쓴 기대도 없고,
不用登山費挽蘿[4]	덩굴 잡고 애써 등산할 필요가 없네.

* 水國(수국) : 어촌(漁村), 지소(池沼)나 하천(河川) 등이 많은 땅
* 氷輪(빙륜) : 달(月)의 별칭(別稱)
* 波心(파심) : 물결의 중심, 물결 속, 물결 중앙

5. 이규보(李奎報, 1168~1241)

浦客何須蕩槳多	포구에 나그네 어찌 노를 많이도 쓸어내나,
我憐全鏡碎於波	온전한 달빛 물결에 부서질까 내 근심하네.
維舟側畔明如晝	배를 대놓은 근방 두둑 대낮같이 밝은지라,
細看秋蟲上薜蘿[5]	자세하게 보니 가을벌레 덩굴 풀에 오르네.

* 維舟(유주) : 1. 배를 대다. 2. 배 네 척을 이어 매다.
* 細看(세간) : 자세히 바라보다. 상세하게 바라보다.
* 薜蘿(벽라) : 덩굴이 뻗는 풀, 은자(隱者)의 옷, 만초(蔓草)

---

3) 李奎報, 위의 책, 197쪽, 「次韻李平章仁植虔州八景詩幷序」 '洞庭秋月'.
4) 李奎報, 위의 책, 198쪽, 「次韻李相國復和虔州八景詩贈」 '洞庭秋月'.
5) 李奎報, 위의 책, 199쪽, 「相國嘗和示一首, 予每復以二首, 未知鈞鑑何如, 惶恐惶恐」 '洞庭秋月'.

6. 이규보(李奎報, 1168~1241)

* 慇勤(은근) : 공손함, 친절함, 남녀 간의 애정
* 已見(이견) : 이미 보았다.

浦客無心弄月多　포구에 나그네 무심히 많은 달 희롱하고,
慇勤進棹出衝波　은근히 노를 저으며 물결 가르고 나오네.
分明已見嵓前泊　분명히 바위 앞에 정박했던 것 보았는데,
樸葉遮頭又帶蘿[6]　머리는 떡잎으로 가리고 덩굴로 띠 했네.

7. 이규보(李奎報, 1168~1241)

* 一輪(일륜) : 일륜월(一輪月)의 준말로 하나의 둥근달을 의미한다.
* 把酒(파주) : 술잔을 잡다. 술잔을 들다.

一輪分影也何多　둥근 달 나눈 그림자야말로 얼마나 많던지,
炤遍汀沙又印波　백사장을 밝게 비추고도 물결 끝에 비추네.
把酒若成江上望　술잔을 잡고도 강변을 바라볼 수만 있다면,
石間猶可藉紅蘿[7]　돌 사이에 붉은 덩굴 깔고 앉을 만하겠네.

8. 진 화(陳澕, 1180~1215 추정)

滿眼秋光濯炎熱　눈에 가득 가을빛이 불꽃 더위 씻어내고,
草頭露顆珠璣綴　풀잎 끝에 이슬방울 옥구슬을 엮어 놨네.
江娥浴出水精寒　강 계집 목욕하고 나오니 달빛이 차갑고,
色戰銀河更淸絶　은하수와 색을 겨뤄도 더 맑고 빼어나네.
波心冷影不可掬　물결 속에 찬 그림자 움켜 쥘 수 없는데,

---

6) 李奎報, 위의 책, 200쪽, 「次韻復和李相國八景詩各一首」'洞庭秋月'.
7) 李奎報, 위의 책, 201쪽, 「次韻英上人見和」'洞庭秋月'.

天際斜暉那忍沒	하늘 끝 비낀 빛에 차마 어찌 빠지겠나.
飄飄淸氣襲人肌	나부끼는 맑은 기운 사람 살을 엄습하니,
欲控靑鸞訪銀闕[8]	푸른 난새 잡아다가 천상 은궐 찾으려네.

* 炎熱(염렬) : 불꽃 더위, 혹렬한 더위, 염서(炎署)
* 飄飄(표표) : 바람이 부는 모양, 정처 없이 떠도는 모양, 바람에 가볍게 나부끼는 모양
* 水精(수정) : 달(月)의 별칭(別稱)
* 靑鸞(청란) : 푸른 난새, 봉황의 일종이다.
* 銀闕(은궐) : 달나라 궁전을 의미한다.

9. 이제현(李齊賢, 1287~1367)

三更月彩澄銀漢	깊은 밤 밝은 달빛 은하수를 맑게 하고,
萬頃秋光泛素濤	만 이랑 가을빛이 흰 물결에 떠 있구나.
湖上誰家吹鐵笛	호숫가 뉘 집에서 쇠 젓대 부는가,
碧天無際鴈行高[9]	푸른 하늘 끝이 없고 기러기 행렬 높네.

* 三更(삼경) : 깊은 밤, 구체적으로 밤 11시에서 새벽 1시까지의 시간
* 月彩(월채) : 달빛, 월광(月光)
* 鴈行(안행) : 기러기가 줄지어 날아감, 기러기처럼 비스듬히 조금 뒤떨어져 감.

10. 이제현(李齊賢, 1287~1367)

萬里天浮水	만 리 걸친 하늘은 물에 떠 있고,
三秋露洗空	가을날 이슬이 허공을 씻었구나.
氷輪輾上海門東	달은 해문 동편으로 점점 떠올라,
弄影碧波中	푸른 물결 속 그림자를 희롱하네.
蕩蕩開銀闕	출렁출렁 은빛 궁궐 펼쳐져 있고,
亭亭插玉虹	우뚝하게 옥무지개가 꽂혀 있네.
雲帆便欲掛西風	문득 서풍에 구름 돛을 매달고는,
直到廣寒宮[10]	곧장 달나라 궁전에 이르는구나.

* 三秋(삼추) : 가을에 해당하는 3개월, 곧 음력 7월, 8월, 9월을 말한다.
* 氷輪(빙륜) : 달(月)의 별칭
* 海門(해문) : 해협(海峽), 육지와 육지 사이에 끼어 있는 바다의 움푹 파이고 좁은 부분
* 蕩蕩(탕탕) : 넓은 모양, 광대한 모양, 물의 형세가 대단한 모양
* 亭亭(정정) : 우뚝 솟은 모양, 아름다운 모양, 예쁜 모양
* 玉虹(옥홍) : 아름다운 무지개, 다리(橋)의 미칭(美稱)
* 直到(직도) : 곧장 ~에 이르다. 도달하다.
* 廣寒宮(광한궁) : 달 속에 있다는 궁궐

8) 陳澕, 〈梅湖遺稿〉 卷四, 『韓國文集叢刊』 第2卷 283쪽, 「宋迪八景圖」 '洞庭秋月'.
9) 李齊賢, 〈益齋亂藁〉 卷三, 『韓國文集叢刊』 第2卷 526쪽, 「和朴石齋·尹樗軒用銀臺集瀟湘八景韻(石齋名孝修, 樗軒名奕)」 '洞庭秋月'.

11. 이제현(李齊賢, 1287~1367)

* 衡岳(형악) : 중국의 오악(五嶽) 가운데 하나인 형산(衡山), 동정호 남쪽에 있다.
* 君山(군산) : 동정호 가운데에 있는 섬
* 鸞驂(난참) : 난새의 수레

衡岳寬臨北	형악은 널찍하게 북쪽 임했고,
君山小近南	군산은 자그맣게 남쪽 가깝네.
中開七百里湖潭	그 가운데 칠백 리 호수가 펼쳐져서,
吳楚入包含	오나라와 초나라가 포함되어 들었네.
銀漢秋相接	은하수 가을 기운에 서로 닿아 있고,
金波夜正涵	금빛 물결 밤새도록 바로 잠겨 있네.
擧盃長嘯待鸞驂	잔 들고 길게 읊조리며 난새 수레 기다리니,
且對影成三[11)]	또 그림자를 마주하니 셋이 되었네.

12. 만 우(卍雨, 1357~未詳)

* 騷人(소인) : 시인
* 楓葉(풍엽) : 단풍잎

月色清無比	달빛이 맑기로는 비할 곳 없고,
湖光湛不流	호수 빛도 맑아서 흐르질 않네.
騷人意何限	시인 생각에 어찌 한계를 두랴,
楓葉政矜秋[12)]	단풍잎 지는 가을이 안타깝네.

---

10) 李齊賢, 〈益齋亂藁〉 卷十, 『韓國文集叢刊』 第2卷 608쪽, 「巫山一段雲 瀟湘八景」 '洞庭秋月'.
11) 李齊賢, 위의 책, 609쪽, 「巫山一段雲 瀟湘八景」 '洞庭秋月'.
12) 千峯, 『匪解堂瀟湘八景詩帖』, 「洞庭秋月」.

13. **강석덕**(姜碩德, 1395~1459)

海門推上爛銀盤	바다 문이 찬란한 은쟁반을 추켜올리면,
鐵笛聲高萬頃寒	철적 소리 높고 만 이랑 물결 차가워라.
最是淸光秋更好	그야말로 맑은 빛이 가을이니 더욱 좋은지라,
凭欄須到夜深看[13]	난간에 기대고는 모름지기 밤 깊도록 보리라.

* 海門(해문) : 해협(海峽), 육지와 육지 사이에 끼어 있는 바다의 움푹 파이고 좁은 부분
* 凭欄(빙란) : 난간(欄干)에 기대다. 난간에 의지하다.

14. **구종직**(丘從直, 1404~1477)

七百平湖半幅藏	칠백 리 평평한 호수를 반폭에 감추었다가,
鮫綃麾出彩毫忙	교초에 불러내니 그림붓이 바빠지네.
秋深橘樹金千片	가을 깊은 귤나무엔 금덩이가 천 조각이고,
風打蘆花雴一場	바람이 갈대꽃을 뒤흔드는 소나기 한바탕.
鷗胸白浪呑吳闊	갈매기 앞 흰 물결이 오나라 멀리 삼키고,
鴈背靑天入楚長	기러기 뒤 푸른 하늘 초나라 들며 아득하네.
歸艫莫近瀟湘岸	돌아가는 뱃머리 소상 언덕 가까이는 말게,
叢竹寒聲斷客腸[14]	대죽 떨기 찬 소리 나그네 애를 끊는다네.

* 七百平湖(칠백평호) : 동정호 둘레를 대략 잡아 칠백 리로 생각했기에 유래된 표현
* 鮫綃(교초) : 비단, 이 비단 위에 시를 쓰거나 그림을 그렸다.
* 彩毫(채호) : 화필(畵筆), 그림 그릴 때 사용하는 붓
* 金千片(금천편) : 금이 천 조각, 여기서 금은 그림 속에 그려진 귤(橘)을 형상화한 표현
* 雴一場(입일장) : 큰비가 한바탕 내림, 소나기

* 叢竹寒聲(총죽한성) : 대나무 떨기에 차가운 소리, 아황과 여영의 피눈물과 반죽(斑竹)의 형상

---

13) 姜碩德, 『東文選』 第22卷, 「瀟湘八景圖有宋眞宗宸翰」 '洞庭秋月'.
14) 丘從直, 『東國風雅抄』, 「奉題御屛洞庭湖畫」 '洞庭湖圖'.

15. **성삼문**(成三問, 1418~1456)

* 蟾兎(섬토) : 달(月)의 이칭(異稱), 달 속에 토끼와 두꺼비가 살고 있을 것이라는 인간의 상상력에 기인한 것임.

明輝發蟾兎	밝은 빛이 두꺼비와 토끼를 드러내었고,
靜影浸龜魚	맑은 그림자에 거북과 물고기가 잠겼네.
此中憂樂意	이 가운데 근심과 즐거운 마음이 있으니,
老范不欺余[15]	노범范仲淹은 나를 속이지 아니하였네.

* 老范(노범) : 범중엄(范仲淹, 989~1052) 북송 때의 학자이며 정치가로 본명은 범희문(范希文)이다. 「악양루기(岳陽樓記)」의 저자로도 널리 알려져 있다. 그 글 말미에 "천하의 근심을 먼저 걱정하고, 천하의 즐거움을 뒤에 기뻐해야 하는 것이 아닌가!(先天下之憂而憂, 後天下之樂而樂歟.)"라는 유명한 표현을 남겼다.

16. **서거정**(徐居正, 1420~1488)

* 隱映(은영) : 달빛이 겉으로 환히 드러나지 않게 은미하게 비침, 은은하게 비침.
* 柔櫓(유노) : 부드럽고 약하게 들리는 노 젓는 소리

長林隱映欲棲鴉	긴 숲에 은미하게 비추니 까마귀 깃들고자,
十二峯頭月似波	열두 봉우리 정상에는 물결치는 달빛이라.
夜靜倚樓無限思	맑은 밤 누각에 기대 끝없는 생각에 잠겨,
一聲柔櫓隔蘆花[16]	갈대꽃 너머로는 노를 젓는 부드러운 소리.

15) 成三問, 〈成謹甫集〉 卷一, 『韓國文集叢刊』 第10卷 184쪽, 「瀟湘八景」, '洞庭秋月'.
16) 徐居正, 〈四佳集〉 詩集卷五 第五, 『韓國文集叢刊』 第10卷 300쪽, 「姜景愚畵十二圖, 申相宅所藏」 '洞庭秋月'.

17. **이승소**(李承召, 1422~1484)

秋天杳杳水溶溶　가을 하늘 어두운데 물은 도도하고,
万里氷輪輾上空　만 리 비추는 달 하늘 위로 솟았네.
上下淸光同一色　하늘과 물은 맑은 빛으로 동색이고,
却疑身在水晶宮[17)]　내 몸이 수정궁에 있는지 의심하네.

* 杳杳(묘묘) : 깊은 모양, 어두운 모양
* 溶溶(용용) : 물이 도도하게 흐르는 모양
* 氷輪(빙륜) : 달(月)의 별칭(別稱)
* 水晶宮(수정궁) : 수정으로 지은 아름다운 궁전
* 却疑(각의) : 오히려 ~이 의심스럽다. 도리어 ~을 의심하다.

18. 이승소(李承召, 1422~1484)

皛皛波橫練　곱디고운 물결은 가로놓인 비단이고,
溶溶月上空　도도하게 흐르는 달이 허공에 솟았네.
水天一色迷西東　물과 하늘 한빛이니 동서가 혼미하고,
滉瀁玻瓈中　유리 호수 속에 넓고 깊은 물 흐르네.
雲際飛明鏡　구름 사이로는 밝은 거울이 날아가고,
江心臥綵虹　강 속에 비단 같은 무지개가 누워 있네.
岳陽樓上倚淸風　악양루 위에서 맑은 바람에 의지하여,
疑入蘂珠宮[18)]　예주궁 들어가는지 의심하네.

* 皛皛(효효) : 고운 모양, 흰 모양
* 溶溶(용용) : 도도하게 흐르는 모양
* 滉瀁(황양) : 물이 깊고 넓은 모양
* 蘂珠宮(예주궁) : 도교(道教) 신(神)의 위패를 모셔 놓은 궁, 신선, 선녀 등이 사는 궁궐

---

17) 李承召, 〈三灘集〉 卷九, 『韓國文集叢刊』 第11卷 461쪽, 「題畵屛」 '洞庭秋月'.
18) 李承召, 위의 책, 467쪽, 「次益齋瀟湘八景詩韻 巫山一段雲」 '洞庭秋月'.

19. **강희맹**(姜希孟, 1424~1483)

* 雲物(운물) : 경치, 경물, 운기(雲氣)의 길흉
* 衡湘(형상) : 형양(衡陽)과 상수(湘水)
* 海角(해각) : 바다 가운데에 가늘고 길게 쑥 내민 땅, 바다 가운데 작은 섬

雲物掃銀漢	은하수를 쓸고 가는 경물이니,
露華凝碧穹	영롱한 이슬은 푸른 하늘에 엉겼네.
衡湘萬里混西東	형양 상강 만 리 물결 동서로 섞이니,
暗淡有無中	짙고 담박함이 그 속에 있고 없구나.
海角迷金暈	솟은 섬이 금빛 무리인지 헛갈리고,
乾端射白虹	땅 끝에선 흰빛 무지개 쏘아 올렸네.
氷輪輾上駕長風	둥근 달은 긴 바람을 타고 떠오르고,
今徹碧雲空[19]	지금 푸른 구름이 허공을 통하였네.

20. **어세겸**(魚世謙, 1430~1500)

* 消息(소식) : 없어짐과 생겨남, 변화, 동정(動靜), 왕래, 편지, 안부
* 蕭蕭(소소) : 바람 부는 소리, 나뭇잎 떨어지는 소리, 쓸쓸한 모양
* 九龍宮(구룡궁) : 구룡(九龍)은 석가모니가 탄생할 때, 아홉 마리의 용이 물을 뿜어 목욕을 시켰다고 한다. 이 아홉 마리 용이 사는 궁을 말하는 것으로 보인다.

白露驚秋序	하얀 이슬 가을 절기에 놀라니,
金波湧晩空	금빛 물결 저녁 하늘에 샘솟네.
洞庭淸浪暮江東	동정 맑은 물결 강동에 저물어도,
消息一環中	변화는 동일한 테두리 속에 있네.
影倒銀成闕	그림자 넘어져 은빛 대궐 이루고,
光搖玉瀉虹	빛은 옥을 흔들어 무지개에 쏟네.
蕭蕭木葉下隨風	쓸쓸한 나뭇잎 바람 따라 떨어져,
吹入九龍宮[20]	바람에 날려 구룡궁에 들어가네.

---

19) 姜希孟, 〈私淑齋集〉 卷五, 『韓國文集叢刊』 第12卷 67쪽, 「瀟湘八景」 '洞庭秋月'.
20) 魚世謙, 〈咸從世稿〉 卷七, 「次益齋八景」 '洞庭秋月'.

21. **김시습**(金時習, 1435~1493)

天風吹散鏡開匳　하늘 바람 불어 흩으니 경대 거울을 열고,
寥落秋心一夜添　쓸쓸히 지는 가을날 수심 밤새도록 보태네.
桂影輾飛雲毋帳　계수나무 그림자가 운모휘장을 돌아 날고,
菱光射透水晶簾　마름 풀빛은 수정 주렴에 비치어 드는구나.
看窮皓色三千匝　삼천 둘레 밝은 빛에 무궁함을 바라보고서,
呑盡波心八九兼　물결 속을 모두 삼켜 하늘과 땅 아우르네.
自此淸輝分壯氣　이로부터 맑은 빛 씩씩한 기운으로 나뉘어,
更無査滓礙廉纖[21]　더욱 앙금이 없는데 달은 흘러가기 꺼리네.

* 秋心(추심) : '수(愁)'의 파자(破字)이기도 하듯, 가을날의 애상감, 수심(愁心)의 의미
* 八九(팔구) : 하늘과 땅, '팔(八)'은 땅을, '구(九)'는 하늘을 의미한다.
* 査滓(사재) : 찌끼, 앙금
* 廉纖(염섬) : 1. 달이 가는 모양, 2. 가랑비의 모양, 이슬비 내리는 모양

22. **성종대왕**(成宗, 1457~1494)

風掃浮雲盡　바람이 뜬 구름을 모조리 쓸어가니,
天高滿目秋　하늘은 높고 눈엔 온통 가을이로다.
一輪初碾上　둥근 달이 처음에 맷돌처럼 올라서,
萬里故遲留　만 리까지 짐짓 더디게 머무는구나.
夜永淸輝發　밤새도록 맑은 달빛 드러내고 있고,
波寒素影浮　차가운 물결에 밝은 달빛 떠있도다.
年年無限意　한 해마다 끝이 없는 생각은,
多少客登樓[22]　어느 정도 나그네가 누각에 오르나.

* 浮雲(부운) : 뜬 구름, 덧없는 인생, 소인배(小人輩) 등의 의미
* 素影(소영) : 흰 달그림자, 밝은 달빛

---

21) 金時習, 〈梅月堂集〉 卷六, 『韓國文集叢刊』 第13卷 194-195쪽, 「洞庭秋月」.
22) 成宗, 『列聖御製』 第九篇, 「瀟湘八景」 '洞庭秋月'.

23. 성종대왕(成宗, 1457~1494)

* 玉宇(옥우) : 1. 옥으로 장식한 집, 호화로운 집, 2. 천제(天帝)가 있는 곳
* 綸網(윤망) : 낚싯줄과 그물
* 庾樓(유루) : 유공루(庾公樓)라고도 한다. 강서성(江西省) 구강현(九江縣)에 있는 양자강(楊子江)을 등진 누각(樓閣), 진(晉)나라 유양(庾亮)이 정서장군(征西將軍)이 되어 무창(武昌)에 있을 때 세운 건물.

水寒烟色薄	호수는 차갑고 연기 빛깔 엷은데,
月出委金秋	달이 나오니 금빛 가을 쌓여지네.
未缺淸輝滿	맑은 달빛 가득해 모자라지 않고,
高懸玉宇留	귀한 집에 머무르며 높이 걸렸네.
漁舟天上坐	어부 배는 천상에서 자리를 잡고,
綸網鏡中浮	낚싯줄 그물은 거울 속에 떠 있네.
美哉山河影	아름답도다! 산과 강의 그림자여,
湖光動庾樓[23]	호수 빛이 누각에까지 요동치네.

24. 정희량(鄭希良, 1469~未詳)

* 桂魄(계백) : 달(月)의 이칭(異稱), 달 속에 계수나무가 있다는 전설에서 나온 말로, 계륜(桂輪), 계백(桂魄), 계섬(桂蟾) 등은 모두 달(月)의 다른 명칭이다.
* 老虬(노규) : 늙은 규룡, 규룡은 용의 새끼로 뿔이 돋쳤다는 전설상의 동물이다.
* 湘靈(상령) : 소상강의 혼령, 아황과 여영을 의미한다.
* 瑤瑟(요금) : 옥으로 장식한 거문고

湖水澄澄秋影寒	호수는 맑디맑아 가을 그림자 차갑고,
露洗風吹生桂魄	이슬이 바람에 씻기니 달이 생겨나네.
君山玉樹森可數	군산 옥수 무성함은 헤아릴 수 있겠고,
老虬抱珠眠不熟	노규가 여의주 품고 잠 이루지 못하네.
夜深哀響落雲間	깊은 밤 울음소리 구름사이 떨어지고,
定有湘靈弄瑤瑟	거문고를 희롱하는 상강 혼령 있다네.
骨淸魂冷我欲仙	맑은 몸 추운 혼백 신선 되고 싶으니,
擬向蓬萊訪銀闕[24]	봉래산 향해 달나라 찾아갈까 하노라.

23) 成宗, 위의 책.
24) 鄭希良, 〈虛庵遺集〉 卷一, 『韓國文集叢刊』 第18卷 13쪽, 「瀟湘八景」 '洞庭秋月'.

25. **홍언필**(洪彦弼, 1476~1549)

天水相涵夜氣寒	하늘과 물 서로 젖어 밤기운이 차갑고,
寤蟾騰彩駭波殘	패인 달빛 올라 물결 잔잔함에 놀라네.
楚天萬里無纖翳	초나라 하늘 만 리에 조각구름도 없고,
吳客三秋倚畫欄	오나라 사람 가을에 그림 난간 기댔네.
工部淸詩驚海內	두보의 맑은 시는 천하를 놀라게 했고,
洞賓雲御冠仙班	여동빈은 구름 제어하는 신선 우두머리.
數聲橫吹添悲壯	빗겨 부는 서너 소리 비장함을 더하니,
身在洪濛未判間[25]	몸이 홍몽 속에 있나 판단치 못하겠네.

* 纖翳(섬예) : 구름이 조금 낌, 약간의 조각구름
* 工部(공부) : 시인 두보(杜甫)를 일컫는다.
* 海內(해내) : 사해(四海)의 내부라는 뜻으로 천하(天下) 혹은 국내(國內)의 의미

* 洞賓(동빈) : 여동빈(呂洞賓)은 동정호와 악양루를 배경으로 했던 신선. 중국에서 기행(奇行)과 초속(超俗)으로 알려진 8명의 신선 가운데 한 사람이다. 이름이 암(巖)이고 자가 동빈(洞賓)으로 키가 8척 2촌이나 되고 모습이 장자방(張子房)을 닮았다고 한다. 일찍이 여산(廬山)에서 화룡진인(火龍眞人)을 만나 천둔검법(天遁劍法)을 전수받고, 회창(會昌) 연간(841~846)에 64세의 나이로 과거에 두 번이나 응시했지만 낙방했다. 그 뒤 운방 선생(雲房先生)을 만나 여러 가지 비술을 전수받았다. 여동빈은 키가 훤칠하게 큰 장년의 선남자(善男子)가 칼을 차고, 파초선을 들고 있는 모습으로 그려진다. 일반적으로 알려진 팔선은 종이권(鍾離權: 漢鍾離라고도 함) · 장과로(張果老: 張果의 존칭) · 한상자(韓湘子: 韓湘의 존칭) · 이철괴(李鐵拐: 鐵拐李라고도 함) · 조국구(曹國舅) · 여동빈(呂洞賓: 呂祖라고도 함)의 남선(男仙) 6명과 남채화(藍菜和) · 하선고(何仙姑: 이름은 瓊)의 두 여선(女仙)을 합친 8명을 말한다. 종이권은 한(漢)나라 사람이고, 이철괴는 시대 불명이며, 조국구는 송(宋)나라, 나머지는 모두 당(唐)나라 사람이다. 당나라 때에 은사(隱士)가 많았는데, 이들이 팔선으로 정리된 것은 원(元)나라 무렵이다.

25) 洪彦弼, 〈默齋集〉 卷一, 『韓國文集叢刊』 第19卷 216쪽, 「瀟湘八景」 '洞庭秋月'.

26. **이 행**(李荇, 1478~1534)

* 幽人(유인) : 어지러운 세상을 피하여 그윽한 곳에 숨어 사는 사람, 은자(隱者)
* 新興(신흥) : 새로 일어남.
* 濁醪(탁료) : 탁주(濁酒), 막걸리

秋後月光分朮毫	늦가을 달빛 차조 풀잎 터럭 분간하고,
水落更覺君山高	물 빠지니 더욱 군산 높음을 알겠구나.
幽人松下坐何事	은자는 소나무 아래 앉아 무슨 일인가,
夜半新興生濁醪26)	밤중에 새로 일어나 막걸리 빚는구나.

27. 이 행(李荇, 1478~1534)

* 白銀水(백은수) : 은쟁반처럼 빛나는 호수의 물, '白銀盤裡一青螺(백은반리일청라)'라고 하여, 은쟁반 같은 호수(湖水) 가운데 있는 푸른 섬을 형용한 표현이다.
* 颯爾(삽이) : 바람이 시원하게 부는 모양
* 洒然(선연) : 놀라는 모양
* 直泝(직소) : 곧장 ~에 거슬러 오르다. 곧장 ~로 향하다.

四海共秋月	온 세상이 가을 달을 함께 함은,
萬古一洞庭	예로부터 동정호가 유일했다네.
誰將白銀水	누가 장차 백은수라 하는 것을,
瀉此琉璃瓶	이렇게 유리병에 쏟아 부었는가.
颯爾微風來	선선한 바람 시원하게 불어오니,
洒然塵骨醒	놀란 속세 몸 정신이 번쩍 드네.
何當一葉舟	일엽편주를 어찌 띄우지 않겠는가,
直泝君山青27)	곧장 푸른 군산 거슬러 오르리라.

26) 李荇, 〈容齋集〉 卷一, 『韓國文集叢刊』第20卷 343쪽, 「洞庭秋月」.
27) 李荇, 〈容齋集〉 卷三, 위의 책, 395쪽, 「瀟湘八景」'洞庭秋月'.

28. **신광한**(申光漢, 1484~1555)

露洗天初淨	이슬에 씻긴 하늘 처음이 깨끗하고,
風微浪自安	바람이 약하니 물결 절로 잔잔하다.
湖光七百里	호수에 쏟는 빛 칠백 리에 걸쳐서,
月色九霄團	달빛에 온 밤이 하나로 어우러지네.
正合吹龍笛	정히 용의 피리를 부는 모습인 듯,
眞成倚木蘭	실로 목란사에 기대어 이룸이로다.
嫦娥應少寐	항아는 응당 잠이 적을 것이니,
夜久不禁寒[28]	밤이 오랠수록 추위 금할 수 없네.

* 嫦娥(항아) : 죽지 않는다는 불사약(不死藥)을 훔쳐 가지고 달나라로 도망갔다는 예(羿)의 아내이다. 전(轉)하여 달(月)의 이칭(異稱)으로도 쓰인다.

* 木蘭(목란) : 목련(木蓮), 목란사(木蘭辭)는 작자미상의 고악부(古樂府)로, 양대(梁代)에 목란(木蘭)이라는 여인이 남장(男裝)을 하고서 아버지를 대신하여 전쟁터에 나가 이기고 12년 만에 돌아온 일을 주제로 한 오언(五言)으로 된 고시(古詩)이다.

29. **신광한**(申光漢, 1484~1555)

嫋嫋風吹夜	솔솔 산들바람이 부는 밤에는,
微微露洗秋	자고 미세한 이슬 가을을 씻네.
空明無際素光浮	하늘 맑아 끝없이 흰빛 떠 있고,
影動岳陽樓	그림자가 악양루를 흔드는구나.
玉兎翻愁冷	옥토끼 번득여 차가움 근심하고,
湘靈定戀幽	상령 마음 굳혀 유정함을 연모하네.
千般騷思入搔頭	여러 시인 생각에 비녀를 들이나,
人艤木蘭舟[29]	사람들은 목란 배에 대려고 하네.[30]

* 嫋嫋(뇨뇨) : 바람이 솔솔 부는 모양
* 微微(미미) : 아주 작은 모양, 보잘것없이 아주 미약한 모양
* 岳陽樓(악양루) : 동정호(洞庭湖)에 있는 누각
* 玉兎(옥토) : 달 속에 있다는 토끼, 전(轉)하여 달(月)의 별칭
* 千般(천반) : 각양각색, 여러 가지
* 搔頭(소두) : 머리를 긁다. 비녀
* 木蘭舟(목란주) : 목란으로 만든 배

28) 申光漢, 〈企齋集〉 卷四, 『韓國文集叢刊』 第22卷 283쪽, 「洛陽春晩」 '洞庭秋月'.
29) 申光漢, 〈企齋集〉 別集 卷七, 『韓國文集叢刊』 第22卷 465쪽, 「瀟湘八詠」 '洞庭秋月'.

30. **소세양**(蘇世讓, 1486~1562)

* 蟾彩(섬채) : 달빛, 월광(月光)
* 霜天(상천) : 서리 내리는 밤하늘
* 危樓(위루) : 높은 누각

月到中秋勝　달은 추석에 이르러 승하고,
江從楚澤寬　강은 초택을 좇아 너그럽네.
練光千里瀉　비단 빛이 천 리에 쏟아지고,
蟾彩十兮團　고운 달빛 열 배는 둥글도다.
未信霜天曉　서리 낀 하늘 새벽이 믿기지 않고,
空驚鶴夢殘　부질없이 학의 꿈을 놀래 깨우네.
危樓仍徙倚　높은 누각에 거듭 의지하니,
淸籟逼人寒[31]　맑은 퉁소 한기가 핍진하네.

31. 소세양(蘇世讓, 1486~1562)

* 虛明(허명) : 사물에 응함에 자취가 없는 상태로 흔히 '마음'을 일컬을 때 자주 쓰임.
* 竚立(저립) : 오래 섬, 우두커니 섬

秋月瑩如洗　가을 달 씻긴 듯이 밝고,
秋江澄似練　가을 강 비단같이 맑네.
初疑白玉盤　처음에는 하얀 옥쟁반이,
墮此琉璃面　호수 위로 떨어졌나 의심했네.
虛明情境空　허명한 정경에 텅 빈 채로,
竚立至夜半[32]　한밤까지 오랫동안 떠 있네.

30) 7행과 8행의 의미에 대해서는 면밀한 분석이 요구된다. 현재로서는 정확한 맥락이 파악되지 않았다.
31) 蘇世讓, 〈陽谷集〉 卷一, 『韓國文集叢刊』 第23卷 300쪽, 「洞庭秋月應製」 乙未中廟幸西湖, 水戰時命題.
32) 蘇世讓, 위의 책, 309쪽, 「書洪古阜春年畵屛」 '洞庭秋月'.

32. 소세양(蘇世讓, 1486~1562)

玉露浩如瀉	맑은 이슬 쏟아질 듯 크고,
金波晴浸湖	금물결에 젖은 호수가 맑네.
琉璃一千頃	일천 이랑 유리 위로는,
孤艇泛虛無[33]	외딴 배만 허무하게 떠 있네.

* 玉露(옥로) : 맑고 깨끗하게 방울진 이슬
* 孤艇(고정) : 외딴 배, 외딴 거룻배

33. 정사룡(鄭士龍, 1491~1570)

湖面平千里	호수면은 천리에 걸쳐 평활하고,
中秋桂影舒	한가위 계수나무 그림자 펼쳤네.
晶光分物象	밝은 빛이 만물 형상 분간하고,
灝氣吽龍魚	청명한 기운에 어룡이 절규하네.
軒樂繁音弭	난간 풍류 번다한 소리가 그치니,
仙舟裂管餘	신선의 배는 피리 여음 찢어지네.
誰能跨鯨去	누가 능히 고래 타고 갈 수 있어,
紫府問盈虛[34]	선계仙界 차고 비는 것을 묻네.

* 中秋(중추) : 추석, 한가위
* 桂影(계영) : 계수나무 그림자, 달(月)의 이칭(異稱)
* 紫府(자부) : 선계(仙界), 신선이 사는 세상

---

33) 蘇世讓, 〈陽谷集〉 卷十, 위의 책, 440쪽, 「瀟湘八景」 '洞庭秋月'.

34) 鄭士龍, 〈湖陰雜稿〉 卷五, 『韓國文集叢刊』 第25卷 155쪽, 「洞庭秋月」.

34. 정사룡(鄭士龍, 1491~1570)

* 滿輪(만륜) : 보름달, 둥근달
* 仙翁(선옹) : 늙은 신선

萬頃湖光一點螺　만 이랑 호수 빛 한 점 푸른 산에,
滿輪圓魄正舒波　보름달 둥근 넋 물결 곧게 펼치네.
欲憑笛調魚龍伏　피리 가락 따라서 어룡이 엎드리니,
無復仙翁裂管何[35]　선옹 피리 소리 다시 어찌 없겠나.

35. 민제인(閔齊仁, 1493~1549)

* 巫山(무산) : 사천성(四川省) 기주부(夔州府) 무산현(巫山縣) 동쪽에 있는 산
* 星霜(성상) : 세월(歲月)

巫山秋氣暗青楓　무산에 가을 기운 짙푸른 단풍나무,
白帝城寒一葉風　백제성 추위 온 잎사귀에 찬바람만.
暝色欲來湘浦外　어둠이 상강 포구 너머 오려고 하니,
晴光忽射洞庭東　맑은 빛이 동정 동편을 홀연 비추네.
人隨黃鶴樓千古　사람은 황학 따라 떠났고 누대만 우뚝하고,
帝死蒼梧竹數叢　순제가 창오에서 죽으니 반죽만 무성하네.
午夜星霜江似練　밤낮으로 여러 세월 비단 같은 강에는,
孤舟客宿短蘆中[36]　외딴 배에 나그네가 갈대 속에 잠드네.

* 白帝城(백제성) : 성(城)의 이름이다. 현재 사천성(四川省) 봉절현(奉節縣) 동쪽 백제산에 있다. 한나라 말기에 공손술(公孫述)이 이곳에 웅거(雄據)하여 백제라 자칭했다.

35) 鄭士龍, 〈湖陰雜稿〉 卷六, 위의 책, 189쪽, 「奉題工曹尹判書屛」 '洞庭秋月'.
36) 閔齊仁, 〈立巖集〉 卷三, 『韓國文集叢刊』 第25卷, 445쪽, 「洞庭秋月」.

36. **나 식**(羅湜, 1498~1546)

秋晩三湘水蘸天	늦가을 삼상은 강물이 하늘에 잠겼고,
銀蟾時見破雲邊	깨진 구름 주변에 때로 달이 보이네.
淩波橫笛爲何者	미인 걸음 가볍게 횡적 누가 부는가,
知道君山第一仙[37]	군산에서 최고의 신선임을 알겠노라.

* 三湘(삼상) : 1. 지명으로는 상향(湘鄕), 상담(湘潭), 상음(湘陰)을 말한다. 2. 강의 이름으로는 원상(沅湘), 소상(瀟湘), 증상(蒸湘)을 말한다. 3. 『長沙府志』에는 리상(灕湘), 소상(瀟湘), 증상(蒸湘)으로 기록되어 있다. 결국 소상강(瀟湘江) 유역을 언급하는 의미로 해석할 수 있다.

* 銀蟾(은섬) : 달(月)의 이칭(異稱), 달 속에 두꺼비가 산다는 말에서 유래한 표현
* 淩波(능파) : 미인의 걸음이 가볍고 우아한 모습을 형용한 말

37. **조 욱**(趙昱, 1498~1557)

誰遣銀蟾浸碧湖	누가 은빛 달을 푸른 호수에 빠뜨렸나,
天心水面一時虛	하늘 가운데 수면이 한순간에 비었네.
問渠何處神仙宅	묻노니 어느 곳이 신선 사는 집인가?
世界都盧是玉壼[38]	세상에선 도로가 신선의 궁이네.

* 銀蟾(은섬) : 달(月)의 이칭(異稱), 달 속에 두꺼비가 산다는 말에서 유래한 표현
* 都盧(도로) : 서역(西域)의 나라 이름으로, 그 나라 사람들은 몸이 가벼워서 높은 데에 오르기를 잘한다고 함, 네팔 일대를 말하는 것이 아닌지 모르겠다.
* 玉壼(옥곤) : 신선이 산다는 궁궐

37) 羅湜, 〈長吟亭遺稿〉, 『韓國文集叢刊』 第28卷, 151쪽, 「洞庭秋月」.
38) 趙昱, 〈龍門集〉 卷三, 『韓國文集叢刊』 第28卷, 199쪽, 「谿之求八景之作率爾錄呈」 '洞庭秋月'.

38. **홍 섬**(洪暹, 1504~1585)

* 瑞彩(서채) : 상서로운 빛깔, 상서로운 빛, 상서로운 무늬, 서광(瑞光)
* 泓澄(홍징) : 물이 깊고 맑음
* 峻嶒(준증) : 높고 험한 산의 모양

瑞彩發天際　상서로운 빛 하늘 끝에 드러나고,
氷輪山外升　둥근달은 산 너머로부터 솟아오네.
纖雲掃寥廓　구름 한 점이 쓸쓸한 성곽을 쓸고,
孤影落泓澄　외딴 그림자 맑고 깊은 물에 지네.
玉兎危愁墮　옥토는 높이서 떨어질까 근심하고,
姮娥喚欲膺　항아는 부름에 응하려고 하는구나.
湖邊獨宿客　호수 주변에서 홀로 잠든 나그네,
對此影峻嶒[39)]　이를 마주한 높고 험한 산 그림자.

39. **이정암**(李廷馣, 1541~1600)

* 積靄(적애) : 쌓인 안개
* 岳陽樓(악양루) : 동정호에 있는 누각

平湖七百里　넓고 평평한 호수 칠백 리에,
積靄夜來收　쌓인 안개 밤이 오면 걷히네.
欲知秋月好　가을 달 좋음을 알고 싶다면,
須上岳陽樓[40)]　모름지기 악양루 올라야 하네.

---

39) 洪暹, 〈忍齋集〉 卷一, 『韓國文集叢刊』 第32卷 273쪽, 「洞庭秋月」.
40) 李廷馣, 〈四留齋集〉 卷一, 『韓國文集叢刊』 第51卷 253쪽, 「題畵屛瀟湘八景」 '洞庭秋月'.

40. **이수광**(李睟光, 1563~1628)

玉鏡涵金鏡	옥거울이 금빛 거울에 젖어,
澄明上下空	맑고 밝아 위아래가 비었네.
人間無此景	인간세상 이런 풍경 없으니,
除是廣寒宮[41]	다만 신선 사는 광한궁이네.

* 玉鏡(옥경) : 옥으로 만든 거울, 달(月)의 이칭(異稱)
* 金鏡(금경) : 금으로 장식한 거울, 달(月)의 이칭(異稱), 달빛에 젖은 동정호의 수면
* 廣寒宮(광한궁) : 달(月)의 궁전, 달의 서울, 월궁전(月宮殿), 광한부(廣寒府)

41. **이홍유**(李弘有, 1588~1673)

入依金波洗碧空	금빛 물결 따라 들어가 푸른 하늘 씻어내고,
氷輪輾上海門東	둥근달이 해문 동쪽 조금씩 솟아오네.
洞庭七百平湖水	동정 칠백 리 호수가 평온하니,
上下淸光一樣同[42]	위아래 맑은 빛은 한 가지 모양으로 똑같네.

* 氷輪(빙륜) : 달(月)
* 海門(해문) : 해협(海峽), 육지와 육지 사이에 끼어 있는 바다의 움푹 파이고 좁은 부분
* 一樣(일양) : 한결같은 모양

42. **윤순지**(尹順之, 1591~1666)

野煙秋氣落汀洲	들판 연기 가을 기운 모래섬에 떨어지고,
顧兎凉蟾嵌碧流	서늘한 가을 달 골짜기에 푸른빛 흐르네.
震澤雨過天盡豁	진택에 비 지나니 하늘 끝은 넓고,
楚山霜拂瘴全收	초산에 서리 떨치니 장독 모조리 걷히네.
滄波一望連銀渚	푸른 물결 아득히 은빛 모래섬을 이었고,

* 顧兎凉蟾(고토양섬) : 서늘한 가을 달
* 震澤(진택) : 순임금이 미천한 신분이었을 때, 고기 잡던 곳

---

41) 李睟光, 〈芝峰集〉 卷一, 『韓國文集叢刊』 第66卷, 16쪽, 「洞庭秋月」.

42) 李弘有, 〈遯軒集〉 卷三, 「題瀟湘八景畵屛, 又寫八詠」 '洞庭秋月'.

* 雲路(운로) : 구름이 왕래하는 길
* 巴童(파동) : 파릉(巴陵)의 아이, 파릉은 동정호가 위치한 악양(岳陽)의 옛 이름이다.

雲路三更起玉樓　구름길은 깊은 밤에 옥루에서 일어나네.
是夜巴童歌水調　이 밤 파릉 아이 노래가 강물과 어울려,
廣寒高處不勝愁43)　광한루 높은 곳에서 시름겨워 하는구나.

43. **정두경**(鄭斗卿, 1597~1673)

* 茫茫(망망) : 넓고 멀어 아득한 모양
* 依依(의의) : 1. 확실하지 아니한 모양, 흐릿한 모양, 2. 무성(茂盛)한 모양
* 君山(군산) : 동정 호수 안에 있는 작은 섬

洞庭茫茫天地間　하늘과 땅 사이에 동정호 아득하고,
遙通蒼海去無還　멀리 푸른 바다와 통해 가면 돌아오질 않네.
入夜滄波金不定　밤이 되니 푸른 물결은 금빛으로 출렁거리고,
依依明月照君山44)　아련하게 밝은 달이 군산을 비추는구나.

---

43) 尹順之 〈涬溟齋詩集〉, 續集卷一, 『韓國文集叢刊』 第94卷, 539쪽, 「瀟湘八景」 復選四首月課.

44) 鄭斗卿, 〈東溟集〉卷二, 『韓國文集叢刊』 第100卷, 409쪽, 「題瀟湘八景圖」 '洞庭秋月'. 이 작품은 洪滄浪, 〈瀟湘八景詩歌抄〉 31쪽에도 수록되어 있다. 〈瀟湘八景詩歌抄〉는 우리나라의 문헌이 아니라 일본에서 1688년에 간행된 책이다. 이 책에는 일본인들이 노래한 소상팔경 한시와 그림이 함께 수록되어 있다. 우리나라 사람으로는 유일하게 홍창랑(洪滄浪)이라는 이름으로 8수가 실려 있다. 여기서 '홍창랑'은 홍세태를 의미한다. 그러나 이 작품들은 모두 정두경(鄭斗卿, 1597~1673)의 〈동명집(東溟集)〉에 실려 있는 작품과 동일하다. 여러 정황으로 미루어 보건대, 홍세태(洪世泰, 1653~1725)가 정두경에 비해 56년 뒤에 태어났다는 점, 또 다른 기록으로 보아 홍세태가 일본에 갔던 것은 사실이다. 일본 문인들과 '소상팔경'을 소재로 창작하는 과정에서 정두경의 작품을 그대로 노래했던 것이 일본에서 제작된 〈瀟湘八景詩歌抄〉라는 책에 수록된 것으로 보인다.

44. 김홍욱(金弘郁, 1602~1654)

夜色涵波萬籟靜	밤빛이 물결에 젖어 온갖 소리 고요하고,
俯仰星河下上影	은하수 굽어보니 위아래로 그림자 지네.
水回忽鋪萬頃金	호수 도는 만이랑 금빛 물결 홀연 펴져,
雲端初掛瑤臺鏡	구름 끝에 처음으로 요대 거울 걸렸네.
魍魎抱樹秋蕭瑟	도깨비 숲을 안으니 가을기운 소슬하고,
嗚咽江娥怨幽泣	오열하던 강아가 원망하며 숨죽여 우네.
淸猿啼徹五更闌	잔나비 울음 새벽 한창인데 거둬가니,
曉山依俙夢中碧[45]	새벽 산은 희미하게 꿈속에서 푸르네.

* 星河(성하) : 은하수(銀河水)
* 瑤臺(요대) : 옥으로 된 집, 훌륭한 궁전, 신선이 사는 곳
* 魍魎(망량) : 도깨비, 두억시니, 산수·목석의 요괴
* 幽泣(유읍) : 소리죽여 흐느껴 울다. 숨죽여 울다.

45. 구 음(具崟, 1614~1683)

天入晴湖澹不流	하늘이 맑은 호수 드니 담박해 흐르지 않고,
月輪孤輾海門秋	보름달 외로이 떠오르니 해협에는 가을이네.
銀河影接君山逈	은하수 그림자는 군산 멀리 접해 있고,
玉免光懸桂殿浮	옥토끼 계수나무 궁전에 빛을 내며 달려 있네.
吳楚東南平似掌	오나라 초나라 동남쪽 평평함은 손바닥 같고,
乾坤上下杳盈眸	건곤과 상하가 아득하게 눈동자에 가득하네.
魚龍出沒空明外	물고기와 용이 출몰하는 밝은 하늘 너머로,
何處仙槎向斗牛[46]	어느 곳에 신선의 뗏목 북두성을 향하는가.

* 海門(해문) : 해협(海峽), 육지와 육지 사이에 끼어 있는 바다의 움푹 파이고 좁은 부분
* 仙槎(선사) : 신선이 타는 뗏목
* 斗牛(두우) : 별자리 28수 가운데 북두성과 견우성

---

45) 金弘郁, 〈鶴洲全集〉 卷四, 『韓國文集叢刊』 第102卷, 36쪽, 「次權進士昱瀟湘八景八首」 '洞庭秋月'.

46) 具崟, 〈明谷先生文集〉 卷二, 「瀟湘八景」 '洞庭秋月'.

46. **박세당**(朴世堂, 1629~1703)

* 匹練(필련) : 한 필의 하얗게 누인 명주, 전(轉)하여 폭포(瀑布)의 형용으로 쓰임.
* 冰壺(빙호) : 옥으로 만들어 얼음을 넣은 병, 전(轉)하여 깨끗한 마음의 비유

宿雲飛盡暝烟收　묵은 구름 날아가고 어둔 연기 걷히니,
月色湖光上下秋　달빛과 호수 빛이 위아래로 가을일세.
匹練抛空波蘸岳　허공에서 던진 폭포 물결이 산을 담고,
孤輪當午影涵樓　둥근달이 대낮까지 젖은 누각을 비추네.
冰壺刮露眞珠泣　얼음 병에 이슬 깎으니 참된 구슬 눈물,
玉匣磨塵寶鏡流　옥갑 먼지 닦아내니 보배 거울 흐르네.
望裏君山螺點小　안을 바라보니 군산은 소라처럼 작은데,
一聲橫笛起漁舟[47]　비껴 부는 피리 소리 고깃배 일으키네.

47. **윤 추**(尹推, 1632~1707)

* 九區(구구) : 천하(天下)를 아홉 등분하여 구주(九州) 혹은 구구라고 한다.
* 四時(사시) : 봄, 여름, 가을, 겨울의 사계절, 일 년
* 佳節(가절) : 좋은 때, 좋은 절기, 좋은 계절
* 瑩澈(영철) : 물이 맑고 투명함.
* 笑爾(소이) : 빙그레 웃는 모양, 웃는 모습

洞庭湖上岳陽樓　동정호 위에 악양루는,
名勝由來冠九區　명승지 유래로는 천하에서도 으뜸일세.
誰是四時佳節序　누가 사시에 가절이 차례 한다 하였나,
最看明月一年秋　연중 최고 밝은 달 가을에 볼 수 있네.
波濤瑩澈東南遠　물결 맑고 투명해 동남쪽 멀어 보이고,
天地空虛上下浮　하늘과 땅 공허하여 위아래로 떠 있네.
笑爾寂寥韓杜句　한유 두보 시구에서 적막함을 웃었지만,
此間眞景詎能侔[48]　이 속에 참된 경치 어찌 능히 취하겠나.

---

47) 朴世堂, 〈西溪集〉 卷四, 『韓國文集叢刊』 第134卷, 78쪽, 「洞庭秋月」.
48) 尹推, 〈農隱遺稿〉 卷一, 『韓國文集叢刊』 第143卷, 198쪽, 「瀟湘八景代洪陽從兄月課作」 '洞庭秋月'.

48. **김만기**(金萬基, 1633~1687)

君山午夜月輪秋	군산은 하루 종일 둥근 달에 가을이라,
腋挾飛仙汗漫遊	양액에 나는 신선 끼고 멀리서 놀았네.
銀漢低連洞庭水	은하수 밑으로 동정 호수에 이어지니,
金波逈滿岳陽樓	금빛 물결은 멀리 악양루에 가득하네.
魚龍叫嘯濤聲起	어룡 휘파람 부니 파도 소리 일고,
風露凄淸桂影浮	바람이슬 쓸쓸히 맑아 달그림자 떠 있네.
莫遣登臨吹鐵笛	높이 올라 철 피리를 불게 하지 말라,
乾坤空濶易生愁[49]	천지가 공활하니 시름 쉽게 자아내네.

* 腋挾(양협) : ~을 겨드랑이에 끼다. 겨드랑이에 ~을 끼다.
* 飛仙(비선) : 날아다니는 신선
* 汗漫(한만) : 아득하게 먼 모양, 대단히 넓은 모양
* 叫嘯(규소) : 휘파람을 불다.
* 桂影(계영) : 달그림자
* 莫遣(막견) : ~하게 하지 마라. 금지의 명령

49. **이 여**(李畬, 1645~1718)

玉露橫江夜霧收	맑은 이슬 강을 비낀 밤안개 걷히니,
一輪明月洞庭秋	둥글고 밝은 달이 동정 가을 밝히네.
天空上下圓光湧	하늘 비어 위아래로 둥근 빛 넘치고,
地折東南爽氣流	땅 꺾여 동남쪽 상쾌한 기운 흐르네.
銀色界連雲夢澤	은빛 세상 운몽택에 연해 있고,
水晶宮敞岳陽樓	수정궁은 악양루에 솟아 있네.
團團萬里懸飛鏡	둥글둥글 만 리 나는 거울을 매달고서,
河漢無聲轉斗牛[50]	은하수는 소리 없이 북두성에 옮겨 가네.

* 玉露(옥로) : 맑고 깨끗하게 방울진 이슬
* 雲夢澤(운몽택) : 초나라 칠택(七澤) 가운데 하나로 사방이 구백 리인 큰 늪이라 함, 동정호 북쪽 호북성 남쪽에 있다.
* 團團(단단) : 둥근 모양, 이슬이 많은 모양
* 河漢(하한) : 1. 은하수, 은하, 2. 황하(黃河)와 한수(漢水)

---

49) 金萬基, 〈瑞石集〉 卷一, 『韓國文集叢刊』 第144卷 370쪽, 「瀟湘八景」 '洞庭秋月'.
50) 李畬, 〈睡谷集〉 卷一, 『韓國文集叢刊』 第153卷 8쪽, 「瀟湘八景」 復五首 壬寅.

50. **홍세태**(洪世泰, 1653~1725)

* 茫茫(망망) : 넓고 멀어 아득한 모양
* 依依(의의) : 1. 확실하지 아니한 모양, 흐릿한 모양, 2. 무성(茂盛)한 모양
* 君山(군산) : 동정 호수 안에 있는 작은 섬

洞庭茫茫天地間	하늘과 땅 사이에 동정호 아득하고,
遙通蒼海去無還	멀리 푸른 바다와 통해 가면 돌아오질 않네.
入夜滄波金不定	밤이 되니 푸른 물결은 금빛으로 출렁거리고,
依依明月照君山[51]	아련하게 밝은 달이 군산을 비추는구나.

51. **권두경**(權斗經, 1654~1725)

* 秋光(추광) : 가을 경치
* 銀闕(은궐) : 달(月)의 별칭

何處望秋光	어디에서 가을경치 바라볼까,
洞庭湖上月	동정 호수 위에 달이 떠 있네.
南天不見雲	남쪽 하늘 구름 보이지 않고,
萬里懸銀闕[52]	만 리에 둥근 달이 걸려 있네.

52. **숙종대왕**(肅宗, 1661~1720)

* 時時(시시) : 가끔, 때때로
* 興無盡(흥무진) : 흥취(興趣)가 다하지 않다. 흥취가 사라지지 않다.

秋夜洞庭湖水淸	가을밤 동정 호수 물이 맑으니,
時時波撼岳陽城	때때로 물결이 악양성을 흔드네.
山河一望興無盡	산하를 한 번 보니 흥은 다하질 않고,
萬里長空月色明[53]	만 리의 긴 하늘엔 달빛만이 밝구나.

---

51) 鄭斗卿, 앞의 책, 각주 44번 참고.
52) 權斗經, 〈蒼雪齋集〉 卷七, 『韓國文集叢刊』 第169卷 126쪽, 「述姪請賦瀟湘八景」 '洞庭秋月'.
53) 肅宗, 『列聖御製』 第十七篇, 「瀟湘八景」 '洞庭秋月'.

53. **이광정**(李光庭, 1674~1756)

飛檻俯空明	나는 듯한 난간 굽어보니 허공이 밝고,
秋天展素月	가을 하늘에는 하얀 달이 펼쳐져 있네.
洞庭七百湖	동정(洞庭) 칠백 리 걸쳐 있는 호수가,
一併琉璃滑[54]	유리처럼 하나로 아우르며 매끄럽네.

* 飛檻(비함) : 날아갈 듯 생긴 난간, 날아가는 듯한 난간
* 一併(일병) : 하나로 아우르다. 한결같이 아우르다.

54. **권상일**(權相一, 1679~1759)

樓上仙人吹笛閒	누대 위 신선이 부는 젓대소리 한가롭고,
忽看明月出君山	문득 보니 밝은 달은 군산에서 떠오르네.
金波影落平湖裏	평온한 호수 속에 금빛 그림자 떨어지니,
水濶天空恍惚間[55]	호수 넓고 하늘 텅 빈 황홀한 순간이네.

* 忽看(홀간) : 문득 보다. 갑자기 보다.
* 恍惚間(황홀간) : 황홀한 순간, 황홀한 시간

55. **권 만**(權萬, 1688~未詳)

秋天淨如洗	가을 하늘 씻은 듯 맑고,
月上洞庭湖	동정호에는 달이 떠오네.
君山杳一點	군산은 아득히 한 점인데,
萬里與同孤[56]	멀리서 함께 외로워하네.

* 萬里(만리) : 거리가 매우 먼 곳

---

54) 李光庭, 〈訥隱集〉 卷三, 『韓國文集叢刊』 第187卷 185쪽, 「瀟湘八景題雙碧堂小屛」 '洞庭秋月'.
55) 權相一, 〈清臺集〉 卷三, 「瀟湘八景, 八景幷四鶴, 作十二帖寢屛」 '洞庭秋月'.
56) 權萬, 〈江左集〉 卷一, 『韓國文集叢刊』 第209卷, 71쪽, 「瀟湘八景」 '洞庭秋月'.

56. **이헌경**(李獻慶, 1719~1791)

* 從然(종연) : 따르는 모양, 좇는 모양
* 江娥(강아) : 소상강에 몸을 던져 남편 순임금의 죽음을 따랐던 아황과 여영을 의미함.
* 鮫女(교녀) : 물 속에서 산다는 여인, 인어(人魚)
* 淸宵(청소) : 맑게 갠 밤, 맑은 밤

湖光明可摘	호수 빛은 밝기가 움켜쥘 만하고,
月意又從然	달의 생각 또한 그리 따르려 하네.
猿掛驚仍落	잔나비 매달렸다 놀라서 떨어지고,
龍寒動不眠	용은 추위에 꿈틀대며 잠 못 드네.
江娥啼出竹	강변 항아 울며 반죽에서 나오고,
鮫女語乘烟	교녀는 이야기하며 연기를 타네.
勝地樓能迥	명승지의 누대는 멀기만 한 건지,
淸宵更可憐[57]	맑은 밤에 더욱 가엾게 생각되네.

57. **정종로**(鄭宗魯, 1738~1816)

* 休道(휴도) : ~라고 말하지 마라.
* 雲屛(운병) : 구름 병풍, 호수에 낀 자욱한 안개를 형용한 표현

層欄月上洞庭秋	높은 난간에 달 오르니 동정호는 가을이고,
萬頃金波映畫樓	만 이랑 금빛 물결 그림 속 누각을 비추네.
剩使靑山涵碧海	게다가 청산을 푸른 바다에 적시게 했다고,
雲屛休道玉娥愁[58]	옥아는 구름 병풍이 시름겹다 말하진 마라.

57) 李獻慶, 〈艮翁集〉 卷二, 『韓國文集叢刊』 第234卷, 35쪽, 「洞庭秋月」.
58) 鄭宗魯, 〈立齋集〉 卷六, 『韓國文集叢刊』 第253卷 119쪽, 「瀟湘八景次皓隣韻」 '洞庭秋月'.

58. **정조대왕**(正祖, 1752~1800)

洞庭湖水碧如天	동정 호수 푸른색이 하늘빛과 같아서,
秋月中浮滉漾然	넓디넓은 호수엔 가을달이 둥실 떴네.
好倚岳陽樓上望	악양루 올라 편안히 기대어 바라보고,
朗唫詩過問飛仙[59]	낭랑히 시 읊고서 날아간 신선 묻네.

* 滉漾(황양) : 물이 깊고 넓은 모양
* 朗唫(낭음) : 낭랑하게 읊조림, '唫(음)' 자(字)는 '吟(음)'과 동자(同字)

59. **김득신**(金得臣, 1754~1822)

暮雲收淨白華浮	저녁 구름 걷히자 맑고도 하얀 꽃이 뜨고,
露冷金波千里流	이슬 차가운 금빛 물결이 천 리를 흐르네.
可歸洞庭秋正好	가을이 정히 좋아 동정에 돌아갈 수 있고,
謫仙耶得倚高樓[60]	귀양 온 신선은 높은 누대 기대고 있구나.

* 白華(백화) : 하얀 꽃은 달(月)을 의미한다.
* 謫仙(적선) : 하늘나라에서 인간 세상으로 유배 온 신선, 하지장이 이태백에게 지어준 호(號)

60. **박영원**(朴永元, 1791~1854)

秋水長空一色淸	가을 물결 긴 하늘 한빛으로 맑고,
氷輪逈出岳陽城	둥근달 멀리로 악양성에 떠오르네.
層波萬頃玻瓈色	넘실대는 만 이랑 유리 빛깔이라,
吳楚乾坤照眼明[61]	오초의 하늘 땅 눈부시게 비추네.

* 玻瓈(파려) : 유리(琉璃), 칠보(七寶)의 하나, 수정(水晶)과 같은 종류
* 吳楚(오초) : 오나라와 초나라, 과거 동정호를 끼고 있던 두 나라

---

59) 正朝大王, 〈弘齋全書〉 卷二, 『韓國文集叢刊』 第262卷 33쪽, 「瀟湘八景 癸巳」 '洞庭秋月'.
60) 金得臣, 「洞庭秋月」 個人所藏, 東方畵廊 主催, 韓國古書畵名品展.
61) 朴永元, 〈梧墅集〉 冊五, 『韓國文集叢刊』 第302卷 318쪽, 「瀟湘八景」 '洞庭秋月'.

61. **송래희**(宋來熙, 1791~1867)

* 相蕩(상탕) : 서로 섞이고 어우러짐.
* 竹枝(죽지) : 남녀의 정사나 지방의 풍속을 읊은 노래로 가사(歌詞)의 한 형식
* 巴陵(파릉) : 악양(岳陽)의 옛 이름
* 送人(송인) : 사람을 떠나보냄, 사람과 이별함, 송별함.

湘水秋晴月滿輪　상수에 가을 맑고 하늘엔 보름달이,
光輝相蕩倍精神　광채가 서로 섞여 정신을 배가하네.
竹枝一唱篷窓揭　죽지사 한 곡조가 봉창에 매달리니,
認是巴陵夜送人[62]　파릉은 밤에 사람 떠나보냄 알겠네.

62. **곽자완**(郭自完, 出沒年未詳, 中人)

* 玉簫(옥소) : 옥퉁소
* 詩情(시정) : 시를 짓고자 하는 마음, 시를 짓는 흥미

碧天寥廓月輪明　푸른 하늘 쓸쓸한 성곽에 보름달만 밝은데,
楚岫風高落葉聲　초나라 산 정상 바람 높아 잎 지는 소리네.
一帶澄江正如練　맑은 강 일대가 바름이 비단처럼 가지런해,
玉簫何處動詩情[63]　어느 곳에 옥소 소리 시정이 동하네.

63. **김시락**(金時洛, 1857~1896)

* 巴(파) : 악양(岳陽)의 옛 이름
* 撈得(노득) : ~을 얻어 건지다.

巴潮如練漾秋月　파땅 조수 비단 같아 가을 달이 출렁이고,
岸際林梢光透發　언덕 사이 나무 끝 달빛 투사되어 비치네.
不是謫仙撈得夷　적선이 아니어도 평온함을 얻어 건졌으니,
天公世事自無竭[64]　하늘은 세사에 공평해 절로 마르지 않네.

* 정두경과 홍세태의 작품은 동일하므로, 동정추월은 총 62작품임.

---

62) 宋來熙, 〈錦谷集〉 卷一, 『韓國文集叢刊』 第303卷 107쪽, 「瀟湘八景 八首 」 '洞庭秋月'.
63) 郭自完, 〈風謠續選〉 卷一, 22쪽, 「洞庭秋月」.
64) 金時洛, 〈莊庵集〉 卷一, 「家有古藏瀟湘畫八帖, 家兄逐景題詠, 伏次其韻」 '洞庭秋月'.

순리대로 살아가며 세상과 적당한 거리 두기

어촌낙조

어촌낙조漁村落照를 노래한 한시 작품은 전체 52수가 정리되었다. 시조 작품으로는 2수가 전하고 있다. 어촌낙조는 말 그대로 어촌을 공간적 배경으로 삼고 있다. 어촌에 해질 무렵의 풍경을 작품의 주된 형상화의 대상으로 삼고 있는 작품 군이다.

시제만으로는 사계절 가운데 어느 계절을 주된 배경으로 삼고 있는지 확인하기 어렵다. 작품에서 형상화된 계절은 구체적인 작품 분석을 통해서나 파악이 가능하다. 어촌낙조라는 제목 아래 창작된 작품들의 공통점은 어촌에서의 삶이 순리順理를 따르며 평온하게 살아가고 있다는 점이다. 이치를 거스르지 않고 살아가는 모습이 형상화되어 있다. 작품 속에 등장하는 인물들도 모두 여유롭다. 세상사에 휘둘리지도 않는다. 이제는 세상사에 적당한 거리를 두고 관조觀照할 수 있는 삶의 원숙함이 짙게 베어 있다.

어촌낙조라는 제목으로 창작된 작품에 등장하는 인물의 절대 다수는 어부의 형상에 해당한다. 이들이 작품 속에 형상화된 모습은 자연과 무척 닮아 있다. 욕심을 내지 않고 순리대로 살아간다.

해가 뜨면 나가서 고기를 잡고 해가 저물면 그물을 걷는다. 돌아오는 길에 주막에 들러 술을 마신 후 붉게 물든 석양 아래 집으로 돌아간다. 때로는 강 태공에 비유하기도 하고, 때로는 이웃들과 어울려 소박한 삶을 즐기는 인물 형상이다.

그렇다면 어촌낙조漁村落照에 감춰진 서사적 맥락은 무엇일까? 어촌낙조에 형상화된 모습과 함의를 토대로 우리 인간의 삶에서 어촌낙조가 지향하고 있는 바는 어떤 단계를 상징하는 서사인가를 점검해 보면 바로 노년老年의 서사에 해당한다. 인생의 황혼기가 갖는 의미에 상응하는 형상이 어촌낙조에 형상화되어 있다고 평가할 수 있다. 삶의 치열함이나 대립과 갈등을 극복하고 이제는 세상을 여유 있게 관조할 수 있는 경지에 이른 시기의 서사에 해당한다. 이 시기는 휘몰아치는 격정과 열정이 아니라 차분하게 정돈된 심리 상태로 보다 안정감 있는 단계에 이르렀음을 의미한다. 그래서 이 시기를 대표하는 표현으로 순리順理와 관조觀照라고 명명했다. 오늘날의 삶에 빗대어 굳이 표현하자면 정년 이후의 시기에 해당한다고 할 수 있을지 모르겠다. 60대의 나이에 이른 시기에 해당하는 서사敍事가 아닐까 판단한다. 한마디로 어촌낙조의 서사적 맥락은 순리에 따라 욕심내거나 무리하지 않고 살아가며 관조할 수 있는 경지에 이른 시기라고 정리할 수 있겠다.

어촌낙조

1. **이인로**(李仁老, 1152~1220)

草屋半依垂柳岸　수양버들 기슭에 반만 가린 초가집과,
板橋橫斷白蘋汀　나무다리 가로질러 흰 마름 물가라네.
日斜愈覺江山勝　해 저무니 강산 승경 더욱더 느끼겠고,
萬頃紅浮數點靑[1)]　만 이랑 붉게 물들고 몇 점만 푸르네.

* 垂柳(수류) : 버드나무의 일종으로 가지가 아래로 길게 늘어진 수양버들, 수양(垂楊)
* 數點(수점) : 몇 점, 두어 점, 해질 무렵 산봉우리의 푸름을 형용

2. **이규보**(李奎報, 1168~1241)

殘日明時無處空　지는 해 아직 밝을 때는 빈 곳이 없거늘,
柰何偏指水村中　어찌하여 유독 강 마을만을 지칭하는가.
漁翁醉起得魚晚　취했다 깨는 어옹 고기 낚기 늦었지만,
價値千金一丈紅[2)]　천금의 값에 해당하는 한 길의 진홍빛.

* 漁翁(어옹) : 고기잡이를 하는 늙은이
* 醉起(취기) : 술에 취했다가 일어남.

---

1) 李仁老, 『三韓詩龜鑑』 卷之中, '漁村落照', 『東文選』 卷二十, 「宋迪八景圖」 '漁村落照'.
2) 李奎報, 〈東國李相國集〉 後集 卷六, 『韓國文集叢刊』 第2卷 197쪽, 「次韻李平章仁植虔州八景詩幷序」 '漁村落照'.

3. 이규보(李奎報, 1168~1241)

* 籬落(이락) : 울, 울타리
* 蕭然(소연) : 1. 쓸쓸한 모양, 조용한 모양, 2. 바쁜 모양, 분주한 모양
* 沙戶(사호) : 물가에 있는 집
* 漁人(어인) : 고기 잡는 어부
* 半山(반산) : 산 중턱

鎔金日色映晴空	쇠 녹이던 햇빛이 맑은 하늘 비추고,
籬落蕭然沙戶中	물가 집 울타리는 쓸쓸하게 조용하네.
應待漁人乘醉返	취기 띠고 돌아올 어부 기다릴 테니,
半山猶掛一燈紅[3]	산중턱에 한 점 붉은 등을 걸어두네.

4. 이규보(李奎報, 1168~1241)

* 斜照(사조) : 지는 해, 석양
* 漁家(어가) : 고기잡이 집
* 日殺網(쇄망) : 그물을 말리다.
* 咄哉(돌재) : 이상하도다. 괴이하도다.
* 方始(방시) : 비로소

江雲向晩卷長空	해 저무니 긴 하늘에 강 구름 걷히고,
斜照漁家日殺網中	어촌은 석양빛에 그물 말리는 중이네.
海底湧生胡不見	바다 밑 솟아날 땐 어찌 보지 않았나,
咄哉方始愛殘紅[4]	이상해라 비로소 지는 해 사랑하겠네.

5. 이규보(李奎報, 1168~1241)

* 夕陽(석양) : 저녁나절의 해, 사양(斜陽)
* 浦村(포촌) : 포구 마을, 강촌

籬雀啼殘已散空	울타리에 지저귀던 참새들 이미 날아갔고,
夕陽猶炤浦村中	석양은 지금도 강촌 속을 비추누나.
逢人面面如霞映	만나는 사람마다 얼굴엔 노을이 비치는 듯,
未必漁家享此紅[5]	어가만이 이 붉은 빛을 누리지는 않았겠네.

---

3) 李奎報, 위의 책, 197쪽, 「次韻李平章仁植虔州八景詩并序」 '漁村落照'.
4) 李奎報, 위의 책, 198쪽, 「次韻李相國復和虔州八景詩贈」 '漁村落照'.
5) 李奎報, 위의 책, 199쪽, 「相國嘗和示一首, 予每復以二首, 未知鈞鑒何如, 惶恐惶恐」 '漁村落照'.

6. 이규보(李奎報, 1168~1241)

柴戶牢關寂寂空	사립문 굳게 닫아 쓸쓸하며 고요하고,
漁人方返夕陽中	어부는 바야흐로 석양 속에 돌아오네.
魚籃數得頭多少	고기 바구니에 크고 작음을 헤아리고,
無柰全憑頃刻紅[6]	잠깐 비친 놀에 온전히 기댈 수 없네.

* 柴戶(시호) : 사립문, 모옥(茅屋)
* 牢關(뇌관) : 문을 굳게 걸어 잠그다. 문을 굳게 닫다.
* 寂寂(적적) : 쓸쓸하고 고요한 모양
* 無柰(무내) : 어쩔 도리가 없다.
* 頃刻(경각) : 잠깐, 잠시 동안

7. 이규보(李奎報, 1168~1241)

煙重風微未掃空	연기가 중첩되니 약한 바람 하늘을 쓸지 못해,
人家掩藹有無中	인가는 가려져 있기에 그 속에 있는지 없는지.
夕陽忽掛金盤爛	석양 빛 갑자기 금 쟁반에 찬란하게 걸렸으니,
更愛殘霞映鬪紅[7]	지는 노을 붉게 다투며 비춤을 더욱 사랑하네.

* 夕陽(석양) : 저녁나절의 해, 사양(斜陽)
* 掩藹(엄애) : 가리다.

8. 진 화(陳澕, 1180~1215 추정)

斷岸湖痕餘宿莽	끊어진 절벽에 조수 흔적은 묵은 풀에 남아 있고,
鷺頭插翅閑爬癢	백로는 머리를 날개에 꽂고 한가롭게 가려움 긁네.
銅盤倒影波底明	구리 소반 엎어진 그림자가 물결 밑을 밝게 하고,
水浸碧天迷俯仰	물에 잠긴 푸른 하늘 구부렸다 올려보니 어지럽네.

* 斷岸(단안) : 깎아지른 듯한 낭떠러지, 절벽(絶壁), 단애(斷崖)
* 湖痕(조흔) : 조수(潮水)가 밀려왔다 나간 흔적
* 爬癢(파양) : 가려운 곳을 긁다. 가려움을 긁다.
* 銅盤(동반) : 구리로 만든 쟁반, 여기서는 지는 해의 모습을 형용한 표현
* 俯仰(부앙) : 고개를 숙임과 쳐듦
* 蒻笠(약립) : 부들포로 만든 삿갓

---

6) 李奎報, 위의 책, 200쪽, 「次韻復和李相國八景詩各一首」'漁村落照'.
7) 李奎報, 위의 책, 201쪽, 「次韻英上人見和」'漁村落照'.

* 魚兒(어아) : 물고기

歸來蒻笠不驚鷗	돌아오는 부들 삿갓에도 갈매기는 놀라지 않고,
一葉片舟截紅浪	조각배 한 척만이 붉은 물결을 가르며 돌아오네.
魚兒滿籃酒滿瓶	물고기 바구니에 가득하고 술은 병에 꽉 찼는데,
獨背晩風收綠網[8]	홀로 저문 바람을 등지고 푸른 그물을 걷는구나.

9. **이제현**(李齊賢, 1287~1367)

* 看看(간간) : 어느덧, 주의해서 보는 모양
* 咽咽(인인) : 빨리 치는 북소리
* 炊烟(취연) : 밥 짓는 연기

落日看看銜遠岫	떨어지는 해 어느덧 먼 산봉우리에 빠지는데,
歸潮咽咽上寒汀	돌아오는 조수 빠른 북소리 모래섬에 오르네.
漁人去入蘆花雪	고기 잡는 사람은 갈대꽃 눈 속에 들어가고,
數點炊烟晩更靑[9]	두어 점 밥 짓는 연기 해저무니 더욱 푸르네.

10. **이제현**(李齊賢, 1287~1367)

* 遠岫(원수) : 먼 산봉우리
* 殘照(잔조) : 지는 햇빛
* 時聞(시문) : 가끔 들리네, 이따금 듣다.
* 白酒(백주) : 막걸리, 탁주(濁酒)

遠岫留殘照	먼 산봉우리에 지는 햇빛 남아 있고,
微波映斷霞	여린 물결 조각 난 노을 비치는구나.
竹籬茅舍是漁家	대나무 울타리 띠 집은 어부 집이고,
一逕傍林斜	한 가닥 길은 수풀 곁으로 돌아가네.
綠岸雙雙鷺	초록빛 언덕에는 쌍쌍의 백로 있고,
靑山點點鴉	푸른 산엔 점점이 까마귀 앉아 있네.
時聞笑語隔蘆花	갈대꽃 너머 웃는 소리 가끔 들리고,
白酒換漁蝦[10]	막걸리를 물고기와 새우랑 주고받네.

---

8) 陳澕, 〈梅湖遺稿〉 卷四, 『韓國文集叢刊』 第2卷 283쪽, 「宋迪八景圖」 '漁村落照'.
9) 李齊賢, 〈益齋亂藁〉 卷三, 『韓國文集叢刊』 第2卷 526쪽, 「和朴石齋·尹樗軒用銀臺集瀟湘八景韻(石齋名孝修, 樗軒名奕)」 '漁村落照'.

11. 이제현(李齊賢, 1287~1367)

雨霽長江碧	비가 개인 장강이 푸르니,
雲歸遠岫靑	구름 돌아가는 먼 봉우리 푸르네.
一邊殘照在林坰	한쪽 남은 햇빛 수풀에 비치고,
綠網曬苔扃	초록 그물 이끼 낀 문에 널렸네.
波影明重綺	물그림자 겹친 비단을 밝게 하고,
沙痕射遠星	모래 흔적 먼 별같이 반짝이네.
鱸魚白酒醉還醒	농어와 막걸리에 취했다 다시 깨고,
身事任浮萍[11]	이 몸에 일은 부평초에 맡겨버리네.

* 雨霽(우제) : 비가 개이다.
* 遠岫(원수) : 먼 산봉우리, 멀리 있는 산봉우리
* 鱸魚(노어) : 농어
* 浮萍(부평) : 1. 논이나 연못에 나는 다년생 수초(水草), 2. 일정한 주거 없이 떠돌아다니는 사람의 비유

12. 만 우(卍雨, 1357~未詳)

樹杪一竿日	나무 끝 장대 하나에 해 걸렸고,
江干數口家	강가에는 서너 집이 둘러 있네.
因風問漁叟	바람 때문에 어옹에게 물었는데,
莫是太公耶[12]	어옹이 혹시 태공망은 아니겠지.

* 一竿(일간) : 장대 하나, 낚싯대 하나
* 漁叟(어수) : 늙은 어부, 어옹(漁翁)
* 太公(태공) : 주나라 초기 현신(賢臣)이었던 여상(呂尙), 흔히 강태공(姜太公)이라 함.

10) 李齊賢, 〈益齋亂藁〉 卷十, 위의 책, 608쪽, 「巫山一段雲 瀟湘八景」 '漁村落照'.
11) 李齊賢, 〈益齋亂藁〉 卷十, 위의 책, 609쪽, 「巫山一段雲 瀟湘八景」 '漁村落照'.
12) 千峯, 『匪懈堂瀟湘八景詩帖』, 漁村夕照.

13. **강석덕**(姜碩德, 1395~1459)

* 半輪(반륜) : 반원(半圓), 반달, 반월(半月), 여기서는 지는 해가 산봉우리에 반 정도만 걸친 모양
* 穿入(천입) : 뚫고 들어가다.

斜日半輪明遠岫	지는 해 반 정도가 먼 봉우리를 밝히고,
昏鴉數點返寒林	저녁 까마귀 두어 점 찬 숲에 돌아오네.
漁人收網歸茅舍	어부는 그물을 걷어 띠 집으로 돌아가고,
穿入蘆花深復深[13]	깊고 깊은 갈대꽃 속으로 뚫고 들어가네.

* 제1행의 '日(일)'이 『東文選』에는 '月(월)'로 표기되어 있다. 그런데 '漁村落照'의 형상과 맞지 않기에 『匪解堂瀟湘八景詩帖』의 표기에 따라 '日'로 수정한다.

14. **최 항**(崔恒, 1409~1474)

* 暮鴉(모아) : 저녁때의 까마귀
* 巾車(건거) : 수레
* 漁竿(어간) : 낚싯대
* 篛笠(약립) : 대로 엮어 만든 삿갓

遠岸踈林歸暮鴉	먼 언덕 성긴 숲으로 저녁 까마귀 돌아가고,
荊籬日殺綱是誰家	가시나무 울타리에 그물 말리니 뉘 집인가.
殘霞數點錦飛鏡	남은 노을 두어 점은 비단 위를 나는 거울,
落照半邊紅曳葭	지는 햇빛 주변에서 갈대를 붉게 물들이네.
暈別波間明釣艦	선염이 물결 속을 떠나 낚싯배 밝게 하고,
光分野外映巾車	빛은 들판 너머로 나뉘어져 수레를 비추네.
何人閒把漁竿立	어떤 이가 한가롭게 낚싯대 잡고 서있는지,
篛笠帶風孤影斜[14]	삿갓에 바람 안고 외로운 그림자 비껴 있네.

13) 姜碩德, 『東文選』 第22卷, 「瀟湘八景圖有宋眞宗宸翰」 '漁村落照'.
14) 崔恒, 『匪解堂瀟湘八景詩帖』, 漁村夕照.

15. **성삼문**(成三問, 1418~1456)

湖波光潤潤　　호수 물결 출렁출렁 빛나고,

岸草碧芊芊　　언덕 풀은 무성하여 푸르네.

沿江三五店　　강안에는 서너 주점이 있고,

漁唱夕陽邊[15)]　　어부는 석양 변에 노래하네.

* 潤潤(섬섬) : 물결이 출렁이는 모양
* 芊芊(천천) : 풀이 무성한 모양
* 㳂江(연강) : 강을 따라, 강을 연하여, 강가 일대의 땅, '㳂(연)'은 '沿(연)'의 속자(俗字)임.

16. **이승소**(李承召, 1422~1484)

長江湛湛碧於苔　　장강은 물이 깊어 이끼보다 푸르고,

無數漁家面水開　　무수한 어촌 집들 물을 마주하여 있구나.

萬頃波紅含落日　　만이랑 물결은 붉게 지는 해를 머금었고,

何人擧網得漁回[16)]　　어떤 이 그물 들고 고기 잡아 돌아오나.

* 湛湛(잠잠) : 물이 깊은 모양
* 擧網(거망) : 그물을 들다.

17. **이승소**(李承召, 1422~1484)

山逈啣紅日　　산은 멀리 붉은 해를 머금었고,

川明映綵霞　　냇물 밝아 비단 노을을 비추네.

柴門面水幾人家　　사립문 앞쪽 물가 몇 사람 집에,

漁艇自橫斜　　고깃배는 절로 횡으로 비껴 있네.

影亂群飛鴈　　어지러운 그림자 뭇 기러기 날고,

* 綵霞(채하) : 비단 노을
* 漁艇(어정) : 고깃배

---

15) 成三問, 〈成謹甫集〉 卷一, 『韓國文集叢刊』 第10卷 184쪽, 「瀟湘八景」 '漁村落照'.

16) 李承召, 〈三灘集〉 卷九, 『韓國文集叢刊』 第11卷 461쪽, 「題畵屛」 '漁村落照'.

* 撑舟(탱주) : 배를 젓다.
* 撤網(철망) : 그물을 건다.

光翻尺去鴉	빛깔 번뜩이며 날아가는 까마귀네.
撑舟撤網浪生花	배 저어 그물 건자 물결 꽃이 피고,
轉覺富魚蝦17)	도리어 고기 새우 많음을 깨닫겠네.

18. **강희맹**(姜希孟, 1424~1483)

* 彩霞(채하) : 비단 노을
* 暮鴉(모아) : 저녁에 돌아오는 까마귀
* 籬落(이락) : 울, 울타리
* 阿翁(아옹) : 조부(祖父), 며느리가 시아버지를 이르는 말, 여기서는 어옹(漁翁)의 의미
* 收網(수망) : 그물을 걷다. 망을 거두다.

山遠啣斜日	산은 멀리 지는 해를 머금었고,
江澄漾彩霞	강은 맑아 비단 노을 출렁이네.
漁人相聚自成家	어부는 서로 모여 절로 집안 이루고,
籬落整還斜	울타리는 가지런하다 다시 비끼었네.
橋斷明秋水	다리는 끊겼어도 가을 물이 밝고,
林高返暮鴉	수풀 높이 저녁 까마귀 돌아오네.
阿翁收網入蘆花	어옹은 그물 걷으려 갈대꽃에 들어가,
談笑說漁鰕18)	담소하며 물고기와 새우 말씀하시네.

17) 李承召, 위의 책, 468쪽, 「次益齋瀟湘八景詩韻 巫山一段雲」'漁村落照'.
18) 姜希孟, 〈私淑齋集〉 卷五, 『韓國文集叢刊』 第12卷 67-68쪽, 「瀟湘八景」'漁村落照'.

19. **어세겸**(魚世謙, 1430~1500)

村逈明殘照	남은 햇빛 마을을 멀리까지 밝히고,
天晴絢暮霞	하늘은 맑아 저녁노을로 채색했네.
披簑曬網是誰家	도롱이 입고 그물 말리는 건 뉘 집인지,
漁船眼前斜	고깃배는 눈앞에 비스듬하게 누워 있네.
遠水涵歸鴈	멀리 있는 물에 돌아가는 기러기 젖고,
遙林一暝鴉	아득한 숲에는 한밤중에 까마귀로구나.
待他流水泛桃花	누굴 기다려 흐르는 물에 복사꽃 띄워,
乘月打蘆蝦[19]	달에 올라 갈대와 두꺼비를 두드리네.

* 遠水(원수) : 먼 곳에 있는 물
* 披簑(파사) : 도롱이를 입다.
* 曬網(쇄망) : 그물 말리다.

20. **김시습**(金時習, 1435~1493)

斷橋村路少人行	끊긴 다리 마을길로 적은 사람들이 다니고,
江上晴峯落照橫	강변에 맑은 봉우리 떨어지는 해가 빗겼네.
瀲灩波光隨水去	넘실거리는 파도 빛이 물결 따라 흘러가고,
霏微淡影曳林明	가랑비 맑은 그림자 숲 속 밝음 끌어가네.
兩三腔笛斷霞外	두서너 피리 소리 노을 너머로 끊어지고,
七八葉蘆棲雁聲	가을날 갈대 잎에 기러기 울음소리 깃드네.
吟罷天涯回首望	소리 끝난 하늘 끝을 고개 돌려 바라보니,
白蘋洲外帆歸輕[20]	백빈주 너머로는 돛단배 가볍게 돌아오네.

* 瀲灩(염렴) : 물이 넘치는 모양, 잔 물결이 이는 모양
* 霏微(비미) : 가랑비 또는 가랑눈이 오는 모양
* 七八(칠팔) : 가을날, 음력 7, 8, 9월이 가을에 해당함.
* 白蘋洲(백빈주) : 흰 마름풀꽃이 피어 있는 모래섬

19) 魚世謙, 〈咸從世稿〉 卷七, 「次益齋八景」 '漁村落照'.
20) 金時習, 〈梅月堂集〉 卷六, 『韓國文集叢刊』 第13卷 195쪽, 「漁村落照」.

21. **성종대왕**(成宗, 1457~1494)

* 島嶼(도서) : 섬 지역, 섬들
* 籬落(이락) : 울, 울타리
* 江干(강간) : 강변, 이때 '간(干)'은 수변(水邊)의 의미
* 漁艇(어정) : 고기 잡는 배, 고깃배

遠樹噪昏鴉	먼 숲은 저녁 까마귀 시끄럽고,
長洲三兩家	긴 모래섬 두서너 집이 있네.
斜陽明島嶼	지는 해가 섬들을 밝혀주는데,
夕霽映蘆葭	저녁이 맑아서 갈대를 비추네.
籬落橫踈網	울타리엔 성긴 그물 비껴 있고,
江干點小車	강변에 작은 수레가 점으로 찍혀 있네.
微風翻錦浪	미풍이 살짝 불어 금빛 물결 뒤집고,
漁艇自欹斜[21]	고기 잡는 배는 석양에 절로 기우네.

22. **성종대왕**(成宗, 1457~1494)

* 山角(산각) : 산 정상, 산꼭대기
* 細露(세로) : 가는 이슬, 미세한 이슬
* 風月(풍월) : 바람과 달, 자연

山角紅將斂	산 정상에 붉은 빛이 사라지려고,
餘光照水家	남은 빛은 물가 집을 비추는구나.
扁舟橫薄影	조각배 엷은 그림자 가로놓인 채,
細露濕殘葭	가는 이슬이 남은 갈대를 적시네.
半碎收漁網	반쯤은 낡아빠진 어망을 걷으면서,
長歌揮釣車	긴 노래에 낚시 도르래 휘두르네.
乾坤無特緖	하늘과 땅 특별한 단서도 없건만,
風月自然斜[22]	자연은 절로 그러하듯 비끼는구나.

---

21) 成宗, 『列聖御製』 第九篇, 「瀟湘八景」 '漁村落照'.
22) 成宗, 위의 책.

23. **정희량**(鄭希良, 1469~未詳)

靑山影空釣磯寒	청산 그림자 텅 비어 낚시터가 차갑고,
海門秋色濃可掬	해문 가을빛이 짙어 움켜쥘 수 있겠네.
漁翁臥裏睡不驚	어옹은 누워 놀라지 않고 잠을 청하고,
鷗鳥欲散還相逐	갈매기는 흩어지려다가 다시 서로 좇네.
織柳穿魚及暮歸	버들 엮어 물고기 잡아 저녁에 돌아오면,
南隣喚酒東隣荅	남쪽 이웃 술을, 동쪽 이웃은 콩 부르네,
踈踈晩雨急取網	성글은 저녁 비에 급하게 그물을 거두니.
一抹斜陽掛枯木[23]	약간의 비낀 해가 마른 나무에 걸려 있네.

* 海門(해문) : 해협(海峽), 육지와 육지 사이에 끼어 있는 바다의 움푹 파이고 좁은 부분
* 踈踈(소소) : 성근 모양, 성글고 성근 모습
* 一抹(일말) : 약간, 일말, 조금
* 晩雨(만우) : 저녁 비, 저물녘 내리는 비

24. **홍언필**(洪彦弼, 1476~1549)

遠岸鱗鱗小店攢	먼 언덕 눈부신 물결 작은 주막 모여 있고,
一江廻瀉落霞殘	지는 노을 남아 빙 돌며 온 강에 쏟아지네.
千尋激浪横金柱	천심절벽 거친 물결 금 기둥을 빗기고는,
萬里平波洗玉盤	만 리 평온한 파도로 옥쟁반을 닦는구나.
歸堞暮鴉飜翅矯	담장 돌아오는 저녁 까마귀 날개 바루고,
下灘漁艇揭篷看	아래 여울 고깃배는 봉창 들고 바라보네.
拙詩難載無邊勝	졸렬한 시재로 가없는 승경 싣기 어려워,
謾把雲斤琢肺肝[24]	부질없이 구름 도끼 쥐고 폐간 쪼아대네.

* 鱗鱗(인린) : 비늘 같은 물결의 형용, 비늘 같이 산뜻하고 고운 모양
* 歸堞(귀첩) : 성 위에 나지막하게 쌓은 담으로 돌아가다. 보금자리로 돌아가다.
* 拙詩(졸시) : 졸렬한 시, 자신이 지은 시를 겸손하게 부르는 이름
* 肺肝(폐간) : 속마음, 시사(詩思)

---

23) 鄭希良, 〈虛庵遺集〉 卷一, 『韓國文集叢刊』第18卷 13쪽, 「瀟湘八景」'漁村落照'.

24) 洪彦弼, 〈默齋集〉 卷一, 『韓國文集叢刊』第19卷 216쪽, 「瀟湘八景」'漁村落照'.

25. **이 행**(李荇, 1478~1534)

* 行路難(행로난) : 길을 걷는 곤란, 전(轉)하여 세상을 살아가는 어려움
* 遮莫(차막) : 그것은 그렇다 치고
* 斜暉(사휘) : 저녁 때 비끼는 햇빛

世間誰似江頭客　세상에 누가 강가 나그네와 같은가,
一生不知行路難　한평생 삶의 어려움을 알지 못하네.
短舟載網截前浦　짧은 배 그물 싣고 앞 포구 가르고,
遮莫斜暉無半竿[25]　그렇다 치고 비낀 햇빛 반 간도 없네.

26. 이 행(李荇, 1478~1534)

* 返照(반조) : 저녁때의 볕
* 黃昏(황혼) : 해가 지고 어둑어둑할 때, 어스레한 때
* 招携(초휴) : 불러들이다. 초빙해 맞이하다.
* 松火(송화) : 솔불, 소나무에 불을 지핀 후 밤새도록 술을 마신다는 의미

急棹截前灘　급하게 노를 저어 앞 여울 가르고,
返照下過村　저녁볕이 내려와 마을을 지나가네.
擧網聞絶叫　그물을 드니 절규하는 소리 들리고,
歸舍未黃昏　집에 돌아와도 아직은 어둡지 않네.
招携同社翁　사옹을 함께 초빙하여 맞아들이니,
白酒亦滿樽　막걸리 또한 항아리에 가득하구나.
任看金柈沒　마음대로 금 술독에 빠져도 보고,
松火明朝暾[26]　솔불을 켠 채로 아침 해를 밝히네.

* 社翁(사옹) : 1. 사옹(社翁)의 오기(誤記)로 보인다. 사옹(社翁)은 토지의 신(神)을 이르는 말이다. 이도춘(李壽春)의 「社日寄李學士詩」 가운데, "社翁今日沒心情, 爲乏治聾酒一瓶"이라는 표현이 전한다.
 2. 본래 원문에는 杜翁(두옹)으로 되어 있다. 그러나 이는 오기(誤記)로 보인다. 왜냐하면 두옹은 잘못 죽은 사람을 이르는 말로, 옛날 두옹(杜翁)에 대한 고사가 있다. 두옹은 기수(沂水)현의 사람으로 어느 날 시장에 갔다가 담벼락에 기대고 앉아서 동료들을 기다리다가 피곤하여 깜박 졸았다. 꿈속에서 영장을 든 사람이 나타나 자신을 체포하는 광경을 목격했다. 그리고는 어느 관청에 갔는데 한번도 보지 못했던 곳이었다. 그곳에서 기와등처럼 생긴 모자를 쓴 사람이 나오는데 자세히 보니 자신과 안면이 있는 청주(靑州) 사는 장(張) 아무개였다. 두옹과는 평소

25) 李荇, 〈容齋集〉 卷一, 『韓國文集叢刊』 第20卷 343쪽, 「漁村落照」.
26) 李荇, 〈容齋集〉 卷三, 위의 책, 395쪽, 「瀟湘八景」 '漁村落照'.

절친한 사이였다. 장씨가 두웅을 보고 놀라며 말하기를, "두형, 어쩌다 여기까지 오셨습니까?", "나도 무슨 영문인지 전혀 모르겠는데, 체포 영장이 있기에 따라온 것뿐이야." 장씨는 뭔가 착오가 생긴 것이라며 의아한 눈치를 보이더니 자신이 대신 조사해 보겠다고 나서면서 당부하기를, "여기서 꼼짝 말고 서서 절대로 움직이지 마십시오. 만약 길을 잃어버리면 장차 돌아갈 수 없는 사태가 발생할지도 모릅니다." 말을 마치곤 어디론가 사라졌다. 그런데 잠시 뒤에 영장을 지니고 두웅을 데려왔던 인물이 나타나더니 자신의 잘못을 시인하고는 그를 풀어주면서 되돌아가라고 말했다. 두웅은 그와 작별하고 곧바로 길을 떠났다. 길 가는 도중에 두웅은 예쁘장하고 애교가 넘치는 다섯 명의 아가씨를 만났고, 들뜬 기분에 그의 뒤를 따라가게 되었다. 어느덧 큰길을 벗어나 좁다란 골목으로 접어들어 수십 걸음 정도 옮겼을 때였다. 갑자기 뒤에서 고함소리가 들렸다. "두형, 대체 어디로 가십니까?" 두웅은 그래도 아가씨들에게 미련이 남아 걸음을 멈추지 않았다. 잠시 후 그는 여자들이 담벼락 사이의 한쪽 문으로 들어서는 것을 목도했고 그곳이 왕씨의 주막집인 것도 알았다. 그는 아무 생각 없이 문안으로 몸뚱이를 들이밀며 슬그머니 주변을 둘러보다가 돼지우리 안에서 다른 새끼 돼지들과 나란히 엎드려 있는 자신을 발견했다. 그는 순간적으로 모든 것을 깨달았지만 자신은 이미 돼지로 변한 후였다. 하지만 장씨의 고함소리는 여전히 귓전에 쟁쟁하게 울려오는 것이었다. 그는 공포에 질려 자신의 머리를 벽에 대고 힘껏 들이박았다. 그러자 누군가 말하는 소리가 들렸다. "이 돼지 새끼가 지랄병이 났는가 보다." 두웅이 순간 사방을 둘러보니 자신은 다른 사람이 되어 있었다. 그래서 서둘러 쪽문을 빠져나오자 장씨는 그때까지도 길에서 기다리고 있었다며 책망이 이만저만 아니었다. "다른 곳에 가면 안 된다고 그렇게 신신당부를 했건만 왜 내 말을 듣지 않으시오? 하마터면 큰일 날 뻔 했잖소!" 그는 두웅의 손을 잡고 시장 입구까지 배웅한 다음에 돌아갔다. 두웅은 문득 잠에서 깨어나면서 벽에 기댄 채 졸고 있던 자신을 발견했다. 왕씨의 주막에 가서 알아보니 정말 돼지 새끼 한 마리가 벽에 머리를 부딪쳐 죽었다는 말을 전해 들었다고 한다.〈요재지이(聊齋志異)〉

3. 당나라 때의 시인 두보(杜甫)로 볼 수 있는 여지도 있다.

27. **신광한**(申光漢, 1484~1555)

落葉明幽逕	낙엽은 아득히 좁은 길을 밝게 하고,
孤舟閣淺沙	외딴 배는 얕은 모래섬에 멈추었네.
山頭返照耿將遮	산꼭대기 저녁볕 빛나다가 가려지고,
門掩兩三家	문을 닫아놓은 두서너 집이 있네.
鷺聚汀仍瞑	백로 모여들자 물가가 곧 시끄럽고,
魚跳水映霞	물고기가 뛰는 물에 노을이 비치네.
還收弊網理生涯	낡은 그물 걷어서 생애를 다스리고,
少女亦絲痲[27]	어린 딸아이도 명주실과 삼실 짜네.

* 弊網(폐망) : 낡은 그물, 낡은 망
* 理生涯(리생애) : 생애를 다스리다. 생계를 유지하다.
* 少女(소녀) : 어린 딸, 어린 딸아이
* 絲痲(사마) : 명주실과 삼실

28. **소세양**(蘇世讓, 1486~1562)

* 斜照(사조) : 지는 해, 석양
* 撤網(철망) : 그물을 걷다. 망을 거두어들이다.
* 但問(단문) : 다만 ~에 대해 묻다.
* 喧叫(훤규) : 시끄럽게 떠들다. 지껄이다.

斜照耿汀洲	지는 해는 모래섬에 빛이 나고,
撤網各收釣	그물 걷고 각각 낚싯대를 걷네.
不知錢有無	돈이 있나 없나 알 수가 없어,
但問漁多少	고기가 많은지 적은지만 묻네.
前村酒可賒	앞마을 술을 외상으로 얻어서,
取醉任喧叫[28]	술에 취해 마음대로 지껄이네.

29. 소세양(蘇世讓, 1486~1562)

* 返照(반조) : 저녁때의 볕
* 將斂(장렴) : 곧 사라지려고 하다. 장차 거두어드리다. 장차 수렴하다.
* 撤網(철망) : 그물을 걷다. 그물 거두다.
* 茅店(모점) : 주막, 누추한 가게, 누추한 주점

蘆間三兩家	갈대 사이로는 두서너 가옥이 있고,
返照紅將斂	저녁볕 붉은 기운 곧 사라지려 하네.
漁人及未昏	어부는 아직 어두워지지 않은 즈음,
撤網歸茅店[29]	그물 걷고 주막茅店으로 돌아가네.

---

27) 申光漢, 〈企齋集〉 別集 卷七, 『韓國文集叢刊』 第22卷 466쪽, 「瀟湘八詠」 '漁村落照'.
28) 蘇世讓, 〈陽谷集〉 卷一, 『韓國文集叢刊』 第23卷 309쪽, 「書洪古阜春年畫屛」 '漁村落照'.
29) 蘇世讓, 〈陽谷集〉 卷十, 위의 책, 440쪽, 「瀟湘八景」 '漁村落照'.

30. **정사룡**(鄭士龍, 1491~1570)

石甃衝波架屋高	돌담이 물결치듯 가옥架屋이 높고,
江橋潮落送漁舠	강다리에 조수 지니 고깃배 보내네.
夕陽捲網來何晩	석양에 그물 말고 어찌 늦게 오겠나,
膾斫霜鱗甕潑醪[30]	살찐 고기 회치고 옹기에 술을 받네.

* 石甃(석추) : 땅에 까는 판판한 돌
* 膾斫(회작) : 회를 치다. 회를 썰다.
* 霜鱗(상린) : 서리 맞은 물고기, 가을 물고기, 살찐 고기
* 潑醪(발료) : 탁주를 뿌리다. 막걸리를 받다. 술을 받다.

31. **조 욱**(趙昱, 1498~1557)

炊烟欲起日啣山	밥 짓는 연기 일자 해가 산을 품으려 하고,
誰送零金散碧灘	누가 보낸 금싸라기 푸른 여울에 흩어지나.
更有語言難狀處	언어가 있다지만 장관을 형용하기 더욱 어렵고,
漁翁只作等閑看[31]	어옹은 다만 대수롭지 않게 여기며 볼 뿐이네.

* 零金(영금) : 금싸라기
* 狀處(상처) : 장관을 형상하다. 그 곳의 모습을 형용하다.
* 等閑(등한) : 마음에 두지 않다. 대수롭지 않게 여기다.

32. **이정암**(李廷馣, 1541~1600)

西崦紅將斂	서쪽 산 붉은빛 장차 사라지려 하고,
南湖返棹忙	남쪽 호수 돌아오는 노가 분주하네.
百年供後後	백 년 동안 계속해서 이바지하겠고,
人世幾斜陽[32]	인간 세상에 해는 얼마나 기울었나.

* 將斂(장렴) : 장차 사라지려고 하다.
* 斜陽(사양) : 지는 해, 석양(夕陽), 석일(夕日)

30) 鄭士龍, 〈湖陰雜稿〉 卷六, 『韓國文集叢刊』 第25卷 189쪽, 「奉題工曹尹判書屛」 '漁村落照'.
31) 趙昱, 〈龍門集〉 卷三, 『韓國文集叢刊』 第28卷 199쪽, 「溢之求八景之作率爾錄呈」 '漁村落照'.
32) 李廷馣, 〈四留齋集〉 卷一, 『韓國文集叢刊』 第51卷 253쪽, 「題畵屛瀟湘八景」 '漁村落照'.

33. **이수광**(李睟光, 1563~1628)

* 薄暮(박모) : 땅거미, 황혼
* 漂去(표거) : 물 위에 떠가다. 떠다니며 ~에 가다.

薄暮初收釣	땅거미 드리우자 처음 낚싯대 거두고,
烹魚酒滿甌	삶은 고기와 술이 사발에 가득하구나.
歸舟閑不繫	돌아가는 배는 매지 않은 채 한가롭게,
漂去橘花洲[33]	물결에 뜬 채로 귤꽃 섬으로 들어가네.

34. **이홍유**(李弘有, 1588~1673)

* 隔岸(격안) : 언덕 너머, 언덕 저편
* 打魚(타어) : 그물을 던져 물고기를 잡음.

歸雲擁樹日含山	돌아가는 구름이 숲을 두르고 해는 산을 머금고,
江上殘村早掩關	강변에 남은 마을 일찌감치 빗장을 걸어 잠그네.
隔岸忽聞人語鬧	언덕 저편 갑자기 사람 말소리 시끄럽게 들리니,
也知漁父打魚還[34]	어부가 물고기를 잡고서 돌아오는 줄 알겠구나.

35. **정두경**(鄭斗卿, 1597~1673)

* 水國(수국) : 어촌(漁村), 지소(池沼)나 하천(河川) 등이 많은 땅
* 微茫(미망) : 희미한 모양, 모호한 모양
* 依依(의의) : 흐릿한 모양, 확실하지 않은 모양
* 罷釣(파조) : 낚시를 마치다. 낚시를 파하다.

水國微茫遠樹稀	수국이 아득해 멀리 나무도 희미한데,
漁村落照正依依	어촌에 지는 해가 참으로 흐릿하구나.
暮潮舟在柴門外	저녁 조수 빈 배만 사립문 밖에 있어,
知是漁翁罷釣歸[35]	어옹이 낚시 마치고 돌아왔음 알겠네.

---

33) 李睟光, 〈芝峰集〉 卷一, 『韓國文集叢刊』 第66卷 16쪽, 「漁村落照」.

34) 李弘有, 〈遯軒集〉 卷三, 「題瀟湘八景畵屛, 又寫八詠」 '漁村落照'.

35) 鄭斗卿, 〈東溟集〉 卷二, 『韓國文集叢刊』 第100卷, 409쪽, 「題瀟湘八景圖」 '漁村落照'. 이 작품은 洪滄浪, 〈瀟湘八景詩歌抄〉 31쪽에도 수록되어 있다. 〈瀟湘八景詩歌抄〉는 우리나라의

36. **김홍욱**(金弘郁, 1602~1654)

平蕪漠漠日欲晩	무성한 들판 아득하고 해는 지려 하는데,
津樹熹微更看遠	나루터 수풀 희미하여 볼수록 멀어지네.
斜陽瀲瀲下沙汀	지는 해는 넘실넘실 모래섬에 내려오고,
隔浦烟生紅蓼岸	포구 너머 홍료 언덕에 연기가 생겨나네.
漁郎捲網向孤店	어부는 그물을 말고는 외딴 술집 향하니,
物外高風爾獨占	물외에 높은 풍취를 네 홀로 차지했구나.
長歌一曲不見人	긴 노래 한 곡조에 사람은 보이지 않고,
江上遙峰青數點[36]	강물 위로 먼 봉우리 몇 점만 푸르구나.

* 平蕪(평무) : 잡초가 무성한 평평한 들
* 漠漠(막막) : 아주 넓어 끝이 없는 모양, 펴 늘어놓은 모양, 어두운 모양
* 瀲瀲(염렴) : 물이 넘치는 모양, 물결이 조용히 움직이는 모양
* 紅蓼(홍료) : 붉은 빛을 띤 여뀌

37. **구 음**(具崟, 1614~1683)

炊煙一抹數家村	밥 짓는 한 점 연기 마을에서 두서너 집,
傍浦歸船起鴈喧	근방 포구 돌아오는 배 기러기 울음 이네.
荏苒崦嵫斜日影	흐늘흐늘 해 그림자는 엄자산에 비껴 있고,
淡濃金碧半江痕	묽고 짙은 금빛 푸름 강물 자욱 반만 있네.
孤光乍隱踈籬下	외딴 불빛 잠깐사이 성긴 울 아래 숨었고,

* 炊煙(취연) : 불 때는 연기, 밥 짓는 연기
* 荏苒(임염) : 시일을 자꾸 끄는 모양, 부드러운 모양 등의 의미, 여기서는 부드러운 모양
* 崦嵫(엄자) : 감숙성(甘肅省) 천수현(天水縣) 서쪽에 있는 산으로 해가 지는 산이라고 함. 전(轉)하여 '만년(晩年)' 또는 '노경(老境)'의 비유로 쓰인다.

문헌이 아니라 일본에서 1688년에 간행된 책이다. 이 책에는 일본인들이 노래한 소상팔경 한시와 그림이 함께 수록되어 있다. 우리나라 사람으로는 유일하게 홍창랑(洪滄浪)이라는 이름으로 8수가 실려 있다. 여기서 '홍창랑'은 홍세태를 의미한다. 그러나 이 작품들은 모두 정두경(鄭斗卿, 1597~1673)의 〈동명집(東溟集)〉에 실려 있는 작품과 동일하다. 여러 정황으로 미루어 보건대, 홍세태(洪世泰, 1653~1725)가 정두경에 비해 56년 뒤에 태어났다는 점, 또 다른 기록으로 보아 홍세태가 일본에 갔던 것은 사실이다. 일본 문인들과 '소상팔경'을 소재로 창작하는 과정에서 정두경의 작품을 그대로 노래했던 것이 일본에서 제작된 〈瀟湘八景詩歌抄〉라는 책에 수록된 것으로 보인다.

36) 金弘郁, 〈鶴洲全集〉 卷四, 『韓國文集叢刊』 第102卷 37쪽, 「次權進士昱瀟湘八景八首」 '漁村落照'.

* 灑網(쇄망) : 그물을 씻다. 그물을 청소하다.
* 蘆洲(노주) : 갈대 섬

餘照猶翻亂石根	남은 햇빛 어지러운 돌부리에 나부끼네.
灑網漁翁何處住	그물을 씻는 어옹은 어느 곳에 사시는가,
蘆洲物色漸黃昏[37]	갈대 섬 만물 빛이 황혼에 점점 젖어드네.

38. 윤 추(尹推, 1632~1707)

* 蕭條(소조) : 쓸쓸한 모양, 한적한 모양
* 半山(반산) : 산 중턱
* 面目(면목) : 모양, 상태
* 宛然(완연) : 분명하고 뚜렷한 모양
* 彩毫(채호) : 화필(畵筆), 그림 그리는 붓
* 宛然(완연) : 흡사(恰似), 전과 다름이 없다.

蕭條江岸數家村	쓸쓸한 강변 언덕 마을에는 몇 채의 집이,
伐荻爲籬竹作門	억새 베어 울 만들고 대나무로 문 지었네.
小渚浮煙橫翠帶	작은 물가 자욱한 안개 비취빛 띠 비꼈고,
半山殘照欲黃昏	산 중턱에 남은 햇빛 황혼녘에 물이 드네.
明波動處艇催返	밝은 물결 흐르는 곳 고깃배 서둘러 오고,
寒樹陰邊鴉亂翻	찬 숲 그늘가 까마귀 어지럽게 나는구나.
別是畵圖中面目	그림 속 면목들을 판별하고자 하였더니,
宛然如有彩毫痕[38]	그림붓의 흔적인 듯 분명하고 뚜렷하네.

37) 具崟, 〈明谷先生文集〉 卷二, 「瀟湘八景」 '漁村落照'.
38) 尹推, 〈農隱遺稿〉 卷一, 『韓國文集叢刊』 第143卷 198쪽, 「瀟湘八景代洪陽從兄月課作」 '漁村夕照'.

39. **김만기**(金萬基, 1633~1687)

澄江一道繞柴門	맑은 강에 한 길이 사립문을 감싸서 돌고,
瀲瀲斜陽下水村	넘실거리면서 지는 해가 어촌에 내려앉네.
漸映楓林歸鳥翼	점점 단풍 숲 비추자 돌아가는 새가 날고,
平分蘆渚暮烟痕	넓게 나뉜 갈대 섬에 저녁연기 흔적 있네.
疎籬曬網臨沙岸	물가 언덕 성긴 울엔 그물을 햇볕에 쬐고,
小艇收緡繫樹根	거룻배 낚싯줄 걷어 나무뿌리에 배를 묶네.
坐看餘霞催暝色	어둠 재촉하는 남은 놀을 앉아서 바라보니,
漁歌聲裏欲黃昏[39]	어부 노랫소리 속에서 황혼이 지려고 하네.

* 繞柴門(요시문) : 사립문을 감싸고 돌다. 사립문을 두르다.
* 瀲瀲(염렴) : 물이 넘치는 모양, 물결이 조용히 움직이는 모양
* 曬網(쇄망) : 그물을 햇볕에 쬐어 말리다.
* 小艇(소정) : 작은 거룻배

40. **이 여**(李畬, 1645~1718)

萬里黃雲接海門	만 리 누런 구름이 바다 문에 접해 있고,
蒼梧山色未全昏	창오에 산색 아직 온전히 저물지 않았네.
亭亭日脚天邊影	우뚝 솟은 햇발은 하늘 변에 그림자이고,
歷歷人家岸上村	언덕 위로 마을에는 또렷이 늘어선 인가.
網集澄潭淸見底	그물 모인 맑은 연못 눈 밑까지 선명하고,
烟生遠浦白添痕	연기 피어나는 먼 포구 흰 자취 더하였네.
若爲借得龍眠手	만일 용면 거사 솜씨를 빌릴 수만 있다면,
移入丹青筆下論[40]	그림 속으로 들어가서 붓끝으로 논하겠네.

* 龍眠手(용면수) : 용면거사(龍眠居士)의 솜씨, '용면(龍眠)'은 만년에 용면산(龍眠山)에 은거했던 송나라의 문인화가(文人畵家)였던 이공린(李公麟, 1049~1106)의 호(號)

* 海門(해문) : 해협(海峽), 육지와 육지 사이에 끼어 있는 바다의 움푹 파이고 좁은 부분
* 蒼梧(창오) : 순임금이 남순(南巡)하다가 목숨을 거둔 곳
* 亭亭(정정) : 1. 아름다운 모양, 예쁜 모양, 2. 우뚝 솟은 모양
* 歷歷(역력) : 뚜렷한 모양, 분명한 모양, 똑똑한 모양, 사물이 질서정연한 모양
* 丹青(단청) : 채색하여 그린 그림, 빨간 빛과 푸른 빛, 채료
* 筆下(필하) : 붓끝

39) 金萬基, 〈瑞石集〉 卷一, 『韓國文集叢刊』 第144卷 370쪽, 「瀟湘八景」 '漁村落照'.
40) 李畬, 〈睡谷集〉 卷一, 『韓國文集叢刊』 第153卷 8쪽, 「漁村夕照」.

41. **홍세태**(洪世泰, 1653~1725)

* 水國(수국) : 어촌(漁村), 지소(池沼)나 하천(河川) 등이 많은 땅
* 微茫(미망) : 희미한 모양, 모호한 모양
* 依依(의의) : 흐릿한 모양, 확실하지 않은 모양
* 罷釣(파조) : 낚시를 마치다. 낚시를 파하다.

水國微茫遠樹稀	수국이 아득해 멀리 나무도 희미한데,
漁村落照正依依	어촌에 지는 해가 참으로 흐릿하구나.
暮潮舟在柴門外	저녁 조수 빈 배만 사립문 밖에 있어,
知是漁翁罷釣歸41)	어옹이 낚시 마치고 돌아왔음 알겠네.

42. **권두경**(權斗經, 1654~1725)

* 舟人(주인) : 뱃사람
* 罷釣(파조) : 낚시를 마치다. 낚시를 파하다. 낚시를 끝내다.
* 青峯(청봉) : 푸른 봉, 푸른 봉우리
* 可數(가수) : 셀 수 있다. 헤아릴 수 있다.

舟人罷釣歸	뱃사람 낚시 마치고 돌아오니,
知是江村暮	강촌에 해 지는 줄 알겠구나.
落日半邊明	해 떨어져도 반쯤은 밝은지라,
青峯猶可數42)	푸른 봉은 지금도 셀 수 있네.

43. **숙종대왕**(肅宗, 1661~1720)

* 夭桃(요도) : 꽃이 아름답게 핀 복숭아나무, 젊고 예쁜 여자의 얼굴
* 酒旗(주기) : 주막 깃발
* 可憐(가련) : 가련하다, 가련하구나.
* 煙霞(연하) : 연기와 노을

春岸夭桃自映紅	봄 언덕에 한창인 복숭아 절로 붉은 빛 비추고,
漁村時動酒旗風	어촌에는 주막 깃발 바람에 이따금씩 흔들리네.
可憐花裏牽船處	가련하구나! 꽃 속으로 배를 이끌고 가는 곳에,
多少煙霞夕照中43)	얼마만큼의 연기와 노을이 지는 해 속에 있네.

---

41) 鄭斗卿, 〈東溟集〉 卷二, 『韓國文集叢刊』 第100卷, 409쪽, 「題瀟湘八景圖」 '漁村落照'. 이 작품은 洪滄浪, 〈瀟湘八景詩歌抄〉 31쪽에도 수록되어 있다.
42) 權斗經, 〈蒼雪齋集〉 卷七, 『韓國文集叢刊』 第169卷 126쪽, 「述姪請賦瀟湘八景」 '漁村落照'.
43) 肅宗, 『列聖御製』 第十七篇, 「瀟湘八景」 '漁村落照'.

44. **이광정**(李光庭, 1674~1756)

紅光暈平林	붉은빛이 넓은 숲에 무리지고,
江日横半照	강상 해는 반쪽 거울 비껴 있네.
漁舟趁暝迴	고깃배 어둠 따라 머리 돌려도,
烟波殊未了[44]	연파는 유달리 사라지지 않네.

* 江日(강일) : 강물과 하늘이 맞닿은 수평선 아래로 반만 걸친 낙조(落照)시에 태양 모습
* 半照(반조) : 깨진 거울, 반쪽 거울
* '趁'과 '趂'은 같은 한자(漢字)임.
* 烟波(연파) : 연기와 파도

45. **권상일**(權相一, 1679~1759)

林間小屋暎依依	수풀 사이 작은 집이 흐릿하게 비치고,
斜日村墟淡有輝	지는 해 마을 언덕 담백한 광채가 있네.
多少帆檣來泊岸	몇 척의 돛단배 배를 대는 언덕에 오고,
漁翁曉出獵魚歸[45]	어옹은 새벽에 나가 고기 잡아 돌아오네.

* 依依(의의) : 흐릿한 모양
* 村墟(촌허) : 마을 언덕
* 帆檣(범장) : 돛대, 돛단배

46. **권 만**(權萬, 1688~未詳)

落照啣山下	떨어지는 햇빛 산을 머금고 내려가니,
江村欲掩扉	강 마을은 사립문을 닫으려 하는구나.
漁翁收短罟	늙은 어부는 짧은 그물을 거두고서는,
急棹小舟歸[46]	급하게 노를 저어 작은 배로 돌아오네.

* 掩扉(엄비) : 사립문을 닫다. 문짝을 닫다.
* 短罟(단고) : 짧은 그물
* 急棹(급노) : 노를 급히 젓다. 급하게 노를 젓다.

---

44) 李光庭, 〈訥隱集〉 卷三, 『韓國文集叢刊』 第187卷 185쪽, 「瀟湘八景題雙碧堂小屛」 '漁村落照'.
45) 權相一, 〈淸臺集〉 卷三, 「瀟湘八景, 八景幷四鶴, 作十二帖寢屛」 '漁村落照'.
46) 權萬, 〈江左集〉 卷一, 『韓國文集叢刊』 第209卷 71쪽, 「瀟湘八景」 '漁村落照'.

47. **정종로**(鄭宗魯, 1738~1816)

* 星網(성망) : 희뜩희뜩 거리는 그물, 햇빛에 반사되어 빛나는 그물
* 打魚(타어) : 그물을 던져 물고기를 잡음.
* 奇景(기경) : 기이한 경치

星網旋收錦浪翻	성망을 돌려 걷으니 비단물결이 뒤집히고,
漁郎無數打魚喧	수많은 어부들이 물고기 잡느라 소리치네.
雨餘落照添奇景	비 내린 뒤 낙조에 기이한 경치 더해지고,
綠笠靑蓑曬滿村[47]	초록 삿갓 푸른 도롱이 마을 가득 말리네.

48. **정조대왕**(正祖, 1752~1800)

* 粼粼(인린) : 물이 돌에 부딪치는 모양, 출렁출렁
* 曛黃(훈황) : 황혼(黃昏), 해가 진 뒤의 어둑어둑한 때

粼粼春水蘸江扉	출렁출렁 봄 물결에 강가에 사립문이 잠기었고,
山日曛黃半落暉	산 속 해는 황혼녘에 반나마 떨어지며 빛나네.
橫抹細籠迷遠近	끝에 비끼고 가늘게 덮여 원근이 혼란스럽고,
隔林漁子捲絲歸[48]	수풀 너머 어부는 낚싯줄을 걷고서 돌아가네.

49. **김득신**(金得臣, 1754~1822)

* 茅舍(모사) : 띠 집
* 日日(일일) : 날마다, 매일매일

晩山小減半蒼煙	저문 산 조금 어둡고 반쯤은 푸른 연기에,
茅舍人家在柳姸	띠 집과 인가 버드나무 고운 곳에 있구나.
日日江魚來換酒	매일매일 물고기로 술을 바꾸어 오면서도,
漁翁常望不須鑠[49]	어옹은 언제나 사라지지 않기만을 바라네.

---

47) 鄭宗魯, 〈立齋集〉 卷六, 『韓國文集叢刊』 第253卷 120쪽, 「瀟湘八景次皓隣韻」 '漁村落照'.
48) 正朝大王, 〈弘齋全書〉, 卷二, 『韓國文集叢刊』 第262卷 33쪽, 「瀟湘八景 癸巳」 '漁村落照'.
49) 金得臣, 「漁村落照」 個人所藏, 東方畵廊 主催, 韓國古書畵名品展.

50. **이재관**(李在寬, 1783~1837)

鷓鴣啼徹雨初晴	자고새 울음 뚫고 비가 처음 개이더니,
渡口歸來水氣腥	나루터에 돌아오니 빗물 기운 비리네.
村北村南齊曬網	마을은 위아래로 나란히 그물 말리고,
釣舟閒在夕陽汀[50]	고깃배 한가로이 석양 물가에 있구나.

* 渡口(도구) : 나루터
* 釣舟(조주) : 고깃배

51. **박영원**(朴永元, 1791~1854)

天際金烏銜半紅	하늘가 금빛 새는 반쯤 붉은 태양 물고,
波文羅縠漾微風	물결무늬 비단 주름이 미풍에 나부끼네.
沙明柳暗漁樵路	어초 길 물가는 밝고 버들 숲 어두운데,
兩岸茅茨罨畫中[51]	그림 속 양안 띠 집 지붕엔 그물이 있네.

* 漁樵路(어초로) : 어부와 나무 하는 사람이 다니는 길, 당나라 이상은(李商隱, 812~858)의 시 「訪隱者不遇成二絶(방은자불우성이절)」 두 번째 작품에 "滄江白石漁樵路/日暮歸來雨滿衣."의 표현이 있다.

* 羅縠(나곡) : 비단 주름
* 兩岸(양안) : 양쪽 언덕, 양쪽 기슭
* 茅茨(모자) : 띠로 인 지붕

---

50) 李在寬, 「漁村落照圖」, 『韓國繪畫:國立中央博物館未公開繪畫特別展』 國立中央博物館, 1977.

51) 朴永元, 〈梧墅集〉, 冊五, 『韓國文集叢刊』 第302卷 318쪽, 「瀟湘八景」 '漁村落照'.

52. **송래희**(宋來熙, 1791~1867)

* 依俙(의희) : 흐릿한 모양, 희미한 모양
* 山腰(산요) : 산허리
* 紫綠(자록) : 울긋불긋
* 粧點(장점) : 단장하다.

小艇棹廻繫樹根	작은 배 노 저어 돌아와 나무뿌리에 매니,
依俙殘照下平原	흐릿하게 지는 햇빛이 들판으로 내려오네.
山腰紫綠遙相暎	산허리는 울긋불긋 들판 멀리 서로 비추고,
粧點幽閒繞水村[52]	한가롭고 그윽하게 단장해 어촌을 감싸네.

53. **김시락**(金時洛, 1857~1896)

* 山頭(산두) : 산꼭대기, 산 정상
* 底思(저사) : 무슨 생각, 어떤 생각

山頭落日江頭照	산꼭대기에서 지는 해가 강변 나루를 비출 때면,
翁捻魚箸女捻漂	늙은이는 물고기와 어구 쥐고 계집은 빨래 드네.
澹泊歸來餘底思	담박하게 돌아오면서도 무슨 생각이 남았었던지,
坐聽紅萩秋風掉[53]	앉아들으니 붉은 가래나무 가을바람에 흔들리네.

* 정두경과 홍세태의 작품은 동일한 것이므로, 어촌낙조는 총 52작품임.

52) 宋來熙, 〈錦谷集〉, 卷一, 『韓國文集叢刊』 第303卷 107쪽, 「瀟湘八景 八首 」 '漁村夕照'.

53) 金時洛, 〈莊庵集〉, 卷一, 「家有古藏瀟湘畫八帖, 家兄逐景題詠, 伏次其韻」 '漁村落照'.

세상사에 초탈한 달관과 흥취의 경지

강천모설

강천모설江天暮雪을 노래한 한시 작품은 총 58수에 이른다. 그리고 관련 시조 작품이 총 6수가 전하고 있다. 강천江天이란 강물과 하늘이 맞닿아 보이는 어름을 이르는 말이다. 그리고 모설暮雪은 저녁 무렵에 내리는 눈을 말한다. 강천모설은 소상팔경瀟湘八景 전체 시제 가운데 겨울을 배경으로 삼고 있는 사실이 제목에 그대로 드러난다. 강천모설에 속한 작품들은 모두 세상사에 초탈한 달관達觀과 흥취興趣의 경지에 도달한 모습을 다루고 있음이 확인된다.

강천모설에는 대략 21가지의 인물 형상이 등장하고 있다. 작품에 등장하는 이십여 가지의 인물 가운데 가장 큰 비중을 차지하고 있는 것은 어옹漁翁과 왕자유王子猷의 형상이다. 그리고 그림 속에 존재하는 것으로 설정된 인물과 작품의 감상자도 적지 않은 비중을 차지하고 있다. 또 맹호연孟浩然과 같은 시인이 등장하기도 하고 나귀를 타고 어디론가 향해 가면서 시사詩思에 잠겨 있는 인물과 시흥詩興에 심취한 인물도 자주 등장하는 인물 형상이다. 그 외에도 가객賈客, 행인行人, 초동樵童, 소객騷客, 나그네遊子, 상아湘娥, 고인

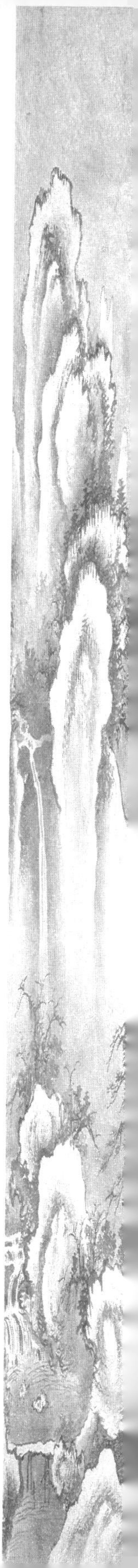

高人, 진객眞客, 신선神仙 등의 인물 형상이 등장하고 있다. 강천모설에 등장하는 인물 형상 가운데 가장 큰 비중을 차지하는 어옹漁翁의 형상은 주로 날씨가 추운 겨울날을 배경으로 내리는 눈雪에 아랑곳하지 않고 자신만의 흥취를 즐기고 있는 어부의 형상으로 형상화되고 있었다.

왕자유王子猷라는 인물 형상을 통해서는 깊은 밤에 흥興이 일어나 배를 타고 친구를 보러 갔다가는 그 친구의 집 앞에 이르자 어느새 그 흥이 다하여 친구를 만나지도 않고 그대로 돌아오는 인물 형상을 그리고 있다. 뿐만 아니라 기려객騎驢客이라 하여 나귀 등에 타고는 시사詩思에 잠겨 있는 인물 형상 혹은 시흥詩興에 젖어 있는 인물 형상을 창조하고 있었다.

강천모설江天暮雪에 등장하는 인물 형상은 모두가 자연의 질서나 세상사로부터 초탈하여 달관達觀과 흥취興趣의 경지에 도달한 상태임을 알 수 있었다. 이를 우리 인간의 삶에 빗대어 본다면 이제는 삶의 마지막 단계에 이른 모습이라고 판단된다. 왜냐하면 달관과 흥취라는 의미 맥락은 삶의 큰 깨달음을 전제로 성립되기 때문이다.

강천모설*

1. **이인로**(李仁老, 1152~1220)

雪意嬌多着水遲　고태 많은 눈송이 물에 닿기 더딘데,
千林遠影已離離　온 숲에 먼 그림자 어느새 흩어지네.
蓑翁未識天將暮　도롱이 쓴 노인은 해지는 줄 모르고,
醉道東風柳絮時[1]　봄바람에 버들개지라 취해서 말하네.

* 離離(이리) : 흩어지는 모양, 구름이 길게 뻗은 모양
* 醉道(취도) : 취해서 말하네.
* 東風(동풍) : 봄바람
* 柳絮(유서) : 버들개지

* 제4행의 '醉'는 『三韓詩龜鑑』의 표기를 따른 것이다. 『匪懈堂瀟湘八景詩帖』과 『東文選』에는 '誤'로 표기되어 있다. 문맥상 '誤'보다는 '醉'로 보는 것이 시적 정감을 살리는 데 적절하다고 판단된다. 아울러 시기적으로도 『三韓詩龜鑑』이 『匪懈堂瀟湘八景詩帖』과 『東文選』보다 앞서기 때문이다.

2. **이규보**(李奎報, 1168~1241)

江天無雪亦陰昏　강천에는 눈이 없어도 흐리고 어두운데,
更奈紛紛冒遠巒　또 어찌하여 어지러이 먼 봉우리 가리나.
唯有漁翁醉和睡　오직 어옹만이 술에 취해 잠을 자느라고,
洒來簑底不會看[2]　도롱이 밑까지 비가 쏟아지는지 모르네.

* 紛紛(분분) : 어지러운 모양, 뒤섞인 모양, 번잡한 모양, 많고 성한 모양
* 遠巒(원만) : 먼 봉우리, 멀리 있는 봉우리
* 不會看(불회간) : 이해하지 못하다. 상황을 알지 못함. 〈예문〉 臣等謹按, 此時烈不會看注疏法例而言也.(신들이 삼가 살펴보건대, 이는 시열이 주소(注疏)의 법례를 제대로 이해하지 못하고 한 말입니다.)

---

1) 李仁老, 『三韓詩龜鑑』 卷之中, '江天暮雪'; 『東文選』 卷二十, 「宋迪八景圖」 '江天暮雪'.

3. 이규보(李奎報, 1168~1241)

* 不分(불분) : ~을(를) 분간할 수 없다.
* 洲渚(주저) : 모래섬, 사주(沙洲), 모래톱
* 卷箔(권박) : 주렴을 걷다. 발을 걷다.

皓色堆勤末破昏	흰 빛이 부지런히 쌓여도 어둠 깨지 못하고,
不分洲渚與林巒	모래섬과 물가랑 숲 봉우리 분간할 수 없네.
行人走避樵童濕	행인은 내달려서 피했건만 초동은 젖었는데,
何處江樓卷箔看[3]	어느 곳 강변 누대에서 발을 걷고 바라보나.

4. 이규보(李奎報, 1168~1241)

* 昏昏(혼혼) : 정신이 아뜩하여 흐린 모양
* 漁窓(어창) : 고깃배의 창문
* 睡眼(수안) : 잠자던 눈, 잠자는 눈
* 曙光(서광) : 새벽빛

晩來無處不昏昏	저녁이 찾아오니 어둡지 않은 곳이 없는데,
暝色難歸戴白巒	밤빛은 흰 봉우리를 이고 돌아가기 어렵네.
遠透漁窓驚睡眼	멀리 어창 비춰 잠자던 눈을 놀라게 하니,
睡醒猶作曙光看[4]	잠에서 깨어 마치 새벽빛인 줄 알고 보네.

5. 이규보(李奎報, 1168~1241)

* 飄雪(표설) : 날리는 눈, 나부끼는 눈, 흩날리는 눈
* 歸意(귀의) : 돌아갈 마음, 돌아가려는 생각
* 詩眼(시안) : 시를 볼 줄 아는 눈, 시에 대한 안목
* 貪看(탐간) : 탐내며 바라보다.

同雲飄雪晩來昏	구름과 함께 날리는 눈 해 저무니 어둡고,
掩盡天涯萬疊巒	하늘 끝에 만 첩 봉우리 모두 가렸구나.
江上行人歸意迫	강변에 행인은 돌아갈 마음이 급박한데,
也除詩眼孰貪看[5]	시인 눈이 아니라면 누가 탐내 보겠는가.

---

2) 李奎報, 〈東國李相國集〉 後集 卷六, 『韓國文集叢刊』 第2卷 196쪽, 「次韻李平章仁植虔州八景詩幷序」 '江天暮雪'.

3) 李奎報, 위의 책, 197쪽, 「次韻李平章仁植虔州八景詩幷序」 '江天暮雪'.

4) 李奎報, 위의 책, 198쪽, 「次韻李相國復和虔州八景詩贈」 '江天暮雪'.

6. 이규보(李奎報, 1168~1241)

自是江雲易翳昏	자고로 강 구름 본래 흐리고 어둡기 쉽지만,
那知日色隱崗巒	햇빛이 언덕과 산에 숨어 있음 어찌 알겠나.
又疑銀浪隨風碎	또 은물결이 바람 따라 부서져 의아했는데,
誤使人人作雪看[6]	사람들로 하여금 눈으로 오인하게 하는구나.

* 翳昏(예혼) : 흐리고 어두움
* 那知(나지) : 어찌 알겠나.
* 崗巒(강만) : 언덕과 산, 구산(丘山)
* 銀浪(은랑) : 은물결

7. 이규보(李奎報, 1168~1241)

鵝毛飛舞散黃昏	거위 털 같은 눈보라가 황혼에 날리더니,
入水無蹤獨被巒	물에 들어가자 자취 없고 산만 하얗다네.
凍縮漁人殊不喜	추위에 얼어붙은 어부는 기쁘지 않겠지만,
王孫好作畫圖看[7]	왕손은 그림 그려서 바라보기를 좋아하네.

* 王孫(왕손) : 왕유(王維)의 〈산중송별시(山中送別詩)〉에 "봄풀은 해마다 푸르러지되 왕손(王孫)은 다시 못 돌아오느니라."는 표현이 있다.

* 鵝毛(아모) : 거위 털, 흩날리는 눈꽃을 거위 털에 빗댄 표현
* 凍縮(동축) : 얼어붙다.
* 畫圖(화도) : 그림, 회화, 그림을 그림.

---

5) 李奎報, 위의 책, 198쪽, 「相國嘗和示一首, 予每復以二首, 未知鈞鑒何如, 惶恐惶恐」 '江天暮雪'.
6) 李奎報, 위의 책, 200쪽, 「次韻復和李相國八景詩各一首」 '江天暮雪'.
7) 李奎報, 위의 책, 201쪽, 「次韻英上人見和」 '江天暮雪'.

8. 진 화(陳澕, 1180~1215 추정)

* 憑欄(빙란) : 난간에 기대다.
* 繁華(번화) : 화려함, 초목이 무성하고 꽃이 화려하게 핌, 전(轉)하여 청장년(青壯年) 시절
* 行色(행색) : 길 떠나려는 모습

江上濃雲翻水墨	강변에 짙은 구름 수묵을 풀어놓은 듯,
隨風雪點嬌無力	바람 따라 눈송이는 교태인 양 힘없네.
憑欄不見昏鴉影	난간 기대니 저녁 까마귀 그림자 볼 수 없고,
萬樹繁華春頃刻	온갖 나무마다 화려함은 잠깐 동안 봄일러라.
漁翁蒻笠戴寒聲	어옹의 부들 삿갓에다 차가운 소리를 얹었고,
賈客蘭橈滯行色	장사꾼 목란木蘭노가 떠나려다가 머무르네.
除却騎驢孟浩然	나귀 등에 올라탄 맹호연을 빼고는,
箇中詩思無人識[8]	개중에는 시사를 아는 사람이 없구나.

* 蘭橈(난요) : 목란으로 만든 배의 노, 난장(蘭槳), 소식의 「적벽부」에 "계수나무 노와 목란(木蘭) 상앗대로 속이 훤히 들이비치는 물을 쳐 흐르는 달빛을 거슬러 오르도다. 아득한 내 생각이여, 미인(美人)을 하늘 한 가에 바라보도다."라는 표현이 있다. 「목란사(木蘭辭)」는 6세기경이 서사시로 북방의 횡취곡(橫吹曲)에 속한다. 〈악부시집(樂府詩集)〉 권25에 수록되어 있다. 목란이라는 젊은 여성이 연로한 아버지를 대신하여 남장으로 출정하고는 멀리 새북(塞北) 땅에서 전공을 세워 높은 작위를 얻지만, 이를 버리고 귀향한다는 소박한 민요조의 작품이다. 이 목란종군 설화는 화북(華北)·화중(華中)에 널리 유포되었으며, 각지에 그 묘(廟)가 있고, 희극(戲劇) 등에서도 취급되었다. 지금의 중국에서도 이 이야기는 사랑을 받아, 영화나 연극으로 거듭 상연되고 있다고 한다.
* 騎驢(기려) : 『北夢瑣言(북몽쇄언)』의 내용 가운데, 어떤 사람이 정경(鄭綮)에게 묻기를, "요즘 시사(詩思)가 있습니까?"라고 하자, "시사는 파교 풍설 속 나귀 등위에 있다.(詩思在灞橋風雪中驢子背上)"고 답했다. 그런 일이 있고 난 후, 나귀 등이라고 하면 나귀 등에서 눈(雪)을 맞으면서 시상(詩想)을 떠올리는 행위로 인식되었다. 시상(詩想)을 떠올리는 데 가장 적당한 곳을 '파교려상(灞橋驢上)'이라 하는데 동일한 맥락이다.
* 詩思(시사) : 시를 짓고자 하는 생각, 시를 지으려는 마음

8) 陳澕, 〈梅湖遺稿〉 卷四, 『韓國文集叢刊』 第2卷 283쪽, 「宋迪八景圖」 '江天暮雪'.

9. **이제현**(李齊賢, 1287~1367)

柳絮飛空欲下遲　버들개지 허공에 날리며 더디 내리려는 듯,
梅花落地亦多姿　매화꽃이 땅에 떨어지니 역시 자태도 많네.
一樽且盡江樓酒　강 누대 한 동이 술을 모두 마셔 버리고는,
看到蓑翁卷釣時[9]　도롱이 입은 어옹 낚시 거둘 때 바라보네.

* 柳絮(유서) : 버들개지, 내리는 눈을 빗댄 표현
* 梅花(매화) : 매화, 역시 내리는 눈송이를 빗댄 표현
* 蓑翁(사옹) : 도롱이 입은 늙은이, 어옹(漁翁)
* 卷釣(권조) : 낚싯대를 말다. 낚싯대를 접다.

10. 이제현(李齊賢, 1287~1367)

風緊雲容慘　바람이 급박하니 구름모습 참담하고,
天寒雪勢嚴　날씨 추워 눈 내리는 형세 삼엄하네.
篩寒洒白弄纖纖　체로 차게 뿌리는 눈 곱게 희롱하니,
萬屋盡堆塩　모든 지붕에는 온통 소금이 쌓인 듯.
遠浦回漁棹　먼 포구 고깃배 노를 저어 돌아오고,
孤村落酒帘　외딴 마을에는 술집깃발이 내려졌네.
三更霽色妬銀蟾　한밤에 갠 빛은 은빛 달을 시샘하여,
更約掛踈簾[10]　성긴 주렴 다시 묶어다가 걸어두네.

* 纖纖(섬섬) : 가늘고 고운 모양, 가냘픈 모양
* 銀蟾(은섬) : 달(月)의 이칭(異稱), 달 속에 두꺼비가 산다는 말에서 유래한 표현
* 酒帘(주렴) : 술집 깃발
* 踈簾(소렴) : 성긴 주렴, 성긴 발

9) 李齊賢, 〈益齋亂藁〉 卷三, 『韓國文集叢刊』 第2卷 526쪽, 「和朴石齋·尹樗軒用銀臺集瀟湘八景韻(石齋名孝修, 樗軒名奕)」 '江天暮雪'.
10) 李齊賢, 위의 책, 608쪽, 「巫山一段雲 瀟湘八景」 '江天暮雪'.

11. 이제현(李齊賢, 1287~1367)

* 酒樓(주루) : 술을 파는 누각, 술을 파는 집
* 使人愁(사인수) : 사람을 시름겹게 만들다.
* 千金駿馬(천금준마) : 값이 천금이나 하고 잘 달리는 귀한 말, 권력과 부(富)의 상징
* 貂裘(초구) : 담비갖옷, 역시 부(富)와 권력(權力)을 의미
* 臥漁舟(와어주) : 고깃배에 눕다. 이 말은 속된 세상사와 거리를 두고, 한적하고 평화로운 자연 속에서 여유로운 삶을 즐기는 자세를 표현한 것으로 이해할 수 있다.

向夕廻征棹	저녁 되자 가던 배에 노를 돌리고는,
凌寒上酒樓	추위를 무릅쓰고 주루 위로 오르네.
江雲作雪使人愁	강 구름 눈이 되어 시름겹게 만들고,
不見古潭洲	옛날 담주는 보이지 아니하네.
聲緊雲邊鴈	야무진 소리는 구름 가에 기러기요,
魂淸水上鷗	강물 위에 갈매기는 영혼이 맑구나.
千金駿馬擁貂裘	천금준마 잡아타고 담비갖옷 두름이,
何似臥漁舟[11]	고깃배에 누워 있음과 어찌 같겠는가.

12. 이 곡(李穀, 1298~1351)

* 九陌(구맥) : 한(漢)나라의 서울이었던 장안(長安) 성(城) 안에 있던 아홉 개의 큰 길

九陌紅塵午日烘	구맥 홍진에 정오의 햇빛이 밝아서,
閉門看畵意無窮	문 닫고 그림 보니 의미가 무궁하네.
何時着我孤舟去	언제쯤이면 내가 외딴 배를 타고 가,
獨釣江天暮雪中[12]	눈 내리는 강천에서 홀로 낚시할까.

* 獨釣(독조) : 홀로 낚시하다. 유종원(柳宗元, 773~819)의 「강설(江雪)」에 등장하는 표현, "千山鳥飛絶/萬逕人蹤滅/孤舟簑笠翁/獨釣寒江雪(모든 산엔 날새도 그쳐 있고/길가에는 인적마저 끊겼구나/외딴 배 도롱이에 삿갓 쓴 노인/눈 내리는 추운 강에서 홀로 낚시하네)."

---

11) 李齊賢, 위의 책, 608쪽, 「巫山一段雲 瀟湘八景」 '江天暮雪'.

12) 李穀, 〈稼亭集〉, 卷十九, 『韓國文集叢刊』 第3卷, 217쪽, 「題江天暮雪圖」.

13. **만 우**(卍雨, 1357~未詳)

斷岸雲籠浦	끊어진 절벽에 구름은 포구를 감싸고,
殘山雪滿林	덜 녹은 산속 눈이 숲을 가득 채웠네.
江天多暮景	강변에 저녁 풍경이 다채롭기만 하니,
想像興難禁[13]	상상하는 흥취를 금하기도 어렵구나.

* 斷岸(단안) : 깎아지른 듯한 낭떠러지 절벽, 단애(斷崖)
* 難禁(난금) : 금하기 어렵다.

14. **강석덕**(姜碩德, 1395~1459)

凍雲垂地暗坤倪	추운 구름 땅에 드리워 땅 끝까지 어둡고,
忽放春光滿水西	홀연 봄빛을 내놓으니 물 서쪽에 가득하네.
江路無人天欲暮	강가 길에는 사람도 없고 해마저 지려는데,
梅花開遍竹枝低[14]	매화꽃이 두루 피어 대나무 가지 나직하네.

* 坤倪(곤예) : 땅 끝, 땅의 끝
* 天欲暮(천욕모) : 해가 지려 하다. 날 저물려 하다.

15. **최 항**(崔恒, 1409~1474)

薄暮雲垂風捲埃	초저녁 구름 드리우니 바람이 먼지 걷어,
江城旋放雪花開	강가 성에 도로 뿌리니 눈꽃이 피었구나.
亂飄騷客吟驢去	흩날리는 눈 속에 시인은 나귀타고 가고,
閒灑漁人釣艇回	한가로운 눈 속에 어부는 배타고 돌아오네.
夾岸銀屛新迤邐	골짝 언덕에 은색 병풍 새롭게 이어지고,

* 迤邐(이리) : 잇달아 뻗은 모양, 연이은 모양, 이어진 모양

13) 千峯, 『匪懈堂瀟湘八景詩帖』, '江天暮雪'.

14) 姜碩德, 『東文選』 第22卷, 「瀟湘八景圖有宋眞宗宸翰」 '江天暮雪'.

* 層崖(층애) : 바위가 겹겹이 쌓인 언덕
* 瓊樹(경수) : 옥과 같은 나무, 눈에 덮인 나무의 형상을 빗댄 표현
* 遊子(유자) : 나그네

層崖瓊樹轉奇瑰	바위절벽 눈 덮인 나무가 더욱 기괴하네.
定知遊子饒淸興	나그네는 맑은 흥취 넉넉함을 알고 있기에,
脫却霜裘換白醅[15]	하얀 갖옷을 벗어서는 막걸리와 바꾸네.

* 騎去(기거) : 『北夢瑣言(북몽쇄언)』의 내용 가운데, 어떤 사람이 정경(鄭綮)에게 묻기를, "요즘 시사(詩思)가 있습니까?"라고 하자, "시사는 파교 풍설 속 나귀 등 위에 있다.(詩思在灞橋風雪中驢子背上)"고 답했다. 그런 일이 있고 난 후, 나귀 등이라고 하면 나귀 등에서 눈(雪)을 맞으면서 시상(詩想)을 떠올리는 행위로 인식되었다. 시상(詩想)을 떠올리는 데 가장 적당한 곳을 '파교려상(灞橋驢上)'이라 하는데 동일한 맥락이다.

16. **성삼문**(成三問, 1418~1456)

* 天如晝(천여주) : 하늘이 낮과 같다.
* 樹盡梅(수진매) : 나무엔 온통 매화라네, 나무들 모두 매화라네. 눈에 덮인 나무의 형상

山白光堪摘	산의 흰빛이 움켜쥘 수 있게 빛나고,
江淸失可猜	강물은 맑기가 샘날 정도는 아니네.
已晚天如晝	이미 저물었는데 하늘이 낮과 같고,
非春樹盡梅[16]	봄도 아닌데 나무엔 온통 매화라네.

17. **이승소**(李承召, 1422~1484)

* 廉纖(염섬) : 가랑비나 이슬비의 모양, 달이 가는 모양
* 排撈(배찰) : 밀치고 들이닥치다. 밀치고 들어가다.
* 飄蕭(표소) : 바람이 쓸쓸하게 부는 모양
* 透入(투입) : 뛰어들다.
* 水精簾(수정렴) : 수정으로 만든 구슬을 꿰어 꾸민 발

日落雲俱黑	해가 지니 구름도 함께 검어지고,
風吹氣轉嚴	바람 불자 기운이 더욱 매섭구나.
初看洒幕雨廉纖	장막에 뿌리던 비 처음엔 이슬비로 보이더니,
変作撤空鹽	변하자 허공에 흩어지는 소금이네.
排撈江樓檻	강변 누각 난간 밀치고 들어가니,

15) 崔恒, 『匪懈堂瀟湘八景詩帖』, '江天暮雪'.

16) 成三問, 〈成謹甫集〉 卷一, 『韓國文集叢刊』 第10卷 184쪽, 「瀟湘八景」 '江天暮雪'.

飄蕭酒店帘	주점 깃발만 쓸쓸하게 나부끼네.
淸光却勝廣寒蟾	맑은 빛 광한섬보다 오히려 빼어나니,
透入水精簾[17)	수정렴 속으로 뛰어드네.

* 廣寒蟾(광한섬) : 달(月)의 이칭(異稱), 달나라에 토끼와 두꺼비가 살고 있다는 상상력에 기인함.

18. **강희맹**(姜希孟, 1424~1483)

頑雲垂地暗	두터운 구름 드리워 땅이 어둡고,
密雪挾風嚴	짙은 눈은 바람을 끼고 삼엄하네.
薄暮擎寒竹枝纖	초저녁 추위를 떠받치고 있는 댓가지가 가늘어,
擺亞落輕塩	털며 누르니 고운 소금 떨어지네.
簑重回漁棹	도롱이 무거워 고깃배 돌아오니,
村孤誇酒帘	외딴 마을이 술집 깃발 자랑하네.
江樓霽景帶寒蟾	강변 누각 맑은 풍경은 달빛을 두르고 있는데,
倚醉喚釣簾[18)	술에 취해 소리치며 주렴을 낚네.

* 擺亞(파아) : 흔들며 누르다. 털며 누르다.
* 輕塩(경염) : 고운 소금, 대나무 가지에 내린 눈을 누르며 털자 눈이 떨어지는 형상

17) 李承召, 〈三灘集〉 卷九, 『韓國文集叢刊』 第11卷 468쪽, 「次益齋瀟湘八景詩韻 巫山一段雲」 '江天暮雪'.

18) 姜希孟, 〈私淑齋集〉 卷五, 『韓國文集叢刊』 第12卷 67쪽, 「瀟湘八景」 '江天暮雪'.

19. **어세겸**(魚世謙, 1430~1500)

* 盈盈(영영) : 넘쳐흐르는 모양, 예쁘게 단장한 모양
* 縹緲(표묘) : 아득한 모양, 흐릿한 모양, 멀어서 분명하지 않은 모양
* 霏微(비미) : 가랑비 또는 가랑눈이 오는 모양
* 終宵(종소) : 밤새도록
* 瑟縮(슬축) : 오므라들어 펴지지 않음, 오그라들어 펼 수 없음.

微霰先馳令	희미한 싸락눈이 전령보다 먼저 달려,
寒威已戒嚴	추위가 매서우니 경계를 엄중히 하네.
盈盈舞態聘穠纖	넘실넘실 춤추는 자태에 거친 비단 부르며,
誰絮又誰鹽	누구는 솜이라 하고 누구는 소금이라 하네.
縹緲漁舟客	고깃배에 나그네는 흐릿하게 보이고,
霏微酒市帘	저자에 주막 깃발 보슬비에 희미하네.
終宵瑟縮月中蟾	밤새도록 오므라든 달 속에 두꺼비가,
何得下窺簾[19]	어떻게 내려와서 주렴 속을 엿보겠나.

20. **김시습**(金時習, 1435~1493)

* 瓊屑(경설) : 옥가루, 여기서는 바람에 날리는 눈꽃 가루를 의미한다.

埋盡平沙沒釣磯	넓은 모래에 깊이 묻혀 낚시터는 사라지고,
和風瓊屑滿江飛	눈꽃 가루 온화한 바람에 강 가득 날리네.
細粘蘆葦千枝亞	갈대는 살짝 단장한 채 천 가지 눌려 있고,
重壓松篁一逕微	무겁게 눌린 솔숲 대숲 작은 길 희미하네.
汀外晩潮人獨立	물가 밖 저녁 조수에 사람만이 홀로 섰고,
渚邊枯草鳥相依	물가 주변 마른 풀엔 새가 서로 의지하네.
斷橋肩聳騎驢客	끊긴 다리 나귀 탄 나그네 어깨 솟아 있고,
吟斷新詩何處歸[20]	새 시 읊조림을 멈추고 어디로 돌아가나.

* 騎驢客(기려객) : 『北夢瑣言(북몽쇄언)』의 내용 가운데, 어떤 사람이 정경(鄭綮)에게 묻기를, "요즘 시사(詩思)가 있습니까?"라고 하자, "시사는 파교 풍설 속 나귀 등위에 있다(詩思在灞橋風雪中驢子背上)."고 답했다. 그런 일이 있고 난 후, 나귀 등이라고 하면 나귀 등에서 눈(雪)을 맞으면서 시상(詩想)을 떠올리는 행위로 인식되었다. 시상을 떠올리는 데 가장 적당한 곳을 '파교려상(灞橋驢上)'이라 하는데 동일한 맥락이다.

---

19) 魚世謙, 〈咸從世稿〉 卷七, 「次益齋八景」 '江天暮雪'.
20) 金時習, 〈梅月堂集〉 卷六, 『韓國文集叢刊』 第13卷 195쪽, 「江天暮雪」.

21. **성종대왕**(成宗, 1457~1494)

天地洗氛埃　하늘과 땅이 먼지 기운 씻어내니,
江山淨域開　강산 지경이 열리는 듯 깨끗하네.
雲容嬌不歇　구름 모습 쉬지 않고 교태부리며,
雪意浩難回　눈 생각 호탕하니 돌리기 어렵네.
襯竹湘娥粉　대나무 속에 상강 계집 단장하고,
盈船賈客瑰　배에 가득 찬 장사치들 진기하네.
灞橋詩興遠　장안 파교라면 시 흥취가 멀기에,
僵臥只寒醅[21]　드러누워서 차가운 술만 마시네.

* 僵臥(강와) : 엎드림, 누움, 잠
* 寒醅(한배) : 찬 술, 차가운 술

22. 성종대왕(成宗, 1457~1494)

奔走寒雲起　차가운 구름이 분주하게 일어나고,
同天四不開　같은 하늘 사방으로 열리지를 않네.
氛埃鏁暮靜　저물녘 먼지 기운 조용히 덮여 있고,
蓑笠已舟回　도롱이와 삿갓 쓴 이 배 이미 돌렸네.
鳥絶山含日　나는 새도 끊긴 산은 해를 머금었고,
風吹樹瀉瑰　바람 불자 나무는 옥구슬을 쏟는구나.
波濤銀色滿　파도는 은색으로 충만하기만 한데,
茅屋只氷醅[22]　띠 집에선 다만 얼음 술에 취하네.

* 氛埃(분애) : 먼지
* 蓑笠(사립) : 도롱이와 삿갓, 어부(漁翁)을 가리킨다.

---

21) 成宗,『列聖御製』第九篇,「瀟湘八景」'江天暮雪'.
22) 成宗, 위의 책.

23. **정희량**(鄭希良, 1469~未詳)

* 蟄龍(칩용) : 1. 숨어 있는 용, 2. 때를 만나지 못한 영웅
* 行色(행색) : 길 떠나려는 모습
* 蓬窓(봉창) : 배에 있는 창문
* 高人(고인) : 고결한 선비, 고사(高士)
* 茗席(명석) : 차(茶) 자리, 차를 마시는 자리

江村日落天杳茫	강촌에 해저무니 하늘이 어두워 망막하고,
荻葦蕭蕭響晚雪	저녁에 눈 내리니 물 억새가 쓸쓸히 우네.
蟄龍愁吟凍生鱗	숨은 용 근심스레 읊어 얼음 비늘 생기니,
睡鷗不動寒徹骨	잠든 백구 꼼짝 않아 추위 뼈에 사무치네.
孤舟獨向者誰子	외딴 배를 홀로 타고 가는 자가 누구인가,
几坐蓬窓滯行色	봉창 자리에 앉아서 떠나려다가 머무르네.
溪上高人定淸曠	시냇가에 고인은 분명 맑고 넓은 사람이니,
安得往尋同茗席[23]	어찌하면 찾아가서 차茶 자리 함께 할까.

24. **홍언필**(洪彦弼, 1476~1549)

* 霏微(비미) : 가랑비 또는 가랑눈이 오는 모양
* 向背(향배) : 좇음과 등짐, 복종과 배반
* 鷗盟(구맹) : 속세를 벗어난 초연한 사귐, 기심(機心)을 잊고 부세(浮世) 바깥에서 노닐자는 약속을 말한다. 본래 鷗鷺之盟(구로지맹)에서 준말이다.
* 羣芳(군방) : 가지가지의 꽃, 많은 현인(賢人)
* 鬱然(울연) : 초목이 무성한 모양, 사물이 융성한 모양
* 蒼官(창관) : 소나무의 별칭

頑雲密密壓江干	두터운 구름은 빽빽하게 강가를 누르고,
薄暮霏微柳絮漫	초저녁 싸락눈 날리니 버들솜 그득하네.
雲際鴈行迷向背	구름 끝에 기러기 행렬도 향배가 어지럽고,
江中舟道混洲灘	강안 뱃길 모래섬과 여울을 분간할 수 없네.
蕭條鶴髮空垂領	쓸쓸한 흰머리를 공허하게 목에 드리우고,
放浪鷗盟尙未寒	훨훨 나는 갈매기 맹세 저버리지 않았다네.
到此羣芳彫已盡	이렇게 가지가지 꽃들이 떨어짐에 이르러서는,
鬱然含翠獨蒼官[24]	울연히 푸른빛 머금은 건 오직 소나무뿐이네.

---

23) 鄭希良, 〈虛庵遺集〉 卷一, 『韓國文集叢刊』 第18卷 13쪽, 「瀟湘八景」 '江天暮雪'.
24) 洪彦弼, 〈默齋集〉 卷一, 『韓國文集叢刊』 第19卷 216쪽, 「瀟湘八景」 '江天暮雪'.

25. 김안국(金安國, 1478~1543)

天寒江湛湛　　날씨가 춥고 강물은 깊고 깊어,
雪滿江上峯　　강변 봉우리에 눈이 가득 하네.
孤舟人不見　　외딴 배에 사람은 보이질 않고,
蒼翠千年松[25]　　푸른빛 천 년된 소나무만 있네.

* 湛湛(잠잠) : 물이 깊은 모양
* 蒼翠(창취) : 푸른빛, 푸른색

26. 이 행(李荇, 1478~1534)

朔風結層陰　　북풍 불고 음기도 겹겹이 맺혀 있고,
江雪飛漫天　　강천에 눈이 날려 하늘에 가득하네.
江流凍無聲　　흐르던 강물은 얼어서 소리가 없고,
天色暮莽然　　하늘빛은 해 저물어 멀리 아득하네.
此間有眞意　　이런 사이에 진정한 뜻이 있겠지만,
定非文墨傳　　꼭 시문이나 서화로 전해지진 않네.
孤舟蓑笠翁　　외딴 배 도롱이 입고 삿갓 쓴 어옹,
知汝久忘筌[26]　　너 알고 오랫동안 고기잡이 잊었네.

* 莽然(망연) : 멀고 아득한 모양
* 眞意(진의) : 참된 뜻, 참된 생각, 진정한 뜻, 진정성(眞情性)
* 文墨(문묵) : 시문(詩文)을 짓거나 서화(書畵)를 그리는 일

* 忘筌(망전) : 『壯子(장자)』 외물(外物) 편에 등장하는 고사로 "筌者所以在魚, 得魚而忘筌"라 하여, 물고기를 잡고 나면 통발을 잊어버린다는 뜻이다. 목적을 이루면 그때까지 수단으로 삼았던 사물은 무용지물이 됨을 이르는 말이다."전(筌)은 고기를 잡기 위한 것이나 고기를 잡고 나면 전은 잊어버리게 된다. 제(蹄: 덫)는 짐승 을 잡기 위한 것이나 짐승을 잡고 나면 제는 잊어버린다. 말(言)은 뜻을 나타내는 것이나 뜻을 다 알게 되면 그 말은 잊어버린다." 여기서 망전(忘筌), 망제(忘蹄), 망언(忘言), 전제(筌蹄) 등은 어느 것이나 시비와 선악 같은 것을 초월한 절대의 경지를 말하고 있다. 상대를 초월하여 이 세상의 만물은 한 몸이라고 생각하는 절대적인 경지에 서면, 옳은 것도 없고 그른 것도 없으며, 선한 것도 악함도 없으며, 아름다운 것도 추한 것도 없다는 것이 장자의 주장인 것이다. 그러나 장자가 보는 그 당연한 일면을 보통 사람들은 인간의 기회주의적인 모순으로 보고 있는 것이다.

---

25) 金安國, 〈慕齋集〉卷四, 『韓國文集叢刊』第20卷 83쪽, 「江天暮雪圖」.
26) 李荇, 〈容齋集〉 卷三, 『韓國文集叢刊』第20卷 394-395쪽, 「瀟湘八景」'江天暮雪'.

27. **신광한**(申光漢, 1484~1555)

* 悠哉(유재) : 아득한 모양, 생각이 끊기는 일이 없는 상태로 아득한 모양

野逈風威動	들판 멀리 바람이 세게 흔들고,
雲深雪意催	구름 깊어 눈 내릴 뜻 재촉하네.
斜斜整整映山回	비끼며 가지런히 산을 비쳐 돌아오니,
誰送渡江來	누가 보냈기에 강을 건너오는가.
簑濕漁舟暝	도롱이 젖은 고깃배가 아득하고,
燈明酒店開	등불 밝힌 주점이 문을 열었네.
何人得句倚樓臺	누가 누대에 기대 글귀 얻을까,
一望興悠哉[27]	한 번 보니 흥취만이 아득하네.

* 映山(영산) : 1. 영산홍(映山紅), 여기서는 내리는 눈발에 빗댄 표현이다. 2. 눈을 영산홍에 빗댄 표현이 아니라 문자 그대로 "산을 비처 돌아오니"로 해석될 수도 있겠는데 명확한 맥락을 검토해야 한다. 영산홍은 겨울에 피는 꽃으로 석남 과에 속하며 담홍색의 꽃이 핀다. 『조선왕조실록』 성종실록 13년 2월 11일조에 보면, '영산홍'과 관련된 성종의 언급이 등장한다. 장원서(掌苑署)에서 영산홍(暎山紅) 한 분(盆)을 올리니, 전교(傳敎)하기를 "겨울 달에 꽃이 핀 것은 인위(人爲)에서 나온 것이고 내가 꽃을 좋아하지 않으니, 금후로는 올리지 말도록 하라." 하였다(掌苑署進暎山紅一盆, 傳曰 "冬月開花, 出於人爲, 予不好花, 今後勿進").

28. **소세양**(蘇世讓, 1486~1562)

* 瓊瑤(경요) : 옥구슬, 눈 내린 형상을 빗댄 표현
* 愁殺(수살) : 몹시 근심함, 매우 근심함, 시름겨운 모습

風峭水欲立	바람이 세차니 강물이 일어나듯,
雲昏天正黑	구름 어둡고 하늘 무척 깜깜하네.
不見六花飛	육화가 나는 모습 보이지 않건만,
但見千山白	다만 모든 산이 하얗게만 보이네.
瓊瑤失斷橋	옥구슬 쌓여 끊긴 다리 사라지니,
愁殺尋眞客[28]	무척 시름겨워 진객을 찾는구나.

---

27) 申光漢, 〈企齋集〉 別集 卷七, 『韓國文集叢刊』 第22卷 465쪽, 「瀟湘八詠」 '江天暮雪'.

* 六花(육화) : 눈(雪)의 별칭, 『學語集(학어집)』에 의하면, 눈이라는 것은 천지(天地)가 추워져 흰눈이 오는데 천산(千山) 만산(萬山)이 하룻밤에 모두 희어지고 그 색은 배꽃과도 같으며 육화(六花)라고도 한다(雪者 天地凝陰 白雪始來 千山萬山 一夜盡白 其色如梨花 又曰六花).

29. 소세양(蘇世讓, 1486~1562)

風急飛如舞	바람이 급하니 춤추듯 날리고,
江空落不知	강천에 떨어져도 알지 못하네.
水寒魚不食	물이 차가워 고기 잡히지 않아,
回棹月斜時[29]	달 기울 때 노 저어 돌아오네.

* 飛如舞(비여무) : 눈(雪)이 춤을 추듯 날리는 형상
* 江空(강공) : 강변 하늘, 강천(江天)
* 魚不食(어불식) : 물고기가 찌를 물지 않는다는 의미로 고기가 잡히지 않음을 의미

30. 정사룡(鄭士龍, 1491~1570)

同雲篩屑晩來皆	저녁에 구름과 함께 고운 가루 모두 내렸고,
洞壑松篁盡壓埋	깊은 골 솔숲 대숲 모조리 눌려서 묻혀 있네.
玉宇瓊樓寒幾許	옥으로 된 집 옥 누각은 얼마큼의 추위인지,
湖船愁殺老漁懷[30]	호수 배에서 근심 하는 늙은 어부 생각하네.

* 篩屑(사설) : 고운 가루, 체 가루, 눈(雪)을 의미함.
* 愁殺(수살) : 몹시 근심함, 매우 근심함, 시름겨운 모습
* 玉宇瓊樓(옥우경누) : 흰 눈에 덮인 세상의 모습을 집과 누대의 형상을 통해 형용

---

28) 蘇世讓, 〈陽谷集〉 卷一, 『韓國文集叢刊』 第23卷 309쪽, 「書洪古阜春年畵屛」 '江天暮雪'.
29) 蘇世讓, 〈陽谷集〉 卷十, 위의 책, 440쪽, 「瀟湘八景」 '江天暮雪'.
30) 鄭士龍, 〈湖陰雜稿〉 卷六, 『韓國文集叢刊』 第25卷 189-190쪽, 「奉題工曹尹判書屛」 '江天暮雪'.

31. **나 식**(羅湜, 1498~1546)

* 深深(심심) : 깊고 깊은 모양
* 似泥(사니) : 곤드레만드레인 듯하다. 술에 몹시 취해 정신을 차리지 못하고, 몸을 가누지 못함.

朔雪漫空凍日低	삭풍 눈발 허공 가득 추운 햇빛 내려가고,
江橋人過冷凄凄	강다리 사람이 지나는데 차갑고 쓸쓸하네.
樓臺何處深深見	누대 어디에선가 깊숙한 곳까지가 보이니,
應把金盃醉似泥[31]	응당 금 술잔 잡고 취해 곤드레인 듯하네.

32. **조 욱**(趙昱, 1498~1557)

* 趁(진)과 趂(진)은 동일한 한자(漢字)임.
* 無心者(무심자) : 사심이 없는 사람, 세상사에 초탈하여 사사로운 마음 없이 사는 사람

江上凍雪陰乍合	강변에 눈이 얼어 잠깐 사이 음기 합쳐지고,
滿空飛雪趂歸鴉	하늘 가득 날리는 눈 돌아가는 까마귀 좇네.
漁翁不是無心者	고기 잡는 늙은이는 무심한 사람이 아닌지,
披却蓑衣覓酒家[32]	도롱이 옷을 벗어던지고는 주막을 찾는구나.

33. **조 욱**(趙昱, 1498~1557)

* 雪意(설의) : 눈이 올 듯한 기색
* 看取(간취) : 취하여 보다. 바라보다.

江上雪意滿	강변에 눈 내릴 기색 가득하니,
不見雲外峯	구름 밖 봉우리가 보이지 않네.
欲識山家趣	산 속 집 흥취를 알고자 한다면,
看取壓孤松[33]	눈 쌓인 외딴 소나무 바라보네.

---

31) 羅湜, 〈長吟亭遺稿〉五面, 『韓國文集叢刊』 第28卷, 151쪽 「江天暮雪」.
32) 趙昱, 〈龍門集〉 卷三, 『韓國文集叢刊』 第28卷 199쪽, 「溢之求八景之作率爾錄呈」 '江天暮雪'.
33) 趙昱, 〈龍門集〉 卷四, 위의 책, 217쪽, 「江天暮雪」.

34. **황준량**(黃俊良, 1517~1563)

垂地寒雲凍	땅에 드리운 차가운 구름 얼고,
連江積縞凝	강을 따라 쌓여 하얗게 엉겼네.
漫空玉屑亂崩騰	하늘 가득 옥가루 어지럽게 동요하고,
塡壑更盈塍	골짝 메우고 또 밭두둑에 차네.
狡兎迷三窟	간교한 토끼 세 굴을 혼동하고,
銀山聳百層	은빛 산은 백층이나 솟아 있네.
夜窓還訝曙光升	밤 창에서 다시 새벽빛을 맞아 오르니,
詩興正來乘[34]	시 짓는 흥취 마침 타고 오네.

* 玉屑(옥설) : 옥가루, 눈(雪)
* 崩騰(붕등) : 동요하다. 흔들리다.
* 詩興(시흥) : 시적 흥취, 시를 창작할 때 느끼는 감흥

* 狡兎迷三窟(교토미삼굴) : 교토삼굴(狡兎三窟)이란 말은 사마천이 쓴『사기(史記)』「맹상군열전(孟嘗君列傳)」에 등장한다. 토끼가 위급한 난을 피하기 위해 세 개의 굴을 파 놓는다는 의미로 안전을 위해 몇 가지 방책을 짜 놓음을 의미하는 말이다. 꾀 많은 토끼가 굴을 세 개나 가지고 있었기 때문에 죽음을 면할 수 있었다는 뜻으로, 교묘한 지혜로 위기를 피하거나 재난이 발생하기 전에 미리 준비를 해야 한다는 말이다. 토영삼굴(兎營三窟)도 같은 의미이다.[35]

---

34) 黃俊良,〈錦溪集〉外集 卷二,『韓國文集叢刊』第37卷 78쪽,「江天暮雪」.

35)『사기(史記)』「맹상군열전(孟嘗君列傳)」에 따르면, 풍환(馮驩)은 제(齊) 나라의 재상(宰相)인 맹상군의 식객(食客)이었다. 맹상군은 왕족인 정곽군(靖郭君) 전영의 아들로 이름은 전문(田文)이고, 맹상군은 그의 호이다. 풍환은 본디 거지였는데 맹상군이 식객을 좋아한다는 말에 짚신을 신고 먼 길을 걸어왔던 자다. 맹상군은 그의 몰골이 하도 우스워 별 재주는 없어 보였지만 받아주었다. 그러나 그는 괴짜였다. 맹상군은 그를 3등 숙소(宿所)에 배치했는데 고기반찬이 없다고 늘 투덜댔다. 그래서 2등 숙소로 옮겨 주었는데 이번에는 수레가 없다고 불평을 하는 것이 아닌가. 마지막으로 1등 숙소로 옮겨 주자 그럴 듯한 집이 없다며 투덜댔다. 당시 맹상군은 설(薛: 현재 산동성 동남지방)에 1만 호의 식읍(食邑)을 가지고 있었다. 3천 명의 식객을 부양하기 위해 식읍 주민들에게 돈놀이를 하고 있었는데 도무지 갚을 생각을 하지 않았다. 누구를 보내 독촉할까 궁리하고 있는데 1년간 무위도식(無爲徒食)으로 일관(一貫)했던 풍환이 자청했으므로 그를 보내기로 했다. 출발할 때 그는 "빚을 받고 나면 무엇을 사올까요?"하고 물었다. 맹상군은 "무엇이든 좋소. 여기에 부족한 것을 부탁하오."라고 대답하였다. 설에 당도한 풍환은 빚진 사람들을 모아서 차용증을 하나하나 점검한 후 이자만 해도 10만 전을 받았다. 예상외의 좋은 결과였다. 징수가 끝나자 그는 사람들에게 말했다. "맹상군은 여러분의 상환 노력을 어여삐 보고 모든 채무를 면제하라고 나에게 분부하셨소." 그리고는 모아 놓았던 차용증 더미에 불을 질렀다. 차용증은 모두 재로 변하고, 사람들은 그의 처사에 감격해 마지않았다. 설에서 돌아온 풍환에게 맹상군이, "선생은 무엇을 사 오셨는가?"하고 물어 보았다. 이때 풍환이 말하기를 "당신에게 지금 부족한 것은 은혜와 의리입니다. 차용증서를 불살라 당신을 위해 돈 주고도 사기 힘든 은혜와 의리를 사 가지고 왔습니다.(此時馮驩曰 軍之不足則恩義也 以燒借書爲君賣恩義來)"라 하였다. 그러자 이 말을 들은 맹상군은

35. **이정암**(李廷馣, 1541~1600)

* 江娥(강아) : 강 속에 산다는 미녀
* 步步(보보) : 걸음걸음, 걸음마다
* 青帘色(청렴색) : 푸른색 깃발, 주막임을 알리는 깃발

江娥朝玉京	강 속에 항아 옥경에 조회 가며,
步步布瓊屑	걸음걸음 옥가루를 펼쳐 놓았네.
何村酒可賒	어떤 고을 술을 외상으로 먹을까,
不辨青帘色[36]	푸른 깃발 색을 판별하기 어렵네.

매우 마땅찮은 기색이었다. 1년 후 맹상군이 제 나라의 새로 즉위한 민왕(泯王)에게 미움을 사서 재상 자리에서 물러나자, 3천 명의 식객들은 모두 뿔뿔이 떠나버렸다. 풍환은 그에게 잠시 설에 가서 살라고 권유했다. 맹상군이 실의에 찬 몸을 이끌고 설에 나타나자 주민들이 환호하며 맞이했다. 맹상군이 풍환에게 말을 했다. "선생이 전에 은혜와 의리를 샀다고 한 말뜻을 이제야 겨우 깨달았소." "교활한 토끼는 구멍을 세 개나 뚫지요(狡兎三窟). 지금 경(卿)께서는 한 개의 굴을 뚫었을 뿐입니다. 따라서 아직 고침무우(高枕無憂: 베개를 높이 베고 근심 없이 잠)를 즐길 수는 없습니다. 경을 위해 나머지 두 개의 굴도 마저 뚫어드리지요." 그래서 그는 위(魏)나라의 혜왕(惠王)을 설득하여 맹상군을 등용하면 부국강병(富國强兵)을 실현할 것이며 동시에 제나라를 견제하는 힘도 될 수 있다고 역설했다. 마음이 동한 위의 혜왕이 금은보화를 준비하여 세 번이나 맹상군을 불렀지만 그때마다 풍환은 맹상군에게 응하지 말 것을 은밀히 권했다. 이 사실은 제나라의 민왕에게 알려지게 되었고, 아차 싶었던 민왕은 그제서야 맹상군의 진가를 알아차리고 맹상군에게 사신을 보내 자신의 잘못을 사과하고 다시 재상의 직위를 복직시켜 주었다. 두 번째의 굴이 완성된 셈이다. 두 번째의 굴을 파는 데 성공한 풍환은 세 번째 굴을 파기 위해 제 민왕을 설득, 설 땅에 제나라 선대의 종묘를 세우게 만들어 선왕(先王) 때부터 전승되어 온 제기(祭器)를 종묘에 바치도록 했다. 선대의 종묘가 맹상군의 영지에 있는 한 설혹 제왕의 마음이 변심한다 해도 맹상군을 함부로 대하지 못할 것이라는 계산에서였다. "이것으로 세 개의 구멍이 되었습니다. 이제부터 주인님은 고침안면(高枕安眠) 하십시오." 이리하여 맹상군은 재상에 재임한 수십 년 동안 별다른 화를 입지 아니했는데 이것은 모두 풍환이 맹상군을 위해 세 가지 보금자리를 마련한 덕이다. 이야기의 주인공 풍환을 〈전국책(戰國策)〉 '제책편(齊策篇)'에서는 '풍훤'으로 적고 있다. 이 고사는 불안한 미래를 위해 미리 준비를 해야 한다는 말로 완벽한 준비 뒤에는 뜻하지 않는 불행은 찾아오지 않는다는 뜻이다.

36) 李廷馣, 〈四留齋集〉 卷一, 『韓國文集叢刊』 第51卷 253쪽, 「題畵屛瀟湘八景」 '江天暮雪'.

36. **이수광**(李睟光, 1563~1628)

江風寒醞雪	강바람이 차가워서 눈을 빚어내고,
江日澹無輝	강변에 해는 담박하여 햇살도 없네.
何處人回棹	어디 사는 사람인지 노를 돌리니,
知從訪戴歸[37]	대규를 찾아갔다 돌아옴을 알겠네.

* 知從訪戴歸(지종방대귀) : 진나라 왕휘지(字는 子猷)가 눈이 오는 날 밤에 문득 섬계(剡溪)에 살고 있던 절친한 친구 대규(戴逵, 대안도) 생각이 떠올라 보고 싶은 마음이 간절했다. 그래서 편주(扁舟)로 찾아갔다가는 문득 대규의 집 앞에서 흥(興)이 다하자 그냥 돌아왔다는 고사.

37. **이홍유**(李弘有, 1588~1673)

洌洌風威雪勢嚴	차디찬 바람이 매섭고 눈 형세 삼엄하니,
梅花柳絮弄輕纖	매화와 버들개지 가벼운 비단 희롱하네.
江山便作瓊瑤窟	강산은 문득 은빛 세상으로 변하더니만,
霽景分明妬玉蟾[38]	눈 그친 풍경 또렷하니 달빛도 우아하네.

* 洌洌(열렬) : 대단히 추운 모양
* 瓊瑤窟(경요굴) : 은빛 세상, 옥으로 만든 굴, 은세계(銀世界)
* 霽景(제경) : 눈이 그친 풍경
* 玉蟾(옥섬) : 달(月)의 별칭, 달 속에 두꺼비가 산다는 전설로 인해 생긴 명칭

37) 李睟光, 〈芝峰集〉 卷一, 『韓國文集叢刊』 第66卷 16쪽, 「江天暮雪」.
38) 李弘有, 〈遯軒集〉 卷三, 「題瀟湘八景畵屛, 又寫八詠」 '江天暮雪'.

38. **윤순지**(尹順之, 1591~1666)

* 兎園(토원) : 달나라 동산, 토끼가 산다는 달 속의 동산

玉京瑤圃豈虛傳	옥경의 구슬 밭에서 어찌 부질없이 전했겠나,
一雪江村却自然	한바탕 내린 눈에 강마을 오히려 자연스럽네.
積縞已能欺桂魄	쌓인 비단 이미 계수나무에 혼백을 속였겠고,
輕寒還欲透詩肩	살짝 추워 도리어 시인 어깨에 스며들려 하네.
披蓑仿佛王恭氅	도롱이 걸치니 왕공이 입은 새털 옷인 듯하고,
上瀨依俙剡水船	위쪽 여울에는 섬계 가는 왕휘지 배 희미하네.
今日兎園誰授簡	오늘은 달나라 동산에서 누가 편지 받을는지,
可憐騷客向藍田[39]	남전 현을 향하는 시인만이 가련하구나!

* 剡水船(섬수선) : 섬수(剡水)의 배, 섬수(剡水)는 대안도가 살던 섬계(剡溪)를 가리킨다. 진나라 산음(山陰) 땅에 살던 왕휘지(字는 子猷)가 눈이 오는 날 밤에 문득 섬계(剡溪)에 살고 있던 절친한 친구 대규(戴逵, 대안도) 생각이 떠올라 보고 싶은 마음이 간절했다. 그래서 편주(扁舟)로 찾아갔다가는 문득 대규의 집 앞에서 흥(興)이 다하자 그냥 돌아왔다는 고사.
* 騷客向藍田(소객향남전) : 남전(藍田)을 향했던 시인(詩人)은 왕유(王維)를 가리킨다. 왕유가 은퇴한 후 말년을 보냈던 망천장(輞川莊)이 바로 남전현(藍田縣)에 있었기 때문에 이렇게 형상화한 것이다.

39. **정두경**(鄭斗卿, 1597~1673)

* 愁雲(수운) : 애수(哀愁)를 느끼게 하는 구름, 근심 섞인 구름

無限江村雪滿船	끝이 없는 강마을 눈은 배에 가득하고,
愁雲遙接洞庭天	시름겨운 구름이 동정 하늘에 접해 있네.
此間正似山陰夜	이 사이가 때마침 산음에 밤과 같건만,
誰詠當時招隱篇[40]	누가 당시에 초은편을 읊조리나!

* 山陰夜(산음야) : 산음(山陰) 땅에 살던 왕휘지(字는 子猷)가 눈이 오는 날 밤에 문득 섬계(剡溪)에 살고 있던 절친한 친구 대규(戴逵, 대안도) 생각이 떠올라 보고 싶은 마음이 간절했다.

---

39) 尹順之, 〈涬溟齋詩集〉 卷一, 『韓國文集叢刊』 第94卷, 539쪽, 「瀟湘八景復選四首月課」.
40) 鄭斗卿, 〈東溟集〉 卷二, 『韓國文集叢刊』 第100卷, 409쪽, 「題瀟湘八景圖」 '江天暮雪'.

그래서 편주(扁舟)로 찾아갔다가는 문득 대규의 집 앞에서 흥(興)이 다하자 그냥 돌아왔다는 고사.

* 招隱篇(초은편) : 육기(陸機, 261~303)의 시 가운데 〈초은(招隱)〉편이 있다. "지극한 즐거움은 빌리지 못하니/어찌 순박함을 박대 하는가/부귀는 진실로 도모하기 어려우니/벼슬살이 그만두고 하고 싶은 바를 좇으려네(至樂非有假/安事澆醇樸/富貴苟難圖/稅駕從所欲)." _稅駕(세가) : 수레에서 말을 풀어냄, 벼슬을 그만둠, 여행하는 사람이 쉬는 곳, 정착하는 곳을 의미한다.

40. 김홍욱(金弘郁, 1602~1654)

玄陰匝地連江嶠	검은 음기 땅을 둘러 강변 산길에 이었고,
飛雪茫茫亂雲表	날리는 눈발 아득하니 구름인지 어지럽네.
氷合潭心鎖蟄龍	연못 바닥 모두 얼어 움츠린 용 가두었고,
凍縮沙頭飢白鳥	추워서 움츠린 모래밭에 백조가 굶주렸네.
漁翁移棹下前灘	늙은 어부 노를 옮겨 앞 여울로 내려가니,
篛笠簑衣淸更寒	삿갓에 도롱이 옷이 맑아서 더욱 차갑네.
岸上孤村凡幾家	언덕 위에 외딴 마을은 몇 집이나 있는지,
暝烟平楚迷江干[41]	평지에는 어두운 연기 강변인지 혼미하네.

* 江嶠(강교) : 강변에 있는 산길
* 茫茫(망망) : 넓고 멀어 아득한 모양
* 雲表(운표) : 구름 위, 구름
* 氷合(빙합) : 모두 얼다.
* 潭心(담심) : 연못 바닥, 연못 중심
* 蟄龍(칩룡) : 숨어 있는 용(龍), 때를 만나지 못한 영웅(英雄)
* 平楚(평초) : 높은 곳에서 내려다보아 평지같이 보이는 숲
* 江干(강가) : 강변, 강가

41) 金弘郁, 〈鶴洲全集〉 卷四, 『韓國文集叢刊』 第102卷 37쪽, 「次權進士昱瀟湘八景八首」 '江天暮雪'.

41. **구 음**(具崟, 1614~1683)

* 江豚(강돈) : 해돈(海豚)의 별칭으로 '돌고래' 과에 속하는 바다짐승, 흔히 '돌고래'를 일컬음.
* 隱約(은약) : 1. 숨음, 2. 확실히 보이지 아니함, 3. 고생함, 4. 말은 간단하지만 뜻이 깊음, 여기서는 숨어 있는 상태를 의미하는 것으로 사용됨.

江豚吹浪晩風顚	고래가 물결을 불어대니 저녁 바람 넘어지고,
騰六浮空暮景鮮	육궁에 드높아 하늘에 뜨니 저녁 풍경 곱구나.
山入畵圖銀作界	산이 그림에 들어가니 은빛이 세상이 되었고,
水窮南北海呑天	물이 남북으로 다하니 바다가 하늘을 삼켰네.
蓑翁暝踏孤舟立	도롱이 노인은 어둠 밟고 외딴 배에 서 있고,
凍鵲寒依老樹眠	얼은 까치는 늙은 나무에 춥게 기대어 잠드네.
隱約漁村看不辨	흐릿한 어촌이 바라보아도 분간할 수 없는데,
隔林橫抹是炊煙[42]	수풀 너머 비낀 한 점은 밥 짓는 연기이겠네.

* 騰六(등육) : 1. 육궁(六宮)에 드높다. '궁(宮)'에는 일정한 기준을 가지고 건물을 배치한다. 여섯 개의 각각 독립된 궁이 모여 하나의 궁궐을 이룬다. 임금이 주무시는 곳을 침전이라고 하며, 궁의 가장 중심이 되는데, 이곳을 정궁(正宮)이라고 부르기도 하며 남쪽을 향해 건축된다. 정궁에서 북쪽이 되는 뒤쪽으로 중궁전(中宮殿)이 위치한다. 중궁전은 곤전(坤殿)이라고도 하는데 왕비가 생활하는 곳이다. 왕비를 중전이라고 부르기도 하는데 그 까닭은 여기에 있다. 정궁의 동쪽으로 세자가 거처하는 동궁이 있고(세자를 동궁이라 부르기도 한다), 정궁의 서쪽으로 왕대비가 사는 자궁(慈宮)이 있다. 또 중궁전 북쪽으로 좌우 두 곳에 처소가 마련되는데 하나는 세자빈궁이다. 이렇게 여섯 개의 궁을 육궁(六宮)이라고 한다.
 2. 눈(雪)을 타다. 육(六)은 눈(雪)을 의미한다. 『學語集(학어집)』에, 눈이라는 것은 천지(天地)가 추워져 흰눈이 오는데 천산(千山) 만산(萬山)이 하룻밤에 모두 희어지고 그 색은 배꽃과도 같으며 육화(六花)라고도 한다(雪者 天地凝陰 白雪始來 千山萬山 一夜盡白 其色如梨花 又曰六花).

---

42) 具崟, 〈明谷先生文集〉 卷二, 「瀟湘八景」 '江天暮雪'.

42. **윤 추**(尹推, 1632~1707)

凄凄西日下虞淵	쓸쓸히 지는 해가 우연으로 내려가니,
漠漠陰雲接遠天	막막한 뭉게구름 먼 하늘에 접하였네.
度夜寒風吹不盡	밤을 건넌 추운 바람 쉼 없이 불더니,
偏空飛雪落無邊	온 하늘에 날리는 눈 끝없이 내려앉네.
時看獨釣人廻棹	마침 홀로 낚시를 하다가 노를 돌리고,
更有蹇驢客聳肩	절룩이는 나귀 탄 손 어깨가 솟아 있네.
憶得剡溪尋友興	섬계 친구 찾는 흥취 얻음을 떠올리니,
停杯不飮思茫然[43]	잔 들어 마시지 않고 망연히 사모하네.

* 漠漠(막막) : 아주 넓어 끝이 없는 모양, 펴 늘어놓은 모양, 어두운 모양

* 獨釣(독조) : 홀로 낚시하다. 유종원(柳宗元, 773~819)의 「강설(江雪)」에 등장하는 표현, "千山鳥飛絶/萬逕人蹤滅/孤舟簑笠翁/獨釣寒江雪(모든 산엔 날새도 그쳐 있고/길가에는 인적마저 끊겼구나/외딴 배 도롱이에 삿갓 쓴 노인/눈 내리는 추운 강에서 홀로 낚시하네)."

* 蹇驢(건려) : 『北夢瑣言(북몽쇄언)』의 내용 가운데, 어떤 사람이 정경(鄭綮)에게 묻기를, "요즘 시사(詩思)가 있습니까?"라고 하자, "시사는 파교 풍설 속 나귀 등 위에 있다(詩思在灞橋風雪中驢子背上)."고 답했다. 그런 일이 있고 난 후, 나귀 등이라고 하면 나귀 등에서 눈(雪)을 맞으면서 시상(詩想)을 떠올리는 행위로 인식되었다. 시상(詩想)을 떠올리는 데 가장 적당한 곳을 '파교려상(灞橋驢上)'이라 하는데 동일한 맥락이다.

* 剡溪尋友興(섬계심우홍) : 왕휘지(王徽之, 未詳~386)는 동진(東晋) 임기(臨沂)의 사람으로 유명한 대서예가 왕희지의 아들로 호가 자유(子猷)였다. 그는 명문출신이지만 세속의 일에는 무관심하여 고독을 즐기고 있었다. 어느 날 밤 달빛에 비치는 설경(雪景)의 아름다움에 그는 그만 넋을 빼겼다. 크게 홍취를 느낀 왕휘지는 하인에게 명하여 술과 안주를 가져오라 시키고 달밤의 설경을 감상하면서 〈초은시(招隱詩)〉를 낭송했다. 그러다가 문득 섬계(剡溪)에 은거하던 절친한 친구 대규(戴逵, 字는 安道, 未詳~395)가 생각나서 하인에게 배를 준비시켰다. 한밤중임에도 불구하고 그를 만나기 위해 출발했다. 대규도 출세에는 무관심한 인물로 거문고와 그림의 명인이었다. 휘지는 대규와의 만남을 생각하니 마음이 두근거렸다. 달빛 아래서 눈 위에 책상을 내놓고 거문고를 타며, 퉁소를 불고, 시를 읊어 춤을 추며, 즐거움을 나눌 생각에 젖어 있었다. 그런데 어느새 홍분해 있던 그의 마음은 서서히 가라앉았고 대규의 집에 거의 도달했을 때 배를 되돌리게 했다. 후에 어떤 사람이 그 이유를 물으니 휘지는 웃으며 대답했다. '홍이 일어서 타고 갔다가, 홍이 다하면 돌아오는 것인데, 반드시 대안도를 만나야만 하는가?'라고 했다 한다.

1. 『晉書』「王徽之傳」, 嘗居山陰, 夜雪初霽, 月色淸朗, 四望皓然, 獨酌酒詠左思招隱詩, 忽憶戴逵. 逵時在剡, 便夜乘小船詣之, 經宿方至, 造門不前而反. 人問其故, 徽

---

43) 尹推, 〈農隱遺稿〉 卷一, 『韓國文集叢刊』 第143卷 198쪽, 「瀟湘八景代洪陽從兄月課作」 '江天暮雪'.

之曰, 本乘興而行, 興盡而返, 何必見安道邪 !
2.『世說新語』, 王子猷居山陰, 夜大雪, 眠覺開室, 命酌酒, 四望皎然, 因起彷徨, 詠左思招隱詩, 忽憶戴安道, 時戴在剡, 卽便夜乘小船就之, 經宿方至造門不前而返, 人問其故, 王曰, 吾本乘興而行 興盡而返 何必見戴!

43. 김만기(金萬基, 1633~1687)

雪落汀空靜杳然	눈 내린 모래섬이 텅 비어 고요하고 아득한데,
箇中淸景滿江天	그 가운데 맑은 풍경은 강변 하늘에 가득하네.
先春水國梅爭映	이른 봄 강촌에는 매화가 반짝이는 빛 다투고,
向晩沙洲月共姸	저물어 가는 모래밭 달도 함께 하니 아름답네.
看去幾穿東郭履	동곽의 신발이 어느 정도 뚫렸는지 가서 보고,
興來擬泛子猷船	흥이 다해 돌아오며 자유가 띄운 배 흉내 내네.
漁翁不怕簑衣冷	어옹은 도롱이가 차가워도 두려워하지를 않고,
坐釣槎頭縮項鯿[44]	뗏목 끝에 앉아 목을 움츠리고 방어 낚시하네.

* 東郭履(동곽리) : 동곽의 신발로 매우 가난함을 비유한 표현이다. 사마천의『史記(사기)』「골계열전(滑稽列傳)」에 의하면, 무제 때 제나라 사람으로 동방삭이라는 자가 있었다. 그는 옛날부터 서적과 경술(經術)을 사랑하여 견문이 넓고 사물을 판단하는 데 밝았다. 그 당시 대장군 위청은 흉노를 무찌르고 포로들을 잡아 공을 세웠다. 그가 돌아오자 황제는 조서를 내려 황금 천 근을 내렸다. 위청이 궁궐을 나서자, 그 당시 공거(조정의 공문과 신하나 백성들의 상소문을 처리하는 부서)에서 조서를 기다리고 있던 동방삭이 수레를 가로막고는 절을 하며 말했다. "왕부인께서는 새로이 황제의 총애를 받고 있지만 집이 가난합니다. 장군께서 지금 받으신 황금 천 근 중 절반을 왕부인의 부모에게 준다면 황제께서는 이를 듣고 기뻐할 것입니다. 이것이 기이하고도 편리한 계책입니다." 위청은 감사의 말을 하고는 동방삭의 말대로 황금 오백 근을 왕부인의 부모에게 주었다. 며칠 후, 이 소식을 들은 왕부인은 위청의 행동에 감사하며 무제에게 말했다. 그러자 무제는 고개를 갸우뚱하며 말했다. "대장군은 이러한 일을 할 줄 모르는 사람이오." 그리고는 위청을 불러 이런 계책을 누구에게 받은 것인지 물었다. 위청은 말했다. "지금 조서를 기다리고 있는 동곽 선생에게서 받았습니다." 이에 황제는 조서를 내려 동곽 선생을 부르고 군도위로 임명하였다. 동곽 선생은 오랫동안 공거에서 조서를 기다리고 있었으므로 빈곤하여 굶주리고 추위에 떨었으며, 옷은 해지고 신도 온전치 못하였다. 눈 속을 가면 신이 위는 있어도 밑이 없어서 발이 그대로 땅에 닿았다. 길을 걷던 사람들은 동곽 선생의 이런 모습을 보고 배를 쥐고 웃었다. 이에 동곽 선생은 말했다. "누가 신을 신고 눈 속을 가면서 위는 신이고 아래는 사람의 발임을 알 수 있게 하겠는가?" '동곽리'는 집안 형편이 매우 어려운

44) 金萬基,〈瑞石集〉卷一,『韓國文集叢刊』第144卷 370쪽,「瀟湘八景」'江天暮雪'.

동곽 선생의 신이 닳고 달아 신의 윗면만 있고 밑면은 없어 발이 그대로 땅에 닿았다는 데서 나온 것으로 가난의 정도가 어떠했는지를 알게 해준다.

* 興來擬泛子猷船(흥래의범자유선) : 자세한 설명은 337쪽 '剡溪尋友興(섬계심우흥)' 참고.

44. **이 여**(李畬, 1645~1718)

層陰朔氣擁南天	겹친 음기 찬 기운 남쪽 하늘 에워싸고,
寒意凌兢向暮偏	추운 기미 벌벌 떨며 저물도록 치우치네.
捲地嚴風吹焂吸	땅을 휘감는 세찬 바람 갑자기 불어대고,
滿空飛雪舞回旋	하늘 가득 날리는 눈 춤추듯이 돌아나네.
山容黯黯雲埋壑	산 모습 컴컴해 구름이 골짝에 묻혀 있고,
水氣昏昏浪羃烟	물 기운 어두워 물결은 연기에 덮여 있네.
獨倚江樓村酒重	홀로 강루에 의지하니 마을 술이 중하고,
誰知詩與聳雙肩45)	시와 함께 솟아나는 양 어깨를 누가 아나.

* 朔氣(삭기) : 북방의 기운, 한기(寒氣)
* 寒意(한의) : 추운 기미(氣味), 추워 보이는 느낌
* 凌兢(능긍) : 추위에 떠는 모습, 추위에 떪
* 舞回旋(무회선) : 춤을 추듯 돌다. 춤추듯 돌아날다.
* 聳雙肩(용쌍견) : 솟아나는 두 어깨, 우쭐우쭐 하는 두 어깨, 시흥(詩興)에 흠뻑 도취된 모습

45. **홍세태**(洪世泰, 1653~1725)

無限江村雪滿船	끝이 없는 강마을 눈은 배에 가득하고,
愁雲遙接洞庭天	시름겨운 구름이 동정 하늘에 접해 있네.
此間正似山陰夜	이 사이가 때마침 산음의 밤과 같건만,
誰詠當時招隱篇46)	누가 당시에 초은편을 읊조리나!

* 愁雲(수운) : 애수(哀愁)를 느끼게 하는 구름, 근심 섞인 구름

* 山陰夜(산음야) : 산음(山陰) 땅에 살던 왕휘지(字는 子猷)가 눈이 오는 날 밤에 문득 섬계(剡溪)에 살고 있던 절친한 친구 대규(戴逵, 대안도) 생각이 떠올라 보고 싶은 마음이 간절했다. 그래서 편주(扁舟)로 찾아갔다가는 문득 대규의 집 앞에서 홍(興)이 다하자 그냥 돌아왔다는 고사.

---

45) 李畬, 〈睡谷集〉 卷一, 『韓國文集叢刊』 第153卷 8쪽, 「瀟湘八景」 選五首壬寅.

46) 鄭斗卿, 〈東溟集〉 卷二, 『韓國文集叢刊』 第100卷, 409쪽, 「題瀟湘八景圖」 '江天暮雪'.

46. **권두경**(權斗經, 1654~1725)

* 漸覺(점각) : 점차 ~을(를) 깨닫다.
* 璚林(경림) : 옥으로 된 숲, 눈에 덮은 숲을 형용한 표현

已看瞑色遲	이미 어두운 빛이 더디어지는 것을 보니,
漸覺歸舟重	점차 돌아갈 배가 무거워짐을 깨닫겠구나.
村巷似仙居	마을 거리는 흡사 신선 사는 곳과 같은데,
璚林是誰種[47)]	옥으로 만든 숲은 누가 심어 놓은 것인가.

47. **숙종대왕**(肅宗, 1661~1720)

* 絶鳥飛(절조비) : 날아다니는 새도 종적이 끊기다.
* 釣雪歸(조설귀) : 물고기는 낚지 못하고 눈(雪)만 가득 싣고 돌아오는 모습

寂寂千山絶鳥飛	적적한 모든 산엔 날새도 그쳐 있고,
寥寥萬壑路人稀	쓸쓸한 온갖 골짝 사람조차 드물구나.
扁舟一葉戴蓑笠	일엽편주 도롱이에 삿갓 쓴 이 태우고,
落日寒江釣雪歸[48)]	지는 해 찬 강에서 눈만 낚고 돌아오네.

48. **이광정**(李光庭, 1674~1756)

* 烟林(연림) : 내 끼인 숲, 안개 자욱한 숲
* 但道(단도) : 다만 ~라고 말하다.

烟林暮蕭森	내 끼인 숲이 저무니 소슬한 삼림이고.
沙水遠明滅	물가 모래밭 멀리 빛이 켜졌다 꺼지네.
不知雪壓沙	쌓인 눈이 모랠 누르는지 알지 못하고,
但道沙如雪[49)]	모래밭이 마치 눈과 같다고만 말하네.

---

47) 權斗經, 〈蒼雪齋集〉 卷七, 『韓國文集叢刊』 第169卷 126쪽, 「逃姪請賦瀟湘八景」 '江天暮雪'.
48) 肅宗, 『列聖御製』 第十七篇, 「瀟湘八景」 '江天暮雪'.
49) 李光庭, 〈訥隱集〉 卷三, 『韓國文集叢刊』 第187卷 185쪽, 「瀟湘八景題雙碧堂小屛」 '江天暮雪'.

49. **권상일**(權相一, 1679~1759)

江空天濶雪風斜	강천은 공활한데 눈보라가 비껴 일고,
頃刻千林白作花	순식간에 모든 숲이 하얀 꽃이 되었네.
驢背尋梅人不見	나귀 타고 매화 찾는 사람 보이지 않고,
扁舟繫在岸邊家[50]	나룻배만 언덕 근처 인가에 매여 있네.

* 驢背(려배) : 『北夢瑣言(북몽쇄언)』의 내용 가운데, 어떤 사람이 정경(鄭綮)에게 묻기를, "요즘 시사(詩思)가 있습니까?"라고 하자, "시사는 파교 풍설 속 나귀 등위에 있다(詩思在灞橋風雪中驢子背上)."고 답했다. 그런 일이 있고 난 후, 나귀 등이라고 하면 나귀 등에서 눈(雪)을 맞으면서 시상(詩想)을 떠올리는 행위로 인식되었다. 시상을 떠올리는 데 가장 적당한 곳을 '파교려상(灞橋驢上)'이라 하는데 동일한 맥락이다.
* 尋梅(심매) : 매화(梅花)를 찾다. 엄동설한에 은은한 향을 풍기며 피어난 매화를 한매(寒梅), 동매(冬梅)라고 부른다. 그리고 백설의 가지마다 봉긋봉긋 꽃망울을 틔운 꽃은 설중매(雪中梅)라고 부른다. 동지섣달 모진 시련 속에서도 굴하지 않고 일찍 피어남을 두고 군자의 덕(德)을 연상했고, 백옥 같은 꽃에서 풍기는 청아한 향기와 자태는 맑고 청렴한 선비의 모습 상징한다. 눈 내리는 산중에서 매화 향을 찾아다니는 탐매(探梅), 심매(尋梅)는 유유자적하는 도교적 의미로 시인묵객(詩人墨客)에게 시·서·화(詩書畵)의 분야에서 보편적이며 관습적으로 작품의 주된 소재가 되었다.

50. **이 익**(李瀷, 1681~1763)

江日初生纈	강천 햇볕 처음에 무늬비단 생기더니,
岸松重欲折	언덕에 소나무는 무거워 꺾일 듯하네.
寒鴉別免歸	찬 까마귀 이별하고 돌아가지 않는데,
薄暮千山雪[51]	초저녁 모든 산에는 흰눈이 쌓여 있네.

* 生纈(생힐) : 여러 곳에 무늬가 있는 옷감, 석양에 물든 강천의 모습을 형용한 표현
* 免歸(면귀) : 돌아감을 면하다. 돌아가지 않다.

---

50) 權相一, 〈清臺集〉 卷三, 「瀟湘八景, 八景幷四鶴, 作十二帖寢屛」 '江天暮雪'.

51) 李瀷, 〈星湖全集〉 卷二, 『韓國文集叢刊』 第198卷 77쪽, 「江郵暮雪」.

51. **권 만**(權萬, 1688~未詳)

* 二童(이동) : 두 아이, 시중을 드는 아이

暮雪江山淨	저물녘 내린 눈에 강산이 깨끗하고,
寒天樹木奇	차가운 날씨에도 수목들은 기이하네.
騎驢橋上客	나귀에 올라 탄 다리 위에 나그네는,
背後二童隨[52]	등 뒤 쪽으로 두 아이가 따르는구나.

* 騎驢橋上客(기려교상객) : 『北夢瑣言(북몽쇄언)』의 내용 가운데, 어떤 사람이 정경(鄭綮)에게 묻기를, "요즘 시사(詩思)가 있습니까?"라고 하자, "시사는 파교 풍설 속 나귀 등위에 있다.(詩思在灞橋風雪中驢子背上)"고 답했다. 그런 일이 있고 난 후, 나귀 등이라고 하면 나귀 등에서 눈(雪)을 맞으면서 시상(詩想)을 떠올리는 행위로 인식되었다. 시상(詩想)을 떠올리는 데 가장 적당한 곳을 '파교려상(灞橋驢上)'이라 하는데 동일한 맥락이다.

52. **이만운**(李萬運, 1736~未詳)

* 眼界(안계) : 눈으로 바라볼 수 있는 범위, 시야에서
* 一時(일시) : 춘하추동이 각각 삼개월간, 한때, 잠시, 당시, 동시에
* 胸中(흉중) : 가슴속, 심중
* 磷緇(린치) : 번쩍거리는 검은빛, 반짝이는 흑색

霏霏晩景動淸思	눈 내리는 저녁 풍경에 맑은 생각 움직이고,
遙見江郊生皓姿	멀리 보이는 강 교외로 흰 맵시가 생겨나네.
眼界一時無片黑	겨울 한때 시야에선 검정 조각도 없었지만,
胸中肯使著磷緇[53]	마음속으론 번쩍이는 흑색을 드러나게 하네.

* 霏霏(비비) : 비나 눈이 부슬부슬 오는 모양, 미세한 것이 날아 흩어지는 모양, 구름이 이는 모양, 서리가 많이 내리는 모양, 풀이 우거진 모양, 번갯불이 번쩍이는 모양

---

52) 權萬, 〈江左集〉 卷一, 『韓國文集叢刊』 第209卷 71쪽, 「瀟湘八景」 '江天暮雪'.
53) 李萬運, 〈默軒集〉 卷一, 『韓國文集叢刊』 第251卷, 232쪽, 「崑山題詠」 '江天暮雪'.

53. 이만운(李萬運, 1736~未詳)

暮江淨如鏡	저녁 강물은 거울처럼 맑고,
密雪皓盈隈	싸락눈 연못 가득 흰빛이네.
夜半拓囱視	한밤에 창문 열고 바라보니,
天空月亦開[54]	하늘 비니 달 또한 열리네.

* 密雪(밀설) : 싸락눈
* 拓囱(척창) : 창을 밀치다. 창을 열다.

54. 정종로(鄭宗魯, 1738~1816)

塵寰暫遣玉坤移	속세에다 잠시 옥곤 보내어 옮겨 놓으니,
日暮江山萬景奇	해지는 강산에는 온갖 경물이 기이하네.
皓鶴莫教飛去遠	흰 학이 멀리 멀리 날아가게 하지 말지니,
一投瓊窟訪難知[55]	은빛세상 발을 옮겨 찾아도 알기 어렵네.

* 塵寰(진환) : 속세(俗世), 인간세상(人間世上), 진세(塵世)
* 玉坤(옥곤) : 옥으로 된 땅, 눈에 덮인 세상을 형용한 표현
* 一投(일투) : 발을 한 번 옮기는 행위, 손 한 번 들고 발 한 번 옮기기. (一擧手, 一投足)에서 나온 표현
* 瓊窟(경굴) : 옥으로 된 굴, 옥으로 된 사람 사는 세상, 은빛 세상, 눈 덮인 세계

55. 정조대왕(正祖, 1752~1800)

江雲漠漠雪華凝	강변 구름 어둑어둑 눈꽃송이 얼어붙고,
千尺闌干萬木冰	천 길 높이 난간에는 모든 나무 얼었네.
薄暮放舟何郡客	초저녁 배를 띄우니 어느 고을 나그넨가,
獨將蓑笠不收罾[56]	홀로 도롱이 삿갓 쓰고 그물 걷지 않네.

* 漠漠(막막) : 아주 넓어 끝이 없는 모양, 펴 늘어놓은 모양, 어두운 모양, 아득한 모양
* 放舟(방주) : 배를 띄우다.
* 蓑笠(사립) : 도롱이와 삿갓
* 不收罾(불수증) : 그물을 걷지 않다. 그물을 거두지 않다.

---

54) 李萬運, 위의 책.

55) 鄭宗魯, 〈立齋集〉 卷六, 『韓國文集叢刊』 第253卷 120쪽, 「瀟湘八景次皓隣韻」 '江天暮雪'.

56) 正朝大王, 〈弘齋全書〉 卷二, 『韓國文集叢刊』 第262卷 33쪽, 「瀟湘八景 癸巳」 '江天暮雪'.

56. **김득신**(金得臣, 1754~1822)

* 荒邨(황촌) : 황량한 마을
* 漠漠(막막) : 아주 넓어 끝이 없는 모양, 펴 늘어놓은 모양, 어두운 모양

疏林失翠斷經橋	성긴 숲 푸름 잃고 지나는 다리 끊겼는데,
境靜荒邨暮寂寥	고요하고 황량한 마을 저물녘이 쓸쓸하네.
何事笠翁還獨釣	무슨 일로 삿갓 노옹 홀로 낚시하고 오나,
江空漠漠興遍饒[57]	강변하늘 아득하고 흥취가 두루 넉넉하네.

* 獨釣(독조) : 홀로 낚시하다. 유종원(柳宗元, 773~819)의 「강설(江雪)」에 등장하는 표현, "千山鳥飛絶/萬逕人蹤滅/孤舟簑笠翁/獨釣寒江雪(모든 산엔 날새도 그쳐 있고/길가에는 인적마저 끊겼구나/외딴 배 도롱이에 삿갓 쓴 노인/눈 내리는 추운 강에서 홀로 낚시하네)."

57. **박영원**(朴永元, 1791~1854)

* 漠漠(막막) : 아주 넓어 끝이 없는 모양, 펴 늘어놓은 모양, 어두운 모양
* 滾雪(곤설) : 세차게 내리는 눈, 세찬 눈발

漠漠江雲滾雪飛	아득한 강변 구름 세찬 눈발 날리더니,
晴川隔樹凍鴉稀	맑은 냇가 나무 건너 언 까마귀 드무네.
寒梅踈竹漁村夕	겨울 매화 성근 대죽 어촌은 저녁인데,
小艇何人載酒歸[58]	어떤 이가 나룻배에 술 싣고 돌아오네.

58. **송래희**(宋來熙, 1791~1867)

* 瑤花(요화) : 구슬 꽃, 하늘에서 내리는 눈꽃송이를 의미한다.
* 巧粧姸(교장연) : 아름답게 화장하다. 예쁘게 단장하다, 곱게 꾸미다.

風攬瑤花下一天	바람이 구슬 꽃을 뽑아서 하늘에 뿌리니,
湖山頃刻巧粧姸	호수와 산 잠깐 동안 아름답게 화장했네.
漁蓑冷透猶無怕	어부 도롱이에 냉기 스며도 두려움 없이,
漫逐波痕放釣船[59]	마음껏 물결 좇아서 낚싯배를 띄워 놓네.

---

57) 金得臣, 「江天暮雪」 個人所藏, 東方書廊 主催, 韓國古書畵名品展.
58) 朴永元, 〈梧墅集〉 冊五, 『韓國文集叢刊』 第302卷 318쪽, 「瀟湘八景」 '江天暮雪'.

59. **김시락**(金時洛, 1857~1896)

又是江天點暮雪	강천에 저녁 눈이 점점이 또 내려 와도,
林花峰月不曾瞥	수풀 꽃과 봉오리 달 일찍이 못 보았네.
安能携到山陰于	어떻게 산음에까지 끌어올 수 있을는지,
放棹淸宵盟其檣[60]	맑은 밤에 노 저으며 돛대에 맹세하네.

* 山陰(산음) : 산음(山陰) 땅에 살던 왕휘지(字는 子猷)가 눈이 오는 날 밤에 문득 섬계(剡溪)에 살고 있던 절친한 친구 대규(戴逵, 대안도) 생각이 떠올라 보고 싶은 마음이 간절했다. 그래서 편주(扁舟)로 찾아갔다가는 문득 대규의 집 앞에서 홍(興)이 다하자 그냥 돌아왔다는 고사.

* 不曾瞥(부증별) : 일찍이 보지 못했다.
* 安能(안능) : 어찌 ~할 수 있겠는가, 어찌 ~할 수 있나.
* 携到(휴도) : 데려오다. 데리고 ~에 이르다.
* 淸宵(청소) : 맑은 밤

* 정두경, 〈동명집(東溟集)〉 卷二, 21-22쪽, 제소상팔경도(題瀟湘八景圖)이 위에서 국역한 〈소상팔경시가초〉에 실린 홍세태의 작품과 일치함. 따라서 강천모설은 총 58수의 작품임.

---

59) 宋來熙, 〈錦谷集〉 卷一, 『韓國文集叢刊』 第303卷 107쪽, 「瀟湘八景 八首 」 '江天暮雪'.
60) 金時洛, 〈莊庵集〉 卷一, 「家有古藏瀟湘畫八帖, 家兄逐景題詠, 伏次其韻」 '江天暮雪'.

고전시가와 소상팔경

비해당소상팔경시첩

* 이 작품들은 소상팔경(瀟湘八景)의 여덟 장면에 대해 독립된 시제(詩題)로 창작된 것이 아니다. '소상팔경도(瀟湘八景圖)'와 기존의 '제화시(題畫詩)'를 염두에 두고 전반적인 감상을 시로 형상화한 작품들이다. 따라서 〈산시청람〉, 〈연사모종〉, 〈소상야우〉, 〈원포귀범〉, 〈평사낙안〉, 〈동정추월〉, 〈어촌낙조〉, 〈강천모설〉 등의 개별적 화제(畵題)를 따로 인식하지는 않고 있다. 다만, 각 작품들 속에 여덟 장면이 부분적으로 형상화된 경우가 있다. 순서는 『비해당소상팔경시첩(匪懈堂瀟湘八景詩帖)』에 기록된 바에 따라서 그대로 국역(國譯)한다.

1. 하 연(河演, 1376~1453)

尺縞妙化工	한 척 비단에 신묘한 변화 솜씨로,
八景開風致	소상팔경 멋들어진 풍경을 열었네.
匪懈雅亮懸銀河	안평대군 너그러운 마음 은하수에 걸려 있고,
奎光璧彩騰詩思	아름다운 무늬 빛나는 문장 시상이 솟구치네.
仁山智水此性情	인자요산 하고 지자요수 하는 이게 성정이라,
靜對晴窓更昭粹	조용히 맑은 창 마주하니 더욱 밝고 순수하네.
笙鏞勝逸蔚藍天	음성은 짙은 쪽빛하늘에서 월등하게 빼어나고,
黼黻潤色琉璃地	문장은 유리로 만든 땅위에 빛내고 색칠한 듯.
淑氣淋漓軸欲濕	맑은 기운이 넘쳐흐르니 그림이 젖는 듯하고,
洞庭瀟湘傾漲膩	동정·소수·상수가 기울어 넘쳐 반들거리네.
乾坤淪澡精	하늘과 땅을 정교하게 삶아서 헹구니,
吳楚英靈萃	오나라와 초나라 꽃다운 영혼 모였네.
淸槩雖遐邇	맑은 경개 멀거나 가까움이 있겠지만,
眞趣何同異	참된 멋이야 무엇이 같고 다르겠는가.

人心物理今猶古　사람 마음 세상 이치 예나 지금이나 같은지라,

悠悠想眄令軒輊　아득히 눈을 감고 생각하며 우열 가리게 하네.

凌雲披霧登龍門　안개 헤치며 속세를 떠나 등용문으로 올라가니,

一覽灑落無塵累　깨끗한 인품 한 번 보니 세상사에 얽매임 없네.

詠歌彷彿浴沂興　노래를 읊조리니 기수에서 목욕한 흥취 비슷해,

知誰舍瑟而言志[1)]　비파 연주 멈추고 뜻을 말한 이 누군지 알겠네.

* 匪懈(비해) : 안평대군(1418~1453)의 호(號), 세종대왕의 셋째 아들로 이름은 '용(瑢)'이었다. 1430년 성균관에 들어가 학문을 쌓았다. 1453년 단종 1년 수양대군이 계유정난을 꾸며 김종서 등을 처단할 때, 함께 반역을 도모했다 하여 강화도로 유배를 보냈다가 다시 교동도를 유배지를 바꾸고, 그곳에서 사사(賜死)되었다. 시서화(詩書畵)에 뛰어났고, 특히 당대의 명필로 손꼽혔다.
* 奎光(규광) : 규성(奎星)의 빛, 규성은 별자리 28수 가운데 문운(文運)을 담당한다고 함, 따라서 奎光(규광)이란 문장의 빼어남을 의미한다.
* 璧彩(벽채) : 아름다운 빛, 아름다운 무늬, 화려한 채색
* 仁山智水(인산지수) : 仁者樂山(인자요수), 知者樂水(지자요수)를 압축한 표현으로 어진 사람은 산을 좋아하고, 지혜로운 사람은 물을 좋아한다는 뜻, 곧 자연이 주는 미덕을 체득하고 있음을 언급
* 笙鏞(생용) : 생황(笙簧)이라는 관악기와 용(鏞)이라는 큰 종, 『주례(周禮)』에 따르면 동쪽의 악(樂)을 생(笙)이라하고, 서쪽의 악(樂)을 용(鏞)이라 한다. 사람의 음성에 빗대어 사용되기도 하고, 조상을 곡진하게 섬기는 모습에 빗대는 경우에도 사용된다.
* 蔚藍天(울람천) : 짙은 쪽빛의 하늘, 푸른 하늘, 창공(蒼空)
* 黼黻(보불) : 옷에 놓는 수(繡), 전(轉)하여 문장(文章)을 의미한다.
* 淋漓(임리) : 원기가 넘치는 모양, 피나 땀 등의 액체가 줄줄 흐르는 모양, 비 오는 소리
* 瀹澡(약조) : 삶아 헹구다, 삶아 씻다, 씻어 내다.
* 遐邇(하이) : 원근(遠近), 먼 곳과 가까운 곳, 멀리 있는 것과 가까이 있는 것
* 悠悠(유유) : 근심하는 모양, 아득하게 먼 모양, 한없이 크고 먼 모양
* 軒輊(헌지) : 우열(優劣), 올라감과 내려감, 높낮이
* 凌雲(능운) : 구름을 뚫고 하늘로 올라감, 속세를 떠남.〔능운지지(凌雲之志) : 높이 세상 밖에 초탈하려는 뜻, 속세를 떠나려는 마음〕
* 登龍門(등용문) : 『후한서(後漢書)』「이응전(李膺傳)」에, "士有被其容接者 名爲登龍門(선비로서 그의 용접을 받는 사람을 이름 하여 등용문이라 하였다)"고 적혀 있다. 여기에 나오는 등용문은, 〈이응전〉의 주해(註解)에 따르면 황하(黃河) 상류에 용문이라는 계곡이 있는데, 그 근처에 흐름이 매우 빠른 폭포가 있어 그 밑으로 큰 고기들이 수없이 모여들었으나 오르지 못하였으며, 만일 오르기만 하면 용이 된다고 하였다. 그 후 이 말은 과거에 급제(及第)하는 것을 가리키게 되었고, 오늘날에는 어려운 관문을 통과하여 출세의 문턱에 들어서는 것을 말하게 되었다.
* 灑落(쇄락) : 인품(人品)이 깨끗하고 속기(俗氣)가 없는 모양
* 塵累(진루) : 세상살이에 얽매인 너더분한 일, 속루(俗累)
* 知誰舍瑟而言志(지수사슬이언지) : 『논어(論語)』「선진편(先進篇)」에 등장하는 말로, 공자가

1) 河演(1376~1453), 〈匪懈堂瀟湘八景詩帖〉.

어느 날 제자들에게 각자의 포부를 물었을 때 다른 제자들은 모두 정치가가 되어 나라를 올바르게 다스려 왕도 정치를 펴겠다고 대답하였다. 그때 공자(孔子)께서 비파를 연주하던 증점(曾點)에게 물으셨다. "점아! 너는 어떻게 하겠느냐?"라고 묻자, 증점은 타고 있던 비파를 내려놓으며 말했다. "저는 다른 제자들과는 뜻이 다릅니다." 공자께서 말씀하셨다. "상관없다. 말해 보거라." 증점이 대답하기를, "늦은 봄에 봄옷이 만들어지면 갓을 쓴 사람 5~6명, 동자 6~7명과 함께 기수(沂水)에서 목욕하고 무우(舞雩)에서 바람 쐬고 노래하면서 돌아오겠습니다." 공자께서는 그제야 "아!" 하고 감탄하면서 말씀하셨다. "나는 증점의 뜻을 따르겠다."라고 했다는 기록이 전한다.

2. 김종서(金宗瑞, 1390~1453)

二樂吾所尙	산수를 좋아함은 내 바라는 것,
夙昔恣遊賞	오래 전부터 마음 놓고 즐겼네.
中爲圭組累	중간에 벼슬길에 얽매게 되어,
役役走塵坱	속세에서 수고롭게 달려 왔네,
誰作八景圖	누가 소상팔경도 그려 가지고,
令我動遐想	나에게 아련한 상념 일으키나.
只尺雪素間	단지 한 척 하얀 비단 사이에,
一毫驅萬像	붓 하나로 삼라만상 몰아쳤네.
縮地術何用	축지법이 무슨 소용 있겠는가,
六合如在掌	온 세상이 손바닥에 있는 듯.
山聳若生物	우뚝 솟은 산 만물이 생동하고,
川流智思長	냇물 흘러 지혜로운 생각 기네.
所樂方在玆	좋아하는 것 바로 여기 있으니,
舍此將焉倣	이를 버리고 무얼 본받겠는가!
我愛貴公子	내가 아끼는 귀공자 비해당은,
超然志高爽	초연한 의지 높고도 시원하네.

出茲物外念　　속세를 벗어난 물외에 생각이,

諒哉乃吾黨[2)]　　진실하구나! 곧 나의 벗이로다.

* 二樂(이요) : 仁者樂山(인자요산) 知者樂水(지자요수)의 산(山)과 수(水) 둘을 좋아한다(樂)는 뜻
* 夙昔(숙석) : 아주 오래 전 옛날, 오래 전부터
* 圭組(규조) : 임금이 관직을 임명할 때 내려주는 홀과 인줄, 관직 생활, 벼슬길을 의미
* 役役(역역) : 일에 골몰한 모양, 심력(心力)을 수고로이 하는 모양
* 塵坱(진앙) : 속세, 티끌세상
* 物外(물외) : 세상사에 관계하지 않는 일, 세상 밖

3. **정인지**(鄭麟趾, 1396~1478)

玉軸生綃八景新　　얇은 명주 귀한 축에 팔경이 새롭고,

可憐詩畵聚精神　　정신 담은 시와 그림 사랑할 만하네.

珠璣奎璧堪爲玩　　보석처럼 화려한 서체 완상할 만하고,

煙月江山更逼眞　　안개 달 강과 산은 더욱 핍진하네.

俯仰情懷追造物　　부앙하는 감정은 조화를 따르면서,

逍遙性氣等閑人　　소요하는 활력은 등한한 사람일세.

箇中此樂誰能識　　이 속에 이런 기쁨을 누가 알겠나.

莫道公侯手上珍[3)]　　공경 제후 연회 자리 말하지 마오.

* 玉軸(옥축) : 왕이 공신에게 내리는 두루마리, 소중한 두루마리, 귀한 축
* 生綃(생초) : 그림을 그리는 데 사용되는 얇은 생견(生絹)
* 珠璣(주기) : 보석, 구슬, 둥근 구슬과 둥글지 않은 구슬
* 奎璧(규벽) : 본래 제후가 천자를 뵐 때 가지던 옥, 아름다운 글씨 모양을 표현할 때 사용됨.
* 逼眞(핍진) : 실물(實物)과 흡사함.
* 造物(조물) : 천지만물(天地萬物)을 만든 조화(造化)
* 逍遙(소요) : 유유자적함, 바람을 쐼, 이러 저리 거닐다.
* 性氣(성기) : 활력(活力)
* 等閑(등한) : 마음에 두지 않다. 대수롭지 않게 여기다.

---

2) 金宗瑞(1390~1453), 〈匪懈堂瀟湘八景詩帖〉.

3) 鄭麟趾(1396~1478), 〈匪懈堂瀟湘八景詩帖〉.

4. **조서강**(趙瑞康, 未詳~1444)

數幅生綃上	여러 폭 명주 비단 위에다가,
森羅八景移	팔경 삼라만상을 옮겨 놓았네.
鐘聲煙外落	종소리 안개 밖으로 떨어지고,
帆影浦頭遲	배 그림자는 나루터에 더디네.
夕照明漁店	석양은 고기 집을 밝혀 주고,
輕嵐帶酒旗	엷은 남기 주막 깃발 둘렀네.
鴈飛依曲渚	기러기 날며 굽은 물가에 쉬고,
雪灑滿寒湄	눈은 찬 물가에 가득 흩뿌리네.
水闊蟾光冷	물은 드넓은데 달빛이 차갑고,
江昏雨脚垂	강변 저녁엔 빗발이 내려오네.
披圖淸讌右	그림 펼쳐 맑은 잔치 북돋우니,
逸興浩無涯[4]	빼어난 흥취 아득히 끝이 없네.

* 淸讌(청연) : 맑은 잔치, 맑은 주연(酒宴)

* 逸興(일흥) : 세속(世俗)을 벗어난 뛰어난 흥취, 빼어난 흥취

5. **안 지**(安止, 1367~1464)

虔州異景未曾知	건주 기이한 경관 예전에는 몰랐는데,
一幅鮫綃恍惚移	한 폭 비단에 황홀하게 옮겨 놓았네.
皓月初升鍾更響	흰 달 처음 솟자 종소리 다시 울리고,
晴嵐方好雨還奇	맑은 남기 좋은데 비 더욱 기이하네.
日斜浦口帆飛疾	해지는 포구에 배가 날듯이 질주하고,

4) 趙瑞康(未詳~1444), 〈匪懈堂瀟湘八景詩帖〉.

雪滿沙頭鴈下遲 눈 가득한 모래밭 기러기 더디 내리네.
不出戶庭看盡處 문 밖을 나서지 않고도 모든 곳을 보니,
渺然淸興入新詩[5] 묘연한 맑은 홍취가 새 시로 들어오네.

* 虔州(건주) : 소상강(瀟湘江)과 동정호(洞庭湖) 일대의 옛 지명, 오늘날 동정호(洞庭湖)를 중심으로 호수 북쪽인 호북성(湖北省)과 호수 남쪽인 호남성(湖南省)의 서쪽 강서성(江西省) 감현의 옛 이름
* 渺然(묘연) : 수면(水面)이 한없이 넓은 모양
* 淸興(청흥) : 속세(俗世)를 떠난 정취(情趣), 고상한 홍취(興趣)

6. **안숭선**(安崇善, 1392~1452)

命工豪氣貫虹霓 화공에게 명한 호탕한 기상 무지개를 뚫고,
八景奇觀品自題 팔경 기이한 경관 작품마다 절로 시제되네.
鍾度洞庭秋月靜 종소리 건너는 동정 호수 가을 달이 맑은데,
雨餘湘岸曉嵐低 비 내린 상수 언덕 새벽 남기 낮게 드리네.
孤帆遠帶斜陽過 외딴 배는 멀리서 저녁노을 두른 채 지나고,
落鴈還投暮雪迷 낙안이 모설에 도로 몸을 던지니 어지럽네.
披却新圖淸興發 새로운 그림 펼치니 맑은 홍취가 드러나고,
渺然身在若耶溪 아득한 이 내 몸은 약야계에 있구나.
霜毫掃却老雲煙 흰 붓으로 쓸어 내니 익은 필적 약동하고,
蒼茫過眼迷山川 아득하게 지나는 눈엔 산천조차 혼미하네.
間有村閭數十家 마을에는 수십 가구가 간간이 있건마는,
蓬壺怳然忽在前 신선 사는 봉래산 홀연 앞에 있어 황홀하네.
雁陣悠揚沙渚遠 기러기 떼 멀리 날아오르니 모래섬이 멀고,
帆歸極浦相望邊 먼 포구로 돌아가는 배 서로 주변 바라보네.

5) 安止(1367~1464), 〈匪懈堂瀟湘八景詩帖〉.

晴嵐初捲疊嶂開	푸른 남기 처음 걷혀 첩첩 산중이 열리고,
溪橋流水清且漣	시냇가 다리에는 흐르는 물 맑고도 맑네.
傍岸漁店夕照明	언덕 기슭 어점은 석양빛에 밝게 빛나고,
更憐新月懸高巓	초승달 높은 봉우리에 걸려 더 가련하네.
煙横古寺暮梵動	연기 비낀 옛 절에 저녁 독경 요동치고,
竹閣松窓僧坐禪	대나무 집 소나무 창에 스님이 좌선하네.
雨脚垂白立瀟湘	빗발은 하얗게 소수와 상수에 내리는데,
半夜寒聲送客船	한밤에 찬 소리가 나그네 배를 전송하네.
洞湖秋靜鏡面平	동정 호수 가을 맑아 거울처럼 평온하고,
橘柚暗香洲渚傳	귤과 유자 암향이 모래섬에 전해지네.
朔風吹雪滿江天	북풍 강천에 가득한 눈을 휘몰아치니,
紛紛恰似柳飛綿	버들가지 날리는 비단처럼 어지럽네.
遙憶武陵何處在	무릉이 어디 있나 아득히 추억하다가,
夢入異境尋神仙	기이한 경관에서 신선 찾는 꿈을 꾸네.
展卷寓目思不窮	피고 말며 눈여겨보니 생각은 끝없고,
依俙南塞路八千	흐릿한 남쪽 변방은 팔천 리 길이오.
若爲拂塵駕扁舟	만일 속세를 떠나서 조각배에 오르면,
直到虔州流華牋[6]	곧장 건주에 이르러 소식을 띄우리라.

* 虹霓(홍예) : 무지개, 숫무지개와 암무지개를 합쳐서 홍예라 한다.
* '약야계(若耶溪)'는 절강성 소흥현 남쪽 약야(若耶) 산에 흐르는 시냇물로, 이곳에서 서시(西施)가 깁(紗)을 씻었던 곳으로 유명하다.
* 清興(청흥) : 속세(俗世)를 떠난 정취(情趣), 고상한 흥취(興趣)
* 渺然(묘연) : 수면(水面)이 한없이 넓은 모양
* 霜毫(상호) : 서리와 같은 흰 털, 상모(霜毛)
* 雲煙(운연) : 필적(筆跡)이 약동함을 형용
* 蓬壺(봉호) : 봉래산, 그 모양이 병과 같이 생겨서 만들어진 이름
* 極浦(극포) : 먼 데까지 뻗쳐 있는 개펄, 아득한 곳의 포구
* 暮梵(모범) : 저녁 독경(讀經) 소리

6) 安崇善(1392~1452), 〈匪懈堂瀟湘八景詩帖〉.

* 紛紛(분분) : 어지러운 모양, 뒤섞인 모양, 번잡한 모양, 많고 성한 모양
* 虔州(건주) : 소상강(瀟湘江)과 동정호(洞庭湖) 일대의 옛 지명, 오늘날 동정호(洞庭湖)를 중심으로 호수 북쪽인 호북성(湖北省)과 호수 남쪽인 호남성(湖南省)의 서쪽 강서성(江西省) 감현의 옛 이름

7. **이보흠**(李甫欽, 未詳~1457)

誰道江南緜萬里	누가 강남 땅 아득히 만 리 길이라 말했나,
森羅八景忽移斯	삼라만상 팔경을 홀연 여기에 옮겨 놓았네.
龍跳鳳翥宋皇筆	용이 뛰고 봉이 나는 송나라 황제의 필적과,
玉佩瓊琚麗代詩	옥패와 옥돌 같이 아름다운 고려의 시로다.
煙寺漁村雲暗淡	연사 · 어촌에는 구름이 암담하고,
江天秋月鴈參差	강천과 추월에 기러기는 가지런하지 않네.
歸帆更想瀟湘趣	돌아가는 배에서 다시 소상 정취 생각하니,
孰與東韓漢水湄[7]	뉘와 함께 우리나라 한강변을 함께 하리오.

* 參差(참치) : 가지런하지 않은 모양, 흩어진 모양
* 歸帆(귀범) : 돌아가는 배

8. **남수문**(南秀文, 1408~1443)

騷人賦詠何妙	시인이 지은 시가 어찌나 오묘한지,
畵工經營亦精	화공의 그림 솜씨도 또한 정교하네.
筆力能回造化	필력은 능히 조물주가 변화 부리듯,
瀟湘捲入軒楹	소상이 난간 기둥에 말려 들어왔네.

* 賦詠(부영) : 시가(詩歌) 등을 지음, 시가(詩歌)

---

7) 李甫欽(未詳~1457), 〈匪懈堂瀟湘八景詩帖〉.

* 軒楹(헌영) : 난간 기둥, 소상팔경 그림을 비해당 난간 기둥에 붙여 놓고 감상했던 것으로 보인다.

颿飛遠水藍綠	돛이 날리니 멀리 물은 쪽빛이 되고,
鴈下平沙雪明	기러기 모래밭에 내리니 눈이 밝구나.
玉鏡秋涵素彩	옥거울은 흰 비단에 가을을 적셔 놓고,
篷囱夜滴寒聲	봉창은 밤마다 찬 소리 방울지네.

* 颿飛(범비) : 돛이 날다. 돛이 날리다. '颿(범)'은 '帆(범)'과 같은 의미로도 쓰인다.
* 篷囱(봉창) : 배에 달려 있는 창문

上方鍾響昏靄	산사에 종소리 저녁놀에 울려 퍼지고,
萬壑嵐光曉晴	모든 골짜기 남기 빛은 새벽에 개이네.
返照曳紅漁店	지는 노을은 어점 붉게 물들이고,
暮雲灑白江城	저녁 구름 강성에 하얗게 뿌리네.

* 上方(상방) : 산사(山寺)
* 昏靄(혼애) : 저녁노을, 저물녘 노을

嘉定虯龍寶翰	송나라 가정 연간 영종이 쓴 귀한 글씨,
東平湖海遐情	동평 바다 같은 호수 멀리 가는 심정이네.
雙眸剩賞佳致	두 눈이 아름다움의 극치를 또 완상하니,
南天何勞遠征8)	어찌 수고롭게 남쪽 하늘까지 멀리 가나.

* 嘉定(가정) : 남송(南宋) 영종(寧宗, 1208~1224)의 재위 기간
* 虯龍(규룡) : 송나라 영종을 의미, 본래 용(龍)의 일종, 빛이 붉고 뿔이 있다는 용의 새끼
* 東平湖(동평호) : 山東省(산동성) 泰安市(태안시) 경내에 있는 호수로 산동성 제2의 대호수로, 고대 중국의 영웅소설인 〈수호전(水滸傳)〉에 나오는 천연요새 양산박(梁山泊)의 유적이다. 동평은 안평대군을 가리킨다.
* 遐情(하정) : 멀리 가버리는 심정
* 雙眸(쌍모) : 두 눈

---

8) 南秀文(1408~1443), 〈匪懈堂瀟湘八景詩帖〉.

9. **신석조**(辛碩祖, 1407~1459)

雲杳杳天茫茫	구름이 아득하고 하늘도 망막한데,
瀟湘邈在天南方	소상은 멀리 하늘 남쪽에 있구나.
弧矢當季慕奇勝	활 화살 메던 당시는 명승지를 사모해,
每聞八景遙相望	늘 팔경 듣고서 멀리 서로 바라만 보네.
誰驅造化移地軸	누가 조화를 몰아서 지축을 옮겼는가,
入此鮫綃分毫芒	이 비단에 들어가 붓끝으로 나누었네.
山淡濃水瀰漫	산은 담백하게 짙고 물은 질펀하게,
平沙遠浦相依俙	넓은 모래밭 먼 포구 서로 흐릿하네.
朝嵐夕照村市間	아침 남기·저녁노을 마을 저자 사이로,
鐘殘暮寺煙霏霏	종소리 남은 저녁 절에 안개 희미하네.
或雨或雪或秋月	비도 내리고 눈 내리며 때론 가을 달,
四時氣像紛萬千	사계절 기상이 만 천 갈래 어지럽네.
古今題詠不知幾	고금에 읊은 시 얼마인지 알지 못해,
宋朝宸翰超後前	송 영종의 글씨는 전후에 으뜸이네.
匪懈堂中常對之	비해당 안에서 항상 마주 대하니,
左圖右書忘朝夕	좌우에 그림과 글로 인해 하루를 잊었네.
人樂山智樂水	인자는 산을 지자는 물을 좋아한다 하니,
此中之樂難與設	이 가운데 즐거움 더불어 말하기 어렵네.
嗚呼	오호라!
此中之樂難與設	이 가운데 즐거움 더불어 말하기 어려워,
我欲歌詩愧無拙[9]	내 노래하려 하나 재주 없음이 부끄럽네.

* 奇勝(기승) : 기묘한 경치, 기이한 경관

9) 辛碩祖(1407~1459), 〈匪懈堂瀟湘八景詩帖〉.

* 鮫綃(교초) : 비단, 그림을 그리기 위해 마련한 비단
* 毫芒(호망) : 붓끝, 털끝
* 霏霏(비비) : 비나 눈이 부슬부슬 오는 모양, 미세한 것이 날아 흩어지는 모양, 구름이 이는 모양, 서리가 많이 내리는 모양, 풀이 우거진 모양, 번갯불이 번쩍이는 모양
* 茫茫(망망) : 넓고 멀어 아득한 모양

10. **류의손**(柳義孫, 1398~1450)

瀟湘縹緲天南極	소상은 아득히 하늘 남쪽 끝이니,
只有詩畵傳四域	다만 시와 그림이 세상에 전하네.
玉翰照曜丹靑間	귀한 글이 그림 사이 환히 비추고,
八景森然綃一幅	팔경이 명주 한 폭에 늘어서 있네.
筆鋒斫取虔州地	붓끝으로 건주 땅을 깎아 취했고,
墨池寫出洞庭湖	벼루에서 동정 호수 베껴 내었네.
遠遊何必疊壯觀	무엇하러 첩첩 장관 멀리 유람하나,
萬里須臾致座隅	만 리 길이 순식간에 좌우에 이르네.
晴嶂嶙峋嵐翠重	맑은 봉 깊은 곳에 푸른 남기 겹쳐,
非煙非霧淡且濃	연기도 안개도 아닌데 엷고 진하네.
暝色入煙煙際寺	저녁 빛 내 끼어 연기 싸인 절에서,
彷彿猶聞雲外鐘	구름 너머로 종소리 들리는 듯하네.
峯頭日落孤村暮	봉우리 해지니 외딴 마을이 저물고,
傍水漁舟傍岸家	물가 고깃배 산기슭 인가에 대었네.
一輪秋月聳銀漢	동그란 가을 달이 은하수에 솟으니,
想像萬頃琉璃波	생각건대 일만 이랑 유리 물결이라.
浦口孤帆望若遠	포구에 외딴 배 바라보니 먼 듯하고,
茫茫宛在蒼波中	아득히 완연해 푸른 물결 속에 있네.

鴈鴈雙雙下汀渚	기러기들 쌍쌍이 모래밭에 내리는데,
半在平沙半在空	넓은 모래밭과 하늘에 반씩 갈려 있네.
江雲黑暗如有雨	강변 구름 어두우서 비가 내리는 듯,
洒竹寒聲何處聽	반죽 흩뿌린 찬 소리 어디서 들리나.
林巒依俙如有雪	숲과 뫼엔 희미하게 눈이 내린 듯하니,
騎驢逸興尋無形	나귀 타고 흥이 나서 무형을 찾는구나.
試問誰將顧陸手	묻노니 누가 고개지·육탐미의 솜씨로,
掃却蛾溪尺素紈	아계의 흰 비단 한 척에 그려 내네.
貴人高潔厭紛華	귀인은 고결하여 번화함을 싫어하니,
故令此物爲清歡	짐짓 이 물건으로 볼거리 삼게 하네.
君不見	그대는 보지 못했는가!
摩詰之畵天下奇	왕유의 그림이 천하에 기이한 것을,
畵中亦有詩中意	그림 속에 또 시 속에 뜻을 담았네.
又不見	또 보지 못했는가!
李杜之詩獨神妙	이백과 두보의 시가 홀로 신묘한 것,
詩中詠盡畵中事	시 속에서 그림의 일을 모두 읊었네.
有詩無畵詩偏淡	시만 있고 그림 없으면 시가 밋밋하고,
有畵無詩畵亦孤	그림만 있고 시 없으면 그림이 외롭네.
嗟余愧無李杜句	아! 내 이백 두보 시구 없음 부끄러워,
肉眼聊看摩詰圖[10]	내 눈으로 왕유의 그림이나 보리라.

* 縹緲(표묘) : 높고 먼 모양, 흐릿한 모양, 멀어서 분명하지 않은 모양, 아득한 모양
* 照曜(조요) : 빛남, 비침
* 森然(삼연) : 죽 늘어선 모양
* 筆鋒(필봉) : 붓끝, 붓의 놀림새, 문장에 드러난 힘
* 虔州(건주) : 소상강(瀟湘江)과 동정호(洞庭湖) 일대의 옛 지명
* 墨池(묵지) : 벼루 복판에 조금 오목하게 만들어 물을 담고 먹을 가는 곳, 붓과 벼루를 씻는 못
* 寫出(사출) : 글이나 그림 따위를 그대로 베껴 내다.

---

10) 柳義孫(1398~1450), 〈匪懈堂瀟湘八景詩帖〉.

* 茫茫(망망) : 넓고 멀어 아득한 모양
* 騎驢(기려) : 『北夢瑣言(북몽쇄언)』의 내용 가운데, 어떤 사람이 정경(鄭綮)에게 묻기를, "요즘 시사(詩思)가 있습니까?"라고 하자, "시사는 파교 풍설 속 나귀 등 위에 있다(詩思在灞橋風雪中驢子背上)."고 답했다. 그런 일이 있고 난 후, 나귀 등이라고 하면 나귀 등에서 눈(雪)을 맞으면서 시상(詩想)을 떠올리는 행위로 인식되었다. 시상을 떠올리는 데 가장 적당한 곳을 '파교려상(灞橋驢上)'이라 하는데 동일한 맥락이다.
* 顧陸(고륙) : 고개지(顧愷之, 340~420)와 육탐미(陸探微; 生沒未詳), 중국 東晉(동진) 때 유명했던 두 화가였다. 육탐미는 고개지의 제자로 육법(六法)을 겸비했던 화가로 당시에 명성이 높았다.
* 蛾溪(아계) : 蛾溪(아계)의 '아(蛾)'는 본래 '鵝(아)'라고 써야 한다. 鵝溪(아계)는 아계견(鵝溪絹)이 나오는 곳으로 사천성(四川省) 염정현(鹽亭縣) 서북쪽의 지명이다. 시인의 착오로 보인다.
* 紛華(분화) : 번화(繁華)함, 대단히 화려함, 시끌벅적함.
* 淸歡(청환) : 맑은 기쁨, 볼거리

11. **박팽년**(朴彭年, 1417~1456)

吾生渺渺天之東　내 삶은 아득하게 하늘 동쪽 끝에서,
足踏舊跡磨驢同　옛 족적 발로 밟는 늙은 나귀 같네.
瀟湘勝槩空耳聞　소상 빼어난 경관 부질없이 듣고서,
縮地無路堪相通　땅을 줄여서라도 통할 길이 없구나.
王子袖中携洞庭　왕자가 소매에서 동정 호수 가져와,
照我雙眼還能靑　내 두 눈에 비춰주니 도로 젊어지네.
景入詩篇描寫盡　팔경이 시편에 드니 묘사가 극진하고,
筆跡仍知爲宋寧　필적은 송나라 영종이 쓴 줄 알겠네.
乘興遣畫用意新　흥에 겨워 그림 보내니 뜻이 새롭고,
雨氣淋漓泣鬼神　빗 기운 질펀하니 귀신을 울리겠네.
煙嵐霏霏返照紅　안개 남기 가랑비에 저녁노을 붉은데,
雪月炯炯寒江濱　눈에 비친 달빛 찬 강가 밝게 빛나네.
吳檣楚柁倏聯翩　오나라 초나라 돛단배 빠르게 이어져,

唧蘆影接衡陽天　갈대 품은 그림자 형양 하늘 접했네.
八景爭長各偃蹇　팔경은 장기를 다투며 제각기 뽐내고,
一時收拾森在前　일시에 수습하니 삼라만상 앞에 있네.
新詩如畵畵如詩　새 시는 그림 같고 그림은 시와 같아,
終日展翫不知疲　종일 펼쳐 봐도 피곤한 줄 모르겠네.
恍然身在岳陽樓　황홀하게 이 내 몸이 악양루에 있으니,
借問今我知爲誰[11]　묻노니 지금 이 몸이 누구인지 아는가.

* 渺渺(묘묘) : (주로 물 따위가) 끝없이 넓어 아득하게 보이는 모습
* 磨驢(마려) : 늙은 나귀, 닳은 나귀, 나귀(驢)와 관련된 고사로는 『北夢瑣言(북몽쇄언)』의 내용 가운데, 어떤 사람이 정경(鄭綮)에게 묻기를, "요즘 시사(詩思)가 있습니까?"라고 하자, "시사는 파교 풍설 속 나귀 등 위에 있다(詩思在灞橋風雪中驢子背上)."고 답했다. 그런 일이 있고 난 후, 나귀 등이라고 하면 나귀 등에서 눈(雪)을 맞으면서 시상(詩想)을 떠올리는 행위로 인식되었다. 시상을 떠올리는 데 가장 적당한 곳을 '파교려상(灞橋驢上)'이라 하는데 동일한 맥락이다.
* 用意(용의) : 마음을 먹음, 뜻을 가다듬음, 마음의 준비
* 淋漓(임리) : 질펀한 모양, 넘쳐나다, 많은 양이 스며들다.
* 霏霏(비비) : 비나 눈이 부슬부슬 오는 모양, 미세한 것이 날아 흩어지는 모양
* 炯炯(형형) : 빛나는 모양
* 偃蹇(언건) : 잘난 척하며 거들먹거리는 모양, 교만한 모양, 물건이 많고 성한 모양

12. 신숙주(申叔舟, 1417~1475)

詩爲有聲畫　시는 소리 있는 그림이고,
畫是無聲詩　그림은 소리 없는 시라네.
世間唯詩畫　세상에 오직 시와 그림이,
狀物窮姸媸　만물 형상 연치를 다하네.
披圖玩其象　그림 펼쳐 그 꼴 완상하고,
逐句硏其辭　시구 따라 그 말 연구하네.

11) 朴彭年(1417~1456), 〈匪懈堂瀟湘八景詩帖〉.

始覺天地中	비로소 하늘과 땅 사이에,
有此八股奇	이 여덟 기경 있음 알았네.
神機各奪眞	귀신솜씨 진상을 빼앗으니,
眼底生幽思	눈앞에 그윽한 생각 이네.
東平樂善意	동평왕 선행 즐기려는 뜻,
觸物無窮時	외물과 접촉이 끝이 없네.
可使千載下	설사 천년 지난 뒤에라도,
好尙欽芳規[12]	아름다운 규율 흠앙하리.

* 姸媸(연치) : 곱고 추함, 아름다움과 추함.
* 東平樂善意(동평낙선의) : 『明心寶鑑(명심보감)』「繼善篇(계선편)」에서, 동평왕의 말이 인용되었는데, "선을 행하는 것이 가장 즐거운 것이요, 도리가 가장 큰 것이다(爲善最樂, 道理最大)."라고 했다. 동평왕은 후한 광무제의 여섯 번째 아들로 동평헌왕(東平憲王) 창(蒼)을 말한다.
* 여기서는 안평대군을 칭하던 명칭(조선왕조실록, 단종1년, 1453년 5월 19일 기사에 혜빈이 안평대군이 사직을 위태롭게 한다며 올린 밀계(密啓)에서 언급되고 있음이 확인됨)이다. 그 외에도 山東省(산동성) 泰安市(태안시) 경내에 있는 호수 이름이 동평호(東平湖)로 산동성 제2의 대호수로, 고대 중국의 영웅소설인 〈수호전(水滸傳)〉에 나오는 천연요새 양산박(梁山泊)의 유적이기도 하다. 이 작품에서는 '안평대군'을 지칭하는 용어로 사용되고 있다.

13. 윤계동(尹季童, 未詳~1453)

吾聞洞庭多奇觀	내 듣기를 동정에는 기이한 경관 많다고,
蒼波萬丈山巃嵸	푸른 물결 만장 길이에 산은 가파르다네.
傍山草舍宿雨晴	산기슭 초가에는 밤새 내리던 비가 개어,
浮嵐曖翠輕紈籠	뜬 남기 푸른빛에 가려 흰 깁 둘러 있네.
架巖蘭若暮靄濃	사찰은 저녁노을 짙은 바위에 올라 있고,
鐘聲斷續有無中	끊겼다 이어지는 종소리 있는 듯 없는 듯.

12) 申叔舟(1417~1475), 〈匪懈堂瀟湘八景詩帖〉.

隔江溪店荻花間	강 건너 냇가 주점은 억새꽃 사이에 있고,
曬網斷夢留殘紅	그물 말리다 꿈을 깨니 남은 석양 머무네.
渺渺茫茫浦漵晚	아득하게 멀리로 흐릿한 먼 포구는 저녁에,
孤帆隱映江天空	외딴 배가 강천 하늘에서 은은하게 빛나네.
夜雨蕭蕭灑竹林	밤비는 쓸쓸하게 대나무 숲을 적시는데,
湘靈楚客思無窮	상강에 영혼과 초객을 끝없이 생각하네.
平沙浩浩白耀霜	넓은 모래밭 하얀 서리처럼 반짝거리고,
塞鴈飛下蘆葦東	변방 기러기 갈대 동쪽에 날아 내리네.
江涵秋影到底淸	가을 그림자 강에 젖어 바닥까지 맑고,
蟾光照澈馮夷宮	달빛이 강물 속 하백 궁궐 뚫어 비추네.
雪花紛紛暮雲低	눈꽃은 저녁 구름 밑에 어지러이 날리고,
江天慘惔生寒風	강천에는 참담하게 찬바람이 생겨나네.
此景遠在天南極	이 팔경은 멀리 하늘 남쪽 끝에 있으니,
若非圖畵難爲逢	만일 그림이 아니면 만나기 어려웠겠네.
寧宗題後頗神妙	영종 지은 시도 자못 신기하고 오묘한데,
況且筆跡馳蛇龍	하물며 용・뱀 몰고 가는 필적에 있어서랴.
猗歟詩畵各臻極	아 시화가 각각 최고 경지에 이르렀으니,
直與化工同其工	곧장 조물주 솜씨에다 기교를 함께 했네.
渺余披圖且哦詩	보잘 것 없는 내가 그림 펴고 시 읊으며,
揩我兩眼心神融	내 두 눈을 비벼대니 심신이 녹아버리네.
依然宛在瀟湘濱	의연하게도 소상의 물가에 있는 것 같고,
逸興飄飄淩靑穹	빼어난 홍취에 훨훨 푸른 하늘 올라가네.
遠遊何必勞精神	먼 유람에 하필 정신을 수고롭게 하는가,
對此頓勝臥遊翁[13]	이 그림 마주하니 와유옹보다 조금 낫네.

13) 尹季童(未詳~1453), 〈匪懈堂瀟湘八景詩帖〉.

* 巃嵸(농종) : 산이 험준한 모양, 가파른 산의 형세
* 蘭若(난야) : 절, 사찰, 산사(山寺)
* 暮靄(모애) : 저녁놀, 저녁에 지는 햇빛에 물든 붉은 기운
* 隱映(은영) : 은은하게 비침, 겉으로 환히 드러나지 않게 비침
* 蕭蕭(소소) : 바람 부는 소리, 나뭇잎 떨어지는 소리, 쓸쓸한 모양
* 湘靈(상령) : 소상강에 몸을 던진 아황과 여영
* 楚客(초객) : 소상강 일대에서 유배 살다 자결한 시인 굴원(屈原)
* 茫茫(망망) : 넓고 멀어 아득한 모양
* 渺渺(묘묘) : (주로 물 따위가) 끝없이 넓어 아득하게 보이는 모습
* 蟾光(섬광) : 달빛
* 馮夷(풍이) : 물의 신(神)인 하백(河伯)을 달리 부르는 말, 빙이(氷夷), 무이(無夷)라고도 한다. 풍이궁(馮夷宮)은 「후적벽부(後赤壁賦)」에 등장한다.
* 紛紛(분분) : 어지러운 모양, 뒤섞인 모양, 번잡한 모양, 많고 성한 모양
* 飄飄(표표) : 바람이 부는 모양, 정처 없이 떠도는 모양, 바람에 가볍게 나부끼는 모양

14. **김 맹**(金孟, 未詳)

玉堂淸興動乾坤	옥당 맑은 흥취 건곤을 움직이고,
滿軒風景楚山川	집 가득한 풍경 초나라 산천이네.
胸中洞庭知多少	심중은 얼마간 동정을 알았지만,
靈臺遠挹瀟湘邊	마음이 멀리로 소상 강변 붙잡네.
江山況味渺無際	강산 지경이 아득하게 끝이 없고,
從橫眼底猶依然	눈앞 둘러봐도 옛 모습 그대로네.
風帆影斜紅日側	지는 해 곁에 돛배 그림자 기울고,
嵐翠帶寺山之巓	푸른 남기 봉우리 절을 띠고 있네.
叫雲塞鴈紛欲下	변방기러기 울며 섞어 내리려 하고,
薄暮飛雪寒江天	초저녁 날리는 눈에 강천이 춥네.
阿誰默斡化工神	누가 말없이 귀신 솜씨 옮겨 놓았나,
輕綃慘惔生風煙	엷은 비단 참담히 바람 연기 나네.
寧宗筆落龍蛇驁	영종 붓이 떨어지니 용 뱀이 달리듯,

光焰至今遙相傳　힘찬 기세 지금까지 아득히 전해지네.

陳李亦是東韓傑　진화와 인로 역시 우리나라 호걸이니,

揮毫朗詠留短篇　글씨와 읊던 시가 단편으로 남아 있네.

我今披圖賞淸景　내 지금 그림 펴고 맑은 풍경 완상하니,

悠然逸興羲皇前[14]　한가하고 빼어난 흥취 복희·황제 앞서네.

* 靈臺(영대) : 마음
* 況味(황미) : 있는 곳의 형편, 경지
* 依然(의연) : 전과 다름이 없는 모양
* 叫雲(규운) : 호소하다.
* 黙斡(묵알) : 말없이 관리하다, 말없이 돌다.
* 光焰(광염) : 세찬 불꽃, 세찬 기세
* 陳李(진이) : 고려의 이름난 시인 이인로와 진화
* 悠然(유연) : 한가한 모양, 서둘지 않는 모양
* 羲皇(희황) : 중국의 고대 전설상의 황제인 복희(伏羲), 태평성대를 의미한다.

14) 金孟(未詳), 〈匪懈堂瀟湘八景詩帖〉.

한국문집총간 외 개인문집

* 2006년까지 간행된 한국문집총간 1~350권을 제외한 다른 개인문집에서 발견된 소상팔경 작품 및 관련기사

1. 남수문(南秀文, 1408~1442)

騷人賦詠何妙	시인들 작품마다 어찌나 오묘한 지,
畫工經營亦精	화공이 다루는 솜씨 또한 정교하네.
筆力能用造化	필력은 능히 조화를 부릴 수 있기에,
瀟湘捲入解楹	소상팔경이 펼친 기둥에 걸려 있구나.
颿飛遠水藍綠	돛폭이 날리는 먼물은 쪽빛이 푸르며,
鴈下平沙雪明	기러기 내리는 모래밭이 눈처럼 밝네.
玉鏡秋涵素彩	옥거울 같은 가을이 흰 비단 적시니,
蓬窓夜滴寒聲	봉창 스치는 비 싸늘한 소리 들리네.
上方鍾響昏靄	산사에 종소리에 저녁노을이 퍼지고,
萬壑嵐光曉晴	골짝마다 남기 빛에 새벽이 맑아지네.
返照曳紅漁店	석양빛은 어점을 붉게 물들이고,
暮雲灑白江城	저녁 구름이 강성에 하얗게 흩뿌리네.
嘉雲虬龍寶翰	뛰어난 붓놀림 송나라 영종 귀한 글씨,
東平湖海遐情	동평 바다 같은 호수로 멀리 가는 심정.
雙眸剩賞佳致	게다가 두 눈은 좋은 경치 완상하는데,
南天何勞遠征[1]	무엇하러 힘들게 남쪽 하늘 원정 가나.

* 賦詠(부영) : 시가(詩歌), 시가(詩歌) 등을 지음.
* 蓬窓(봉창) : 배에 만들어 놓은 창문
* 上方(상방) : 산사(山寺), 사찰(寺刹)
* 東平湖(동평호) : 山東省(산동성) 泰安市(태안시) 경내에 있는 호수로 산동성 제2의 대호수로서 고대 중국의 영웅소설인 〈수호전(水滸傳)〉에 나오는 천연요새 양산박(梁山泊)의 유적이다.
* 湖海(호해) : 호수와 바다, 호수, 강호, 민간
* 遐情(하정) : 멀리 가버리는 심정
* 雙眸(쌍모) : 두 눈동자, 두 눈
* 何勞(하로) : 어찌 수고롭게 ~하는가, 무엇하러 힘들게 ~하는가.
* 遠征(원정) : 먼 곳에 감, 먼 곳으로 여행 감, 먼 곳일 정벌하다.

2. 이홍유(李弘有, 1588~1673)

曲曲開張水墨屛　굽이굽이 수묵 병풍 열고 펼쳐 놓았더니,
瀟湘八景遶窓楹　소상팔경이 창문과 기둥을 에워싸는구나.
誰將畵筆摹形勝　누가 장차 그림붓으로 명승지를 베껴서는,
付與閒人慰晩齡[2]　한적한 내게 주어서 만년을 위로하겠는가.

* 摹形(모형) : 형상을 베끼다, 형상을 그리다.
* 閒人(한인) : 한가한 사람, 일이 없는 사람

3. 남용익(南龍翼, 1628~1692)

昔者, 吾友竹里公, 嘗因館課詠瀟湘八景, 其詩膾炙一時, 公歿後, 公之胤子氏, 倩好手, 摸其景寫其詩, 將疊一升以爲傳家寶, 一日袖示余于銅雀僑居要余題其尾, 相對披展, 則詩工畫妙, 各臻其極, 而江于物色適與相符, 雖目擊湘江所賞, 必不出於此畫, 雖口占即景所詠, 亦不外於此詩, 眞所謂詩中畫畫中詩也, 撫跡懷人, 奚但六一巒

1) 南秀文, 『敬齋先生遺稿』 補遺二, 「題匪懈堂瀟湘八景詩卷」 判書尹公暉家藏親筆.
2) 李弘有, 『遯軒集』 卷三, 「題瀟湘八景畵屛, 又寫八詠」.

布之感而已, 遂掩涕而爲之跋.[3]

옛날에 내 벗 죽리竹里 공이 일찍이 관과館課로 소상팔경瀟湘八景을 읊었는데, 그 시詩가 한 시대에 회자膾炙되었다. 공이 죽은 뒤에, 공의 맏아들이 솜씨 좋은 사람을 고용하여, 그 경景을 베끼고, 그 시詩를 모사模寫하여, 한 승의 첩으로 전하는 집안의 보물로 삼았는데, 하루는 동작교에 기거하던 내게 가져와 보이며 내게 그 말미에 시를 지어달라고 요청했다. 마주 대하곤 열어 펼치니, 시는 공교工巧롭고, 그림은 오묘奧妙하여 각기 그 지극함에 이르렀으면서도 강물이 물색物色에 적당하면서도 딱 들어맞은 것이 비록 상강湘江을 직접 목격하고 감상한 바라고 하더라도 이 그림보다 뛰어나지는 못할 것이고, 비록 입으로 경景에 나아가 읊은 바일지라도 역시 이 시를 넘어서지는 못할 것이니, 참으로 이른바 시 속에 그림畫이요, 그림 속의 시인 셈이다. 자취를 어루만지고, 사람들을 품음이 어찌 비단 육일의(歐陽修: '六一'은 송나라 구양수의 별호別號이다.) '육일거사六一居士'의 만포지감轡布之感에 있어서일 뿐이겠는가! 마침내 눈물을 거두고서 이것으로 발을 삼는다.

4. **배유화**(裵幼華, 1611~1673)

送瀟湘八景圖於龜侄以慰病懷.
소상팔경도(瀟湘八景圖)를 구질(龜侄)에게 보내서 병을 앓는 동안의 회포를 위로한다.

八幅龍眠出篋笥	이공린의 팔경도를 상자에서 꺼내고,
重封聊自寄龜兒	거듭 봉해 스스로 기뻐하며 구아에게 부치네.
烟波景物皆瀟灑	안개 낀 물결과 경물은 모두가 맑고 깨끗하니,
昔疾應蘇對玩時[4]	오랜 병도 마주하고 완미할 때 응당 소생하네.

3) 南龍翼, 『壺谷集』 卷16, 「瀟湘八景詩書屛韻」.

* 龍眠(용면) : 용면거사(龍眠居士), '용면'은 만년에 용면산(龍眠山)에 은거했던 송나라의 문인 화가(文人畵家)였던 이공린(李公麟, 1049~1106)의 호(號)
* 篋笥(협사) : 상자, 함
* 龜兒(구아) : '龜(구)'라는 이름을 가진 나이 어린 조카 정도에 해당하는 인물로 보임.
* 瀟灑(소쇄) : 맑고 깨끗함.

瀟湘勝地入良工　소상강의 명승지가 솜씨 좋은 장인에게 들어,

八景森羅八幅中　삼라만상이 팔경의 여덟 폭 속에 있네.

知爾臥遊心目爽　그대 누워 놀며 마음과 눈 맑아진 줄 아는데,

病蘇何必待秋風[5]　병이 소생하길 어찌 늦은 가을까지 기다리나.

* 良工(양공) : 솜씨 좋은 화가, 재주 많은 기술자
* 森羅(삼라) : 삼라만상(森羅萬象), 우주 속에 존재하는 온갖 사물과 모든 현상
* 臥遊(와유) : 누워서 유람한다는 뜻, 집에서 명승이나 고적(古蹟)을 그린 그림을 보며 즐김.
* 病蘇(병소) : 병이 낫다, 병에서 소생하다.
* 何必待(하필대) : 어찌 반드시 ~을 기다리나.

5. **나경문**(羅景文, 生沒年未詳), 送唐紙, 求瀟湘八景于朴希聖.

*당지(唐紙)를 보내어, 박희성(朴希聖)에게 소상팔경(瀟湘八景)을 구하다.

巾箱收蓄薛濤牋　상자에 거두어 쌓아둔 설도의 색지에,

欲寫瀟湘已有年　이미 오래 전에 소상을 그리려 했었네.

幸遇我君知己厚　다행이 내 그대 만나 나를 알아줌이 두터워,

日邊千里一封傳[6]　천 리나 멀리 있으니 한 번 봉하고 전하게나.

* 巾箱(건상) : 명주로 바른 작은 상자
* 薛濤牋(설도전) : 설도(薛濤)는 당나라 때 유명한 여류 시인이었다. 그녀는 만년에 손수 붉게 물들인 종이에 시를 썼다고 하는데, 그 종이를 설도전(薛濤牋)이라 하여 당시에 성도 사람이면 누구나 갖고 싶어 했다고 한다. 설도의 「춘망사(春望詞)」(四首)는 다음과 같다. "花開不同賞/花落不同悲/欲問相思處/ 花開花落時(꽃 피어도 함께 바라볼 수 없고/꽃이 져도 함께 슬퍼할 수 없네/그리운 님 계신 곳에 묻고 싶어라/ 꽃이 피고 꽃이 지는 때), 攬草結同心/將以遺知音/春愁正斷絶/ 春鳥復哀吟(풀 뜯어 동심결로 매듭을 지어/내 님에게 보내려 하네/그리워 타는

4) 裵幼華, 『八斯遺稿』 卷一, 「送瀟湘八景圖於龜侄以慰病懷, 二首」 가운데 제1수.
5) 裵幼華, 위의 책, 「送瀟湘八景圖於龜侄以慰病懷, 二首」 가운데 제2수.
6) 羅景文, 『棲霞逸稿』(1859年 刊行), 「送唐紙, 求瀟湘八景于朴希聖」 가운데 제1수.

마음 잦아들 때에/ 봄새가 다시 와서 애달피 우네), 風花日將老/ 佳期猶渺渺/不結同心人/空結同心草(바람에 꽃잎은 날로 시들고/아름다운 약속만 아득한 듯한데/ 한마음을 그대와 맺지 못하고/부질없이 동심초만 맺고 있었네), 那堪花滿枝/ 翻作兩相思/ 玉箸垂朝鏡/ 春風知不知(가지마다 피어난 꽃 어찌 볼까나/ 바람에 날리니 서로 그리워하네/ 아침에 거울보자 옥구슬 두 줄기 눈물/봄바람은 아는지 모르는지)."

* 日邊(일변) : 아주 먼 곳, 멀리 있는 곳

君山一髮洞庭潯	동정 호수 위로 군산은 한 터럭인데,
浩渺中間夢自尋	넓고도 아득한 호수 속에 꿈 절로 찾아드네.
最愛黃陵古祠下	가장 사랑하는 황릉의 옛 사당 아래로는,
百年斑竹二妃心[7]	백년 반죽이 아황과 여영의 마음이로구나.

* 黃陵(황릉) : 아황과 여영의 사당
* 斑竹(반죽) : 대나무에 생긴 붉은 점, 이를 아황과 여영이 흘렸던 피눈물이라 믿는다.

6. 김도수(金道洙, 出生未詳~1742)

湘江落月時	상강에 달이 질 때면
露冷風淒淒	이슬은 차고 바람 쓸쓸하네.
依依花竹裏	대나무 속 꽃들이 무성하고,
冥冥子規啼	먼 하늘엔 소쩍새 울음소리.
那堪淸瑟彈	맑은 비파 뜯어 어찌 견디나,
羣雁驚相迷[8]	기러기들 놀라서 서로 헤매네.

* 淒淒(처처) : 쓸쓸한 모양
* 依依(의의) : 무성한 모양, 사모하는 모양, 차마 떨어지기 어려워하는 모양, 확실하지 않은 모양
* 冥冥(명명) : 먼 하늘, 어두운 모양, 드러나지 않은 은미한 모양
* 那堪(나감) : 어찌 견디나. 어찌 ~을 견디나.

---

7) 羅景文, 위의 책, 「送唐紙, 求瀟湘八景于朴希聖」 가운데 제2수.
8) 金道洙, 『春洲集』 卷一, 「題畫四首, 瀟湘圖」.

7. 김도수(金道洙, 出生未詳~1742)

* 近日臥病, 無以適意, 借人瀟湘屛以觀, 忽憶南湖曠景率爾成一絶, 奉呈宋士行文欽〔요즈음 병으로 누워서, 마음에 맞는 뜻도 없어, 남의 소상팔경 병풍을 빌려서 보았는데, 문득 호남(湖南)의 훤한 풍경이 생각나서 급작스럽게 절구 한 수를 이루었다. 송 선비(宋士)의 문장 솜씨를 흠모하면서 받들어 올린다〕.

君坐春風江上樓　그대가 봄바람 부는 강상 누대에 앉으면,
有時淸興一孤舟　한 외딴 배에 맑은 홍취 이는 때 있겠네.
長屛八疊狂歌客　긴 병풍 여덟 첩 홍겨워 노래하는 나그네,
臥作瀟湘萬里遊[9]　소상팔경 창작하니 만 리에서 노니는구나.

* 淸興(청홍) : 고상한 홍취(興趣), 속세를 떠난 정취(情趣)
* 臥作(와작) : 그림을 보고 즐기다가 작품을 창작함.

8. 이헌경(李獻慶, 1719~1791)

湘妃涕淚傷心色　상비가 흘린 눈물에 마음을 상한 낯빛인지,
楚老歌詞流恨枝　초나라 노인의 노랫소리 한스러움 흐르네.
幸不兼摸猿鴈夜　다행히 원숭이와 기러기 흉내 내지 않는 밤,
可堪相伴雪霜時　눈서리 서로 짝해 내릴 때도 견딜만 하네.
淋漓脫雨何年重　방울져 스며 떨어진 빗물 언제고 무거웠나,
髣髴淸風盡日吹　맑은 바람이 종일토록 불어대는 듯하구나.
烈士貞臣千古意　열사와 절개 있는 신하는 천고의 뜻인지라,
此間蕭颯少人知[10]　요즘은 쓸쓸한 바람소리 아는 이가 드무네.

* 湘妃(상비) : 아황과 여영

---

9) 金道洙, 위의 책, 「近日臥病, 無以適意, 借人瀟湘屛以觀, 忽憶南湖曠景率爾成一絶, 奉呈宋士行文欽」.
10) 李獻慶, 『艮翁集』 卷四, 「題柳岫雲瀟湘雨竹圖」.

* 涕淚(체루) : 눈물, 눈물을 흘리다.
* 髣髴(방불) : 서로 비슷하여 구별하기 어려운 모양
* 蕭颯(소삽) : 쓸쓸한 바람소리

9. 『承政院日記』 第556冊, 景宗3년(1723年), 7月11日 記事

呂必容以迎接都監言啓曰, 勅使以下求請各種之物, 以第入給, 而上勅鳥銃四柄, 黑角四桶, 瀟湘八景綃屛一坐, 花草翎毛綃屛一坐, 倭將劒一柄, 簑笠三箇, 副勅, 鳥銃三柄, 黑角四桶, 瀟湘八景綃屛一坐, 花草翎毛綃屛一坐, 倭將劒一柄, 簑笠三箇, 而大通官鳥銃各二柄, 屛風各二坐, 簑笠各二箇, 兩次通官, 鳥銃各二柄, 屛風各一坐, 入給之意, 敢啓, 傳曰 知道.

여필용呂必容이 영접도감으로서 장계狀啓를 올려 말하여 이르기를, "청淸에서 온 칙사勅使 이하 사신 일행이 각종 물품 구하기를 청하여 차례로 들어가 주려는데, 상칙上勅에게는 조총 네 자루와 흑각黑角[11] 네 통, 소상팔경瀟湘八景 비단 병풍 한 좌坐, 화초영모도花草翎毛 비단 병풍 한 좌, 왜장검倭將劒 한 자루, 사립簑笠[12] 세 개를 지급하고, 부칙副勅에게는 조총 세 자루와 흑각 네 통, 소상팔경瀟湘八景 비단 병풍 한 좌, 화초영모도花草翎毛 비단병풍 한 좌, 왜장검 한 자루, 사립[13] 세 개를 지급하고, 대통관大通官에게는 조총 각 두 자루, 병풍 각 두 좌, 사립 각 두 개씩을 지급하고, 두 차통관次通官에게는 조총 각 두 자루, 병풍 각 한 좌를 들어가 주려는 뜻을 감히 아룁니다."했다. 상께서 전교傳敎하시기를, "예도禮道를 아는구나!"라고 말씀하셨다.

---

11) '흑각(黑角)'은 물소의 뿔로 검은 빛을 띤다.
12) 『韓國美術史資料集成』에는 '斜笠'으로 표기되어 있는데, 이는 '簑笠'의 오기(誤記)로 보인다.
13) 『韓國美術史資料集成』에는 '斜笠'으로 표기되어 있는데, 이는 '簑笠'의 오기(誤記)로 보인다.

10. 成廟御製瀟湘八詠帖序, 張維, 『谿谷集』, 卷七, 「成廟御製瀟湘八詠帖序」

瀟湘八景之勝 擅名海內 古今詩人賦詠 不勝其多 而妍醜巧拙 各隨其人. 惟我 成宗大王 萬機之暇 戲賦短律十六章 每景各二章 流傳藝苑. 咸以爲在聖人誠爲餘事 終非詞人墨客所能到也. 我殿下命元勳八人各寫二章. 唯延平府院君李貴 未及寫進而歿. 從其家得草本字多剩缺 紙亦不類. 乃命畵史李澄描以繪事 聯爲巨帖. 旣成 命臣維識之. 臣維竊聞 詩固性情之發 而書亦心畫也. 洪惟 成廟以天縱多能之聖 神藻睿韻 高出前代. 八詠之作 雖出於偶爾游戲 無非陶寫性情之一端也. 卽諸臣筆蹟 各有長短 要之皆心畫之形於外者. 我聖上之爲是帖 上焉而對越聖祖寓目咳唾之餘 亦足以起羹墻之慕, 下焉而注念勳舊 觀其手蹟 不特如丹青之憶老臣 鼙鼓之思將帥 則玆事雖微 其所係之重爲如何哉. 其視前世帝王留意書畫. 耽賞光景 徒爲玩物喪志之歸者. 何啻穹壤. 猗歟美哉 猗歟盛哉.

소상팔경瀟湘八景의 아름다움이 온 세상에 명성을 떨쳤기에 고금의 시인들이 시 짓고 노래한 것을 이루 헤아릴 수 없을 만큼 많았다. 그런데, 고움과 추함, 공교로움과 졸렬함이 각각 그 시인의 재질에 따라 달랐다. 생각해보니 우리 성종대왕成宗大王께서도 만기萬機를 처리하시는 여가에 재미삼아 소상팔경 단율短律 16장章을 지으신 적이 있었다. 매 경景마다 각각 두 장의 작품이 지금까지 문단에 전해져 내려왔다. 모두 말하기를, "성인聖人의 입장에서 본다면 물론 여사餘事에 지나지 않는 것이겠지만, 사인詞人 묵객墨客으로서는 도저히 이를 수 있는 경지가 아니다."고들 했다. 그 후로, 우리 전하仁祖께서 원훈元勳 여덟 사람에게 명하여 각각 두 장씩 베껴 써서 바치도록 하였다.

그런데 오직 연평부원군延平府院君 이귀李貴만이 미처 써서 바치지 못한 채 죽고 말았다. 그 집에서 초본草本을 구해 보니 자획字劃이 많이 이지러졌고, 종이 또한 같지 않았다. 그래서 화사畵史 이징李澄에게 명하여 그림으로 그리게 한 다음 연이어 거첩巨帖을 만들도록 했다. 그 일이 완성되자, 신臣 장유에게 명하시어 이 일을 기록하게 하셨다.

내가 곰곰이 생각해 보니, 시詩는 본래 성정性情의 드러남이고, 글씨도 역시 심획心畫이다. 생각해 보면 우리 성묘成廟께서는 하늘이 내려준 다재다능한 성군聖君이셨으며, 신령스러운 글재주와 성인의 운치가 전대前代의 수준을 훨씬 능가했다. 소상팔경瀟湘八景을 지은 것이 비록 우연히 재미삼아 지은 작품이라고 하더라도 성정性情이 일단一端이 표출되지 않았다고는 할 수 없을 것이다. 나아가 여러 신하들의 필적筆蹟으로도 각기 장단점이 있겠지만 한마디로 요약하자면 심획이 밖으로 형용된 것들이라고 하겠다.

우리 성상聖上께서 이 첩帖을 만드신 것은 위로는 성조聖祖께서 한 번 눈길을 주시고 한 번 언급하신 것을 대할 때마다 못내 잊지 못하는 사모심思慕心이 족히 일어났기 때문이요, 아래로는 훈구勳舊에 관심을 쏟고 그들의 수적手蹟을 감상하면서 비단 훌륭한 솜씨를 지녔던 노신老臣을 추억하고, 비고鼙鼓 소리에 장수將帥를 생각하는 정도로 그치지 않으셨기 때문이니, 이 일이 비록 큰일은 아니라 하더라도 그 관계되는 바의 중대함이 어떻겠는가! 전세前世의 제왕帝王들이 서화書畫에 관심을 갖고 승경勝景을 감상하면서도 한갓 완물상지玩物喪志의 결과에 떨어진 것과 비교해 본다면 어찌 비단 하늘과 땅의 차이일 뿐이겠는가! 오, 아름답고도 성대하도다!

11. 匪懈堂瀟湘八景詩帖, 李永瑞 序文

匪懈堂, 一日謂余曰, "我嘗於東書堂古帖, 得宋寧宗八景詩, 寶其宸翰, 而因想其景, 遂令搨其詩, 畵其圖, 以名其卷, 曰八景詩. 仍取麗代之能於詩者 陳李二子之作, 系焉. 又於當世之善詩者, 請賦五六七言以歌之, 學佛人雨千峯, 亦詩之. 千峯盖亦以詩鳴於釋苑者也. 請子敍其顚末." 余以文句微識, 久蒙知待, 而又辱雅命, 敢以不文辭諸. 余嘗觀自古貴介公子, 能不爲紛華之所累者鮮矣. 又能不爲荒宴之失所者寡矣. 又能喜儒雅, 好書史, 而超然有物外之想者, 亦千百而無得焉. 匪懈堂以英明之資, 處富貴之地, 乃能游意於文藝, 而所以篤好之者, 顧與韋布專一之士, 較其分寸, 其詩則得於唐律, 其書則得於晉蹟, 至於畵法, 亦極其妙, 雖古稱三絶者, 豈肯多讓 又起遐想, 而作是卷, 以爲把玩之資. 余想夫燕閒之暇, 圖以寄其興, 詩以觀其志, 遠收湖海之景, 寓之於數幅之中, 而樂之於方寸之奧, 此誠前代貴介之所未曾, 其視爲紛華荒宴之所累所失者, 不翅霄壤矣. 雖然, 瀟灑出塵之氣象, 固不可以言語形容, 而至於八景之佳致, 則亦已盡於今古之作矣. 余何復贅. 但幸其掛名卷端, 而自托不朽, 樂爲之書. 壬戌仲秋, 宣敎郎集賢殿副修撰知製敎經筵司經, 魯山李永瑞錫類謹敍.

비해당匪懈堂께서 하루는 내게 말하기를, "내가 일찍이 〈동서당고첩東書堂古帖〉에서 송나라 영종의 팔경시를 보고 그 글씨를 보물처럼 여겼다. 그리고 그 경치에 대해서 생각하고 마침내 그 시를 베껴 쓰라고 명을 내리고, 그 경치를 그리게 하여 그 두루마리를 이름하여 〈팔경시〉라고 했다. 그리고 고려에서 시로 뛰어난 진화와 이인로 두 사람의 작품을 함께 엮었다. 또 오늘날 시를 잘 짓는다는 자들에게 오언, 육언, 칠언의 시를 지어달라고 요청하였다. 승려인 우천봉 또한 시를 지었는데, 천봉은 대개

시로 불교계에 이름난 자이다. 그대가 그 전말을 기록하기 바란다."고 하셨다.

나는 문장과 시구詩句에 대해 아는 것이 없지만 오랫동안 인정과 대우를 받았고 또한 단아한 명命을 받았기 때문에 감히 글을 못 짓는다고 사양할 수 없었다. 내 일찍이 관찰해 보니, 귀공자치고 화려한 모임에서 누를 끼치지 않는 자가 드물었고, 또 연회에서 실수를 하지 않는 자가 드물었다. 또 선비를 좋아하고 역사를 좋아하며 초연하게 세상에 뜻을 두지 않았던 자가 또한 천백 년이라도 얻을 수 없었다.

비해당匪懈堂께서는 영민하며 총명한 자질과 부귀한 처지에 놓여 있으면서도, 문예文藝를 즐길 줄 알고, 예술을 독실하게 좋아하기에 생각해 보면, 그는 평범한 포의의 선비이다. 그 마음을 헤아려 보면 그의 시는 당시唐詩의 율격을 얻었고, 그의 글은 진대晉代의 자취를 얻었으며, 그의 화법畵法도 또한 그 묘妙를 지극히 하여 비록 삼절三絶이라고 칭송되던 자에게 어찌 양보할 수 있겠는가! 아울러 멀리 생각을 일으켜 이 시첩詩帖을 만들어 완상의 자료로 삼고자 한다. 내가 생각건대 한가한 틈에 그림으로 흥취를 붙이고, 시로써 그 뜻을 보며, 멀리 있는 호수와 바다의 경치를 가져다가 몇 폭의 비단 속에 갖다 두고 마음속으로 즐거워한다면 이는 진실로 전대의 귀공자들이 경험하지 못했던 것이요, 사치스러운 연회장에서 피해와 손실을 입히는 자들과 비교해 본다면 비단 하늘과 땅 차이일 뿐만은 아닐 것이다. 비록 그러하나, 속됨을 맑게 씻어낸 깨끗한 기상은 본디 언어로 형용할 수 있는 것이 아니기 때문에 팔경八景의 아름다운 경치에 이른 것은 이미 옛사람과 지금 사람이 작품에서 극진히 표현했다. 내 어찌 다시 첨언하겠는가! 다만 소상팔경 시권의 끝에다 내 이름이나 걸어두고 영원히 전해진다면 다행이라 여기며 즐거운 마음으로 글을 쓴다. 임술년(1442년) 가을 음력 8월, 선교랑 집현전 부수찬 지제교 경연사경 노산 이영서 석류는 삼가 쓴다.

12. 『朝鮮王朝實錄』, 『中宗實錄』 二十年(1525年) 六月五日(癸巳)

下八景七言律詩題曰, 前者大提學李荇言, 侍從文臣, 不時命製, 故今命製爾, 弘文館 藝文館 承政院 侍講院, 明日製進可也.

팔경八景에 대한 칠언 율시七言律詩 제목을 내리며 일렀다. 전일에 대제학 이행李荇이 '시종侍從하는 문신들은 불시에 글을 짓도록 해야 한다.'고 했기 때문에 지금 짓도록 하는 것이니, 홍문관 · 예문관 · 승정원 · 시강원은 내일까지 지어 와야 한다.

13. 『朝鮮王朝實錄』, 중종 28년(1533년) 8월 27일

御題遠浦歸帆, 排律十韻陽字韻, 下承旨吳潔曰"卽令扈從堂下官文臣, 燭刻製進, 以漢城府判尹蘇世讓, 禮曹判書柳灌爲試官科次" 初以吏曹判書金安老爲試官, 以子祺參製辭之, 遂以世讓代之.

임금께서 원포귀범遠浦歸帆을 제목으로 배율십운排律十韻을 양陽자 운韻에서 뽑아 지으라는 글을 써서 승지 오결吳潔에게 내리면서 일렀다. "즉시 호종한 당하관 문신에게 촉각燭刻(촉각 : 시간제한을 촉박하게 하여 글을 짓게 하는 것이다. 즉 초에 금을 긋고 그 금이탈 때까지로 시간을 한정하는 것)으로 지어 바치게 하되 한성부 판윤 소세양蘇世讓과 예조 판서 유관柳灌을 시관試官으로 삼아 등급을 매기게 하라." 처음에는 이조 판서 김안로를 시관으로 하였는데 그의 아들 기祺가 제사製辭하는 데 참여하였기 때문에 소세양으로 대신한 것이다.

14. 『朝鮮王朝實錄』, 중종 30년(1535년) 5월 15일

上觀稼于西郊, 仍駐于望遠亭, 觀水戰. 御題洞庭秋月五言律, 令扈駕之臣製進, 沈彦光 蘇世讓 崔世節 趙仁奎優等, 命賜弓各一張.

상이 서교西郊에서 관가觀稼하고 이어 망원정望遠亭에 머물러 수전水戰을 관람하였다. 상이 동정추월洞庭秋月이란 글제로 오언률五言律을 짓고 어가御駕를 수행하는 신하들에게도 시를 지어 올리게 했는데, 심언광沈彦光·소세양蘇世讓·최세절崔世節·조인규趙仁奎 등이 우등하였다. 각각 활 1장張씩을 하사하라고 명하였다.

15. 『朝鮮王朝實錄』, 중종 31년(1536년) 5월 12일

傳于金謹思曰"沈彦光 鄭士龍所製等, 〈兩人皆爲三上次上〉宜更令作一題, 決高下" 上以洞庭秋月五言律詩 西山霽雪五言律詩, 題書而下之 於是彦光居首, 而射事亦畢. 傳于政院曰"畢宣後, 呼名賜給" 彦光熟馬一匹, 士龍豹皮一令, 其餘蘇世讓 趙仁奎 柳溥 趙士秀 吳潔等, 各賜俱弦弓一丁 〈此製述〉 觀射居首, 校書館副正字南宮淑賞加, 其次金勘 尹溪 曺禧 朴自英等, 熟馬. 徐偉潘碩枰 黃琦 閔瑄 崔輔漢等, 兒馬.

김근사에게 전교하기를, "심언광沈彦光과 정사룡鄭士龍의 글 지은 점수가 똑같으니 〈두 사람이 모두 삼상三上과 차상次上이었다.〉 마땅히 다시 같은 제목으로 글을 짓게 하여, 고하高下를 결정케 하라."하고, 상이 '동정추월洞庭秋月'로 칠언율시七言律詩를 '서산제설西山霽雪'로 오언율시를 짓도록 시제詩題를 써서 내렸다. 그리하여 심언광이 1등을 하였고 활 쏘는 일도 끝났다. 정원에 전교하였다. "선온을 끝낸 뒤에 이름을 불러 상을 주되, 심언광에게는 숙마熟馬 1필을, 정사룡에게는 표피豹皮 1벌을 내리고, 그 밖의 소세양蘇世讓·조인규趙仁奎·유보柳溥·조사수趙士秀·오결吳潔 등에게는 각각 현궁弦弓을 갖춘 활 1장張을 주어라. 〈이상은 글을 지은 자들이다.〉 관사觀射에서 1등인 교서관 부정자校書館副正字 남궁숙南宮淑에게는 상가賞加하고, 그 다음인 김감金勘·윤계尹溪·조희曺禧·박자영朴自英 등에게는 숙마를 주고, 서위徐偉·반석평潘碩枰·황기黃琦·민선閔瑄·최보한崔輔漢 등에게는 어린 말을 주라."

시 조

* 시조 작품 속에 등장하는 소상팔경으로 여기에 수록된 작품 번호는 박을수, 『한국시조대사전』, 아세아문화사와 동일하다.

1. 평사낙안 관련, 김치우, 135

* 塞北 江南 : 먼 북쪽과 강남
* 아모리 : 아무리

江邊에 그물 멘 ᄉᆞ룸 기러기는 잡지 마라
塞北 江南에 消息인들 뉘 傳ᄒᆞ리
아모리 江村 漁父인들 離別조ᄎᆞ 업스랴.

2. 평사낙안 관련, 남훈태평가, 136

* 죄 노ᄒᆞ라 : 모두 놓아주어라.
* 니어여든 : 잉어거든

강변에 총 멘 ᄉᆞ람 기러기란 죄 노ᄒᆞ라
낙시 그물 가진 ᄉᆞ람 니어여든 다 잡아라
니어와 기려기 잇셔도 쇼식 몰나.

3. 동정추월 관련, 138

江山 無限景을 風月로 求景할 제

洞庭湖 七百里 어제밤 船遊하고 巫山十二峯 이제와 登眺로다 牧丹峯 노던 風流 綾羅島 後聯하고 新興에 취한 술로 岳陽樓 선 듯 올라 赤壁秋月 玩賞하고 姑蘇臺 가는 길에 洛陽城 도라드니,

아마도 梧桐樹月 楊柳狂風은 내 벗인가.

* 洞庭湖 七百里 : 중국의 호남성과 호북성을 가르는 호수로 둘레가 700리에 이른다고 함, 호수 가운데 군산이라는 섬이 있다.
* 梧桐樹月 : 오동나무에 걸린 달

4. 강천모설 관련, 임의직, 154

江村에 日暮ᄒᆞ니 곳곳이 漁火로다

滿江 船子들은 북 티며 告祀 ᄒᆞᆫ다

밤中만 欸乃一聲에 山更幽를 ᄒᆞ더라

* 告祀 : 재앙을 막기 위해 신령님께 비는 제사
* 欸乃一聲 : 노젓는 소리, 뱃노래

5. 동정추월 관련, 163

江湖에 ᄀᆞ을이 드니 고기마다 ᄉᆞᆯ져 잇다

小艇에 漁網 싯고 洞庭波로 도라 드니

어듸셔 술 실은 風月客은 날 못 ᄎᆞᄌᆞ ᄒᆞᄂᆞ니

* 漁網 : 고기잡이 그물
* 風月客 : 풍류객

6. 소상야우, 동정추월 관련, 169

* 江南 景概 : 중국 강남의 경치

江湖에 도라오는 기러기야 江南 景概를 어듸 어듸 구경하얏나냐

巫山十二峰 洞庭七百里도 구경하고 瀟湘 黃陵廟와 金陵 鳳凰臺를 낫낫치 閱覽해것마는

그 중에 晴川歷歷 漢陽樹와 芳草萋萋 鸚鵡洲는 黃鶴樓가 第一인가.

7. 소상야우, 동정추월 관련, 433

* 九疑峯 : 창오(蒼梧) 들판에 있는 산으로 순임금의 묘가 있다.
* 千里遠客 : 천리나 떨어진 먼 곳에서 온 나그네
* 歸不歸 : 가고는 다시 돌아오지 않음.

九疑峯 구름 일고 洞庭湖에 달이 돗고

瀟湘江 밤비 오고 黃陵廟上에 杜鵑이 운다

엇지타 이 곳즌 千里遠客 歸不歸인가

8. 동정추월 관련, 450

* 安酒 : 안주(按酒), 술안주
* 乾坤 : 하늘과 땅

君山으로 安酒 삼고 洞庭湖로 술을 삼아

春風을 거느리고 岳陽樓에 올라가니

乾坤이 날다려 니르기를 흠긔 늙쟈 ᄒᆞ더라

9. 동정추월 관련, 청구영언388, 시조대전 451

君山은 萬疊이오 洞庭湖 七百里라
夕陽에 半醉ᄒᆞ고 岳陽樓에 올나 가니
限 업슨 吳楚東南景이 눈 알ᄑᆡ 버러세라

* 夕陽에 半醉하고 : 석양 무렵 얼큰하게 취함.
* 吳楚東南景 : 오나라와 초나라의 경치

10. 동정추월 관련, 452

君山을 발로 박ᄎᆞ 碧海를 몌온 後의
수루록 소사 올나 玉皇긔 알왼 말이
高堂의 鶴髮雙親을 더듸 늙게 ᄒᆞ쇼셔

* 몌온 : 메운
* 玉皇 : 옥황상제

11. 동정추월 관련, 이완, 453

君山을 削平턴들 洞庭湖 너를낫다
桂樹 버히던들 ᄃᆞᆯ이 더옥 ᄇᆞᆯ글 거슬
ᄯᅳᆺ 두고 일우지 못ᄒᆞ니 늙기 셜워 ᄒᆞ노라

* 削平턴들 : 깎아서 평평하게 한다면
* 너를낫다 : 넓을 것이다.

12. 동정추월 관련, 김수장, 해동가요, 472

* 謫仙 : 이태백, 이적선
* 仙分 : 신선과의 인연, 신선의 소질

ᄭᅮᆷ에 謫仙을 만나 岳陽樓에 올나 간이

高朋이 滿座ᄒᆞᆫᄃᆡ 杜牧 蘇子瞻과 魯眞君 呂洞賓과 劉伯伶 白樂天과 崔孤雲 賈壽富에 一隊 群仙 모ᄃᆞᆺ는ᄃᆡ 美酒는 盈樽ᄒᆞ고 肴核은 滿盤이라 女班을 도라 보니 月宮 姮娥 洛浦仙과 李夫人 趙飛燕과 絶代佳人 다 왓는ᄃᆡ 香臭는 擁鼻ᄒᆞ고 珮玉이 鳴浪이라 徐氏의 韻和瑟과 王子晋의 鳳簫聲과 宋玉의 玉洞簫요 石蓮士의 거문고에 郭處士의 竹杖鼓와 楊太眞이 羽衣舞요 蔡文姬의 胡歌聲과 張定元의 採蓮曲과 秦青의 긴 노ᄅᆡ로다 酒半에 醉興을 못 이긔여 不知何處吊湘君을 太白이 　허 ᄂᆞ니니 吳楚東南 日夜浮는 杜甫의 和答이요 朗吟飛過 洞庭湖는 呂洞賓의 仙語로다 洞庭月落 孤雲歸는 崔孤雲의 絶作이로다

우리의 仙分이 엇더튼지 ᄭᅮᆷ에 求景 ᄒᆞ괘라.

13. 소상야우 관련, 867

* 斑竹 : 소상강에서 순임금이 죽자 아황과 여영이 몸을 던져 따라 죽는다. 그 후로 대나무 잎에는 붉은 피눈물 자욱이 생겨났다고 한다.
* 紫竹 : 붉은 대나무
* 幽興 : 그윽한 홍취

네 일흠 대라 ᄒᆞ니 斑竹인다 紫竹인가
瀟湘江 어ᄃᆡ 두고 내 ᄒᆡ와 넘노ᄂᆞᆫ다
淸風아 하 부지 마라 幽興 겨워 ᄒᆞ노라

14. 소상야우, 김이익, 889

老病ᄒᆞᆫ 이 내 몸이 罪名조차 至重ᄒᆞ니
棘中日月의 一萬念慮 ᄎᆞᆫ 지 ᄀᆞᆺ다
그러고 蒼梧山 먼 구름의 피눈물은 므ᄉᆞ 일고

* 棘中日月 : 고통의 세월
* 一萬念慮 : 수많은 근심과 걱정

15. 평사낙안, 동정추월, 소상야우 관련, 1092

달 밝고 셔리 친 밤의 울고 가는 기러기야
瀟湘 洞庭 어ᄃᆡ 두고 旅館 寒燈에 잠든 나를 ᄭᆡ우ᄂᆞ냐
밤 만 네 우름 쇼ᄅᆡ ᄌᆞᆷ 못 이러

* 旅館 寒燈 : 여관의 쓸쓸한 등불

16. 동정추월 관련, 1280

洞庭 ᄇᆞᆰ근 ᄃᆞᆯ이 楚懷王의 넉시 되야
七百里 平湖에 두렷이 비췬 뜻은
屈三閭 魚腹 忠誠을 못ᄂᆡ ᄇᆞᆰ켜 ᄒᆞᆷ이라

* 屈三閭 : 초나라 대부 굴 원(屈原)을 이름.

17. 동정추월 관련, 1281

* 登臨 : 누각에 오르다.
* 興不休 : 흥취가 끝이 없다.

洞庭에 波萬頃이오 黃鶴에 月千秋라

天地 東南客이 登臨 興不休라

이 곳이 경개 됴흐니 놀고 갈까 ᄒᆞ노라

18. 동정추월, 평사낙안 관련, 1282

* 渭水濱 : 태공망 여상이 낚시질 하던 위수(渭水) 물가
* 鯉魚 : 잉어

洞庭湖 그물 건 사름 기럭이란 다 잡아라

渭水濱 漁父드라 鯉魚란 죄 낙거라

기럭이 鯉魚 이셔도 님의 消息 몰나라

19. 동정추월 관련, 1283

* 연 캐는 : 연근(蓮根)을 캐는
* 넌짓 : 넌지시

洞庭湖 말근 물에 연 캐는 저 아흐야

월상국 범소백의 가는 곳을 보아는야

서시를 한 배의 넌짓 실코 오호로 둥실

20. 소상야우, 동정추월 관련, 1284

洞庭湖 붉은 ᄃᆞᆯ이 楚懷王의 넉시 되야
七百里 平湖水에 다 비최여 뵈는 뜻은
아마도 屈三閭의 魚腹 忠魂을 굽어볼까 하노라

21. 동정추월 관련, 1285

洞庭에 건닌 달도 금음이면 무광이요 무릉도화도 모츈 만나면 쓸 곳이 업네
ᄌᆞ네 갓튼 월ᄐᆡ 화용도 늙어지면은 허ᄉᆞ로구나
츈 홍안을 ᄋᆡ연타 말고서 마음ᄃᆡ로만 놀셰

* 금음 : 그믐
* 모츈 : 늦은 봄(暮春)
* 월태화용 : 아름다운 모습과 태도, 月態花容

22. 동정추월, 원포귀범 관련, 1390

만경 창파지수에 일엽선 타고 가는 져 어부야
게 잠간 머물너라 말 무러보자 ᄐᆡᄇᆡᆨ 강남의 풍월 실너 가넌냐
어부 둑핍을 두루 치며 힝하는 곳은 동정호를.

* ᄐᆡᄇᆡᆨ : 이태백
* 둑핍 : 둑편(竹片)인 듯하다.
* 가넌냐 : 가느냐

23. 동정추월 관련, 1512

* 雪膚花容 : 눈같이 흰 살결과 꽃같이 아름다운 얼굴
* 앗겨 : 아끼어

武陵桃源 紅桃花도 三月이면 暮春이요
洞庭湖 발근 달도 그믐이면 無光이라
엇지타 雪膚花容을 앗겨 무슴

24. 소상야우 관련, 1554

* 汨羅水 : 초나라 대부 굴원이 빠져 죽은 강
* 魚腹裡 : 물고기의 뱃속

뭇노라 汨羅水야 屈原이 어이 죽다터니
讒訴에 더러인 몸이 죽어 무칠 짜히 업셔
滄波에 骨肉을 씨셔 魚腹裡에 葬ᄒᆞ니라

25. 소상야우 관련, 김이익, 1560

* 브ᄃᆡ : 부디
* 오나스라 : 오려무나.

뭇노라 져 漁翁아 자ᄂᆡ 낫근 고기 속의
屈三閭 충혼이 드럿는가 아니 드런는가
이 後란 큰 고기 낫기이거든 브ᄃᆡ 노코 오나스라

26. 평사낙안, 1893

北海上 저문 날에 울고 간은 저 기럭아
瀟湘은 가ᄂᆞᆫ야 洞庭으로 向ᄒᆞ나냐
眞實노 가ᄂᆞᆫ ᄃᆡ 일너라 너를 좃차 븟치리라

* 울고 간은 : 울고 가는
* 븟치리라 : 부치리라, 보내리라.

27. 소상팔경 관련, 2093

三更에 술을 취고 五更樓에 올나 보니
鷰鳥 白鷺는 或窺魚 或眠啼ᄒᆞ고 碧天 秋月은 半入山 半開天이라
저근너 一葉艇 漁夫야 瀟湘八景이 조타더니 이예서 더 헐소야

* 五更樓 : 오경(五更)이라는 이름의 누각
* 半入山 半開天 : 반은 산에 들고 반은 하늘에 걸림.

28. 평사낙안 관련, 2152

霜天에 우려 네ᄂᆞᆫ 기러기 瀟湘으로 갈쟉시면
太平城都을 應當이 지날씨니
우리의 望鄕 消息을 傳ᄒᆞ여 줄가 ᄒᆞ노라

* 霜天 : 가을 하늘
* 望鄕消息 : 고향을 그리는 소식

29. 평사낙안 관련 2157

* ᄭᅵ오는다 : 깨우는가.

식벽 들 외기러기 洞庭 瀟湘 어듸 두고
旅館 寒燈에 좀 든 날 ᄭᅵ오는다
千里에 님 離別ᄒᆞ고 좀 못 드러 ᄒᆞ노라

30. 강천모설 관련, 2225

* 釣臺 : 낚시터
* 蓼花 : 여뀌 꽃

夕陽 다 간 날에 江天이 ᄒᆞᆫ 빗친 제
낙시대 두러 메고 釣臺로 나려가 가니
蓼花에 ᄶᅦ 지은 白鷗는 오락가락 ᄒᆞ더라

31. 강천모설, 평사낙안 관련, 정철, 2226

* 빗긴 : 비낀(斜)
* 우러 녜는 : 울며 가는

夕陽 빗긴 날에 江天이 ᄒᆞᆫ 빗친 제
楓葉 蘆花에 우러 녜는 뎌 기럭아
ᄀᆞ올히 다 디나가되 쇼식 몰라 ᄒᆞ노라

32. 동정추월 관련, 2330

셔호의 빗친 달이 어제도 발것또다
ᄐᆡ용산 동정호를 가랴하고 의논할 졔
네 어이 모로관ᄃᆡ 말 업시 발것난요

* ᄐᆡ용산 : 산의 이름
* 발것난요 : 밝았느냐

33. 평사낙안 관련, 2363

瀟湘江 그력이 落水寒天 울고 간다 獨守空房 하ᄂᆞᆫ 사람 郎君前 消息 傳次 急登樓 바ᄅᆡ보니
蘇中郎은 男子라 그 편지ᄂᆞᆫ 전히 주고 야속타 저 女子ᄂᆞᆫ 도라 아니 보고 훨훨 나라 南天으로 울고 간다 錦字을 그저 쥐고 悵然히 落淚ᄒᆞ니 男女 區別이 무삼 일고
至今에 鴻門關 그력이 쏘든 項壯士 잇게 되면 활 다려 쏘고지거

* 急登樓 : 급히 누각에 오름
* 錦字 : 서신, 편지

34. 평사낙안 관련, 2364

瀟湘江 긴 대 버혀 낙시 ᄆᆡ혀 두러 메고
不顧 功名ᄒᆞ고 碧波로 도라 드니
白鷗야 날 본 체 마라 世上 알가 ᄒᆞ노라

* 버혀 : 베어
* 不顧 功名 : 공명을 돌아보지 않음.

35. 소상야우, 평사낙안 관련, 김류/인조반정공신, 2365

* 밋게 : 미치게, 도달하게, 닿게
* 뷔(箒) : 빗자루, 비

瀟湘江 긴 대 베혀 하늘 밋게 뷔를 ᄆᆡ여
蔽日 浮雲을 다 쓸어 ᄇᆞ리고져
時節이 하 殊常ᄒᆞ니 쓸똥 말똥 ᄒᆞ여라

36. 평사낙안 관련, 2366

* 스러 : 슬퍼
* 짝 차지러 : 짝을 찾으려고

瀟湘江 달 발근듸 울고 가난 져 기럭아
相思로 병이 되야 참아 스러 못 살네라고 젼ᄒᆞ여 다고
기럭이 ᄃᆡ답ᄒᆞ되 짝 일코 짝 차지러 가넌 길이라 젼할지 말지

37. 소상야우, 평사낙안 관련, 이정보, 2367

* 湘靈의 鼓瑟聲 : 상령이 슬(瑟)을 타는 소리
* 淸怨 : 순결한 원망, 맑은 원망
* 저ᄃᆡ도록 : 저렇도록, 저렇게까지

瀟湘江 ᄃᆞᆯ 붉은 밤의 도라 오는 저 기럭아
湘靈의 鼓瑟聲이 엇ᄆᆡ나 슬프관ᄃᆡ
至今에 淸怨을 못 이긔여 저ᄃᆡ도록 우는다

38. 소상야우, 동정추월, 강천모설 관련, 2368

瀟湘江 細雨中의 누역 삿갓 뎌 老翁아
뷘 비 흘니 저어 向ᄒᆞᄂᆞ니 어드메뇨
李白이 騎鯨飛上天ᄒᆞ니 風月 실너 가노라

* 누역 : 도롱이
* 흘니 저어 : 흘러가는 대로 저어
* 실너 : 싣기 위해, 실으러

39. 소상야우 관련, 2369

瀟湘江 시름 겨온 대를 뉘라셔 옴겨다가
나 자ᄂᆞᆫ 窓 밧긔 외로이 심것ᄂᆞᆫ고
밤中만 구즌 비 쇼ᄅᆡ예 ᄌᆞᆷ 못 드러 ᄒᆞ노라

* 옴겨다가 : 옮겨다가
* 심것ᄂᆞᆫ고 : 심었는가

40. 소상팔경 관련, 2370

瀟湘江으로 ᄇᆡ 타고 져 불고 가ᄂᆞᆫ 져 두 동ᄌᆞ야 말 무러 보자
너희 션ᄉᆡᆼ은 뉘시라 ᄒᆞ며 너희 향ᄒᆞᄂᆞᆫ 곳은 어ᄃᆡ메뇨 두 동ᄌᆞ ᄃᆡ답ᄒᆞ되 져희 션ᄉᆡᆼ은 남ᄒᆡ룡왕 하에 赤松子라 ᄒᆞ옵시며 우리 가ᄂᆞᆫ 길은 瀛洲 蓬萊 방장 삼신산으로 ᄎᆡ약ᄒᆞ려 가ᄂᆞ이다
샹에 지샹션 못낫더니 너희 두 동ᄌᆞ 쁀이로다

* 져 : 피리(笛)
* 동ᄌᆞ : 동자(童子), 어린아이
* ᄎᆡ약(採藥) : 불사약을 캠.

41. 소상팔경 관련, 2371

* 제장 제졸 : 여러 장수와 병졸들(諸將諸卒)
* 목자진널 : 눈을 부릅뜨고 몹시 사납게 흘겨 봄(目眥盡裂)

소상팔경 구경차로 황하수의 목욕하고 동정호로 나려 가니 제장 제졸 모은 곳에 풍류 소래 질탕하다

목자진널 저 변쾌는 치주체견 장혈시고 오강의 우는 말은 항우 타든 오추마요 기산에 섯는 소는 소부의 소 분명하다 추월 망야 우넌 달근 맹산군의 달기로다 이화정 짓는 개는 마귀할미 삽살이요 오류촌 당도하니 도연명의 정자로다

江山 구경을 허자면 몃 날이 될 줄 모르리라

42. 소상야우 관련, 2372

* 唐 佺僛 : 당나라 때의 시인 전기(錢起)
* 瀟湘何事等閑回/ 水碧沙明兩岸苔/ 二十五絃彈夜月/ 不勝清怨却飛來

瀟湘何事 等閑回오 水碧沙明 兩岸苔라

二十五絃을 彈夜月ᄒᆞ니 不勝清怨 却飛來라

아마도 이 글 지은 ᄌᆞ는 唐 佺僛라

소상강엔 무슨 일로 할 일 없이 돌아왔는가/물 푸르고 흰 모래 깔렸는데 양쪽 언덕이 또한 푸르구나/이십 오현을 달밤에 타니/청원을 이기지 못해 문득 돌아왔노라

43. 소상야우 관련, 2447

舜이 南巡狩ᄒᆞ샤 蒼梧野의 崩ᄒᆞ시니
南風詩 五絃琴을 뉘 손의 傳ᄒᆞ신고
至今의 聞此聲ᄒᆞ니 傳此手인가 ᄒᆞ노라

* 舜이 南巡狩 : 순임금이 백성들의 삶을 보려고 남쪽을 순행함.
* 蒼梧野의 崩ᄒᆞ시니 : 창오산에서 붕어하시니

44. 소상팔경 관련, 2492

슐 갓치 조흔 것을 뉘라 禁ᄒᆞ야 ᄂᆡ 안이 마시리
天下 名勝之地 金剛 洛陽 瀟湘江 洞庭湖며 岳陽樓 姑蘇臺라 練光亭 놉히 올나 ᄇᆞᆰ은 달 고흔 ᄭᅩᆺ 아릿다운 美色덜과 조흔 벗 다리고 논일의 슐아 네 곳 안이면 ᄂᆡ의 무삼 興이 잇스랴
至今에 不醉不醒ᄒᆞ고 半醉半醒ᄒᆞ야 半不醉 半不醒을 나 홀노 깃거.

* 半不醉 半不醒 : 반쯤 취하지 않고 반은 깨지 않음.

45. 소상야우, 동정추월 관련, 김수장, 2553

神仙이 ᄌᆞ최 업쓰되 呂洞賓은 眞仙이레
朝遊北海 暮蒼梧요 神裡青蛇 膽氣粗ㅣ라 三入岳陽樓ᄒᆞᆯ ᄶᅦ 사람이 알 이 업데
洞庭湖 七百里 平湖에 浪吟飛過 ᄒᆞ니라

* 朝遊北海 暮蒼梧 : 아침은 북해, 저녁은 창오에서 놀음.
* 三入岳陽樓 : 여동빈이 악양루에 세 번이나 오른 일
* 浪吟飛過 : 물결 소리를 내며 날아 감.

46. 동정추월 관련, 2592

* 細柳河 : 수양버들 늘어선 강
* 넉여 : 여기어

峨眉山月 半輪月이 빗취거다 細柳河의
긔 모르는 魚雁드른 낙시만 넉여 놀나는고나
그곳의 알 이 업스니 洞庭湖로 향ᄒᆞ여라

47. 동정추월 관련, 이후백, 2643

* 一葉 漁船 : 작은 고깃배
* 任去來 : 마음대로 오고감, 자유롭게 오고감.

岳陽樓 上上層의 올나 洞庭湖 굽어 보니
七百里 平湖水의 君山이 半 남아 즘겨셰라
어듸셔 一葉 漁船이 任去來 ᄒᆞᄂᆞᆫ고

48. 동정추월 관련, 2644

* 滿江 秋興 : 강에 가득한 가을 홍취
* 數聲 漁笛 : 몇 가닥 어부들의 피리 소리

岳陽樓에 올나 안자 洞庭湖 七百里를 四面으로 둘너 보니
落霞ᄂᆞᆫ 與孤鶩齊飛요 秋水는 共長天一色이로다
어즈버 滿江 秋興이 數聲 漁笛 뿐이로다

49. 동정추월 관련, 2645

岳陽樓 올나 안자 洞庭湖 七百里를 四面으로 둘너 보니
落霞ᄂᆞᆫ 與孤鶩齊飛요 秋水는 공쟝천일ᄉᆡᆨ을
限업슨 吳楚東南景이 眼前에 어리워쁘니 樂無窮인가

* 어리워쁘니 : 어렸으니
* 樂無窮 : 즐거움은 끝이 없음.

50. 어촌낙조, 강천모설 관련, 2800

漁村에 落照ᄒᆞ고 江天이 一色인 제
小艇에 그물 싯고 十里 沙汀 나려가니 滿江 蘆荻에 霞鶩은 섯거 ᄂᆞᆯ고 桃花流水에 鱖魚는 ᄉᆞᆯ짓ᄂᆞᆫ듸 柳橋邊에 ᄇᆡ를 ᄆᆡ고 고기 주고 술을 바다 酩酊케 醉ᄒᆞᆫ 後에 欸乃聲 부르면서 ᄃᆞᆯ을 ᄯᅴ고 도라오니,
아마도 江湖 至樂은 이 ᄉᆡᆫ인가 ᄒᆞ노라.

* 江天이 一色인 제 : 강과 하늘이 푸른빛으로 한 가지인 때
* 桃花流水에 鱖魚 : 복사꽃 떠내려오는 물의 살진 쏘가리
* 酩酊 : 술에 몹시 취함.

51. 평사낙안 관련, 2906

오날ᄂᆞᆯ도 하 심심키로 창 열ᄶᅡ리고 遠近 山川을 바라를 보니 봄 드럿고나 봄 드럿고나 저 남산에 봄이 드럿구나 누른 것은 ᄭᅬᄭᅩᆯ이요 푸른 것은 버들이라 黃金 ᄀᆞᆺ흔 ᄭᅬᄭᅩᆯ시는 황금갑옷을 ᄯᅥ덜쳐 입고 楊柳間으로 往來를 ᄒᆞ고 白雪 ᄀᆞᆺ흔 흰 나뷔는 素服 단장을 ᄯᅥ덜처 입고 ᄭᅩᆺ을 보구서 반긔는데 靑天 白日에 ᄯᅳᆫ 기럭기은 소상강수로 날아를 드는데 우리 연연ᄒᆞ고 틀틀ᄒᆞᆫ 친구는 어ᄂᆞ 방촌으로 돌아를 가시고,
요ᄂᆡ 일신 어루만저줄 쥴을 모른단 말인가

* 창 열ᄶᅡ리고 : 죽창(竹窓)을 열어 붙이고
* 방촌(芳村) : 행화촌(杏花村)

52. 동정추월 관련, 2991

* 삭여 : 새겨
* 바 : 밧줄

玉으로 白馬를 삭여 洞庭湖에 흘니 싯겨
草原 長堤에 바 느러 민엿다가
그 말이 플 써더 먹거든 님과 離別ᄒᆞ리라

53. 소상야우 관련, 3124

* 皇英 : 아황(娥皇)과 여영(女英), 순임금의 두 아내

遠別離 古有皇英之二女ᄒᆞ니 乃在洞庭之南 瀟湘之浦로다
海水直下 萬里深ᄒᆞ니 誰人이 不怨此離苦오
日慘慘兮여 雲溟溟ᄒᆞ니 猩猩啼咽兮여 鬼嘯雨를 ᄒᆞ더라

* 이백의 〈원별리(遠別離)〉 : "옛날 아황 여영 두 비(妃)가 있었으니/이젠 동정의 남쪽 소상강 가에 있도다.//해수는 바로 내려 만리나 깊으니/누가 이별한 괴로움을 원통해 하지 않으리오.// 해는 어둡고 구름 또한 어두우니/ 원숭인 연기 속에 울며 귀신은 빗속에서 휘파람을 불더라.(古有皇英之二女/乃在洞庭之南/瀟湘之浦/海水直下萬里深/ 誰人不怨此離苦/日慘慘兮 雲溟溟/ 猩猩啼咽兮鬼嘯雨)."

54. 동정추월, 평사낙안 관련, 3390

* 摠浮雲 : 모두가 뜬 구름임
* 龍門 : 대망(大望)을 비유한 말

人生 天地 百年間에 富貴功名 摠浮雲을
출하리 다 썰치고 龍門에 壯遊ᄒᆞ야 齊州 九點煙에 山河 元氣와 洞庭湖 雲夢澤을 胸襟에 삼킨 後에 落雁峯에 곳쳐 올라 謝朓의 驚人句를 青天에 朗吟ᄒᆞ고 張騫의 八月槎를 銀河에 흘리 노하 月宮에 올라가셔 王妃를 만나 보고 그제야 蓬萊山에 安期生 羨門子와 長年度世術을 슬ᄏᆞ장 議論ᄒᆞ니 世上에 醉死夢生ᄒᆞ야 營營碌碌之輩야 닐러 무슴 ᄒᆞ리요.

55. 연사모종 관련, 정철, 3522

잘 새ᄂᆞᆫ ᄂᆞ라 들고 새 ᄃᆞᆯ은 도다 온다
외나모 ᄃᆞ리에 혼자 가ᄂᆞᆫ 뎌 듕아
네 뎔이 언머나 ᄒᆞ관ᄃᆡ 먼 북소ᄅᆡ 들리ᄂᆞ니

* 잘 새 : 잠을 잘 새

55-1. 연사모종 관련, 송순, 가곡원류

잘ㅅ새는 나라들고 새달이 돗아온다
외나무 다리 홀노 가는 가는 저 禪師야
네절이 언마나하관대 遠鍾聲이 들니느니

* 네절이 : 네가 사는 절이
* 遠鍾聲 : 먼 곳에서의 울리는 종소리

56. 연사모종 관련, 3523

잘 새ᄂᆞᆫ 플플 把淸樓로 희도라 들고
새ᄃᆞᆯ은 漸漸 新雪樓로 ᄇᆞᆯ가 올 제 외나무 ᄃᆞ리에 홀노 가ᄂᆞᆫ 아아
네 절이 언마나 ᄒᆞ관ᄃᆡ 遠鐘聲만 들니ᄂᆞ니

* 희도라 : 휘돌아
* 把淸樓, 新雪樓 : 누대 이름, 위치는 미상

57. 소상야우 관련, 3849

* 蒼梧山 : 순임금이 남순(南巡) 하다가 숨을 거둔 곳
* 황능묘 : 순임금의 두 아내인 아황과 여영의 묘

蒼梧山 구름이 일고 소상강의 바람이 온다
동정호의 달이 돗고 황능묘의 두견이 운다
엇지타 千里 遠客은 歸不歸가.

58. 소상야우, 동정추월 관련, 3850

* 蒼梧山崩 : 창오산에서 순임금이 돌아가심.
* 湘水絶 : 상수에서 목숨이 끊어진 아황과 여영

蒼梧山崩 湘水絶이라야 이 내 시름이 업슬 거슬
九疑峰 구름이 가지록 새로왜라
밤中만 月出於東嶺ᄒᆞ니 님 뵈온 듯ᄒᆞ여라

59. 소상야우, 이후백, 소상팔경, 3851

* 이형상(李衡祥) 『芝嶺錄』의 「瀟湘斑」 한역 작품 〈蒼梧山聖帝魂, 雲物並瀟湘之寄, 夜半流入, 竹間相化意, 至今二妃寃淚不盡洗〉

蒼梧山 聖帝 魂이 구름조차 瀟湘의 ᄂᆞ려
夜半의 흘너 드러 竹間雨 되온 뜻은
二妃의 千年 淚痕을 시서 볼까 ᄒᆞ노라

60. 소상야우, 3852

蒼梧山 술위씨는 忽然이 멀어지고
二妃의 피눈물은 어듸다가 ᄲᅮ리 건고
至今히 瀟湘 댓습희 涙痕이 斑斑ᄒᆞ엿세라.

* 술위씨 : 수레바퀴
* 涙痕 : 눈물 자국
* 斑斑 : 반점이 된 모양

61. 소상야우, 신헌조, 3853

蒼梧山 어듸메오 白雲鄕이 머려졋ᄂᆡ
已往 恩寵이 쑴 속의 봄이로다
白首에 호올노 사라 이셔 눈물 계워 ᄒᆞ노라

* 白雲鄕 : 천제(天帝)가 사는 곳
* 已往 恩寵 : 이미 받은 임금님의 은총

62. 소상야우, 신계영, 3854

蒼梧山 ᄒᆡ 딘 후의 歲月이 깁퍼 가니
님 그린 ᄆᆞ음이 가디록 새로왜라
雨露恩 ᄉᆡᆼ각ᄒᆞ거든 더욱 셜워 ᄒᆞ노라

* 雨露恩 : 임금님의 은혜
* 셜워 : 서러워

63. 소상야우, 신흠, 3855

* 어듸 간고 : 어디에 갔는가
* 셔름이 : 설움이

蒼梧山 히 진 後에 二妃는 어듸 간고

흠씌 못 주근들 셔름이 엇더턴고

千古에 이 뜻 알 니는 댓숩힌가 ᄒᆞ노라

64. 소상야우, 동정추월 관련, 4329

* 山嶽之祖宗 : 산중의 중심
* 萬萬歲之金湯 : 만세까지 이어갈 천연의 요새

泰山에 놉히 올나 中央을 굽어보니 崑崙山 第一峯은 山嶽之祖宗이오 三枝로 흘러 天下高低로다

洛陽은 勝地라 吳楚東南 秦始皇 萬里長城과 阿房宮 瀟湘江 洞庭湖요 岳陽樓 姑蘇臺 左右로버렷ᄂᆞᆫ듸 衣冠文物은 萬萬歲之金湯이라

아마도 五代 文物 六朝 繁華는 이 ᄲᅮᆫ인가

65. 평사낙안, 어촌낙조, 4386

* 황촌(黃村) : 황혼 무렵의 마을
* 강정 : 강가의 정자(江亭)

평사에 落雁하고 황촌에 日暮로다

漁船도 도라오고 白鷗 다 잠 들 적에

빈 배에 달 실어 가지고 강정으로

66. 평사낙안, 강천모설, 원포귀범 관련, 4387

平沙의 落雁ᄒᆞ니 江村의 日暮ㅣ로다
漁船은 已歸ᄒᆞ고 白鷗ㅣ다 잠 든 밤의
어ᄃᆡ셔 數聲 長笛이 잠 든 날 ᄭᅵ오ᄂᆞᆫ고

* 數聲 長笛 : 몇 가닥 긴 피리소리
* ᄭᅵ오ᄂᆞᆫ고 : 깨우는가

67. 소상야우 관련, 이세보, 4401

폐부의 샥인 정셩 임이 짐쟉ᄒᆞ시기로
쇼샹강 건넌 후의 슈히 갈가 ᄇᆞ랏더니
져근듯 샴년 되니 아됴 나를 이즈신가

* 폐부(肺腑) : 마음 속
* 샥인 : 새긴
* 이즈신가 : 잊으셨는가

68. 연사모종, 평사낙안, 동정추월 관련, 4513

寒山寺 쇠북소리 五更枕을 놀래 ᄭᅢ니
소상강 ᄯᅦ 기러기 碧波 秋月을 반기는 듯
壁上의 耿耿孤燈에 心懷를 도도는 듯

* 五更枕 : 새벽잠
* 碧波 秋月 : 푸른 물 위에 뜬 가을 달
* 耿耿孤燈 : 잠 못 드는 모습

69. 소상야우, 동정추월 관련, 대한매일신보, 1909년 10월 17일자, 4950

* 楚懷王 : 초나라 양왕의 선왕, 회왕이 참소를 듣고 굴원을 죽음에 이르게 했던 고사를 말함.

洞庭 秋夜月이 楚懷王의 넉시 되여
七百里 平湖에 두려시 밝은 뜻은
屈三閭의 魚腹忠魂을 밝히고져.

70. 평사낙안, 강천모설 관련, 대한매일신보, 1909년 11월 2일자, 4962

* 헤지는딕 : 방해하는데
* 漁磯 : 낚시터, 조대(釣臺)

平沙에 落雁ᄒᆞ고 江村에 日暮로다
漁船은 도라들고 白鷗들은 헤지는딕
뭇노라 빅 딜 곳이 어듸매뇨 뎌 漁磯로.

71. 소상야우 관련, 5443

* 遺恨竹 : 아황과 여영이 남긴 한 맺힌 대나무
* 孤草히 : 외롭게

瀟湘江 遺恨竹을 뉘라셔 옴겨다가
나 자는 窓 밧긔 孤草히 심것는고
밤中만 風雨聲에 즘 못 드러 ᄒᆞ노라

72. 소상야우 관련, 5444

瀟湘 斑竹 白雲扇아 내 못 가도 네 니거라
六月炎程에 引淸風은 죠커니와
黃昏에 招美人은 부듸 말가 ᄒᆞ노라.

* 니거라 : 가거라
* 六月炎程 : 유월의 찌는 듯한 더위

73. 소상팔경과 관련, 윤선도, 어부사시사, 冬詞 第2首

주대 다ᄉᆞ리고 빗밥을 박앗ᄂᆞ냐
닫 드러라 닫 드러라
瀟湘洞庭은 그믈이 언다 ᄒᆞᆫ다
지국총 지국총 어ᄉᆞ와
이 때예 漁釣ᄒᆞ기 이만 ᄒᆞᆫ듸 업도다

* 瀟湘洞庭 : 소상강과 동정호 일대, 소상팔경의 공간
* 漁釣ᄒᆞ기 : 고기잡기, 낚시하기

가 사

소상팔경

1.

산학山鶴이 대명大鳴하고 음풍陰風이 노호怒號하여, 수변水邊에 우는 새는 천병만마千兵萬馬 서로 맞아 철기도창鐵騎刀槍이었는 듯, 첨하簷下 끝에 급한 형세形勢는 백척폭포百尺瀑布 쏘아오고, 대 수풀 흩뿌릴 제 황영皇英의 깊은 한恨을 잎잎이 호소呼訴하니, 소상야우瀟湘夜雨라 하는 데요.

2.

칠백평호七百平湖 맑은 물은 상하천광上下天光 푸르렀다. 구름 밖에 문득 솟아 중천中天에 배회徘徊하니, 계궁항아桂宮姮娥 단장丹粧하고 새 거울을 열었는데, 적막寂寞한 어옹漁翁들은 세勢를 얻어 출몰出沒하고, 풍림楓林에 귀아歸鴉들은 빛을 놀라 사라지니, 동정추월洞庭秋月이 아니냐.

3.

연파만경烟波萬頃은 하늘에 닿았는데, 오고가는 상고선商賈船은 북을 둥둥 울리면서 어기어차 닻 감는 소리, 보아 알든 못하여도 다만 앞에 섰는 산山이 문득 뒤로 옮아가니, 원포귀범遠浦歸帆이 아니냐.

4.

수벽사명양안태水碧沙明兩岸苔에 불승청원각비래不勝淸怨却飛來라. 날아오는 저 기러기 갈순 하나를 입에다 물고, 일점이점一點二點 점점點點마다 행렬行列지어 떨어지니, 평사낙안平沙落鴈이 아니냐.

5.

상수湘水로 울고 가니 수운愁雲이 적막寂寞하고, 황릉黃陵으로 울고 가니 옛 사당祠堂이 황량荒凉하다. 남순황제南巡皇帝 혼이라도 응당應當히 설으려든, 소리에 눈물지니, 황릉애원黃陵哀怨이 아니냐.

6.

격안전촌양삼가隔岸前村兩三家에 밥 짓는 내가 일고, 파조귀래罷釣歸來 배를 매고, 고기 주고 술을 사서, 취ㅎ도록 먹은 후後에 애내성欸乃聲 부르면서 달을 띠어 누웠으니, 어촌낙조漁村落照이 아니냐.

7.

천지天地는 자옥하여 분분비비雰雰霏霏 날리느냐, 분접粉蝶이 다토는 듯, 류서柳絮는 전광顚狂하여, 유공은 성낸 가지 염호鹽虎가 엎댔는 듯, 강산江山이 변화變化하여 은색계銀色界가 되었으니, 강천모설江天暮雪이 아니냐.

8.

산촌山村에 나는 연기 무르녹아 빚어내니 정다情多온 어룡魚龍들은 여러 만개 희롱戲弄하고 진촌晋村에 젊은 계집 집을 지어 바렸는데, 무산巫山에 노던 선녀仙女 육포산군陸袍山裙 떨쳐입고 발 밖에 지음쳐, 추적적秋寂々 우비비雨霏々하니, 산시청람山市晴嵐이 아니냐.

강산江山을 다 구경하량이면 몇 날인지 모르겠다.

판소리

「흥보가興甫歌」 가운데 '제비노정기'에 형상화된 소상팔경

흑운 박차고, 백운 무릅쓰고, 거중에 둥둥 높이 떠 두루 사면을 살펴보니, 서촉 지척이요, 동해 창망허다. 중영봉을 올라가니 주작이 넘놀고 상익토, 하익토, 오작교 바라보니, 오초동남에 가는 배는 북을 두리둥둥 두리둥둥. 어그야 어기야 저어 가니 원포귀범이 이 아니냐. 백구 백로 짝을 지어 창파 상 왕래허니 석양천이 거기로다. 희안봉을 넘어, 황릉묘 들어가 이십오현 탄야월으 반죽간으 쉬어 앉어, 두견성 화답하고 황학루를 올라가니 황학일보 불부반으 백운천자 공요유라. 낭매화를 툭 차 현에 펄렁 떨어지고 이수를 지여내 종남산을 넘어 계명산을 올라가니 장자방 간 곳 없고, 남병산 올라가니 칠성단이 빈터요, 연저지간을 얼른 지내 장성을 지내여 갈석산을 넘어, 연경을 들어가 황극전에 올라 앉어 만호 장안 구경하고, 경형문 내달아 창단문 지내여 동간을 들어가니 산 미륵이 백이로다.

『수궁가水宮歌』「고고천변」

수정문 밖 썩 나서, 고고천변 일륜홍 부상으 둥실 높이 떠, 양곡의 잦은 안개 월봉으로 돌고 돌아, 어장촌 개 짖고, 회안봉 구름이 떴다. 노화는 눈 되고 부평은 물에 둥실, 어룡은 잠자고 잘새 펄펄 날아든다. 동정여천의 파시추, 금성추파가 여기라. 앞발로 벽파를 찍어 당겨 뒷발로 창랑을 탕탕. 요리저리 저리요리 앙금 둥실 높이 떠, 사면 바라보니 지광은 칠백리요 파광은 천일색인데, 천외 무산 십이봉은 구름 밖으 가 멀고, 해외 소상의 일천리 눈앞에 경이로다. 오초는 어이허여 동남으로 벌였고, 건곤은 어이하야 일야으 둥실 떠, 남훈전 달 밝은듸 오현금도 끊어지고, 낙포로 둥둥 가는 저 배, 저 각달무가 보소, 추일광의 원혼이요. 모래 속에 가 장신하야 천봉만학을 바래봐. 만경대 구름 속 학선이 울어 있고, 칠보산 비로봉은 허공으 솟아, 계산파무울차아, 산은 층층 높고, 경수무풍 야자파, 물은 풍풍 짚고, 만산은 우루루루루, 국화는 점점, 낙화는 동동, 장송은 낙락, 늘어진 잡목, 펑퍼진 떡갈, 다래몽둥, 칡넌출, 머루, 다래, 으름넌출, 능수버들, 벗남기, 오미자, 치자, 감자, 대초, 갖은 과목, 얼크러지고 뒤틀어져서 구부 칭칭 감겼다. 어선은 돌아들고 백구는 분비, 갈마구, 해오리, 목파리, 원앙새, 강산 두루미, 수많은 떼 고니, 소천자 기관허든 만수문전의 풍년새, 양양창파 점점 사랑허다 원앙새, 칠월칠석 은하수 다리 놓던 오작이, 목파리, 해오리, 노수 진경새 따옥따옥, 요리조리 날아들 제, 또 한 경개를 바래봐. 치어다보니 만학천봉이요 내리 굽어보니 백사지로다. 허리 구브러진 늙은 장송, 광풍을 못 이저 우줄우줄 춤을 출 제, 원산은 암암, 근산은 중중, 기암은 촉촉, 뫼산이 울어. 천리 시내는 청산으로 들고, 이 골 물이 쭈루루, 저 골 물이 살살, 여기 열 두골 물이

한트로 합수쳤다. 천방자 지방자 월턱져 구벼 방울이 버끔, 저 건너 병풍석에다 마주 꽝꽝 마주 쌔려 산이 울렁거려 떠나간다. 어디메로 가잔 말, 아마도 네로구나, 요런 경치가 또 있나. 아마도 네로구나, 요런 경치가 또 있나.

뒷마당

지금까지 우리나라에서 창작된 소상팔경瀟湘八景 관련 시와 그림에 대해 살펴보았다. 이 책은 논문이라기보다는 자료집의 성격이 강하다. 필자가 그동안 박사학위논문을 작성하기 위해 수집했던 자료를 중심으로 묶어서 학계學界에 소개하는 성격의 책이라 할 수 있다.*

소상팔경은 동아시아에서 시와 그림을 통해 천년이 넘는 시간 동안 유행했던 문화 현상이었다. 일종의 예술커뮤니케이션 가운데 가장 활발했던 소통 분야였다. 중국은 물론이고 한국과 일본에서도 지식인들로부터 일반 서민에 이르기까지 엄청난 영향을 미치고 있었음이 다양한 자료들을 통해서 확인되고 있다.

이제 소상팔경에 대한 연구는 우리나라와 중국 그리고 일본을 중심으로 활발하게 전개되었던 측면에 주목하여 어떤 맥락과 의미에서 소통되었는가를 밝히기 위한 단계로 나아가야 할 것이다. 소상팔경은 동아시아 문화사에서 가장 핵심적인 소재인 동시에 주제로 인식되었고, 창작되었기 때문이다. 동아시아를 포함한 각국에서 소상팔경에 대한 보다 활발한 논의가 전개되었으면 하는 바람이다.

---

* 전경원, 「소상팔경시의 형상화 양상과 의미맥락 연구」, 건국대학교 대학원 박사학위논문, 2006.

참고문헌

• 자 료

『周易』, 『淮南子』, 『管子』, 『詩經』, 『楚辭』, 『破閑集』, 『補閑集』, 『櫟翁稗說』, 『東人詩話』, 『於于野談』, 『詩話叢林』, 『小華詩評』, 『詩評補遺』, 『東詩話』 外 多數.

• 개인문집

李仁老(1152~1220), 〈三韓詩龜鑑〉, 〈東文選〉.

李奎報(1168~1241), 〈東國李相國集〉, 韓國文集叢刊1卷.

陳　澕(1180~1215, 추정), 〈梅湖遺稿〉, 韓國文集叢刊2卷.

李齊賢(1287~1367), 〈益齋亂藁〉, 韓國文集叢刊2卷.

李　穀(1298~1351), 〈稼亭集〉, 韓國文集叢刊3卷.

卍　雨(1357~未詳), 〈匪懈堂瀟湘八景詩帖〉.

李永瑞(未詳~1450), 〈匪懈堂瀟湘八景詩帖〉.

安　止(1367~1464), 〈匪懈堂瀟湘八景詩帖〉.

河　演(1376~1453), 〈匪懈堂瀟湘八景詩帖〉.

金宗瑞(1390~1453), 〈匪懈堂瀟湘八景詩帖〉.

趙瑞康(未詳~1444), 〈匪懈堂瀟湘八景詩帖〉.

安崇善(1392~1452), 〈匪懈堂瀟湘八景詩帖〉.

李甫欽(未詳~1457), 〈匪懈堂瀟湘八景詩帖〉.

姜碩德(1395~1459), 〈東文選〉.

鄭麟趾(1396~1478), 〈匪懈堂瀟湘八景詩帖〉.

柳義孫(1398~1450), 〈匪懈堂瀟湘八景詩帖〉.

尹季童(未詳~1453), 〈匪懈堂瀟湘八景詩帖〉.

金　孟(未詳~未詳), 〈匪懈堂瀟湘八景詩帖〉.

辛碩祖(1407~1459), 〈匪懈堂瀟湘八景詩帖〉.

南秀文(1408~1443), 〈匪懈堂瀟湘八景詩帖〉.

崔　恒(1409~1474), 〈匪懈堂瀟湘八景詩帖〉.

朴彭年(1417~1456), 〈匪懈堂瀟湘八景詩帖〉.

申叔舟(1417~1475), 〈保閑齋集〉, 韓國文集叢刊10卷.

成三問(1418~1456), 〈成謹甫集〉, 韓國文集叢刊10卷.

徐居正(1420~1488), 〈四佳集〉, 韓國文集叢刊10卷.

李承召(1422~1484), 〈三灘集〉, 韓國文集叢刊11卷.

姜希孟(1424~1483), 〈私淑齋集〉, 韓國文集叢刊12卷.

魚世謙(1430~1500), 『咸從世稿』 卷七, 「次益齋八景」.

金時習(1435~1493), 〈梅月堂集〉, 韓國文集叢刊13卷.

成宗大王(1457~1494), 『列聖御製』 第九篇, 「瀟湘八景」.

鄭希良(1469~未詳), 〈虛庵遺集〉, 韓國文集叢刊18卷.

洪彦弼(1476~1549), 〈默齋集〉, 韓國文集叢刊19卷.

金安國(1478~1543), 〈慕齋集〉, 韓國文集叢刊20卷.

李　荇(1478~1534), 〈容齋集〉, 韓國文集叢刊20卷.

申光漢(1484~1555), 〈企齋集〉, 韓國文集叢刊22卷.

蘇世讓(1486~1562), 〈陽谷集〉, 韓國文集叢刊23卷.

鄭士龍(1491~1570), 〈湖陰雜稿〉, 韓國文集叢刊25卷.

閔齊仁(1493~1549), 〈立巖集〉, 韓國文集叢刊25卷.

羅　湜(1498~1546), 〈長吟亭遺稿〉, 韓國文集叢刊28卷.
趙　昱(1498~1557), 〈龍門集〉, 韓國文集叢刊28卷.
林億齡(1498~1568), 〈石川集〉, 驪江出版社, 1989.
洪　暹(1504~1585), 〈忍齋集〉, 韓國文集叢刊32卷.
嚴　昕(1508~1553), 〈十省堂集〉, 韓國文集叢刊32卷.
黃俊良(1517~1563), 〈錦溪集〉, 韓國文集叢刊37卷.
李後白(1520~1578), 〈青蓮集〉
朴　淳(1523~1589), 〈思菴集〉, 韓國文集叢刊38卷.
朴光前(1526~1597), 〈竹川集〉, 韓國文集叢刊39卷.
權好文(1532~1587), 〈松巖集〉, 韓國文集叢刊41卷.
李廷馣(1541~1600), 〈四留齋集〉, 韓國文集叢刊51卷.
李睟光(1563~1628), 〈芝峯集〉, 韓國文集叢刊66卷.
柳　潚(1564~1636), 〈醉吃集〉, 韓國文集叢刊71卷.
姜　沆(1567~1618), 〈睡隱集〉, 韓國文集叢刊73卷.
金尙憲(1570~1652), 〈淸陰集〉, 韓國文集叢刊77卷.
金奉祖(1572~1630), 〈鶴湖集〉, 韓國文集叢刊80卷.
尹順之(1591~1666), 〈涬溟齋詩集〉, 韓國文集叢刊94卷.
金　烋(1597~1638), 〈敬窩集〉, 韓國文集叢刊100卷.
鄭斗卿(1597~1673), 〈東溟集〉, 韓國文集叢刊100卷.
河　溍(1597~1658), 〈台溪集〉, 韓國文集叢刊101卷.
金弘郁(1602~1654), 〈鶴洲全集〉, 韓國文集叢刊102卷.
朴世堂(1629~1703), 〈西溪集〉, 韓國文集叢刊134卷.
尹　推(1632~1707), 〈農隱遺稿〉, 韓國文集叢刊143卷.
金萬基(1633~1687), 〈瑞石集〉, 韓國文集叢刊144卷.
李　畬(1645~1718), 〈睡谷集〉, 韓國文集叢刊153卷.

李玄錫(1647~1703), 〈游齋集〉, 韓國文集叢刊156卷.
洪世泰(1653~1725), 〈瀟湘八景詩歌抄〉.
權斗經(1654~1725), 〈蒼雪齋集〉, 韓國文集叢刊169卷.
金鎭圭(1658~1716), 〈竹泉集〉, 韓國文集叢刊174卷.
肅宗大王(1661~1720), 『列聖御製』 第十七篇, 「瀟湘八景」.
李萬敷(1664~1732), 〈息山集〉, 韓國文集叢刊178卷.
李光庭(1674~1756), 〈訥隱集〉, 韓國文集叢刊187卷.
李　瀷(1681~1763), 〈星湖全集〉, 韓國文集叢刊198卷.
權　萬(1688~未 詳), 〈江左集〉, 韓國文集叢刊209卷.
李獻慶(1719~1791), 〈艮翁集〉, 韓國文集叢刊234卷.
李萬運(1736~未 詳), 〈默軒集〉, 韓國文集叢刊251卷.
鄭宗魯(1738~1816), 〈立齋集〉, 韓國文集叢刊253卷.
正　祖(1752~1800), 〈弘齋全書〉, 韓國文集叢刊262卷.
朴永元(1791~1854), 〈梧墅集〉, 韓國文集叢刊302卷.
宋來熙(1791~1867), 〈錦谷集〉, 韓國文集叢刊303卷.
李翊臣(出沒年 未詳), 〈昭代風謠〉, 「煙寺暮鍾」.
郭自完(出沒年 未詳), 〈風謠續選〉, 「洞庭秋月」.
朴乙洙 編著, 『韓國時調大事典』, 亞細亞文化社.
鄭鉒東, 兪昌均 校主, 『珍本靑丘永言』, 明文堂.
咸和鎭 著, 『歌曲源流』, 民俗苑.
金聲培, 李相寶, 朴魯春, 丁益燮 編著, 『註解 歌辭文學全集』, 集文堂.
韓國學硏究院, 『原文 歌辭文學集成』.
國立民俗國樂院, 「소상팔경」, 『음반으로 보는 남원동편소리의 전통과 세계』.

• 단행본

강행원, 『문인화론의 미학』, 서문당, 2001.

高麗大學校 韓國學研究所, 『朝鮮時代 선비의 墨香』, 高麗大 韓國學研究所, 1996.

고정희, 『고전시가와 문체의 시학 - 윤선도와 정철의 경우』, 月印出版社, 2004.

國立晉州博物館, 『斗庵 金龍斗 蒐集文化財』, 國立晉州博物館, 2001.

김용옥, 『石濤畵論』, 통나무출판사, 1992.

김종태, 『韓國畵論』, 일지사, 1998.

강관식 譯, 『中國繪畫批評史』, 미진사, 1994.

김해명 編, 『중국문학산책』, 백산서당, 1996.

빙 심 외, 『그림으로 읽는 중국문학오천년』, 예담출판사, 2000.

謝明德 外, 『湖南 旅游文學 名篇選讀』, 中國 湖南大學校 出版社, 2002.

서복관, 『중국예술정신』, 동문선, 1993.

성현경, 『옛 그림과 함께 읽는 李古本 춘향전』, 열림원, 2001.

안장리, 『한국의 팔경문학』, 집문당, 2002.

안휘준, 『한국 회화사 연구』, 시공사, 2000.

______, 『한국회화의 전통』, 문예출판사, 1997.

呂基鉉, 『古典詩歌의 表象性』, 月印出版社, 1999.

오주석, 『옛그림 읽기의 즐거움』, 솔출판사, 2002.

______, 『오주석의 한국의 美 특강』, 솔출판사, 2003.

유홍준, 『화인열전 1, 2』, 역사비평사, 2001.

이동주, 『우리 옛그림의 아름다움』, 시공사, 2004.
이택후, 『美의 歷程』, 동문선, 1991.
이희승, 『고시조와 가사감상』, 집문당, 2004.
정용수, 『사숙재 강희맹 문학 연구』, 국학자료원, 1993.
조용훈, 『그림의 숲에서 동·서양을 읽다.』, 효형출판사, 2000.
지영재, 『서정록(西征錄)을 찾아서』, 푸른역사, 2003.
秦弘燮, 『韓國美術史資料集成』(4), 一志社, 1996.
______, 『韓國美術史資料集成』(6), 一志社, 1998.
중앙일보, 『韓國의 美, 山水畵』, 중앙일보 계간미술, 2003.
최완수 外, 『우리 문화의 황금기 진경시대』제1, 2권, 돌베개, 1999.
韓國詩歌學會 編, 『詩歌史와 藝術史의 관련 양상II』, 보고사, 2002.
허 균, 『뜻으로 풀어본 우리의 옛그림』, 대한교과서, 1999.
______, 『전통미술의 소재와 상징』, 교보문고, 1999.
許英桓 外, 『東洋美術의 鑑賞』, 悅話堂 美術選書8, 1995.
황위평 編, 『시는 붉고 그림은 푸르네』, 학고재, 2003.

- 국외 서적

堀川貴司, 『瀟湘八景－詩歌と繪畫に見る日本化の様相』, 臨川書店, 2002年.
金羊毛, 『中國山水畵 唐·宋·元 卷』, 廣西美術出版社, 2000.
金澤 弘, 『雪舟の藝術 水墨畵論集』, 秀作社 出版, 2002.
島田修二郎, 「宋迪と瀟湘八景」, 『南畵鑑賞』104卷, 7쪽. 1931.
劉金春 외, 『岳麓風景名勝』, 中國 湖南文藝出版社, 1998.

米芾,「瀟湘八景圖詩幷序」,『湖南旅游文學名篇選讀』, 中國湖南大學出版社, 2002.

鄭于澤·並木誠士,『韓國の美術 日本の美術』, 昭和堂, 2003.

佐藤康宏,『講座 日本美術史 3−圖上の意味』, 東京大學出版會, 2005.

陳 宏 外,『江湖』, 百家出版社, 2002.

湖南地圖出版社,『芙蓉國之旅』, 湖南地圖出版社, 2001.

• 논 문

강미숙,「韓國의 瀟湘八景圖에 나타난 美意識 考察」, 한남대학교 석사논문, 1992.

고연희,「瀟湘八景, 고려와 조선의 詩·畵에 나타나는 受容史」,『동방학』제9집, 한서대학교 동양고전연구소, 2003.

金基卓,「益齋의 〈瀟湘八景〉과 그 影響」,『中國語文學』제13집, 嶺南中國語文學會, 1981.

김남기,「『列聖御製』에 실린 조선 국왕의 題畵詩 연구」,『한국문학논총』 제34집, 2003.

김순명,「朝鮮時代 初期 및 中期의 瀟湘八景圖 硏究」, 홍익대학교 교육학석사논문, 1992.

김신중,「瀟湘八景歌의 관습시적 성격」,『古詩歌硏究』 제5집, 한국고시가문학회, 1998.

김지혜,「일본 문화청 소장 김현성찬 〈소상팔경도〉 고찰」, 한국미술사교육학회, 2000.

류수열, 「〈수궁가〉소재 노정기의 존립과 변이」, 『판소리연구』 제14집, 판소리학회, 2002.

류재일, 「李齊賢의 작품을 수용한 『南原古詞』의 〈쇼상팔경〉 연구」, 『淵民學志』 제2권, 1994.

박일용, 「〈심청가〉 '강상 풍경' 대목의 변이 양상과 그 의미」, 『판소리연구』 제7집, 판소리학회, 1997.

서인화, 「단가 소상팔경 연구」, 『韓國音盤學』제10호, 한국음반학회, 2000.

成元慶, 「瀟湘八景이 國內八景에 미친 影響考」, 『石溪趙仁濟博士還曆紀念論叢』, 1977.

송희경, 「南宋의 瀟湘八景圖에 관한 硏究」, 『美術史學硏究』, 한국미술사학회, 1995.

______, 「中國 南宋의 瀟湘八景圖와 그 淵源 硏究」, 이화여대 석사논문, 1992.

______, 「조선초기 소상팔경도의 시각적 번안과 그 표상적 의미」, 『온지논총』 제15집, 2006.

安章利, 「韓國八景詩 硏究」, 韓國精神文化硏究院 博士論文, 1997.

안휘준, 「國立中央博物館所藏 『瀟湘八景圖』」, 한국미술사학회, 1978.

呂基鉉, 「〈瀟湘八景詩〉의 表象性 硏究」(I) 『泮橋語文硏究』 제2집, 泮橋語文硏究會, 1990.

______, 「〈瀟湘八景詩〉의 表象性 硏究 」(II) 『古典詩歌의 理念과 表象』, 1991.

______, 「八景系 詩의 表象性」, 『古典詩歌의 表象性』, 月印出版社, 1999.

呂基鉉, 「瀟湘八景의 受容과 樣相」, 『中國文學硏究』 제25집, 韓國中文學會, 2002.
______, 「雜歌 〈瀟湘八景〉의 形象化 特性」, 『人文社會科學論文集』 제31집, 광운대 인문사회과학연구소, 2002.
______, 「瀟湘八景의 시적 형상화 양상」, 『泮橋語文硏究』 제15집, 泮橋語文學會, 2003.
이상남, 「朝鮮初期 瀟湘八景圖硏究」, 이화여대 석사논문, 2000.
이희승, 「歌詞 〈瀟湘八景〉 解說」, 『文章』 제3집, 1939. 4.
임재완, 「匪懈堂〈瀟湘八景詩帖〉飜譯」, 『호암미술관연구논집』 제2집, 1994.
任昌淳, 「匪懈堂 瀟湘八景詩帖 解說」, 『泰東古典硏究』 제5집, 泰東古典硏究所, 1989.
장계수, 「朝鮮後期 瀟湘八景圖에 대한 硏究」, 동국대학교 석사논문, 2000.
전경원, 「瀟湘八景의 含意와 情緒的 寄與-'平沙落雁'을 중심으로」, 『겨레어문학』 제27집, 2001.
______, 「瀟湘八景의 含意와 情緒的 寄與-'洞庭秋月'을 중심으로」, 『겨레어문학』 제28집, 2002.
______, 「瀟湘八景의 含意와 情緒的 寄與-'漁村落照'를 중심으로」, 『겨레어문학』 제29집, 2002.
정일남, 「박제가의 詩畵一致 성향」, 『고시가연구』 제15집, 2005.
정 민, 「16·7세기 조선 문인지식인층의 江南熱과 西湖圖」, 『고전문학연구』 제22권, 한국고전문학회, 2002.
정용수, 「李後白의 瀟湘八景歌 辨證」, 『文化傳統論集』, 경성대 향토문화연구소, 1993.

정용수, 「瀟湘八景의 文學的 性格」, 『私淑齋 姜希孟 文學研究』, 국학자료원, 1993, 138-151쪽.

정운채, 「瀟湘八景을 노래한 시조와 한시에서의 景의 성격」, 『국어교육』 79·80, 1992.

조송식, 「張彦遠 繪畵論의 구조적 분석–歷代名畵記〉를 통해서」, 『태동고전연구』 제5집, 1989.

조은심, 「瀟湘八景圖와 瀟湘八景詩의 比較 研究」, 건국대학교 석사논문, 2001.

천이두, 「〈춘향가〉의 '몽중가'소고–심청가의 '소상팔경 지나갈 제'와 관련하여–」 『판소리연구』 제8집, 판소리학회, 1997.

최경환, 「韓國 題畵詩의 陳述樣相 研究」, 서강대학교 박사논문, 1991.

______, 「題畵詩의 이미지 再産出에 있어서 시적 화자의 기능과 길이」, 『淵民學志』 제2집, 1994.

______, 「李仁老와 陳澕의 『宋迪八景圖』詩 對比」, 『한국고전연구』 제1권, 1995.

최기수, 「曲과 景에 나타난 한국전통경관구조의 해석에 관한 연구」, 한양대학교 박사논문, 1989.

소상팔경

—동아시아의 시와 그림

펴낸날 초판 1쇄 2007년 3월 15일
초판 2쇄 2010년 3월 15일

지은이 전경원
펴낸이 오 명
펴낸곳 건국대학교출판부

등록 : 제4-3호(1971. 6. 21.)
주소 : 143-701, 서울시 광진구 화양동 1번지
전화 : (02) 450-3891~3 팩스 / (02) 457-7202
홈페이지 : http://press.konkuk.ac.kr
전자우편 : press@konkuk.ac.kr

책임편집 : 임경희
찍은곳 : (주)동화인쇄공사

값 15,000원

ISBN 978-89-7107-464-0 93800

*지은이와의 협의하에 인지 첨부를 생략합니다.
*잘못 만들어진 책은 바꾸어 드립니다.

(이 도서의 국립중앙도서관 출판시도서목록(CIP)은 e-CIP 홈페이지(http://www.nl.go.kr/cip.php)에서 이용하실 수 있습니다.(CIP제어번호 : CIP2007000722)